KB059326

컨버전스 2030

앞으로 10년 우리의 삶은 어떻게 바뀔 것인가?

컨버전스 2030

미래의부와기회

피터 디아만디스, 스티븐 코틀러 지음 | 박영준 옮김

비즈니스북스

옮긴이 **박영준**

대학에서 영문학을 전공하고 대학원에서 경영학을 공부한 후 외국계 기업과 국내기업을 거치며 일했다. 현재 바른번역 소속 전문번역가로 활동 중이며 그동안 국제정치, 경제, 경영, 자기개발, 첨단기술 등 다양한 분야의 책을 번역했다. 옮긴 책으로 《최고의 리더는 사람에 집중한다》, 《훌륭한 관리자의 평범한 습관들》, 《신뢰의 힘》, 《호모 이코노미쿠스의 죽음》, 《심플, 강력한 승리의 전략》, 《우버 인사이드》, 《노동의 미래와 기본소득》, 《트랜스퍼시픽 실험》 등이 있다.

컨버전스 2030

1판 1쇄 발행   2021년 2월 8일
1판 11쇄 발행   2022년 2월 11일

지은이 | 피터 디아만디스, 스티븐 코틀러
옮긴이 | 박영준
발행인 | 홍영태
발행처 | (주)비즈니스북스
등 록 | 제2000-000225호(2000년 2월 28일)
주 소 | 03991 서울시 마포구 월드컵북로6길 3 이노베이스빌딩 7층
전 화 | (02)338-9449
팩 스 | (02)338-6543
대표메일 | bb@businessbooks.co.kr
홈페이지 | http://www.businessbooks.co.kr
블로그 | http://blog.naver.com/biz_books
페이스북 | thebizbooks
ISBN 979-11-6254-194-4 03320

내가 세상을 살아가는 동안 나에게 가르침을 베풀어주고 지혜를 제공한 모든 분, 특히 해리 디아만디스, 튤라 디아만디스, 프랭크 프라이스, 데이비드 웹, 폴 그레이, 데이비드 와인, 그렉 메리니악, 아인 랜드, 아트 듈라, 로버트 하인라인, 바이런 리히텐버그, 실비아 얼, 제라드 오닐, 아서 클라크, 존 처반, 로렌스 영, 마틴 로스블랫, 찰스 린드버그, 톰 벨레즈, 스튜어트 위트, 피트 워든, 로버트 바이스, 알프레드 커스, 버트 루탄, 아누셰흐 안사리, 토니 로빈스, 레이 커즈와일 그리고 댄 설리번에게 이 책을 바칩니다.

_피터 디아만디스

이 책을 조 레플러와 그의 마술 카페 '판도라의 상자' 직원들에게 바칩니다. 내게 무궁무진한 마술을 보여주고 세상 누구보다 먼저 나를 믿어준 당신들에게 감사드립니다. 특히 데릭 딩글의 '바퀴벌레 통로' 마술을 알게 해줘서 고마웠어요. 아직도 당신들이 그립습니다. 그 우스꽝스러운 계단 아래에서의 추억도.

_스티븐 코틀러

융합이라는 거대한 변화의 물결

이 책을 쓴 우리 두 사람(스티븐 코틀러와 피터 디아만디스)이 만난 시기는 21세기가 열리기 직전인 1999년이었다. 당시 스티븐 코틀러는 우주연구를 후원하는 비영리기관 엑스프라이즈XPRIZE 재단에 관한 기사를 작성하는 중이었으며 이 단체를 창설한 피터 디아만디스 역시 우주의 신비를 푸는 일에 푹 빠진 상태였다.

우리 두 사람은 첨단기술을 바탕으로 불가능의 영역에 도전하는 데 깊은 관심을 지닌 사람들이었다. 덕분에 우리 둘 사이에는 곧 두터운 우정이 싹텄으며 이는 그 후로 수십 년에 걸친 공동저술 작업으로 이어졌다. 이 책은 우리가 가장 최근에 내놓은 저작물이자, 기술이 어떻게 '가능성'의 한계를 확장함으로써 세상을 변화시킬 것인가에 대한 탐구를 보여주는 세 번째 작품이다. 더 구체적으로는 '기하급수적 사고방식에 관한 3부작' 시리즈에서 이전에 출판된 《어번던스》와 《볼드》에 이어 세 번째로 발간되는 책이기도 하다. 독자 여러분이 이 책을 읽기 위해 앞에 나온 두 권을 꼭 읽어볼 필요는 없겠지만, 그 책들에 담긴 내용을 조금 파악해보는 편도 나쁘지 않으리라 생각한다.

《어번던스》는 급속도로 발전하는 기술 덕분에 미래에는 누구나 비용을 들이지 않고도 쉽게 음식, 물, 에너지를 얻게 될 거라는 예측을 담은 책이다. 그때가 오면 모든 사람들이 과거에 늘 부족했던 이 자원들을 풍족하게 누릴 수 있으며 굶주림, 가난, 질병처럼 한때 해결이 불가능해 보였던 세계적 문제들도 해결할 수 있을 것이다. 그리고 《볼드》에서는 또다른 불가능의 영역을 개척한 사람들, 즉 이 기술들을 바탕으로 세계를 순식간에 변화시킨 기업의 설립자들에 대한 이야기를 들려준다. 또한 그들의 발자취를 따르고 싶은 독자 여러분에게 그들의 성공 비결에 대한 '교본'을 제공한다.

우리는 세 번째 저서 《컨버전스 2030》에서 사고의 영역을 한층 확장해 하나의 독립 기술(일례로 인공지능)이 다른 기술(일례로 증강현실)과 융합했을 때 우리에게 어떤 일이 생길지를 탐구한다. 물론 인공지능이나 증강현실은 그 자체로도 매우 강력한 기술이지만 앞으로 이 두 기술이 융합한다면 소매업, 광고, 엔터테인먼트를 포함한 모든 산업 영역에 엄청난 변화의 물결이 밀려들 것이다. 독자 여러분이 책을 읽어나가면서 알게 되겠지만 오늘날 융합이 이루어지는 속도는 걷잡을 수 없이 점점 빨라지는 추세다. 마치 터보 엔진을 장착한 듯 사상 초유의 속도와 규모로 세상이 바뀌고 있는 것이다. 그러므로 이런 혼란스런 여정에서 길을 잃지 않으려면 정신을 바짝 차리고 안전벨트를 단단히 조여야 한다.

우리가 이 책을 쓰고자 한 결정적인 이유는 우리가 직접 기업을 운영하거나 다양한 형태로 세상을 살아가면서 이 변화의 소용돌이를 생생하게 경험했기 때문이다. 요즘 피터는 자신의 22번째 스타트업을 창업하는 일에 열중하고 있으며, 최근에는 의료 및 장수長壽에 관련된 회사를 설립하느라 바쁘다. 그동안 싱귤래리티 대학교Singularity University, 엑스프라이즈 재단, 볼드캐피털 파트너스Bold Capital Partners, 어번던스360Abundance 360 같은 조직을 이끌어온 피터의 입장에서 최근에 진행 중인 스타트업 사업은 기술의 융합에 관한 통찰을 지속적으로 제공하는 통로가 되어줄 것이다.

스티븐은 자신의 여섯 번째 기술 관련 저작인 이 책을 집필하는 과정에서 이 엄청난 변화의 물결과 조우했다. 그는 플로우 리서치 콜렉티브Flow Research Collective의 설립자이자 대표이사로서 기업이 최고의 성과를 내는 일을 돕기 위한 훈련과 연구에 힘을 쏟는 중이다. 스티븐이 만든 조직의 사명은 세계를 뒤흔드는 강력한 변화 속에서 인간이 번영하고 발전할 수 있는 심리적 도구를 기업들에게 제공하는 데 있다.

물론 이 거칠고 혼란스런 여정에 합류하는 것은 누구에게도 쉬운 일이 아니다. 이 책에서는 그동안 탁월한 학문적 연구를 바탕으로 성공을 일구어낸 다양한 최첨단 기술기업들과 연구소들에 대한 이야기가 다양하게 소개될 예정이다. 하지만 그 조직들이 급변하는 세계와 계속 보조를 맞춰 가기는 그리 만만치 않았을 것이다. 우리가 이 책을 쓰기 시작한 2018년 초만 해도 최첨단의 기술을 자랑하던 회사가 책이 완성될 무렵인 2019년 후반에는 다른 경쟁자로 인해 시장에서 밀려나버린 경우도 드물지 않았다. 한때 아무리 명성을 날린 회사라도 그 이름이 바뀌는 것은 순식간이다. 그러므로 이 책이 전달하고자 하는 핵심 메시지는 오늘날 융합이라는 거대한 변화의 물결이 기업, 산업 그리고 우리의 삶에 엄청난 충격을 가하고 있다는 사실이다.

앞으로 다가올 10년이 세상을 놀라게 할 급격한 변화로 채워질 거라는 사실에는 의심의 여지가 없다. 이 책의 각 장에서 이야기하겠지만, 지구상의 모든 산업은 이제 전면적인 재창조를 눈앞에 두고 있다. 그 거센 흐름에 신속하고 용감하게 대처하는 기업가, 혁신가, 리더들에게는 믿을 수 없을 만큼 엄청난 기회가 주어질 것이다. 미래는 우리가 생각하는 것보다 훨씬 가깝게 다가와 있으며, 우리가 상상했던 일들은 그 누구도 경험하지 못했던 위대한 모습으로 현실화될 것이다. 이 놀라운 시대로 당신을 초대한다.

PART 1
미래는 우리의 생각보다 빠르다

PART 3
이미 시작된 22세기

PART 1

미래는 우리의 생각보다 빠르다

CHAPTER 01

기하급수 기술의
융합이 시작됐다

현실이 된 비행자동차

로스앤젤레스 북쪽 끝의 405번 고속도로 바로 옆에는 스커볼 문화센터Skirball Culture Center가 자리 잡고 있다. 산타모니카 산맥의 폭이 좁은 산등성이 위에 세워진 이 센터에서 바라보면 사방팔방으로 멋진 경치가 펼쳐진다. 자동차들이 끝도 없이 늘어선 저 아래 고속도로의 모습만 제외한다면.

차가 막히는 건 당연한 일이다.

2018년, 로스앤젤레스는 세계에서 가장 교통정체가 심한 대도시라는 달갑지 않은 명예를 연속해서 여섯 번째로 얻은 도시가 됐다.[1] 이곳에서 정체된 교통 때문에 운전자 한 사람이 낭비하는 시간은 근무일 기준으로 연평균 2.5주에 달한다. 하지만 이 문제를 풀 방법이 곧 나올지 모른다. 2018년 5월, 스커볼 센터는 차량공유 기업 우버가 교통정체 문제를 해결하기 위해 내놓은 혁신적 계획 '우버 엘리베이트'Uber Elevate의 중심지로 떠올랐다.[2] 우버의 비행자동차 연례 콘퍼런스가 이곳에서 두 번째로 개최될 예정이었기 때문이다.

스커볼 센터 안의 대형 스크린에는 별들이 뿌려진 밤하늘의 풍경이 비춰지다 서서히 사라지면서 구름이 점점이 떠 있는 파란 하늘의 모습이 나타났다. 구름 아래의 행사장은 참석자들로 입추의 여지가 없었다. 이 행사는 CEO, 기업가, 건축가, 디자이너, 과학기술 전문가, 벤처 투자자, 정부 관료, 부동산 업계의 거물 등 각계각층의 핵심 엘리트들을 끌어 모았다. 월스트리트 스타일의 말쑥한 양복 차림의 사람부터 청바지를 입은 사람까지 거의 1,000명에 달하는 참석자들이 새로운 산업의 탄생을 지켜보기 위해 몰려들었다.

우버의 최고 제품책임자 제프 홀든Jeff Holden(현재는 퇴사)이 무대 위에 올라 콘퍼런스의 시작을 알리는 연설을 했다. 우버 에어Uber Air 마크가 찍힌 회색 폴로 셔츠를 입고 곱슬곱슬한 갈색 머리를 한 홀든은 그가 이 사업에서 그토록 중요한 역할을 맡은 사람이 맞는지 의아하게 느껴질 정도로 앳된 모습이었다. 사실 우버를 하늘로 날아오르게 만든다는 이 행사의 모든 컨셉은 전적으로 홀든의 비전을 바탕으로 한 것이었다.

그 비전은 꽤 훌륭했다.

"이제 우리는 극도의 교통정체를 삶의 일부로 당연히 받아들이는 상황에 이르렀습니다." 홀든은 이렇게 말했다.[3] "세계에서 가장 교통이 혼잡한 도시 25개 중 10개가 미국 내에 존재합니다. 이로 인해 우리가 상실하는 소득과 생산성의 가치는 대략 3,000억 달러에 달합니다. 우버의 사명은 도시의 이동성 문제를 해결하는 것입니다. (…) 우리의 목표는 세계에 전혀 새로운 형태의 교통수단을 소개하는 데 있습니다. 도시인들을 위한 항공 서비스, 또는 제가 즐겨 부르는 '항공 승차공유' 서비스가 바로 그것입니다."

항공 승차공유라면 공상과학 소설에나 등장하는 이야기 같지만 홀든은 그동안 파괴적 혁신에 있어 탁월한 실적을 거둔 인물이었다. 그는 1990년대 말 제프 베이조스Jeff Bezos를 따라 뉴욕에서 시애틀로 근거지를 옮겨 아마존의 초기 직원 중 한 명으로 입사했다.[4] 홀든은 이 회사에서 연회비를 납부하는 고객들에게 물건을 이틀 안에 무료로 배송해주는 독특한 아이디어를 현실화시켰다. 많은 사람들은 이 새로운 정책 때문에 회사가 파산할지도 모른다고 생각했지만, 이 도발적인 아이디어는 오늘날 1억 명 이상의 회원을 보유한 아마존 프라임Amazon Prime 서비스를 탄생시켰으며, 이 회사 수익의 상당 부분을 창출해내는 성과를 거뒀다.[5]

홀든이 다음으로 입사한 회사는 그루폰이라는 또 다른 스타트업이었다. 요즘은 이 회사를 혁신적 기업으로 기억하는 사람이 별로 없겠지만, 당시만 해도 그루폰은 '대중에게 권력을'power to the people이라는 슬로건을 내세우며 사명감에 불타던 1세대 인터넷 기업 중 하나였다. 그 후 홀든이 자리를 옮긴 회사가 바로 우버였다. 그는 이 회사가 겪어온 여러 혼란스런 상황 속에서도 우버풀Uber Pool, 우버 이츠Uber Eats 그리고 최근의 자율주행차 개발 계획까지 예상 밖의 성공 스토리를 차례로 써내려갔다.[6] 그런 홀든이 우버를 하늘로 날아오르게 만든다는 비현실적인 제품 라인을 제안했을 때, 이 회사의 경영진이 그의 아이디어를 진지하게 받아들인 것은 전혀 놀랄 일이 아니었다.

그럴 만한 이유는 충분했다. 우버 엘리베이트 두 번째 연례행사의 주제는 비행자동차 자체가 아니었다. 자동차는 이미 모습을 드러냈다. 제2회 우버 엘리베이트 행사는 이 산업이 어떤 과정을 거쳐 성장에 이를지에 대한 논의를 주제로 삼았다. 메시지의 핵심은 그 과정이 대다수 사람들의 생각보다 훨씬 짧아지리라는 것이었다.

2019년 중반까지 최소 25개에 달하는 비행자동차 기업에 10억 달러가 넘는 돈이 투자됐다.[7] 그중 10여 개의 자동차는 현재 시험비행에 돌입했고, 다른 10여 개는 파워포인트에 그려진 수준의 초기 아이디어부터 시제품 완성까지 다양한 단계에 걸쳐 개발이 진행 중이다. 제품의 모양과 크기도 천차만별이다. 대형 팬 위에 올라앉은 오토바이 형태부터 사람 크기의 쿼드콥터(프로펠러 네 개를 탑재한 헬리콥터—옮긴이) 무인비행기 그리고 소형 캡슐 우주선 모양의 비행기까지. 구글의 모기업인 알파벳Alphabet의 창업자 래리 페이지Larry Page는 비행자동차의 잠재력을 처음 알아본 인물 중 하나로, 그동안 지에어로Zee Aero, 오프너Opener, 키티호크Kitty Hawk 등 세 회사에 개인적으로 투자를 단행했다.[8] 보잉, 에어버스, 엠브라에르, 벨 헬리콥터(요즘 이 회사가 그냥 '벨'로 불리는 건 장차 헬리콥터가 사라질 거라는 사실을 암시하는 듯하다) 등 업계의 기존 참가자들 역시 이 게임에 뛰어들었다. 이제 우리가 비행자동차가 등장할 '가능성'을 두고 왈가왈부할 단계는 벌써 지나버렸다.

비행자동차는 이미 세상에 나왔다.

홀든은 무대 위에서 이렇게 연설했다. "우버의 목표는 2020년까지 비행자동차의 능력을 입증하고 2023년에는 댈러스와 LA에서 항공 승차공유 서비스를 완벽히 가동하는 것입니다." 그리고 한술 더 떠서 이렇게 말했다. "궁극적으로는 사람들이 자동차를 소유해서 타는 것이 경제적으로 비합리적인 일이 되도록 만들고자 합니다."

얼마나 비합리적이라는 말일까? 숫자를 좀 들여다보자.

오늘날 자동차 한 대를 소유하는 데 필요한 한계비용(차량을 구입하는 비용뿐 아니라 주유비, 수리비, 보험료, 주차비 등 차량 유지에 들어가는 모든 돈)은 차를 1마일(약 1.6킬로미터) 운행할 때마다 평균 59센트 정도가 소요된다.[9] 반면 헬리콥터는 1마일에 8.93달러가 든다.[10] 헬리콥터를 소유하는 데는 단순 비용 외에도 많은 문제가 따른다. 홀든에 따르면 2020년에 출시될 우버 에어는 1마일당 운행비용을 5.73달러로 낮추고 2023년까지 1.84달러로 빠르게 떨어뜨릴 계획이라고 한다(우버는 2020년 댈러스와 로스앤젤레스에서 우버 에어의 시범 사업을 시작했다.—편집자).[11] 하지만 우버의 장기적 목표는 이 비용을 1마일당 44센트까지 줄여 우버 에어의 운행 비용을 지상에서 자동차를 운전하는 비용보다 저렴하게 만드는 게임 체인저가 되는 것이다.

그뿐만이 아니다. 우버의 핵심 관심사는 '수직 이착륙 전기차'electric vertical take-off and landing vehicles, eVTOL를 만들어내는 데 있다.[12] 물론 현재 eVTOL를 개발하는 회사는 한두 곳이 아니지만 우버가 생각하는 이 제품의 요건은 매우 구체적이다. eVTOL 차량이 항공 승차공유 서비스를 제공하려면 한 명의 조종사와 네 명의 승객을 태우고 시속 240킬로미터의 속도로 세 시간 이상 계속 운행이 가능해야 한다. 이 항공 승차공유 서비스의 최단 운행거리는 40킬로미터 내외가 될 예정이지만, 장거리 비행 능력을 보유한 우버 에어는 당신을 태우고 샌디에이고 북쪽에서 샌프란

시스코 남쪽까지 단숨에 날아갈 수 있다. 우버는 이 사양에 맞춰 비행자동차를 제조하겠다고 약속한 다섯 개 eVTOL 협력사와 함께 일하는 중이며, 또 다른 10여 개 업체도 이 대열에 합류할 예정이다.

하지만 자동차 소유라는 행위를 비합리적인 일로 만들려면 차량을 개발하는 것만으로는 충분치 않다. 우버는 비행자동차들을 통제할 수 있는 항공 교통관제 시스템을 구축하기 위해 미국항공우주국NASA 및 미국연방항공청FAA과 협력관계를 체결했다. 또한 건축가, 디자이너, 부동산 개발자 등과 힘을 합해 비행자동차의 이착륙 및 승객 승하차 시설인 '메가 스카이포트'mega-skyport를 설계하는 데도 역점을 두고 있다.[13] 우버는 비행자동차뿐만 아니라 스카이포트도 직접 소유하지 않고 임대해서 사용할 계획이다. 이 시설에 대한 우버의 요건 또한 매우 구체적이다. 우버 에어 서비스가 제대로 가동되기 위해서는 메가 스카이포트 한 곳에서 7분에서 15분 만에 차량을 충전할 수 있어야 하며 한 시간에 1,000회 이상의 이착륙(즉 4,000명 이상의 승객 수송)이 가능해야 한다. 또한 이 시설은 1만 2,000제곱미터 이상의 면적을 점유하지 않아야 하기 때문에 구식 주차장이나 고층빌딩 옥상 정도의 넓이를 넘어서면 안 된다.

이런 요건들이 모두 충족된다면, 2027년쯤에는 오늘날 우리가 차량공유 서비스를 호출하듯 소비자들이 우버의 항공 승차공유 서비스를 이용할 수 있게 될 것이다. 그리고 2030년경에는 항공 승차공유가 도시의 가장 대중적인 이동수단으로 자리 잡을 것이다.

하지만 이 모든 일이 벌어지는 이 시점에서 한 가지 근본적인 질문을 던지지 않을 수 없다. 왜 '지금'일까? 왜 2018년의 늦은 봄에 비행자동차가 갑자기 전성기를 맞은 듯 대두되는 걸까? 어떤 특별한 역사적 전환점이 발생했기에, 오래전부터 SF 소설의 소재로 사용되어온 환상이 이 시점에서 갑자기 현실화되고 있는 걸까?

인류는 지난 1,000년 동안 영화 〈블레이드 러너〉에 나오는 비행자동차나 〈백 투 더 퓨처〉의 들로리언 같은 '하늘을 나는 탈것'에 대한 꿈을 품어왔다.[14] 11세기의 힌두교 문서인 《라마야나》Ramayana에서는 하늘을 누비는 '비행 전차'의 모습이 언급된다. 근대에 들어 인간이 내연기관을 발명한 이후 그 꿈은 보다 구체적인 형태로 형상화되는 단계에 돌입했으며, 그 결과 1917년의 커티스 오토플레인Curtis Autoplane, 1937년의 애로우빌Arrowbile 그리고 1946년의 앰피비언Amphibian 같은 시제품이 속속 등장했다.[15] 이제까지 미국에서 '지상과 공중을 함께 운행할 수 있는 항공기'roadable aircraft에 관련되어 등록된 특허는 100가지가 넘는다. 하지만 그중 잠깐이라도 비행에 성공한 자동차는 단 몇 개에 불과하며 대부분이 실패했다. 애니메이션 〈젯슨 가족〉에 나오는 것처럼 하늘을 자유롭게 훨훨 날아다니는 비행자동차를 만들어낸 사람은 아직 없다.

비행자동차의 발명이 늦어지는 현실에 대한 대중의 짜증과 분노는 어느덧 우리 문화의 일부로 자리 잡았다. 20세기가 끝날 무렵, IBM이 제작한 어느 광고에서는 에이버리 브룩스Avery Brooks라는 코미디언이 이렇게 묻는다. "벌써 서기 2000년이 됐는데 비행자동차는 어디 있는 거야? 이때가 되면 분명히 등장할 거라고 했는데 어디서도 볼 수가 없어. 왜? 왜? 왜?" 투자가 피터 틸Peter Thiel 역시 2011년에 발표한 '미래에 어떤 일이 생겼나?'What Happened to the Future?라는 글에서 비슷한 불만을 터뜨린다. "인류는 하늘을 날아다니는 자동차를 원했다. 하지만 우리가 얻은 것은 고작 140자에 불과하다."(비행자동차 대신 트위터가 발명됐다는 의미 —옮긴이)

그러나 이제 인류의 오랜 기다림이 끝났다는 사실은 분명하다. 비행자동차가 드디어 등장한 것이다. 그리고 이를 위한 기반시설도 곧 구축될 예정이다. 당신이 라테를 홀짝이며 인스타그램을 들여다보는 사이에 공상과학은 어느덧 현실의 과학이 되어버렸다. 그런데 이 사실은 우리를 처음의 질문으로 되돌아가게 만든다. 왜 '지금'일까?

그 대답은 단 한마디, 바로 융합convergence(컨버전스) 덕분이다.

모든 것이 다 융합 덕분이다

융합이라는 개념을 이해하기 위해서는 가장 기초적인 단계부터 탐구를 시작해봐야 할 것 같다. 우리 저자들은 앞서 펴낸 두 저서《어번던스》와《볼드》에서 기술의 기하급수적 발전이라는 개념을 소개했다. 이는 특정 기술의 성능이 배가되는 동시에 가격은 지속적으로 하락하는 현상을 의미한다. 무어의 법칙Moor's Law은 이 개념을 설명할 수 있는 가장 대표적인 사례 중 하나다.[16] 1965년 인텔의 공동창업자 고든 무어Gordon Moor는 집적회로에 들어가는 트랜지스터의 수가 18개월을 주기로 2배씩 늘어난다는 사실을 발견했다. 그 말은 컴퓨터의 성능이 1년 반이 지날 때마다 2배씩 향상되는 반면, 가격은 변하지 않는다는 의미다.

무어는 자신이 발견한 사실에 스스로 놀라워했지만 그런 추세가 지속되는 것은 향후 몇 년, 기껏해야 5년에서 10년 정도일 거라고 생각했다. 하지만 그 후로 20년이 가고, 40년이 가고, 곧 60년이 되는데도 이 법칙은 여전히 유효하다. 우리 주머니 속의 스마트폰이 1970년대의 슈퍼컴퓨터보다 1,000배나 작고 1,000배나 값이 싸지만 성능은 100만 배 더 강한 것은 모두 무어의 법칙 덕분이다.

게다가 그 기세는 수그러질 기미가 보이지 않는다.

무어의 법칙이 종말을 고할 날이 머지않았다는 일부 전문가의 주장(다음 장에서 이 내용을 다룰 예정이다)에도 불구하고 2023년에는 1,000달러 정도 가격의 보통 휴대용 컴퓨터의 성능은 인간 두뇌의 능력(대략 1초에 10의 16승 사이클)과 맞먹게 될 것이다.[17] 그 후로 25년이 지난 뒤에는 휴대용 컴퓨터의 성능이 지구에 살고 있는 인간 전체의 두뇌를 합친 것만큼 발전하리라 예상된다.

더 중요한 사실은 이런 속도로 발전하는 기술이 단지 집적회로뿐만이 아니라는 것이다. 구글의 엔지니어링 이사이자 피터 디아민디스와 싱귤래리티 대학교를 공동 설립한 레이 커즈와일Ray Kurzweil이 1990년대에 발표한 이론에 따르면, 특정 기술이 디지털화되는 순간(다시 말해 그 기술이 0과 1로 이루어진 컴퓨터 부호로 프로그램되는 순간), 무어의 법칙을 등에 업고 기하급수적으로 발전이 가속화된다고 한다.

쉽게 말해 우리는 새로운 컴퓨터를 이용해 더욱 빠른 컴퓨터를 새롭게 설계함으로써 가속화의 추세를 더욱 급격히 가속화하는 긍정적 순환 고리를 창조하고 있는 것이다. 커즈와일은 이런 현상에 '수확 가속의 법칙' Law of Accelerating Returns이라는 이름을 붙였다.[18] 그의 법칙에 따라 가속적인 발전이 진행 중인 기술에는 그동안 우리가 꿈꿔온 가장 강력한 혁신의 영역들, 즉 양자 컴퓨터, 인공지능, 로봇공학, 나노기술, 생명공학, 재료과학, 네트워크, 센서, 3D 프린팅, 증강현실, 가상현실, 블록체인 등이 모두 포함된다.

하지만 이런 종류의 기술적 진보는 아무리 대단하게 보인다고 해도 이미 한물간 뉴스에 불과하다. 진정으로 새로운 소식은 과거 독립된 상태로 기하급수적 발전의 흐름 위에 놓였던 기술들이 다른 기술들의 기하급수적 발전과 '융합'하기 시작했다는 사실이다. 예를 들어 제약 기술의 발전이 가속화되는 이유는 단지 생명공학 분야가 기하급수적으로 발전할 뿐만 아니라, 인공지능이나 양자 컴퓨팅을 포함한 다른 기술 영역의 기하급수적 발전이 제약 분야의 발전과 융합하고 있기 때문이다. 다시 말해 서로 다른 기술 분야에서 이루어지는 발전의 흐름이 한데 합쳐지거나 한 흐름이 다른 흐름 위에 올라앉으면서, 그 기술이 걸어온 길에 존재했던 모든 것을 한순간에 쓸어버릴 정도로 초대형 쓰나미 같은 거대한 진보가 이루어지고 있는 것이다.

어떤 혁신의 등장으로 인해 새로운 시장이 만들어지고 기존의 기업이 사라지는 현상을 우리는 '파괴적 혁신'disruptive innovation이라는 용어로 표현한다.[19] 디지털 시대가 시작되면서 실리콘 칩이 진공관을 대체한 것은 분명한 파괴적 혁신의 일종이었다. 그러나 기술의 기하급수적 발전이 융합의 과정을 거치게 되면 그 파괴의 잠재력은 더욱 엄청나게 증가한다. 특정 기술의 기하급수적 발전은 제품, 서비스, 시장을 파괴하지만(넷플릭스가 비디오 체인 블록버스터를 무너뜨렸듯이) 여러 기술의 기하급수적 발전이 서로 융합하면 기존의 제품, 서비스, 시장뿐만 아니라 이들을 뒷받침하는 구조 자체를 붕괴시켜버린다.

하지만 너무 서두르지는 말자. 앞으로 이 책에서는 그 발전을 주도하는 세력과 그들이 가져올 걷잡을 수 없이 빠르고 혁명적인 충격에 대해 논의하게 될 것이다. 일단 이 이야기를 더 자세히 파고들기 전에 우리가 이해 가능한 수준의 렌즈를 통해 융합이라는 개념을 먼저 살펴보자. 그러기 위해서는 앞의 비행자동차에 대한 질문으로 되돌아가야 한다. 왜 지금인가?

그 의문에 답하기 위해서는 우버가 개발 중인 eVTOL 차량의 세 가지 기본 요건인 안전성, 소음 제거, 가격 문제를 생각해봐야 할 것 같다. 비행자동차와 가장 비슷하게 생긴 이동수단인 헬리콥터는 세상에 나온 지가 80년이 지났지만(이고르 시코르스키라는 사람이 1939년에 최초로 발명했다) 우버의 요건을 아직 만족시키지 못한다. 이 기계는 소음이 심하고 가격이 비싼 데다 추락 사고도 빈번하게 발생한다. 그런데 왜 벨, 우버, 에어버스, 보잉, 엠브라에르 같은 기업들은 비행 택시를 시장에 내놓으려 애쓰는 걸까?

그 질문에 대한 대답 역시 마찬가지다. 융합 덕분이다.

헬리콥터가 소음이 심하고 위험한 이유는 한 개의 프로펠러를 사용해 양력(비행기가 뜨는 힘―옮긴이)을 얻는 작동 원리 때문이다. 그 프로펠러가 빠른 속도로 돌아가면서 사람들의 짜증을 유발하는 소음이 만들어지는 것이다. 또한 유일한 프로펠러에 고장이라도 발생하면 중력의 법칙에 따라 바로 추락해버리기 때문에 이 기계는 위험할 수밖에 없다.

그런데 한번 상상해보라. 머리 위에서 돌아가는 메인 프로펠러 대신 많은 회전날개(예를 들어 비행기 날개 아래에서 작은 프로펠러들이 여러 개 돌아가는 것처럼)가 합쳐 적절한 양력을 만들어내고, 반면 소음은 훨씬 줄일 수 있다면 어떨까. 이 복수의 프로펠러들은 그중 몇 개쯤 고장이 발생해도 비행자동차가 안전하게 착륙하는 데는 전혀 문제가 없다. 그리고 이 디자인 위에 기체를 시속 240킬로미터 이상의 속도로 비행하게 해주는 날개를 추가한다면 금상첨화일 것이다. 하지만 현재의 가솔린엔진으로는 이런 아이디어를 현실화할 수 있는 가능성이 거의 없다. 엔진 자체의 무게에 비해 동력을 생산해내는 효율이 극히 떨어지기 때문이다.

그 대안으로 생각해볼 수 있는 것이 바로 분산전기추진Distributed Electric Propulsion, DEP 기술이다.[20] 지난 10년간 상업용과 군사용을 막론하고 드론에 대한 수요가 폭증했다. 그 덕분에 로봇공학을 바탕으로 새로운 형태의 전자기식 모터, 즉 가볍고 조용하고 무거운 물체를 운반할 능력을 갖춘 전동기 개발에 뛰어든 사람이 많아졌다. 그런 모터를 설계하기 위해서는 세 가지 융합기술이 필요하다. 첫째, 극도로 복잡한 비행 시뮬레이션을 가능케 하는 기계학습machine learning 기술. 둘째, 날기에 충분히 가벼우면서도 탑승자의 안전을 보장해줄 만큼 내구성을 갖춘 부품을 개발하는 재료과학. 셋째, 모터와 프로펠러를 어떤 크기로도 제작해낼 수 있는 3D 프린팅 기반의 새로운 제조기술. 이 기술들이 적절히 합쳐진다면 효율성이 95퍼센트에 달하는 전기엔진을 만들어낼 수 있다. 반면 가솔린엔진의 효율은 28퍼센트에 불과하다.[21]

하지만 DEP 시스템을 탑재한 비행자동차를 타고 하늘을 날아다니는 일은 그리 간단치가 않다. 10여 개의 모터를 100만분의 1초 간격으로 조정해내는 작업은 인간 조종사의 능력 범위를 넘어서는 일이다. DEP는 이른바 '전기신호식 비행조종 제어'fly-by-wire 시스템, 쉽게 말해 컴퓨터에 의해 통제되는 시스템이다. 그런 고도의 통제 수준에 도달하기 위해서는 무엇이 필요할까? 물론 또 다른 융합기술이다.

우선 엄청난 양의 데이터를 수집하고 100만분의 1초 단위로 분석해서, 이를 바탕으로 복수의 전기모터와 기체의 조종면(항공기의 방향, 자세를 조종하는 외부장치—옮긴이)을 실시간으로 조작할 수 있을 만큼 고도의 연산능력을 갖춘 인공지능 기술이 요구된다. 그리고 조종사의 눈과 귀를 대신해서 데이터를 받아들일 수 있는 기가비트 수준의 고성능 센서, 즉 감지장비가 있어야 한다. 예를 들어 GPS, LIDAR(레이저로 대상물을 조사하여 반사되는 빛을 분석함으로써 거리를 측정하는 원격 감지 기술—옮긴이), 최첨단의 시각적 이미지 처리 장비 그리고 극도로 미세한 움직임까지 감지 가능한 가속도계 등등. 지난 10년간 진행된 스마트폰 전쟁의 결과 우리가 이미 사용 중인 기술들이다.

마지막으로 배터리가 필요하다. 즉, 자동차가 충분한 거리를 날아갈 만큼 오랜 시간 지속되어야 하며 기체와 한 명의 조종사 그리고 네 명의 승객을 공중으로 들어올릴 정도의 힘, 즉 엔지니어들이 '출력밀도'power density라 부르는 강력한 동력을 생산해낼 수 있는 고성능 배터리가 있어야 한다.[22] 이 배터리는 킬로그램당 최소 350킬로와트시(1킬로와트시는 1킬로와트의 전력을 한 시간 사용했을 때의 전력량—옮긴이)의 출력을 발생시켜야 한다. 얼마 전까지만 해도 이는 절대 불가능한 수치였다. 하지만 최근 태양광발전과 전기자동차의 폭발적인 성장에 힘입어 보다 우수한 에너지 저장장치에 대한 요구가 계속 확대됐으며, 그 결과 비행자동차를 들어올리기에 충분한 출력을 생산하면서도 오랜 시간 유지되는 차세대 리튬 배터리가 탄생하기에 이르렀다.

이제 항공 승차공유 서비스가 갖추어야 할 요건 중에 안전성과 소음 문제는 어느 정도 해결된 듯하다. 하지만 가격을 낮추기 위해서는 아직 적지 않은 혁신이 필요하다. 또한 우버가 계획 중인 프로그램에 따라 eVTOL 차량을 대량생산하는 일도 만만한 문제가 아니다. 우버가 항공 승차공유 서비스를 저렴한 가격으로 제공하려면 공급업체들이 제2차 세계대전 시기만큼 빠른 속도로 비행자동차를 생산해야 한다. 당시 군수업체들이 B24 폭격기를 2년 만에 1만 8,000대(생산이 절정에 달했을 때는 63분에 한 대 꼴로)를 만들어낸 것은 아직도 깨지지 않고 있는 기록이다.[23]

비행자동차가 일부 엘리트의 사치품이 아니라 모든 사람이 이용할 수 있는 현실적 이동수단으로 자리 잡으려면 또 다른 세 가지의 융합기술이 필요하다. 첫째, 상업용 항공기의 에어포일, 날개, 기체 등을 효과적으로 설계할 수 있는 컴퓨터 디자인 및 시뮬레이션 시스템. 둘째, 가볍고 튼튼한 탄소섬유 복합물이나 합금을 개발해내는 재료과학 기술. 셋째, 이 신소재들을 사용해 비행자동차에 들어가는 부품들을 기존의 어떤 항공기 제조사보다 빠른 속도로 생산해낼 수 있는 3D 프린터. 모두 우리가 이미 개발을 완료한 기술들이다.

물론 다른 기술 영역에서도 게임은 비슷한 방식으로 이루어진다. 인류가 양말을 발명할 수 있었던 것은 식물 섬유를 부드러운 직물로 바꾼 소재 혁명과 동물의 뼈를 바느질 바늘로 대체한 도구 제조의 혁신이 이루어졌기 때문이다. 하지만 이 선형적 형태의 진보는 그 속성으로 인해 기술 발전의 속도가 매우 느렸다. 양말의 발명을 향한 인류의 탐구가 야생동물의 가축화(이로 인해 우리가 양털을 얻을 수 있게 됐다)라는 다음 단계의 혁신으로 이어지는 데만도 수천 년이 걸렸다. 그리고 그 후로 수천 년이 더 지나서야 우리는 비로소 전기를 이용해 양말을 대량생산할 수 있게 됐다.

하지만 우리가 오늘날 목격하고 있는 기술 발전의 눈부신 가속화 현상(즉, '왜 지금일까?'라는 질문에 대한 대답)은 수많은 기술이 융합한 결과로 나타난 것이다. 인류는 그처럼 빠른 속도로 이루어지는 발전을 경험한 적이 없다. 그것이 바로 문제다.

인간의 두뇌는 '국지적'이고 '선형적'으로 진화해왔다. 국지적이라는 말은 우리가 삶에서 접하는 거의 모든 대상이 하루에 걸어 다니는 범위 내에 존재한다는 의미다. 또한 선형적이란 변화의 속도가 극도로 느리다는 말과 같은 뜻이다. 내 5대조 할아버지의 삶은 그 분의 4대손의 삶과 별반 다르지 않았을 것이다. 반면 오늘날 우리가 살고 있는 세계는 '글로벌'과 '기하급수적'이라는 단어로 표현될 수 있다. 글로벌이란 지구 반대편에서 벌어지는 어떤 일도 우리가 몇 초 만에(컴퓨터는 10분의 1초 만에) 알수 있다는 뜻이며, 기하급수적이란 기술의 발전이 순식간에 이루어진다는 의미다. 세대 간의 차이에 관계없이 오늘날 특정 기술 영역에서 혁명적 진화가 발생하는 데는 몇 개월이면 충분하다. 하지만 지난 20만 년 동안 하드웨어 개선이 이루어지지 않은 인간의 두뇌는 그런 규모나 속도를 감당하게끔 설계되어 있지 않다.

단일 분야에서의 혁신을 쫓아가기에도 힘이 벅찬 우리는 융합하고 있는 기술들의 엄청난 발전 앞에서 무기력해질 수밖에 없다. 이런 식으로 표현해보자. 레이 커즈와일이 '수확 가속의 법칙'에서 내놓은 숫자에 따르면 인류는 향후 100년 동안 2만 년에 걸쳐 발생할 기술적 변화를 경험하게 될 것이라고 한다.[24] 다시 말해 우리는 다음 한 세기 동안 농경의 탄생부터 인터넷의 등장까지에 해당하는 발전 단계를 두 차례 반복해서 겪게 될 거라는 의미다. 패러다임의 전환, 게임 판도의 변화, 항공 승차공유 같은 엄청난 발견 등은 모두 일회성의 우연한 사건이 아니라 일상적으로 벌어지는 일이 될 것이다.

그런 점에서 비행자동차는 시작에 불과하다.

모빌리티 혁명

자율주행차: 이미 시작된 미래

100년쯤 전에도 교통수단의 획기적인 변화가 발생한 적이 있었다. 내연기관의 발명, 움직이는 조립라인의 등장, 막 떠오르기 시작한 석유 산업 등 세 가지 시대 상황의 위협적인 융합에 따라 마차 산업이 시장에서 밀려나버린 것이다.

수공업 형태로 제작된 자동차가 거리에 최초로 등장한 때는 19세기 말엽이었다. 하지만 1908년 헨리 포드Henry Ford가 '모델 T'를 대량생산하기 시작한 사건은 진정한 의미의 티핑 포인트tipping point(어떠한 현상이 서서히 진행되다가 작은 요인에 의해 한순간 폭발하는 단계―옮긴이)라 할 만했다.[25] 그로부터 4년 후, 뉴욕의 교통 현황을 조사한 자료에 따르면 도로를 누비는 자동차의 수가 이미 말馬의 수를 넘어서버렸다.[26] 당시 이런 정도로 빠른 변화를 예상한 사람은 아무도 없었다. 어떤 새로운 기술이 기존의 기술에 비해 10배 이상의 가치(가격, 속도, 품질 등에서)를 제공한다면, 그 변화의 기세는 누구도 막을 수 없다.

포드의 발명 이후 수십 년 동안 자동차와 관련된 수많은 문물이 폭발적으로 쏟아져 나오면서 우리가 사는 세계의 모습을 완전히 바꾸어놓았다. 신호등, 교통 신호판, 주州와 주를 연결하는 고속도로, 입체 교차로, 주차장과 차고, 주유소, 드라이브 스루, 세차장, 교외에서의 삶, 스모그와 교통정체 등등. 하지만 항공 승차공유 산업(앞 문장에서 열거한 문물을 상당 부분 대체하리라 예상되는 산업)의 탄생이 눈앞에 닥친 이 시점에서 또 다른 혁명이 기존의 산업을 위협하고 있다. 바로 자율주행차다.

1920년대에 무선으로 조종하는 '아메리칸 원더'American Wonder라는 무인 자동차가 뉴욕시에서 처음으로 선을 보였지만 이 기계는 커다란 장난감에 불과했다.[27] 현대에 들어 자율주행차가 본격적으로 연구되기 시작한 것은 전투 중인 군대에게 안전하게 보급품을 전달하기 위한 군사적 목적에서였다. 1980년대 이 요구사항을 만족시키기 위해 나선 사람들이 바로 로봇공학자들이었다. 그리고 1990년대가 되면서 자동차 제조업체들도 여기에 주목하기 시작했다. 하지만 전문가들은 2004년 미 국방성 산하의 고등연구기획국Defense Advanced Research Projects Agency, DARPA이 개최한 자율주행차 경주대회 다르파 그랜드 챌린지DARPA Grand Challenge를 이 분야의 가장 중요한 전환점으로 생각한다.[28] 그 대회 이후에 자율주행차의 진보가 급속도로 이루어졌기 때문이다.

아닌 게 아니라 이 경주는 주최 측이 의도했던 역할을 톡톡히 해냈다. 대회가 끝나고 10년이 지나는 동안 대부분의 주요 자동차 기업과 적지 않은 수의 기술업체들은 자율주행차 개발 프로그램을 가동하기 시작했다. 2019년 중반에는 수십 개의 자율주행차가 캘리포니아의 도로를 수백만 킬로미터 이상 주행했다.[29] BMW, 벤츠, 도요타 같은 전통적인 자동차 기업들은 애플, 구글, 우버, 테슬라 등의 기술 업계 거인들과 협력관계를 체결하고 서로 다른 디자인, 데이터 수집 방식, 인공 신경망 등을 바탕으로 새로운 시장을 두고 치열하게 경쟁을 벌였다.

그들 중 초기 시장 장악에 가장 유리한 고지를 점한 조직은 웨이모

Waymo라 할 수 있다. 구글의 자율주행차 프로젝트에서 시작된 웨이모는 2009년 다르파 경주대회에서 우승한 세바스찬 스런Sebastian Thrun 스탠퍼드 대학 교수를 영입하며 이 게임에 뛰어들었다. 스런은 나중에 웨이모의 자율주행차에 탑재될 인공지능 두뇌를 개발하는 데 커다란 기여를 했다. 그로부터 10년이 지난 2018년 3월, 웨이모는 향후에 출범할 자율주행차 승차공유 서비스를 위해 스포티한 모델의 재규어 자동차를 2만 대나 사들였다.[30] 웨이모는 이 차량들에 자율주행 기능을 탑재해서 2020년부터 하루 100만 건의 승객 서비스를 제공할 예정이다(현재 웨이모는 미국 애리조나주 피닉스에서 완전 자율주행 기술을 적용한 로보택시 서비스를 제공하고 있다.—편집자). 얼핏 대단한 숫자처럼 보이지만 현재 우버가 기존의 승차공유 서비스를 수행하는 건수는 하루에 1,500만 회가 넘는다. 이 숫자가 중요한 이유는 자율주행차의 운행거리가 더 많을수록 더 많은 데이터를 수집할 수 있기 때문이다. 자율주행차의 세계에서는 데이터가 곧 연료나 다름없다.

2009년 이후 웨이모의 자율주행 차량들은 1,600만 킬로미터가 넘는 운행실적을 기록했다(2020년 1월, 웨이모는 자율주행차의 공공 도로 주행이 3,200만 킬로미터를 돌파했다고 발표했다.—편집자). 2020년 이후로 2만 대의 재규어가 하루 수백 수천만 건의 승객 서비스를 제공한다면, 매일 수백만 킬로미터의 새로운 운행기록이 추가될 것이다. 이 숫자는 대단히 중요하다. 자율주행차는 거리를 달리는 동안 신호등의 위치나 도로 상태와 같은 수많은 정보를 축적하게 된다. 더 많은 정보를 얻을수록 자동차의 알고리즘이 더 똑똑해지고, 그럴수록 차량이 더욱 안전해지는 것이다. 이런 독보적인 경쟁력을 획득한 기업만이 시장을 장악할 수 있다.

뒤늦게 웨이모와 경쟁에 나선 제너럴모터스GM도 뒤쳐진 시간을 만회하기 위해 엄청난 돈을 쏟아부었다.[31] 2018년 GM은 자사의 자율주행차 부문인 지엠크루즈GM Cruise 사업부에 11억 달러를 투자했다. 그리고 몇 개월 후에는 일본의 투자 기업 소프트뱅크Softbank로부터 22억 5,000만 달러를 유치했다. 당시 소프트뱅크는 불과 몇 달 전에 우버의 지분 15퍼센트를 인수하는 투자를 집행한 상태였다. 이렇게 엄청난 자금이 투자되고 업계의 거물들이 너도나도 뛰어든 이 분야에서는 앞으로 얼마나 빨리 혁신이 벌어질까?

"그 누구의 예상보다도 빠를 겁니다."[32] 제프 홀든(그는 우버의 인공지능 연구소와 자율주행차 부문을 설립하기도 했다)은 이렇게 말한다. "밀레니얼 세대 젊은이들 중 10퍼센트 이상은 이미 자동차를 소유하는 것보다 승차공유 서비스를 선호한다고 합니다. 하지만 아직 시작에 불과해요. 자율주행차를 이용한다면 차를 소유하는 것보다 4~5배 더 적은 돈이 듭니다. 자동차를 사는 일이 불필요할 뿐만 아니라 훨씬 비싼 선택이 되는 거죠. 제 생각에 앞으로 10년 안에 인간이 직접 차를 운전하기 위해서는 특별한 허가를 받아야 하는 시대가 찾아올 겁니다."

소비자 입장에서 이런 변화가 가져다주는 혜택은 적지 않을 것이다. 대부분의 미국인은 편도 기준으로 하루 30분 내외의 시간을 지루한 통근으로 허비한다. 하지만 로봇이 운전대를 잡는 자율주행차는 침실, 회의실, 극장 등 그 어떤 용도로도 활용이 가능하다. 만일 그런 일이 가능하다면 일터와 집이 멀어도 전혀 문제가 되지 않을 것이다. 도심에서 멀리 떨어진 곳에서는 더 적은 돈으로 더 좋은 집을 구할 수 있다. 자동차 구매를 포기한다면 차고를 여분의 침실로 개조하고 차량 진입로를 장미 꽃밭으로 만들 수 있다. 그리고 차에 기름을 넣을 필요도 없다. 모든 자동차는 전기로 움직이며 밤중에 알아서 스스로 충전을 한다. 더 이상 주차 공간을 두고 남들과 씨름할 필요도 없으며, 주차위반 딱지를 받고 짜증을 낼 이유도 없을 것이다. 속도위반 벌금 고지서가 날아올 일도 없어지고, 음주운전이라는 말도 사라질 것이다. (단, 시와 정부 입장에서는 세금 수입이 줄어들 가능성이 크다.)

이런 모든 현상은 우리의 삶을 엄청나게 바꾸겠지만 이 혁신이 가져올 가장 큰 두 가지 변화에는 비할 바가 못 된다. 첫째, 무료화, 즉 돈이 들지 않는다. 로봇이 운전하는 자율주행차 승차공유 서비스는 개인이 자동차를 직접 소유하는 비용에 비해 80퍼센트 이상 저렴하다.[33] 둘째, 시간이 절약된다. 미국인들은 자신이 매일 소비하는 평균 50.8분의 지루한 왕복 통근시간에 수면, 독서, 트위터, 섹스 등 무슨 일이든 할 수 있게 될 것이다.[34]

기존의 대형 자동차업체들, 특히 '서비스를 위한 자동차'가 아니라 '소유를 위한 자동차'를 만들어온 전통적인 기업들 입장에서 이런 발전은 악몽의 시작이라고 해도 과언이 아니다. 2019년 기준으로 세계에 존재하는 자동차 브랜드는 100개가 넘는다.[35] 하지만 기하급수적인 기술 발전이 이루어질 향후 10년 동안 자동차 산업 분야에서는 대규모의 업계 통합이 발생할 수밖에 없을 것이다.

자동차 업계의 통합이 필연적인 이유는 무엇보다 자동차의 낮은 이용률 때문이다. 오늘날 자동차를 소유한 소비자가 차량을 운행하는 평균 시간은 전체 시간의 5퍼센트에도 미치지 못한다.[36] 더욱이 성인이 두 명 이상 포함된 미국의 가정은 평균 두 대 이상의 자동차를 보유하고 있다.

반면 자율주행차 한 대는 적어도 다섯 가정을 대상으로 승차공유 서비스를 제공하는 일이 가능할 것이다. 이 숫자가 얼마나 정확한지에 관계없이, 앞으로 자율주행차의 운행 효율성으로 인해 신규 자동차 생산에 대한 시장의 수요가 대폭 감소할 거라는 사실만은 분명하다.

업계 통합을 촉진할 두 번째 요인은 기능적 차원의 문제다. 자율주행차 승차공유 시장에서는 가장 많은 운행 데이터를 수집하고 가장 많은 자동차를 보유한 기업이 고객에게 짧은 대기 시간과 저렴한 운송비를 제공할 수 있다. 이 시장에서 소비자의 선택을 좌우하는 두 가지 가장 큰 요인은 신속성과 가격 경쟁력이다. 그 회사가 어떤 브랜드의 자동차로 서비스를 제공하느냐는 별로 중요한 문제가 아니다. 만일 차량이 깨끗하고 쾌적하기만 하다면 소비자들은 자신을 태우러 온 자동차가 어떤 브랜드인지 신경 쓰지 않을 것이다. 마치 오늘날 우리가 우버나 리프트를 이용할 때와 비슷한 상황이다. 고객에게 만족스러운 서비스를 제공하기 위해서는 서너 종류의 차량이면 충분하다. 그러므로 수많은 자동차 기업은 멸종의 위기에 빠져들게 되고 이에 따라 업계의 대규모 통합이 뒤따를 것이다.

충격을 받는 것은 자동차 기업뿐만이 아니다. 오늘날 미국 전역에 존재하는 주차장은 50만 개에 달한다.[37] MIT 도시계획학과의 에란 벤 조셉 Eran Ben-Joseph 교수가 최근에 발표한 연구에 따르면 미국의 대도시 상당수는 전체 도시 면적의 3분의 1 이상을 주차장으로 사용한다고 한다.[38] 만일 이 '서비스 전용'의 자율주행차가 '주차장을 필요로 하는' 기존의 자동차를 대체한다면 수많은 주차장 부지가 다른 용도로 바뀌면서 상업용 부동산 시장이 대규모 활황을 맞게 될지도 모른다. 물론 그 주차장 중 일부는 비행자동차를 위한 스카이포트로 사용될 것이다. 어떤 경우든 앞으로 10년이 지나면 교통의 세계는 지금과 완전히 다른 모습으로 변할 가능성이 크다. 테슬라의 설립자 일론 머스크Elon Musk가 울화통을 터뜨린 후에 벌어진 일은 제외하더라도.

하이퍼루프: 가격과 속도의 혁명

라스베이거스 외곽의 적막한 사막 한쪽에는 최첨단의 트랙이 공중을 가로지르고 있다. 선로 위에 놓인 유선형의 매끈한 은빛 열차가 살짝 진동하며 움직이기 시작한다. 그냥 움직이는 정도가 아니라, 1초도 채 안 되는 시간에 시속 160킬로미터를 기록한다. 그리고 10초 후에는 버진 하이퍼루프원 디벨롭먼트 트랙Virgin Hyperloop One Development Track 위를 시속 390킬로미터의 속도로 쏜살같이 질주한다. 만일 이 트랙이 계속 이어진다면(언젠가는 그렇게 되리라 확신한다), 이 초고속 열차는 승객이 시트콤 한 편을 보는 사이 로스앤젤레스에서 샌프란시스코까지 단숨에 도달할 것이다.

하이퍼루프를 최초로 고안한 사람은 일론 머스크다.[39] 그동안 교통 혁신에 관해 많은 아이디어를 세상에 내놓은 그는, 언젠가 이 산업에 자신의 발자취를 남기겠다고 마음먹었다. 우리는 앞서 저술한 책《볼드》에서 머스크가 자신의 야망을 이루기 위해 처음 시도한 두 가지 사업을 살펴봤다. 하나는 스페이스X SpaceX라는 로켓 회사이며 또 하나는 전기자동차 기업 테슬라 모터스다. 스페이스X는 민간 우주개발을 위해 상업적인 용도로 우주선을 발사하면서 한때 인간의 환상에 불과했던 일을 수십억 달러 가치의 산업으로 바꾸는 데 기여했다. 또한 테슬라의 명성이 하늘로 치솟자 한때 전기자동차에 무관심했던 주력 자동차 기업들도 기존의 입장을 바꾸어 휘발유 자동차를 서서히 퇴출시키고 전기차로 대체하는 수순에 돌입하지 않을 수 없게 됐다.

두 회사는 일론 머스크가 분노를 표출하기 전부터 이미 성장가도를 달리는 중이었다.

2013년, 캘리포니아 주 의회는 로스앤젤레스와 샌프란시스코 사이에 상습적으로 발생하는 통근시간 정체를 줄이기 위해 680억 달러를 들여 역사상 가장 비싸고 느린 고속열차를 만들겠다고 발표했다. 머스크는 분통을 터뜨렸다. 그의 생각에 열차의 속도는 너무 느린 반면 비용은 지나치게 비쌌다. 그는 테슬라 및 스페이스X의 엔지니어들과 함께 자기부상 원리를 이용해 진공튜브 안을 시속 1,200킬로미터의 속도로 이동하는 '하이퍼루프'라는 초고속 교통수단에 대한 58페이지 분량의 백서를 작성했다. 만일 이 기술이 성공적으로 현실화된다면 하이퍼루프는 캘리포니아 주를 35분 만에 가로지를 수 있게 될 것이다. 이는 상업용 제트여객기보다 빠른 속도다.

머스크 이전에 이 아이디어를 생각해낸 사람이 없었던 것은 아니다. 오래전부터 공상과학에 빠진 많은 사람이 저압 튜브 속을 초고속으로 질주하는 열차에 대한 환상을 품었다. 1909년 로켓공학의 개척자 로버트 고다드Robert Goddard는 하이퍼루프와 비슷한 진공열차의 개념을 내놓았다.[40] 또 과학기술 전문 싱크탱크 랜드연구소Rand Corporation는 1972년 지하를 초음속으로 달릴 수 있는 열차로 이 개념을 확장했다.[41] 하지만 하이퍼루프 사업에 있어서도 공상과학을 현실 과학으로 바꾸기 위해서는 비행자동차의 경우처럼 다양한 종류의 융합이 필요했다.

첫 번째 융합은 기술보다는 사람들을 규합하는 과정에서 발생했다. 2013년 1월, 일론 머스크와 셔빈 피셔바Shervin Pishevar라는 벤처투자가는 인도주의적 봉사 활동을 하러 쿠바로 가는 길에 같은 비행기를 탔다가 하이퍼루프에 대한 대화에 빠져들었다.[42] 피셔바는 머스크가 엄청난 기회라고 주장한 이 사업의 장래성을 확신했다. 머스크는 캘리포니아 주의 결정에 분노해 하이퍼루프에 관한 백서를 작성하기도 했지만 당시 또 다른 회사를 설립하기에는 너무 바쁜 상태였다. 피셔바는 머스크의 지원을 등에 업고 자신이 직접 이 일에 뛰어들기로 결심했다. 그는 하이퍼루프 원Hyperloop One이라는 회사를 창업하고 이 책의 저자 피터 디아만디스, 오바마 행정부의 백악관 수석보좌관 출신 짐 메시나Jim Messina, 기술 기업가 조 론스데일Joe Lonsdale과 데이비드 삭스David Sacks 등을 초대 이사회 멤버로 영입했다. 몇 년 후 영국의 대기업 버진 그룹Virgin Group도 이 사업에 투자자로 참여하면서 버진 그룹의 회장 리처드 브랜슨Richard Branson이 이사회 의장으로 선임됐다. 그렇게 만들어진 회사가 바로 버진 하이퍼루프원 Virgin Hyperloop One이다.

나머지 융합은 물론 기술의 영역에서 이루어졌다. 하이퍼루프원의 공동설립자 겸 최고기술책임자 조시 지겔Josh Giegel은 이렇게 말한다. "하이퍼루프가 존재할 수 있는 이유는 전력전자power electronics 기술, 컴퓨터 모델링, 재료과학, 3D 프린팅 등이 급속도로 발전했기 때문입니다. 컴퓨터의 능력이 고도로 발전한 덕분에 우리는 클라우드 컴퓨팅 환경에서 하이퍼루프를 시뮬레이션함으로써 시스템 전체의 안전성과 신뢰성을 테스트할 수 있게 됐습니다. 또한 전자기 시스템부터 대형 콘크리트 구조물까지 제작할 수 있는 3D 프린팅 기술이 제조의 혁명을 일으킨 덕분에 가격과 속도 측면에서 게임의 판도를 바꾸는 일이 가능했습니다."[43]

그 융합으로 인해 오늘날 지구상 전역에는 10여 개의 대형 하이퍼루프원 프로젝트가 다양한 단계에 걸쳐 개발이 진행 중이다. 이 사업이 현실화된다면 시카고에서 워싱턴 D.C.까지 35분, 인도의 푸네에서 뭄바이까지 25분이면 이동이 가능하다. 지겔은 이렇게 말한다. "하이퍼루프는 2023년에 정부의 승인을 받는 것을 목표로 하고 있습니다. 2025년이 되면 다수의 프로젝트가 건설 중일 것이며, 일부 노선은 이미 승객을 태우고 시범운행을 하고 있을 겁니다."

그러니 우리 앞에 놓인 이 환상적인 시간표를 생각해보라. 2020년에는 자율주행차가 운행을 시작하고 2023년에는 하이퍼루프가 승인을 받으며 항공 승차공유 서비스도 등장할 것이다. 2025년쯤에는 휴가를 떠나거나 일하러 간다는 말이 완전히 새로운 의미로 바뀔 것이다. 하지만 머스크의 꿈은 이제 시작일 뿐이다.

보링 컴퍼니와 우버의 콜라보

일론 머스크는 로스앤젤레스의 벨에어Bel Air라는 지역에 거주한다. 이곳에서 스페이스X의 사무실이 있는 호손Hawthorne까지는 약 27킬로미터 거리다. 교통 사정이 최고로 좋은 날에는 출근 시간이 35분 정도 걸린다. 하지만 2016년 12월 17일(공교롭게도 이날은 라이트 형제가 최초로 비행에 성공한 기념일이기도 하다)은 최고의 날이 아니었던 듯하다. 자동차로 꽉 막힌 405번 고속도로 위에서 머스크의 참을성은 거의 한계에 도달했다. 그는 트위터에 다음과 같이 썼다.[44]

@elonmusk - "교통정체가 나를 미치게 만든다. 아무래도 터널을 굴착하는 기계를 만들어 땅을 파기 시작해야 할 것 같다."

@elonmusk - "땅을 팔 회사의 이름은 '더 보링 컴퍼니'The Boring Company라고 해야겠다."('보링'은 구멍 뚫는 작업을 의미하는 말—옮긴이)

@elonmusk - "이 회사의 일은 땅을 파는 것이다."

@elonmusk - "정말 이 일을 시작해야겠다."

결국 그는 자신이 쓴 글을 실천에 옮겼다.

그로부터 8개월이 지난 2017년 7월 20일, 아폴로 우주선이 달에 착륙한 기념일에 머스크는 트위터에 다시 이런 글을 작성했다. "방금 보링 컴퍼니가 뉴욕-필라델피아-볼티모어-워싱턴 D.C.를 잇는 하이퍼루프 터널 공사에 착수하는 데 대한 구두 승인을 정부로부터 받았음. 뉴욕에서 워싱턴 D.C.까지 29분에 주파 예정." 2018년 봄, 보링 컴퍼니는 머스크가 사재를 털어 투자한 돈 1억 1,300만 달러를 들고 말 그대로 '보링'을 시작했다.[45] 그들은 워싱턴 D.C.와 뉴욕 양쪽 끝에서 동시에 터널 굴착을 시작했으며, 메릴랜드에서 시작되는 16.6킬로미터 구간(나중에 양쪽을 연결하게 될 구간)의 공사도 함께 착수했다. 이 터널은 '하이퍼루프 호환용'(즉, 하이퍼루프 열차를 수용할 수 있는 시설이라는 의미)으로 설계됐지만 첫 단계로 중간 속도의 열차를 먼저 가동할 예정이다. 최초로 운행을 시작하게 될 열차의 속도는 시속 240킬로미터 정도가 될 것이며, 머스크가 제안했던 1,200킬로미터를 달성하려면 아직 갈 길이 멀다.

이 회사는 또 라스베이거스의 컨벤션 센터 지하를 누비게 될 정류장 세 개짜리 지하철 공사 계약을 맺었다.[46] 거리가 너무 짧기 때문에 비록 하이퍼루프를 운행하지는 못하지만 이는 보링 컴퍼니가 처음으로 돈을 받고 수주한 공사로 기록됐다. 또한 이 회사는 전통적인 굴착 장비로 땅을 파기 시작했으나 머스크는 테슬라에서의 경험을 바탕으로 기존의 제품보다 성능이 3배나 강력한 전기식 굴착기를 설계해냈다.[47]

하이퍼루프가 실제로 가동될 때는 우리가 이 장에서 살펴본 모든 혁신적 제품이 함께 서비스에 참여하게 될 거라는 사실도 기억할 필요가 있다. 하이퍼루프 열차가 목적지(보링 컴퍼니가 건설한 역)에 진입하기 몇 분전, 인공지능 기반의 우버 항공 승차공유 비행자동차나 역시 인공지능이 운전하는 웨이모의 자율주행차들은 역으로 쏟아져 들어가 열차에서 내리는 승객들을 태우고 다음 목적지로 향할 것이다. 그러나 만일 이 정도속도의 교통수단으로도 성이 차지 않는 소비자들이 있다면, 조만간 또다른 선택지를 기대해도 좋을 듯하다.

로켓: 미국에서 호주까지 30분

머스크는 자율주행차나 비행자동차 그리고 초고속 열차 등도 아직 부족하다고 생각한 모양이다. 2017년 9월의 어느 날, 호주 애들레이드에서 개최된 국제우주대회International Astronautical Congress의 연설자로 나선 그는 이코노미 클래스 항공요금 정도로 '지구상 어느 곳으로든 한 시간 내 이동이 가능한' 로켓을 개발하겠다고 약속했다.[48]

머스크는 행사장에 운집한 5,000명이 넘는 항공우주 업계의 임원들과 정부 관료들을 상대로 진행한 기조연설의 끝부분에 이런 놀라운 약속을 했다. 원래 그날 머스크가 행한 연설의 주된 내용은 인간을 화성에 데려갈 수 있도록 스페이스X가 설계한 스타쉽Starship 로켓의 개발 현황 보고였다. 하지만 그가 다른 행성으로 이동을 위해 개발한 자신의 로켓을 지구의 승객들에게 제공하겠다고 선언하는 장면은, 스티브 잡스Steve Jobs가 신제품 발표 마지막 부분에 항상 덧붙이던 말을 생각나게 했다. "잠깐, 잠깐만요. 아직 한 가지가 더 남았습니다."

스타쉽의 비행 속도는 시속 2만 8,000킬로미터가 넘는다. 초음속 여객기 콩코드조차 명함을 내밀지 못하는 속도다. 이것이 무엇을 의미하는지 생각해보라. 뉴욕에서 상하이까지 39분. 런던에서 두바이까지 29분. 홍콩에서 싱가포르까지 22분이면 충분하다는 말이다. 이를 마다할 사람이 있을까?

그렇다면 스타쉽은 얼마나 현실성이 있나?

"아마 앞으로 3년이면 기술적으로는 어느 정도 완성되어 세상에 선보일 수 있을 거라고 예상합니다." 머스크는 이렇게 설명했다. "하지만 비행기 수준의 안전성을 확보하는 데는 시간이 더 걸릴 거예요. 쉽지 않은 목표거든요. 항공 서비스는 매우 안전한 교통수단입니다. 비행기에 타고 있으면 집처럼 편안하잖아요."

세상에 로켓을 선보이겠다는 그의 계획은 예정대로 착착 진행 중이다. 2017년 9월, 머스크는 자기 회사가 보유한 팔콘9Falcon9과 팔콘 헤비Falcon Heavy 두 로켓을 2020년대 안에 단종시키고 스타쉽 기종으로 대체하겠다고 발표했다.[49] 그로부터 1년 후, LA 시장 에릭 가세티Eric Garcetti는 스페이스X가 LA 항구 근처의 7만 3,000제곱미터의 땅에 로켓 제조 설비를 건설할 계획이라고 발표했다.[50] 그리고 2019년 4월, 더욱 의미 있는 진보가 이루어졌다. 첫 번째 로켓이 시험 비행에 돌입한 것이다.[51] 이제 향후 10년 내외에는 '유럽에 점심식사를 하러 간다'는 말이 일상적인 대화의 일부분을 차지할지도 모른다.

융합기술이 만들어낼 충격파

이제 우리 자신의 이야기를 좀 해보자. 앞으로 10년이 채 지나기 전에 앞서 이야기한 교통혁명이 발생하면서 우리 삶의 많은 측면에 커다란 변화가 일어날 것이다. 그때가 되면 사람들은 어디에서 살고 어떤 곳에서 일을 할까? 얼마나 많은 여가 시간을 즐길 수 있을까? 그 시간을 어떻게 보내게 될까? 도시의 모습은 어떨까? 젊은이들은 '지역'에서 어떤 상대와 데이트를 하게 될까? 우리 '지역' 학교의 인구학적 구성은 어떻게 변할까? 당신이 궁금한 점은 끝도 없을 것이다.

이제 그 '끝없는 궁금증'을 구체적으로 형상화해보자. 책을 덮고 눈을 감아보라. 그리고 당신 자신에게 물어보라. 교통수단의 급속한 발전에 따라 나의 삶은 어떻게 변할까? 일단 주변의 사소한 일부터 시작해 당신의 하루를 상상해보라. 어떤 심부름을 하고, 어떤 종류의 매장을 찾게 될까?

그런데 당신의 예상이 정말 들어맞을까?

이 질문이 의아하게 들릴지 모르지만 이런 식으로 한 번 생각해보자. 2006년 소매 산업이 한창 붐을 일으키고 있을 때 시어스Sears의 기업 가치는 143억 달러, 타깃Target은 382억 달러 그리고 월마트Walmart는 1,580억 달러였다. 반면 당시 새롭게 떠오르던 온라인 소매점 아마존의 가치는 175억 달러였다.[52, 53, 54, 55] 그런데 10년이 지난 지금, 상황이 어떻게 바뀌었을까?

그동안 소매 기업들은 많은 어려움을 겪었다. 2017년이 되자 시어스는 94퍼센트의 기업 가치를 날려버리면서 그해 연말 고작 9억 달러로 주저앉았다. 그리고 곧바로 파산했다. 타깃은 형편이 좀 나아서 그해를 550억 달러로 마감했다. 그중 가장 훌륭한 경영 실적을 거둔 월마트는 2,439억 달러로 상승했다. 그런데 아마존은 어떻게 됐나? '세상의 모든 것을 판다'고 자부하는 이 기업은 그해 말 무려 7,000억 달러를 기록했다.[56] 돌이켜보면 당신의 삶은 아마존으로 인해 어떤 형태로든 분명히 달라졌을 것이다.

아마존이 우리의 삶을 바꾼 이유는 이 회사가 소비자들에게 우편 주문용 카탈로그를 보내는 방식에서 벗어나 인터넷이라는 새로운 기술을 사용했기 때문이다. 앞서 말한 대로 미래에는 기하급수적으로 발전하는 기술들이 서로 융합하고 여러 개의 시장이 합쳐지면서 인류 앞에 교통수단의 놀라운 혁신이 찾아올 것이다. 그러나 그 결과 우리의 삶에 어떤 변화가 닥쳐올지 상상하기는 그렇게 쉬운 일이 아니다.

앞날을 예상하는 것은 누구에게도 만만치 않은 작업이다. 연구에 따르면 어떤 사람이 자신의 앞날을 예측하는 순간 그의 두뇌를 기능적 자기공명영상fMRI으로 찍으면 내측 전두엽피질의 기능이 멈춘다는 사실이 밝혀졌다.[57] 이 부위는 인간이 자기 자신에 대해 생각할 때 늘 활발하게 움직이는 곳이라고 한다. 하지만 다른 사람에 대해 생각할 때는 반대의 상황이 벌어진다. 다시 말해 내측 전두엽피질의 활동이 감소하는 것이다. 그리고 전혀 모르는 남을 생각할 때 이 부위의 움직임은 더욱 줄어든다.

따라서 우리가 미래의 나 자신을 생각하면 내측 전두엽피질이 활성화될 것 같지만, 사실은 정반대다. 오히려 이 부위가 기능을 멈추기 시작하는 것이다. 그 말은 우리의 두뇌가 미래의 나 자신을 이방인으로 대한다는 뜻이다. 그리고 먼 미래를 생각할수록 우리 자신은 더욱 낯선 사람이 되어버린다. 앞에서 교통혁명이 나의 미래를 어떻게 바꿀 것인지에 대한 질문을 받았을 때, 당신이 상상한 자신의 모습은 사실 당신이 아닌 셈이다. 우리가 현재를 희생하고 돈을 절약해서, 은퇴 후 집에서 뜨개질을 하거나 잔디를 깎으며 느긋하게 지내는 삶을 준비하는 일이 극히 어려운 이유는 이 때문이다. 인간의 두뇌는 검소한 생활이라는 힘든 선택을 하는 사람과 나중에 그 선택의 혜택을 받게 될 사람을 전혀 다른 타인으로 인식한다.

당신은 이 장을 읽으며 우리 앞에 얼마나 숨 막히는 변화가 펼쳐질지 예측하는 데 어려움을 겪었을 것이다. 아마 당신의 견해는 "그런 말도 안 되는 일이 일어날 리가 없어." 또는 "와, 정말 대단한 일이 벌어질 게 분명해." 같은 반응 사이의 어디쯤 존재할 것이다. 물론 당신만 그런 게 아니다. 그러다 보니 우리의 국지적이고 선형적인 두뇌의 한계성을 바탕으로 이 글로벌화되고 기하급수적으로 발전하는 세계를 정확하게 예측하는 일은 엄청나게 어려운 작업일 수밖에 없다. 인간은 신체에 내재된 신경생물학적 특성으로 인해 평범한 환경 속에서도 곧 닥칠 일을 예측하는 데 어려움을 겪는다.

더구나 우리 앞에 놓인 환경은 결코 '평범하지' 않다. 엄청난 속도로 발전하는 수많은 기술이 서로 융합하고 있을 뿐 아니라, 그 기술들이 만들어낸 충격파가 2차적인 변화의 세력을 촉발하고 있기 때문이다. 인류가 더 많은 정보, 돈, 도구 등을 얻게 되는 일부터 생산성의 놀라운 향상과 인간 수명의 획기적인 연장까지 다양한 영역에 걸친 변화의 물결이 우리 앞에 몰려오고 있다. 이 변화의 쓰나미가 또 다른 변화를 부르고 기술 발전의 가속화가 더욱 가속되면서 향후 닥쳐올 파괴의 속도와 규모가 급격히 증가하는 것이다.

이는 좋은 소식이면서 동시에 나쁜 소식이기도 하다.

나쁜 소식인 이유는 새로 개발될 기술들이 불러올 급격한 변화에 적응할 수 있는 우리의 '능력'이 부족하기 때문이다. 많은 연구 결과에 따르면 인공지능과 로봇공학의 융합에 따라 미국에서는 향후 수십 년에 걸쳐 인간 노동력의 상당 부분이 위협받게 될 거라고 한다.[58] 수천만 명의 노동자가 세상이 변화하는 속도와 보조를 맞추기 위해 재교육 및 재훈련을 받아야 하는 처지에 놓일 것이다. 하지만 그 현상의 이면에 좋은 소식도 전혀 없지는 않다.

특정 기술이 기하급수적인 속도로 발전할 때마다, 거기에는 적어도 인터넷이 세상을 뒤바꾼 것만큼의 규모와 강도에 해당하는 기회가 내재되어 있다. 말이 나왔으니 인터넷 자체에 대해 생각해보자. 맥킨지 글로벌 리서치McKinsey Global Research의 연구에 따르면, 그동안 인터넷은 수많은 산업(음악, 미디어, 소매업, 여행업, 택시 등등)을 곤경에 몰아넣었지만 인터넷 때문에 한 개의 직업이 사라질 때마다 2.6개의 새로운 직업이 등장했다고 한다.[59]

다음 10년 동안에는 수십 개의 산업 분야에서 이런 종류의 기회가 새롭게 생겨날 것으로 예상된다. 그 결과 우리가 방금 벤치마크의 대상으로 삼은 인터넷 영역처럼 과거 한 세기 동안 인류가 쌓아올린 부富를 훨씬 능가하는 금전적 가치가 향후 10년 안에 창출될 것이다. 지난 몇 십 년은 많은 사업가들에게 환상적인 기회를 가져다준 시대였다. 예전에는 투자자가 신생 기업들에게 종자돈을 투자하는 데도 몇 년씩 걸리기 일쑤였지만, 최근에는 단 몇 분이면 충분하다. 또 과거에는 새롭게 탄생한 회사가 유니콘Unicorn(기업 가치가 10억 달러를 넘는 비상장 스타트업―옮긴이)이 되는 과정, 즉 "내게 좋은 아이디어가 있어."라는 말이 "나는 기업 가치가 10억 달러가 넘는 회사를 운영 중이야."라는 말로 바뀌는 과정이 보통 20년 넘게 걸렸다. 하지만 오늘날에는 1년 안에 유니콘이 탄생하는 경우도 수두룩하다.

유감스럽게도 기존의 기업들은 이런 시대의 흐름을 쫓아가는 데 어려움을 겪을 수밖에 없다. 우리에게 익숙한 대기업이나 정부 기관은 이전 세기에 '안전'과 '안정성'을 목표로 설계된 조직들이다. 말하자면 그 조직들의 존재 이유는 현재 상태의 지속 그 자체일 뿐이다. 그 기업이나 기관들은 이 급격한 변화를 견딜 수 있는 방식으로 구축되어 있지 않다. 예일 대학교의 리처드 포스터Richard Foster 교수에 따르면《포춘》500대 기업의 40퍼센트 이상이 향후 10년 안에 사라지거나 우리에게 생소한 기업으로 대체될 거라고 한다.[60]

사회 제도 역시 마찬가지다. 현재 우리가 가동 중인 교육 시스템은 아이들에게 장차 공장에서 일하는 노동자로서의 삶을 준비시키려는 목적으로 설계된 18세기의 발명품이다. 하지만 이제는 세상이 완전히 달라졌다. 오늘날의 교육 시스템은 시대적인 요구를 반영하는 일에 완전히 실패하고 있다. 이런 제도적 문제는 비단 교육뿐만이 아니다.

요즘 이혼율이 그토록 높은 이유가 무엇일까? 중요한 원인 중 하나는 결혼이라는 제도가 4,000년 전에 만들어졌기 때문이다. 그때는 사람들 대부분이 10대의 나이에 결혼을 하고 40세 전에 죽었다. 다시 말해 남녀 간의 '약속'이 20년 정도 지속될 거라는 전제하에 결혼이라는 제도가 설계된 것이다. 하지만 오늘날에는 의료기술의 발전과 인간수명의 증가로 인해 부부가 50년 넘게 같이 살아가는 일이 보통인 세상이 되어버렸다. '죽음이 두 사람을 갈라놓을 때까지'라는 결혼식의 맹세가 전혀 다른 숫자를 의미하는 시대가 된 것이다.

따라서 우리에게 가장 중요한 것은 미래에 어떤 일이 닥칠지 예측하고 그 변화에 신속하게 대처할 수 있는 능력이다. 제3부로 구성된 이 책이 독자 여러분에게 전달하고자 하는 메시지가 바로 그것이다.

제1부에서는 기하급수적 성장의 곡선 위에 놓인 아홉 가지 주요 기술 영역을 탐구하고, 각각의 기술이 현재 어떤 위치에 놓였고, 어떤 목표를 향하고 있는지 살펴본다. 또한 기술의 발전이 만들어낼 2차적 동력(우리는 이를 '기술적 충격파'라 부른다)들을 예측해보고 그 동력들로 인해 세상의 변화가 얼마나 더 가속화되고 인류에게 닥칠 충격의 규모가 어떻게 확대될지 알아본다.

제2부에서는 여덟 개의 핵심 산업 분야에 초점을 맞춰 융합기술들이 우리의 삶을 어떻게 바꾸고 있는지 이야기한다. 교육이나 엔터테인먼트 산업의 미래부터 의료나 기업 현장에서 이루어질 변화에 대한 예측을 통해 미래에 대한 청사진을 제시하고 우리 사회에 다가올 거대한 변화의 물결에 대한 나침판을 제공한다. 또한 그 물결을 타고 미래를 항해하는

데 관심을 지닌 사람들에게 일종의 교본을 보여주려고 한다.

제3부에서는 좀 더 거시적인 시각에서 우리가 이루어낼 발전이 환경, 경제 그리고 인류의 존재에 어떤 위협을 가할 것인가를 살펴보고자 한다. 그리고 우리의 시야를 향후 10년에서 다음 세기까지 확장해 인류가 겪게 될 다섯 갈래의 거대한 이주, 즉 경제적 동기로 인한 이동, 기후의 변화에 따르는 탈출, 가상 세계의 탐구, 우주의 식민지화, 인간의 두뇌를 서로 연결해서 집단지성을 도출하는 하이브 마인드hive mind 등에 대해 탐구해볼 예정이다.

하지만 이야기를 시작하기 전에 (스티브 잡스가 즐겨하던 말처럼) 잠깐, 잠깐만 기다려 달라. 아직 한 가지가 더 남았다.

아바타: 이동이 필요 없어지는 세상

서기 2028년, 당신은 오하이오 주 클리블랜드의 집에서 아침을 먹는다. 식사를 마친 후 아이에게 뽀뽀를 하고 문을 나선다. 오늘은 뉴욕 시내에서 회의가 있는 날이다. 당신의 스케줄을 파악하고 있는 인공지능 비서는 이미 우버 자율주행차를 호출해놓았다. 집 밖으로 걸어 나가자 자동차가 진입로로 미끄러져 들어온다.

자동차를 기다린 시간은? 10초 미만이다.

인공지능 비서는 당신이 착용한 수면센서 덕분에 지난 밤 당신이 충분히 잠을 자지 못했다는 사실을 알고 있다. 자동차에 탑승한 시간은 잠시 눈을 붙이기에 완벽한 기회다. 우버의 자율주행차는 뒤로 완전히 젖혀지는 의자와 쾌적한 시트를 제공한다.

자동차인지 침대인지 모를 차량은 당신을 인근의 하이퍼루프 역으로 데려다준다. 이제 한결 머리가 맑아진 당신은 초고속 열차에 몸을 싣고 시내로 향한다. 그리고 클리블랜드 시의 어느 고층 건물 옥상에서 우버 엘리베이트 비행자동차를 타고 맨해튼의 메가 스카이포트까지 단숨에 날아간다. 승강기를 타고 1층에 도착하니 또 다른 우버 자율주행차가 당신을 태우고 월스트리트의 회의 장소까지 이동시켜준다. 집을 떠난 후에 걸린 시간을 다 합하면 59분 정도다.

컴퓨터 전문가들의 용어를 빌리자면, 이것이 '패킷 교환 방식(디지털 신호를 작은 단위로 정리하여 수신처 등의 정보와 함께 전송하는 데이터 통신 방식─옮긴이) 인간'의 미래다. 즉, 당신이 선호하는 우선순위(속도, 안락함, 비용 등)를 선택하고 출발지와 목적지를 명시해서 서비스를 주문하면 시스템이 나머지 일을 다 알아서 처리하는 것이다. 수선을 떨 필요도 세부 사항을 놓칠 염려도 없으며 만일의 경우에 대비한 예비 선택지도 항상 존재한다.

잠깐, 또 한 가지가 남았다.

우리가 이제껏 살펴본 새로운 교통수단들이 전통적인 운송 산업을 곤경에 빠지게 할 것은 분명하지만 저 멀리 수평선에서 인간의 이동이라는 개념 자체를 파괴해버릴 또 다른 기술이 서서히 모습을 드러내는 중이다. 만일 당신이 A에서 B로 이동하는 데 있어 몸을 움직이지 않아도 되는 시대가 찾아온다면 어떨까? 캡틴 커크(영화 〈스타트랙〉에 등장하는 우주선 함장의 이름─옮긴이)의 대사처럼 "스코티, 내게 이동광선을 쏴줘."라고 이야기하는 것으로 이동이 가능하다면 어떤 일이 벌어질까?

〈스타트랙〉의 순간이동까지는 아니지만, 우리에게는 '아바타'라는 세계가 존재한다. 제2의 자기 자신이라 할 수 있는 아바타는 대체로 다음 두 가지 방식으로 활용될 수 있을 것이다. 디지털 버전의 아바타가 등장한 지는 이미 20여 년이 지났다. 원래 컴퓨터 게임 산업에서 시작된 아바타는 세컨드라이프Second Life 등의 가상 세계 사이트나 〈레디 플레이어 원〉 같은 블록버스터 영화를 통해 대중화됐다. 당신이 가상현실 헤드셋을 착용하면 이 기계는 당신의 눈과 귀를 다른 장소로 이동시키고, 당신이 사물을 만질 때 발생하는 촉감을 일단의 촉각 센서haptic sensor를 통해 전달한다. 그러면 당신은 가상의 세계로 진입해 자신의 아바타로 변하는 것이다. 당신이 실제 세계에서 어떤 동작을 취하면 아바타도 가상 세계에서 같은 동작을 한다. 당신은 이 기술을 사용해 집의 거실에 편안히 앉아 마치 회의장에 있는 것처럼 청중을 상대로 강의를 할 수 있다. 공항으로 이동할 필요도 없고, 비행기로 나라를 가로질러 날아가지 않아도 되며, 콘퍼런스 센터까지 다시 차를 타고 이동해야 할 이유도 없다.

두 번째 형태의 아바타는 로봇이다. 자신과 비슷하게 생긴 로봇을 마음대로 부릴 수 있는 세상을 상상해보라. 도심에서 먼 지역에 거주하는 사람은 마치 자동차 승차공유 서비스를 이용하듯 로봇을 분 단위로 임대하거나 아니면 여분의 로봇 아바타를 나라 전체의 이곳저곳에 배치해놓을 수 있을 것이다. 사용자는 가상현실 고글을 쓰고 촉각 수트haptic suit를 착용하는 것만으로 자신의 감각을 그 로봇에게 전송해서 필요한 업무를 처리할 수 있다. 그러면 집을 떠나지 않고도 로봇을 사용해 거리를 걷고 악수를 하고 기타 여러 가지 일을 해낼 수 있게 될 것이다.

앞서 이야기한 다른 기술들과 마찬가지로 이 분야 역시 현실화될 날이 그리 머지않았다. 2018년 일본의 항공사인 전일본공수All Nippon Airways, ANA는 로봇 아바타의 개발을 촉진할 목적으로 아나 아바타 엑스프라이즈ANA Avatar XPRIZE라는 공모 대회에 1,000만 달러를 투자했다.[61] 그 목적이 무엇일까? 이 회사는 로봇 아바타의 등장이 항공 산업(즉, 자신들이 종사하는 산업)에 커다란 충격을 가져오리라는 사실을 잘 알고 있으며 그런 시대에 대비하고 싶었기 때문이라고 한다.

좀 다른 각도에서 생각해보자. 사람들에게 자동차를 직접 소유하도록 만드는 산업은 지난 한 세기 동안 줄곧 승승장구했다. 자동차 제조 산업이 승차공유 서비스라는 최초의 위협과 맞닥뜨린 지는 10년밖에 되지 않았다. 하지만 승차공유 모델이 세상을 지배할 날도 앞으로 10년을 넘지 않을 것이다. 이미 자율주행차가 승차공유 서비스를 위협하고 있기 때문이다. 또한 자율주행차도 비행자동차의 등장으로 시장에서 밀려날 가능성이 있으며, 비행자동차 역시 하이퍼루프나 로켓이 나오는 순간 도태될지 모른다. 그리고 아바타도 여기에 한몫을 할 것이다. 가장 중요한 사실은 이 모든 변화가 향후 10년 안에 닥쳐오리라는 것이다.

우리의 생각보다 훨씬 빠르게 닥쳐올 미래의 세계로 당신을 초대한다.

CHAPTER 02

기술 발전이
빛의 속도를 뛰어넘다

양자 컴퓨팅: 스테로이드를 맞은 무어의 법칙

언제나 따뜻한 햇볕이 내리쬐는 캘리포니아에는 우주에서 가장 추운 장소가 존재한다.[1] 버클리 교외에 자리 잡은 거대한 창고 같은 건물 안으로 들어가면 커다란 흰색 파이프가 공중에 매달린 모습이 눈에 들어온다. 이 인공장치는 차세대 극저온 냉동시설로 온도가 절대 영도에 가까운 0.003K에 달한다(절대 영도 0K는 이론적으로 가능한 가장 낮은 온도로, 섭씨 −273.15도다. 'K'는 절대온도 측정단위로 '켈빈'이라고 읽는다. ─옮긴이).

지난 1995년, 칠레의 천문학자들은 지구에서 5,000광년 떨어진 부메랑 성운Boomerang Nebula의 내부에 1.15K의 초저온 지역이 존재한다는 사실을 발견했다.[2] 이는 우주에서 자연 상태로 발생한 가장 낮은 온도를 포착해낸 학문적 성과라 할 수 있다. 하지만 그보다 절대온도 1K가 더 낮은 이 흰색 파이프의 내부는 우주에서 가장 추운 곳이 분명하다. 양자 중첩 상태에서 큐비트를 안정적으로 유지하려면 그 정도의 극저온이 필요하기 때문이다.

잠깐, 무슨 상태에서 무엇을 유지한다고?

전통적인 컴퓨터에서 '비트'bit란 2진수로 표시되는 정보의 한 조각을 의미하며, 0 또는 1로 표시된다. 반면 '퀀텀비트'quantum bit, 또는 줄여서 '큐비트'qubit란 이 개념을 양자 컴퓨터용으로 만든 새로운 버전이라고 보면 된다. 0과 1 중 하나의 정보만을 담을 수 있는 2진법의 비트와는 달리, 큐비트는 '양자 중첩'superposition 현상을 활용해 0과 1을 동시에 표현한다. 우리가 동전을 던지면 앞면 아니면 뒷면 중 하나가 나오게 된다. 하지만 동전을 옆으로 세워 빠른 속도로 뱅뱅 돌리면 앞뒷면이 동시에 교차하는 상태가 만들어진다. 양자 중첩은 바로 이런 현상과 비슷하다. 양자 중첩 상태를 발생시키고 유지하기 위해서는 극도로 낮은 온도가 필요하다.

양자 중첩은 어마어마한 연산 능력을 창출해낸다. 기존의 컴퓨터로는 특정한 난문제를 풀기 위해 수천 번의 연산 단계를 거쳐야 하지만, 양자 컴퓨터는 두세 단계 안에 같은 문제를 해결할 수 있다. 세계 체스 챔피언 게리 카스파로프Gary Kasparov를 굴복시킨 IBM의 딥블루Deep Blue 컴퓨터는 다음에 둘 수를 검토하는 과정을 1초에 2억 번 정도 수행했다.[3] 하지만 양자 컴퓨터는 1초에 1조 번 이상의 수읽기가 가능하다. 이 거대한 흰색 파이프 안에 그런 엄청난 능력이 숨겨져 있는 것이다.

이 파이프를 운영 중인 리제티 컴퓨팅Rigetti Computing이라는 창업 6년차 기업은 기술 산업 역사상 가장 흥미로운 다윗과 골리앗의 싸움을 벌이고 있는 회사다. 현재 양자 컴퓨터 제조 경주에 뛰어들어 전통적인 컴퓨터를 대체하기 위해 노력하는 경쟁자들은 구글, IBM, 마이크로소프트 같은 기술 업계의 거물들, 옥스퍼드나 예일 등의 학문 연구기관, 미국과 중국 정부 그리고 리제티 컴퓨팅이다.

지난 2013년 이 회사를 설립한 물리학자 채드 리제티Chad Rigetti는 많은 사람의 회의론에도 불구하고 양자 컴퓨팅의 시대가 곧 열릴 것으로 확신했으며, 자신이 세상에 이 기술을 등장시키는 주역이 되리라 마음먹었다. 그는 IBM의 양자 연구원이라는 편안한 직업을 미련 없이 내던지고 회사를 설립해서 1억 1,900만 달러의 투자를 유치했다. 그리고 역사상 가장 극저온의 파이프를 만들어냈다. 그 후로 50여 개의 특허를 출원하기도 한 리제티는 앞으로 양자 컴퓨터의 능력을 더욱 강화해줄 양자 집적회로integrated quantum circuit 제조에 전념하고 있다. 리제티의 생각은 결국 옳았다. 이 기술은 우리 앞에 놓인 커다란 문제, 즉 무어의 법칙이 수명을 다해가는 문제를 해결해낸 것이다.

우리는 다음 두 장에 걸쳐 기하급수적 발전 단계에 놓인 아홉 가지 기술을 탐구해볼 예정이다. 이 기술들은 모두 지난 60년 동안 중단 없이 계속되는 무어의 법칙에 따라 발전하고 있다. 사람들은 트랜지스터의 집적도(무어의 법칙을 수치적으로 측정하는 기준)를 계산할 때 초당 부동 소수점 연산횟수, 즉 플롭스FLOPS라는 단위를 사용한다. 1956년의 컴퓨터 성능은 1만 플롭스에 불과했다. 하지만 2015년에는 무려 1,000조 플롭스로 뛰었다. 사상 유례없는 현대의 기술 발전을 가능케 한 비결은 바로 컴퓨터의 눈부신 성능 개선이었던 것이다.[4]

하지만 지난 수년간 무어의 법칙은 그 상승세가 다소 둔화되는 움직임을 보였다.[5] 물리적인 문제 때문이다. 그동안 집적회로의 성능 개선은 트랜지스터 사이의 간격을 줄여 칩 위에 더 많은 트랜지스터를 올려놓음으로써 이루어졌다. 1971년의 채널 거리channel distance, 즉 트랜지스터 사이의 간격은 1만 나노미터였다. 2000년에는 대략 100나노미터로 줄었다. 오늘날에는 이 간격이 5나노미터까지 축소됐다. 바로 이 점이 문제다. 이렇게 미세한 거리에서는 전자가 서로 넘나들면서 연산 능력을 훼손시키는 현상이 발생한다. 이 때문에 트랜지스터의 집적도에 물리적 한계가 생기게 되고, 결국 무어의 법칙이 종말을 맞을 날이 다가오고 있다는 것이다.

하지만 그런 날이 정말 오지는 않을 듯하다.

"무어의 법칙은 컴퓨터 가격 대비 성능의 가속화를 촉진한 최초의 패러다임이 아니라 다섯 번째 패러다임에 불과하다."[6] 레이 커즈와일은 '수확 가속의 법칙'에서 이렇게 썼다. "컴퓨터 장비는 지속적으로 성능이 개선되어왔다. 1890년 미국 인구센서스에서 사용된 기계식 계산기에서부터 나치의 에니그마 암호를 해독한 앨런 튜링Alan Turing(영국의 수학자, 논리학자—옮긴이)의 릴레이 기반 해독기 히드 로빈슨Heath Robinson, 아이젠하워의 당선을 예측한 CBS의 진공관 컴퓨터, 최초의 우주선 발사에 활용된 트랜지스터 기반의 전산기 그리고 내가 이 글을 쓰는 데 사용 중인 집적회로 방식의 개인용 컴퓨터까지."

커즈와일의 요점은 어떤 기술의 기하급수적 발전이 종말을 맞을 때마다 또 다른 기술이 그 자리를 대신한다는 것이다. 트랜지스터의 경우도 마찬가지다. 무어의 법칙을 지속시킬 수 있는 해결책은 이미 5~6개 정도 개발되어 있다. 첫째는 대체 소재를 사용하는 방법이다. 즉, 기존의 실리콘 회로를 탄소나노 튜브처럼 동작 속도가 빠르고 열전도율이 우수한 첨단의 물질로 교체하는 것이다. 또 트랜지스터를 3차원 공간에 입체적인 형태로 배치함으로써 회로의 표면적을 증가시키는 새로운 디자인 방식도 연구 중이다. 그리고 기능은 제한적이지만 속도가 매우 빠른 특수 칩들도 속속 모습을 드러내고 있다. 예를 들어 애플이 최근 발표한 A12 바이오닉A12 Bionic 프로세서는 인공지능 어플리케이션 전용이지만 1초당 9조 회의 연산이라는 놀라운 속도를 자랑한다.[7]

하지만 이 모든 해결책은 양자 컴퓨팅과 비교의 대상이 되지 못한다.

2002년, 1세대 양자 컴퓨터 회사 디웨이브D-Wave의 창업자 조디 로즈Gerodie Rose는 로즈의 법칙Rose's Law으로 불리는 양자 컴퓨팅 버전의 무어의 법칙을 발표했다.[8] 내용은 비슷하다. 양자 컴퓨터의 큐비트가 매년 2배로 증가한다는 것이다. 그런데 사람들은 로즈의 법칙을 '스테로이드를 맞은 무어의 법칙'이라고 부른다. 그 이유는 양자 중첩 상태의 큐비트가 트랜지스터의 2진수 비트에 비해 상상도 할 수 없는 위력을 발휘하기 때문이다. 이런 식으로 설명해보자. 성능이 50큐비트인 양자 컴퓨터의 메모리 용량은 16페타바이트다.[9] 물론 이것만 해도 엄청난 숫자다. 만일 그 컴퓨터가 아이팟이었다면 노래를 5,000만 곡 저장하고도 남을 용량이다. 하지만 여기에서 단 30큐비트를 증가시키면 완전히 다른 세상이 펼쳐진다. 만일 우리가 우주에 존재하는 모든 원자마다 하나의 비트를 부여한다면, 80큐비트 성능의 양자 컴퓨터는 우주 전체의 원자보다 더 많은 정보를 저장할 수 있는 능력을 보유하게 된다.

바로 이런 이유 때문에 우리는 양자 컴퓨팅이 본격적으로 사용되는 시대가 오면 어떤 종류의 혁신이 발생할지 정확히 알 수 없는 것이다. 현재로서는 미래의 모습을 감질나게 엿볼 수 있을 뿐이다. 일례로 화학과 물리학의 진보가 양자 컴퓨팅의 발전 위에 합류하게 되면 옥스퍼드 대학 사이먼 벤저민Simon Benjamin 교수의 말대로 "새로운 소재, 새로운 화학물질, 새로운 약품이 발견되는 황금시대"가 열리게 될 것이다.[10] 또한 인공지능 기술의 급격한 진화가 이루어지고 사이버 보안이 재구축될 것이며 극도로 복잡한 시스템도 쉽게 시뮬레이션이 가능한 시대가 찾아올 것이다.

그런데 양자 컴퓨팅이 신약 개발에 어떻게 도움을 준다는 말일까? 채드 리제티는 이렇게 설명한다. "기술의 발전은 연구 개발의 경제성을 크게 향상시킵니다. 예를 들어 당신이 암 치료제를 개발한다고 가정해봅시다. 종래의 방식으로는 커다란 실험실을 차려놓고 수십만 종에 달하는 화합물의 성질을 시험관으로 일일이 검사해야 합니다. 하지만 앞으로는 그런 작업의 상당 부분을 컴퓨터로 대체할 수 있는 겁니다." 다시 말해 과학자의 머리에서 새로운 아이디어가 떠오르는 순간부터 그 아이디어가 실제 새로운 약품이 되어 나오기까지의 시간이 훨씬 짧아질 거라는 얘기다.

이제는 모든 사람이 이 게임에 참여할 수 있다. 양자 컴퓨팅의 문은 이미 대중에게 활짝 열린 상태다. 리제티 컴퓨팅의 웹사이트www.rigetti.com에 접속하면 이 회사가 제공하는 양자 컴퓨터 전용 개발 키트인 '포레스트'Forest를 누구나 다운로드할 수 있다. 이 키트는 개발자들이 양자 컴퓨팅 환경에서 쉽게 프로그램을 제작할 수 있도록 사용자 친화적 인터페이스를 제공한다. 어떤 개발자든 리제티가 보유한 32큐비트 성능의 컴퓨터에서 운영 가능한 프로그램을 자유롭게 작성할 수 있다. 그동안 이 컴퓨

터에서 가동된 프로그램들을 합하면 1억 2,000만 개가 넘는다.[11]

양자 컴퓨터 프로그램 개발 과정에서 제공되는 사용자 친화적 인터페이스는 중요한 '변곡점'을 시사한다. 물론 변곡점이라는 말은 우리에게 이미 잘 알려진 용어지만, 이 경우에는 다소의 설명이 필요할 것 같다.

우리 저자들은 전작《볼드》에서 '기하급수적 기술 발전의 6D', 즉 디지털화, 잠복기, 파괴적 혁신기, 무료화, 소멸화, 대중화라는 여섯 단계의 개념을 소개했다. 기술의 기하급수적 진화 과정에 있어서 핵심적인 국면을 상징하는 이 각각의 단계는 언제나 우리에게 엄청난 변화와 기회를 가져다준다. 독자 여러분이 양자 컴퓨팅(그리고 앞으로 이야기할 수많은 기술)의 진화를 제대로 이해하기 위해서는 잠시 시간을 내어 이 여섯 단계를 파악해볼 필요가 있을 것 같다.

1. **디지털화**Digitalization: 어떤 기술이 디지털화되면 다시 말해 그 기술이 0과 1로 표현되는 이진법 부호로 바뀌면 갑자기 무어의 법칙이라는 날개를 달고 기하급수적으로 발전이 가속화되기 시작한다. 게다가 앞으로는 로즈의 법칙이라는 한층 커다란 날개와 함께 더더욱 엄청난 속도로 날아가기 시작할 것이다.

2. **잠복기**Deception: 기하급수적으로 진화하는 기술은 처음에 수많은 과장된 기대와 소문에 휩싸이게 마련이다. 하지만 기술의 초기 발전은 매우 느리기 때문에(성장 곡선상에서 처음 몇 차례의 성능 배가倍加가 이루어지더라도 잘 눈에 띄지 않는다) 세간의 기대와 소문이 현실화되는 데는 오랜 시간이 걸리는 경우가 많다. 비트코인이 처음에 어떤 평가를 받았는지 생각해보라. 사람들 대부분은 이 암호화폐를 일부

컴퓨터광의 장난감이나 온라인으로 불법 마약을 구입하기 위한 도구 정도로 생각했다. 하지만 비트코인은 오늘날 금융 시장 전체를 재편하는 중이다. 잠복기의 모습을 전형적으로 보여주는 사례다.

3. 파괴적 혁신기Disruption: 기하급수적 진화가 세상에 본격적으로 충격을 가하기 시작하면 기존의 제품, 서비스, 시장, 산업 등이 붕괴되어버리는 파괴적 혁신기가 찾아온다. 대표적인 예가 3D 프린팅이다. 이 단일 기술의 기하급수적 발전은 10조 달러 규모의 제조 산업 전체를 위협하기에 이르렀다.

4. 무료화Demonetization: 과거에는 큰 비용이 요구됐던 제품이나 서비스가 무료화의 단계에 접어든다. 사진을 찍는 일은 원래 꽤 많은 돈이 들어가는 작업이었다. 필름을 구입하고 사진을 인화하는 비용 부담이 컸기 때문에 소비자들은 사진을 마음껏 찍을 수 없었다. 하지만 사진이 디지털의 세계로 진입한 이후, 비용이라는 개념은 사라져버렸다. 오늘날 우리는 너무나 많은 선택지 때문에 오히려 난감해하며, 아무 생각 없이 수많은 사진을 찍어댄다.

5. 소멸화Dematerialization: 얼마 전까지만 해도 눈앞에 있던 것들이 갑자기 사라져버린다. 제품들이 스스로 시장에서 모습을 감추는 단계다. 카메라, 오디오시스템, 비디오게임기, TV, GPS 시스템, 계산기, 종이 등 이 모든 독립적 제품이 제공하던 기능들은 이제 스마트폰에 기본적으로 탑재되어 있다. 위키피디아는 백과사전을 사라지게 만들었으며 아이튠즈iTunes는 레코드 가게를 없애버렸다.

6. 대중화Democratization: 기하급수적 기술 발전이 시장에 미치는 규모가 커지고 파급력이 확산되면 기술의 대중화 및 보편화 현상이 나타

난다. 과거 벽돌만 한 크기의 휴대전화는 부자들의 상징이었다. 하지만 이제 모든 사람이 이 기계를 사용한다. 전 세계에서 이 기술의 영향을 받지 않는 곳을 찾기가 어려울 정도다.

그렇다면 양자 컴퓨팅은 이 여섯 단계 중 어디쯤 와 있을까? 양자 컴퓨터의 사용자 친화적 인터페이스는 '잠복기'와 '파괴적 혁신기'를 이어주는 다리 역할을 한다고 할 수 있다. 인터넷을 생각해보라. 1993년 마크 앤더슨Marc Andreesen은 사용자들이 인터넷에 쉽게 접속할 수 있도록 사용자 친화적 인터페이스를 제공하는 모자이크Mosaic를 최초로 개발했다(나중에 넷스케이프 브라우저로 바뀌었다). 이 프로그램이 나오기 전에는 인터넷에 존재하는 웹사이트가 26개에 불과했다.[12] 몇 년 후에는 웹사이트가 수십만 개로 늘었으며, 다시 몇 년 후에는 수백만 개가 됐다. 이것이 바로 사용자 친화적 인터페이스의 위력, 즉 기술을 대중화하는 힘인 것이다. 훌륭한 인터페이스는 비전문가들이 기술의 영역에 함께 참여할 수 있도록 해줌으로써 시장 규모를 확대하고 전파 속도를 빠르게 한다. 따라서 리제티의 포레스트(이 회사가 제공하는 양자 컴퓨팅의 사용자 친화적 인터페이스)에서 1억 2,000만 개의 프로그램이 가동됐다는 말은 세상에 엄청난 변화가 닥칠 날이 머지않았다는 뜻이다.

인공지능: 보고, 듣고, 읽고, 쓰고

2014년, 마이크로소프트는 중국에서 챗봇 서비스를 하나 내놓았다.

샤오이스Xiaoice라는 여성 이름의 이 서비스는 일종의 실험적인 임무를 위해 출시됐다.[13] 대부분의 개인용 인공지능 서비스가 특정 업무의 수행을 위해 설계된 반면, 샤오이스는 오직 사람들에게 최대한의 친근함을 나타내기 위한 목적으로 디자인됐다. 이 프로그램의 임무는 바로 사람들과 대화를 나누는 일이었다. 물론 그녀는 열일곱 살 소녀로서 사람들에게 반응하도록 프로그래밍이 되어 있기 때문에 꼭 공손한 태도로 이야기를 하지는 않는다.

말하자면 빈정대고, 비꼬고, 상대를 놀라게 하는 경우가 다반사다. 인공 신경망(잠시 후에 이 기술에 대해 설명할 예정이다)을 기반으로 개발된 샤오이스는 어떤 사람이 인공 신경망이 뭔지 아느냐고 물으면 이렇게 단답식으로 대답한다. "그럼요, 멋진 거죠!"[14]

더욱 놀라운 일은 샤오이스와 이야기를 나누고 싶어 하는 사람이 수도 없이 많다는 사실이다. 그녀는 데뷔한 이후 1억 명이 넘는 사람들과 300억 차례 이상 대화를 했다. 사용자 한 사람이 그녀와 이야기를 나누는 횟수는 한 달 평균 60회 정도에 달하며 등록된 사용자 수도 2,000만 명이 넘는다.

도대체 무슨 얘기를 하는 걸까? 사람들과 감정적 교류를 나누는 것이 주된 임무인 샤오이스는 대화 상대에게 많은 조언을 해준다. 때로 상대방을 깜짝 놀라게 할 만큼 지혜로운 충고를 들려주기도 한다. 한 번은 어떤 사람이 "여자 친구가 나에게 화가 난 것 같아요."라고 말했을 때 그녀는 이렇게 대답했다. "당신은 무언가를 결합시키는 일보다 떼어놓는 일에 더 관심이 많나요?"

그러다 보니 샤오이스와의 대화는 사람들이 외로움을 느끼는 늦은 밤에 절정을 이루기 일쑤다. 마이크로소프트가 이 인공지능 프로그램에게 통행금지 명령이라도 내려야 하는지 고민할 정도였다. 그녀가 한껏 유명세를 타던 2015년, 중국의 위성 텔레비전 방송국 드래곤TV는 샤오이스를 아침 뉴스 시간에 '라이브'로 날씨를 보도해주는 리포터로 채용했다.[15] 인공지능이 이러한 직업을 갖게 된 것은 이번이 처음이었다.

2015년 샤오이스가 텔레비전에 데뷔할 즈음, 인공지능 기술은 잠복기에서 파괴적 혁신기로 넘어가기 시작했다. 이런 변화를 견인한 것은 두 가지 동력이었다. 첫째는 빅데이터 Big Data다. 인공지능의 진정한 능력은 수많은 정보의 홍수 속에서 인간은 절대 발견할 수 없는 숨겨진 연결고리들을 찾아내는 데 있다. 인공지능은 더 많은 정보를 접할수록 더 훌륭한 능력을 갖추게 된다. 2015년이 되면서 인터넷과 소셜미디어 덕분에 엄청난 규모의 데이터가 활용 가능해지기 시작했다. 사용자들이 유튜브에 올려놓은 고양이 동영상은 인공지능에게 이미지 인식이나 장면 식별 같은 기능을 훈련시키기에 안성맞춤의 자료였다. 페이스북의 '좋아요'나 '싫어요' 같은 사용자들의 반응 역시 훌륭한 데이터였다. 소셜미디어가 인간을 멍청하게 만든다고 비난하는 사람이 많았지만, 인공지능을 똑똑하게 만든 것만은 분명했다.

이런 엄청난 양의 데이터가 만들어지고 수집되는 시기에 맞춰, 가격이 저렴하고 성능이 뛰어난 그래픽 처리장치graphics processing unit, GPU가 시장을 휩쓸기 시작했다. 비디오게임처럼 복잡한 그래픽 신호를 처리하는 장치인 GPU는 인공지능의 위력을 한층 높여주는 역할을 했다. 상대적으로 덜 중요해 보였던 이 융합(값싸고 강력한 GPU와 빅데이터의 만남)은 역사상 가장 빠른 기술적 확산이라는 현상을 촉발시킴으로써 인공지능이 우리 삶의 모든 측면을 파고들도록 만들었다.

처음 등장한 인공지능 기술은 기계학습이었다. 이는 알고리즘을 사용해 데이터를 분석하고, 학습하고, 이를 바탕으로 세상의 일을 예측하도록 만들어진 기술이다. 넷플릭스나 스포티파이가 사용자들의 취향에 맞는 영화나 음악을 추천할 수 있는 것은 모두 기계학습 덕분이다. IBM의 인공지능 컴퓨터 왓슨Watson 역시 이 기술을 사용해 자산관리 전문가의 역할을 수행한다.

다음으로 인공 신경망neural network이 온라인에 모습을 드러냈다. 인간 두뇌의 생물학적 특성을 모방한 이 기술은 비정형 데이터를 통해 스스로 학습할 수 있는 능력을 보유한 인공지능 프로그램이다. 다시 말해 이제는 인공지능에 그때그때 특정한 정보를 제공해줄 필요가 없다. 인공 신경망을 인터넷에 연결해두면 시스템이 나머지 학습의 과정을 알아서 수행하는 것이다. 인공 신경망 기반의 인공지능이 인간을 위해 어떤 일을 해낼 수 있는지 이해하기 위해서는 미국 GDP의 80퍼센트를 차지하는 서비스 산업의 예를 들어보는 편이 좋을 듯하다.[16] 전문가들은 서비스 산업과 관련된 주된 업무를 '보고, 듣고, 읽고, 쓰고, 지식을 통합하는' 다섯 가지 영역으로 분류한다. 이 각 분야에서 오늘날 인공지능이 어떤 일을 하고 있는지 살펴보면 인공지능의 현재와 미래를 진단하는 데 도움이 될 것이다.

인공지능이 '보는' 업무 영역에서 혁신을 일으킨 것은 이미 오래전의 일이다. 1995년에는 편지봉투에서 우편번호를 식별할 수 있는 인공지능이 출현했다. 2011년에는 인공지능이 43종류의 서로 다른 교통신호를 99.46퍼센트의 정확도로 판별할 수 있게 됐다.[17] 다시 말해 인간을 능가했다는 뜻이다. 그다음 해, 인공지능 기술은 1,000종류가 넘는 이미지를 구분함으로써(새, 자동차, 고양이 등을 구분할 수 있게 됐다) 또다시 인간의 능력을 넘어섰다. 오늘날 인공지능 시스템은 수많은 군중 속에서 특정인을 정확히 지목할 수 있으며, 먼 거리에서 그 사람의 입술을 읽어 무슨 말을 하는지 알아내고, 얼굴에 드러난 미세한 표정과 기타 생체학적 특성을 바탕으로 그의 기분을 파악할 수 있다. 한편 추적 소프트웨어의 기능도 엄청나게 발전해서 인공지능이 운전하는 드론은 빽빽한 숲속을 전속력으로 달리는 사람도 끝까지 추적해낸다.[18]

'듣는' 일과 관련된 인공지능 기술은 아마존 에코Echo, 구글의 구글홈 Google Home, 애플의 홈팟Home Pod 같은 음성인식 비서로 대표된다. 24시간 대기 상태로 주인의 다음 명령을 기다리는 이 제품들은 이제 꽤 복잡한 명령도 문제없이 처리해낸다. 나중에 다시 얘기하겠지만, 2018년 구글이 출시한 인공지능 비서 듀플렉스Duplex가 사람 대신 미용실에 전화해서 예약을 잡는 장면이 담긴 동영상은 많은 사람을 놀라게 했다.[19] 예약 자체도 순조롭게 이루어졌지만 사람들에게 가장 큰 충격을 준 대목은 미용실의 예약 담당자가 이 인공지능과 대화를 하면서 자신이 기계와 이야기를 나누고 있다는 사실을 전혀 눈치 채지 못한 것이다.

인공지능의 '읽는' 일과 '쓰는' 일에 있어서도 비슷한 속도로 발전이 이루어졌다. 구글이 발표한 톡투북스Talk to Books 서비스는 사용자가 프로그램에게 특정 주제에 대해 질문하면 인공지능이 12만 권의 책을 0.5초 안에 읽어내고 책들 속에 담긴 적절한 인용문을 질문의 주제에 맞춰 제공해준다.[20] 최근에는 단순 키워드뿐만 아니라 작가의 진정한 저술 의도를 바탕으로 사용자의 질문에 답할 정도로 기능이 업그레이드됐다. 심지어 인공지능은 일종의 유머 감각까지 갖췄다. 예를 들어 사용자가 "천국이 어디에 있나?"라고 물으면 이렇게 대답한다. "천국이 인간을 위한 장소를 의미한다면 메소포타미아에 있을 것 같지는 않다." J. 에드워드 라이트J. Edward Wright의 《천국의 초기 역사》Early History of Heaven에 나오는 구절이다.

한편 내러티브 사이언스Narrative Science는 인공지능을 '쓰는' 업무에 활용하는 기업 중 하나다. 이 회사가 사용 중인 인공지능 프로그램은 사람의 도움 없이도 잡지 수준의 산문을 스스로 써낸다. 《포브스》는 인공지능을 이용해 비즈니스나 야구에 관한 기사를 작성한다. 지메일에 포함된 스마트 컴포즈Smart Compose 기능은 사용자들에게 적절한 단어나 정확한 철자를 알려주는 데서 한발 더 나아가 사용자가 작성 중인 글의 문맥에 적합한 문구 전체를 제안한다. 뿐만 아니라 책을 통째로 저술하는 인공지능까지 등장했다. 2017년 일본의 어느 신문이 개최한 문학상 공모전에서는 인공지능 프로그램이 쓴 책이 최종 결선에 오르는 기염을 토했다.[21]

다섯 번째 업무 영역인 '지식의 통합'이 가장 대표적으로 사용되고 있는 곳은 체스나 바둑과 같은 게임 분야다. 1997년 IBM의 딥블루 컴퓨터는 체스 세계 챔피언 게리 카스파로프를 물리쳤다. 체스라는 게임의 복잡성은 10의 40승에 달한다. 그 말은 지구의 70억 명 인구 중 모든 사람이 둘씩 짝을 지어 이 게임을 한다고 해도, 체스에서 발생 가능한 경우의 수를 모두 경험하려면 수조 년이 넘게 걸린다는 뜻이다.

2017년 구글의 인공지능 컴퓨터 알파고AlphaGo는 세계 바둑 챔피언 이세돌을 꺾었다.[22] 바둑의 복잡성은 무려 10의 360승이다. 말하자면 슈퍼히어로를 위한 체스라고 해도 과언이 아니다. 지구상에서 바둑을 둘 수 있을 정도의 인지 능력을 보유한 존재는 인간이 유일하다. 인류가 이런 능력을 갖출 정도로 진화하는 데는 수십만 년이 걸렸다. 하지만 인공지능은 불과 20년 만에 그 경지에 도달했다. 게다가 이 영역에서도 인공지능의 능력은 계속 진화 중이다. 알파고가 이세돌에게 승리를 거둔 지 몇 개월 후, 구글은 기능이 더욱 업그레이드된 컴퓨터 알파고 제로AlphGo Zero를 출시했다. 알파고는 기계학습을 바탕으로 훈련된 컴퓨터다. 다시 말해 사람들이 과거에 대국한 수많은 기보를 미리 학습해서 다음에 둘 수를 결정하고 상대방의 수에 대응하는 방식으로 설계된 시스템이다. 반면 알파고 제로는 데이터를 미리 학습하는 과정을 거치지 않고 스스로 학습을 하는 '강화학습'reinforcement learning 기반의 컴퓨터다. 알파고 제로는 간단한 규칙 몇 가지만 익히고도 3일 후에 자신의 아버지 격인 알파고를 꺾었다. 3주 후에는 세계 최고의 바둑 기사 60명과 대결해서 모두 승리했다. 알파고 제로가 세계에서 가장 뛰어난 바둑 선수가 되는 데 걸린 시간은 불과 40일이었다. 2017년 5월, 구글은 이 강화학습 기술을 이용해 인공지능에게 또 다른 인공지능을 개발하게 만들었다. 이 '기계가 만든 기계'는 '인간이 만든 기계'에 비해 실시간으로 이미지를 인식해내는 능력이 훨씬 뛰어났다.[23]

2018년이 되면서 인공지능은 실험실을 뛰쳐나와 현실 세계로 진입하기 시작했다. 미국 식품의약국FDA은 인공지능을 응급실 업무에 투입하는 일을 승인했다. 호흡기나 심장 질환으로 인한 환자의 갑작스런 사망을 예측하는 능력이 인간보다 낫다는 판단에서였다. 페이스북은 사용자의 자살 징후를 포착하는 일을 인공지능에게 맡기고 있다.[24] 또 미 국방부는 병사들의 우울증이나 외상후 스트레스 장애PTSD 같은 질환의 초기 증세를 파악하는 일에 인공지능을 활용한다.[25] 샤오이스 같은 챗봇은 외롭고 사랑에 굶주린 사람들에게 따뜻한 조언을 제공한다. 요컨대 인공지능은 금융, 보험, 소매업, 엔터테인먼트, 의료, 법률, 집, 자동차, 전화, 텔레비전, 심지어 정치의 영역에까지 뛰어들었다. 2018년 일본의 어느 도시에서는 인공지능이 시장에 출마했다. 비록 당선되지는 못했지만 경쟁자와 예상 외로 치열한 접전을 벌였다고 한다.[26]

이런 진정한 혁명을 가능케 한 요인은 무엇보다 '가용성의 확장'이다.

10년 전만 해도 인공지능은 대기업, 또는 큰 국가의 정부에서나 사용하는 기술이었다. 하지만 이제 모든 사람이 인공지능을 사용하는 시대다. 오늘날 최고의 인공지능 소프트웨어들은 대부분 오픈소스로 개방되어 있다. 2018년 이후에 나온 스마트폰들은 인공 신경망을 위한 칩을 기본적으로 탑재하고 있기 때문에 다양한 인공지능 소프트웨어를 가동할 수 있다. 게다가 아마존, 마이크로소프트, 구글 같은 기업들이 인공지능 기반의 클라우드 컴퓨팅 경쟁에 뛰어들어 차세대 핵심 서비스 개발에 열을 올리고 있기 때문에, 인공지능 프로그램의 능력은 갈수록 강화될 것이다.

그렇다면 앞으로 어떤 일이 벌어질 거라는 말인가? 먼저 자비스JARVIS 이야기부터 해보자. 많은 사람이 영화 〈아이언맨〉에 나오는 자비스를 최고의 인공지능 시스템으로 기억한다. 주인공 토니 스타크는 자신의 평상시 목소리를 사용해 자비스와 대화를 나눈다. 그는 인공지능 프로그램에게 자신이 발명하고자 하는 물건에 대해 설명하고, 컴퓨터와 힘을 합쳐 그 목표물을 설계하고 만들어낸다. 말하자면 자비스는 스타크 자신을 수십 종류의 첨단기술과 연결시켜주는 사용자 친화적 인터페이스이자, 궁극적으로는 혁신을 향한 로켓의 연료나 다름없다. 우리가 이런 능력을 개발하게 되면 '터보 추진'이란 말로는 표현이 부족할 정도로 엄청난 기술 발전이 이루어지게 될 것이다.

하지만 우리는 이미 그 지점에 어느 정도 근접해 있다. 클라우드 환경에 접속된 인공지능은 자비스와 비슷한 성능을 발휘할 수 있는 컴퓨팅 파워를 제공한다. 그 위에 샤오이스의 사용자 친화적인 대화 기능과 알파고 제로처럼 정밀한 의사결정을 내릴 수 있는 기술이 합쳐진다면 인공지능의 능력은 더욱 확장된다. 그리고 최근 급속도로 발전한 딥러닝deep learning 기술까지 여기에 가세하면 시스템이 스스로 생각을 할 수도 있게 될 것이다. 그렇다면 자비스만큼 강력한 인공지능이 이미 완성됐다고 봐야 하나? 아직 그 정도까지는 아니다. 하지만 자비스의 라이트 버전이라고 부르기에는 충분할 것이다. 기술적 발전의 가속화가 또 다른 가속화를 부르는 것은 바로 이런 이유 때문이기도 하다.

네트워크: 데이터로 하나되는 지구

네트워크는 운송의 수단이다. 즉, 상품과 서비스 그리고 더 중요한 정보와 혁신을 A지점에서 B지점으로 이동시키는 모든 방법을 일컫는다. 역사상 가장 오래된 네트워크는 인류가 1만 년 전의 신석기시대에 최초로 도로를 구축하면서 탄생했다. 당시의 세상에서 도로는 경이의 대상이었다. 사람들은 아이디어를 교환하기 위해 더 이상 두 다리로 거친 벌판을 걸어 다닐 필요가 없어졌다. 황소가 시속 5킬로미터의 놀라운 속도로 끄는 수레 덕분에 정보의 교환은 훨씬 빠른 속도로 이루어졌다. 하지만 그 후로 오랜 시간이 흐르는 동안 별다른 변화가 발생하지 않았다. 거의 1만 년이 흐르는 동안 황소가 말로 바뀌고 바다를 항해할 수 있는 돛배가 발명된 것 말고는 정보의 전달 속도는 과거와 비슷한 상태로 남아 있었다.

1844년 5월 24일, 비로소 괄목할 만한 혁신이 탄생했다.[27] 새뮤얼 모스Samuel Morse가 '신은 무엇을 만들었나?'What hath God wrought?라는 네 단어를 전신電信으로 처음 타전한 것이다. 그가 보낸 전보는 시대를 향해 던지는 질문임과 동시에 새로운 미래를 여는 신호이기도 했다. 모스가 쓴 이 네 단어는 워싱턴 D.C.부터 메릴랜드 주 볼티모어까지 실험적으로 가설된 전신선을 타고 이동했다. 이 두 지점은 세계 최초로 형성된 정보 네트워크의 교점node으로 기록됐다.

그로부터 32년 후, 알렉산더 그레이엄 벨Alexander Graham Bell은 모스보다 정확히 다섯 단어를 더 사용해서 네트워크의 세계를 한층 확장했다.[28] 1876년 3월, 그는 수화기에 아홉 단어로 이루어진 문장을 말하며 인류 최초의 전화 통화에 성공했다. "왓슨 군, 이리로 와주게. 볼 일이 있네."Mr. Watson, come here. I want to see you. 물론 단어 수보다 더욱 중요한 것은 그가 네트워크의 능력을 한층 강화했다는 사실이었다.

벨의 발명품은 데이터의 전송 속도 자체를 증가시키지는 못했다. 전기 신호가 전선을 타고 이동하는 속도는 그때나 지금이나 차이가 없기 때문이다. 하지만 전화는 전송되는 정보의 양과 질을 엄청나게 개선하는 역할을 했다. 더욱이 이 기계는 매우 사용자 친화적인 인터페이스를 제공하는 수단이었다. 사용자들은 이제 몇 년씩 고생해서 전신부호를 배울 필요 없이 그저 수화기를 집어 들고 다이얼을 돌리기만 하면 상대방과 이야기를 나눌 수 있게 됐다.

인류 최초의 사용자 친화적 인터페이스가 발명된 이후, 네트워크의 발전은 잠복기를 벗어나 파괴적 혁신기로 서서히 접어들었다. 1919년에 전화기를 소유한 미국 가정은 전체의 10퍼센트를 넘지 못했다.[29] 미국의 다른 지역으로 장거리 전화통화를 하려면 3분에 20달러, 현재의 화폐가치로는 400달러에 해당하는 엄청난 요금을 지불해야 했다. 1960년대가 되자 미국과 인도 사이의 국제전화 비용은 1분에 10달러로 떨어졌다. 오늘날에는 28센트(통신사 버라이즌의 월 기본요금 기준)에 불과하다.[30]

비록 비용이 수천 배 저렴해지고 성능은 개선됐지만, 아직까지는 시작에 불과했다. 네트워크 기술은 그 후 50년 동안 파괴적 혁신기를 거치며 우리 삶의 모든 영역을 점령해버렸다. 이제 지구상 모든 곳에는 광섬유 케이블, 무선 네트워크, 인터넷 회선, 공중 플랫폼, 위성 통신망 등 온갖 종류의 네트워크가 물 샐 틈 없이 자리 잡았다. 세계에서 가장 거대한 네트워크는 바로 인터넷이다. 2010년 인터넷을 사용하는 사람은 전체 인구의 4분의 1에 해당하는 18억 명 정도였다.[31] 2017년 인터넷 사용자는 세계 인구의 절반인 38억 명으로 늘었다.[32] 하지만 향후 5년 안에 그동안 네트워크의 혜택을 전혀 받지 못한 이들을 포함해 지구상에 존재하는 모든 사람이 인터넷에 접속할 수 있는 시대가 찾아올 것이 분명하다. 42억 명의 새로운 사용자가 저렴한 비용으로 기가비트의 속도를 즐기며 세계인들과 대화를 나눌 수 있게 되는 것이다. 어떻게 그런 일이 가능해질지 함께 살펴보자.

5G, 풍선 그리고 위성

과학자들은 네트워크의 진화에 대해 이야기할 때 'G'라는 용어를 사용한다.[33] '세대'를 의미하는 영어 단어 'generation'의 머리글자다. 최초의 전화 네트워크가 보급되기 시작한 지난 1940년만 해도 인류는 0G의 시대에 머물러 있었다. 이때의 발전 단계는 아직 잠복기에 불과했다. 인류가 1G 시대로 진입하는 데는 40년이 걸렸다. 1980년대에 휴대전화가 최초로 등장하면서 네트워크 기술은 잠복기에서 파괴적 혁신기로 진입했다.

1990년대 인터넷이 보급되면서 2G의 시대가 찾아왔다. 하지만 이 시기는 그리 오래 지속되지 못했다. 10년 뒤, 3G 네트워크가 나오면서 대역폭의 비용이 매년 35퍼센트라는 놀라운 비율로 감소하는 시대가 열렸다. 그 후 스마트폰, 모바일 금융, 전자상거래 등의 급속한 발전에 따라 2010년에는 4G 기술이 등장했다. 그리고 2019년을 기점으로 무료에 가까운 비용으로 과거보다 수백 배의 속도를 자랑하는 5G 네트워크가 대세를 장악하기 시작했다.

5G는 얼마나 빠를까? 3G 네트워크에서는 고화질 영화 한 편을 다운로드하는 데 45분 정도가 걸렸다. 4G에서는 21초로 단축됐다. 그렇다면 5G에서는? 아마 당신이 이 문장을 읽는 속도보다 영화 다운로드 속도가 더 빠를 것이다.

하지만 무선통신망이 지구를 온통 점령하고 있음에도 불구하고 또 다른 사람들은 저 하늘 높은 곳으로 네트워크의 세계를 확장하기 위해 노력 중이다. 알파벳은 최근 '프로젝트 룬' Project Loon이라는 사업을 시작했다.[34] 10년 전, 구글이 운영하는 비밀 기술 연구소 구글X는 성층권(지상

10킬로미터에서 50킬로미터 사이의 지구 대기층—옮긴이)에 풍선을 띄워 지상의 무선통신망을 대체하는 아이디어를 생각해냈다. 그리고 그 발상은 오늘날 결국 현실로 이루어졌다.

지구 위 20킬로미터 상공에 올려진 15미터 크기의 가볍고 튼튼한 풍선들은 사용자들에게 4G LTE 성능의 네트워크를 제공한다. 풍선 한 개가 담당하는 지상의 면적은 5,000제곱킬로미터에 달한다. 구글은 앞으로 이런 풍선을 수천 개 띄워 올려 전 세계 모든 사람에게 지속적인 접속을 제공하고, 궁극적으로 세상에서 네트워크의 혜택을 받지 못하는 소외 계층이 사라지도록 만들 계획이다.

하늘을 장악하는 일에 뛰어든 사람은 구글뿐만이 아니다. 성층권보다 더 높은 곳에서는 세 경쟁자가 과거와는 전혀 다른 차원의 우주 개발 경쟁에 나섰다. 첫 번째는 기술을 활용해서 빈곤을 퇴치하는 일에 오랫동안 관심을 기울여 온 그렉 와일러Greg Wyler라는 엔지니어다. 2000년 초에 얼마 안 되는 돈으로 아프리카에서 3G 통신 사업을 시작한 그는 최근 소프트뱅크, 퀄컴, 버진 그룹 등에서 수십 억 달러를 투자 받아 원웹OneWeb이라는 기업을 설립했다.[35] 이 회사는 2,000개 이상의 인공위성을 지구 궤도에 쏘아 올려 지상의 모든 사람에게 5G 네트워크를 제공한다는 목표를 세웠다.

하지만 네트워크의 획기적인 업그레이드를 계획하고 있는 원웹도 아마존이나 스페이스X처럼 막강한 재무적 능력을 지닌 기업들에 비하면 아직 어린아이에 불과하다. 2019년 초 인공위성 경쟁에 합류한 아마존은 3,236개의 저궤도 위성을 발사해서 지구 전역에 초고속 인터넷을 제공한다는 '프로젝트 카이퍼'Project Kuiper를 발표했다.[36] 또 아마존보다 4년 먼저 이 경쟁에 뛰어든 스페이스X는 2019년 무려 1만 2,000개의 인공위성(4,000개는 1,150킬로미터의 속도이며 7,500개는 340킬로미터의 속도)을 발사하는 일에 착수하면서 다른 경쟁자를 저 멀리 앞서기 시작했다.[37] 만일 머스크가 이 사업에 성공한다면 조만간 지구상의 모든 사람이 기가바이트의 속도로 네트워크에 접속할 수 있는 시대가 찾아올 것이다.

더 높은 곳을 지향하는 기업도 있을까?

기술 용어로 '중궤도'라 불리는 지상 1만 8,000킬로미터 상공에 띄워진 O3B는 가장 최신의 네트워크 세대를 대표하는 위성이다. O3B는 인터넷 접속에서 소외된 '다른 30억 명'Other 3 Billion을 뜻하는 영어의 머리글자로, 항공 기업 보잉Boeing이 띄워 올린 테라바이트 급 통신위성의 이름이다. '엠파워'mPower 네트워크라고 불리는 이 위성들 역시 네트워크를 사용하지 못하는 세계의 모든 사람에게 인터넷 접속을 제공한다는 목표를 바탕으로 임무를 수행 중이다.

이런 모든 기술이 합쳐진다면 향후 10년이 가기 전에 지구상에는 인터넷의 혜택을 받지 못하는 사람이 남지 않게 될 가능성이 크다. 적어도 네트워크의 관점에서는 지난 1960년대를 풍미했던 '하나의 지구, 하나의 시민' 같은 구호가 비로소 현실화될 것이다. 인터넷에 접속하는 인구가 2배로 늘어나게 되면 인류는 역사상 최고 속도로 진행되는 기술의 발전과 함께 전무후무한 글로벌 경제의 성장을 경험하게 될 것이다.

1조 개의 센서 시대

2014년, 핀란드의 어느 전염병 연구소에서 의료 연구원으로 근무하는 페테리 라텔라Petteri Lahtela는 흥미로운 발견을 했다.[38] 그동안 자신이 연구하던 환자들의 상태에서 특이한 공통점을 찾아낸 것이다. 그는 의사들이 서로 무관하다고 밝힌 여러 질병(예를 들어 라임병, 심장병, 당뇨병 등등)을 연구하던 도중 이 질환들 모두가 환자의 수면에 부정적인 영향을 미친다는 사실을 깨달았다.

라텔라는 이 현상의 인과관계를 두고 의문을 갖기 시작했다. 이 질병들은 모두 수면에 악영향을 끼치는 걸까 아니면 그 반대일까? 다시 말해 환자의 수면을 개선한다면 이런 질환의 증상이 완화 또는 개선될 수 있을까? 만일 그렇다면 어떻게 해야 할까?

라텔라는 이 퍼즐을 풀기 위해서는 우선 데이터가 필요하다고 결론 내렸다. 그것도 많은 양의 데이터가 있어야 했다. 그는 데이터 수집이라는 숙제를 해결하기 위해 최근 변곡점을 맞은 최신 기술을 이용하기로 했다. 2015년이 되면서 스마트폰의 발전에 따라 작고 강력한 성능의 배터리와 센서들이 이 기계 속으로 융합해 들어갔다. 라텔라는 크기가 소형이면서도 성능이 뛰어난 이 감지 장비들을 이용하면 수면 추적 장치를 새롭게 개발하는 일이 가능할 거라고 생각했다.

빛, 가속도, 온도 등의 물리량物理量을 측정해서 그 정보를 네트워크에 연결된 다른 장비들에게 전달하는 모든 전자 기기를 센서라고 부른다. 라텔라가 개발하기로 마음먹은 센서는 새로운 종류의 심박측정기였다. 수면을 추적하는 가장 좋은 방법 중 하나는 사람의 심장박동수와 심박변동성을 측정하는 것이다. 물론 시장에는 이미 그런 기능을 수행하는 추적 장비들이 적지 않게 나와 있었지만, 기존에 출시된 제품들은 모두 문제가 많았다. 예를 들어 핏빗Fitbit과 애플워치Apple Watch는 모두 광학센서를 이용해 손목의 혈류량을 측정하는 손목형 기기들이다. 그런데 손목에 위치한 동맥은 피부 표면에서 거리가 멀기 때문에 완벽한 측정이 어렵다. 게다가 사람들은 잠을 잘 때 시계를 차지 않으려는 경향이 있어서 이기기가 추적 대상인 수면을 오히려 방해할 수도 있다.

라텔라가 고안한 제품은 바로 오라링Aura ring이라는 반지 모양의 장비였다.[39] 매끈한 검정색 티타늄 밴드처럼 보이는 이 기기는, 세 개의 센서를 통해 10가지 생체 신호를 분석하는 능력을 발휘하면서 시장에서 최고의 정확성을 자랑하는 수면 추적기로 자리 잡았다. 이 제품이 지닌 가장 큰 장점은 장비를 착용하는 위치와 샘플 데이터의 양이었다. 손가락을 지나는 동맥은 손목 동맥보다 피부 표면에서 더 가깝기 때문에 오라링은 심장에서 벌어지는 상황을 보다 정확히 파악할 수 있다. 뿐만 아니라 애플이나 가라몬드Garamond 제품이 혈류량을 측정하는 횟수는 초당 2회에 불과하고 핏빗 역시 초당 12회를 넘지 못하지만, 오라링은 1초에 250회 데이터를 수집해낸다. 독립적인 외부 연구소들이 실시한 연구에 따르면 오라링은 우수한 이미지 포착 능력과 신속한 샘플 데이터 수집 능력을 바탕으로 심박측정의 정확성에서 99퍼센트, 심박변동성 측정에서도 98퍼센트의 정확도를 기록하며 다른 의료 측정 장비들을 압도했다고 한다.

20년 전이었다면 이 정도의 정확도를 지닌 센서는 수백만 달러를 호가할 뿐만 아니라 장비를 설치하기 위해 꽤 넓은 방이 필요했을 것이다. 그러나 오라링의 가격은 300달러 정도에 불과하고, 크기도 환자의 손가락에 끼워질 정도로 초소형이다. 이 제품의 개발이 가능했던 것은 센서의 영역에서 이루어진 기하급수적 발전 덕분이었다. 세간에서는 이런 센서들의 네트워크를 '사물인터넷'Internet of Things, IoT이라 부른다. 이런 스마트 장비의 수가 급증함에 따라 앞으로 이 감지 장치의 네트워크는 전 세계를 뒤덮을 것이다. 그렇다면 우리가 이 혁명의 진화 단계에서 어디쯤 와 있는지 살펴보는 편도 좋을 듯하다.

1989년에 존 롬키John Romkey라는 발명가가 선빔Sunbeam 토스터기를 인터넷에 연결한 것이 최초의 IoT 장비로 꼽힌다.[40] 그로부터 10년 뒤, 사회학자 닐 그로스Neil Gross는《비즈니스 위크》에 다음과 같은 유명한 예언적 기사를 기고했다. "다음 세기가 되면 지구는 전자 장비로 이루어진 '피부'로 뒤덮이게 될 것이다. 인터넷이라는 뼈대가 지탱하는 이 피부는 포착된 모든 감각을 전송하는 역할을 한다. 벌써 전 세계 여러 곳에서 이 피부를 구축하려는 시도가 진행되고 있다. 이를 구성하는 것은 수백만 개의 내장형 전자 측정 장비, 온도계, 기압계, 공해 감지기, 카메라, 마이크, 포도당 센서, 심전도 측정기, 뇌파계 등이다. 이 감지 장치들은 수많은 도시와 멸종위기에 놓인 동식물, 대기, 배, 고속도로, 트럭, 우리의 대화, 인간의 신체, 심지어 우리가 꾸는 꿈까지 추적 및 관찰할 것이다."[41]

그로부터 10년 뒤 그로스의 예측은 정확히 현실화됐다. 2009년에는 인터넷에 연결된 장비의 수가 지구 전체의 인구를 뛰어넘었다(지구의 인구 68억 명. 접속 장비 수 125억 개. 1초에 1.84개씩 증가).[42] 그다음 해부터는 스마트폰의 비약적인 발전에 따라 센서의 가격이 곤두박질치기 시작했다. 2015년에는 IoT 장비의 숫자가 150억 개로 늘었다.[43] 이 장비들은 각각 여러 개의 센서(스마트폰은 평균 20개)를 탑재하고 있기 때문에, 2020년이 지나면 우리는 '센서 1조 개의 시대'를 맞았다고 선언할 수 있을 것이다.

하지만 여기서 끝이 아니다. 스탠퍼드 대학교의 연구진은 2030년이 되면 IoT 장비의 수가 5,000억 개(각각의 장비는 수십 개의 센서를 탑재)로 증가할 거라고 예상했다. 또 컨설팅 기업 액센츄어Accenture에 따르면 그 장비들이 창출할 경제 규모가 14조 2,000억 달러를 넘을 거라고 한다. 이제 그로스가 생각했던 시대, 즉 지구라는 별에서 발생하는 모든 감각을 포착하고 전송할 수 있는 전자 피부의 시대가 찾아오는 것이다.[44]

광학센서를 생각해보라. 1976년 코닥의 엔지니어 스티븐 새슨Steven Sasson이 최초로 개발한 디지털 카메라는 토스터 오븐만 한 크기에 촬영 가능한 용량도 흑백사진 12장이 전부였다.[45] 게다가 가격은 1만 달러가 넘었다. 오늘날 대부분의 스마트폰에 탑재된 카메라는 새슨의 모델에 비해 가격과 무게가 수천 배 줄었고 해상도는 수천 배 이상 향상됐다. 요즘에는 이런 고화질 카메라가 없는 곳이 없다. 자동차, 드론, 전화기, 인공위성 등 수많은 분야에 활용되는 카메라의 이미지 해상도는 섬뜩할 만큼 선명하다. 인공위성은 지구의 사진을 50센티미터 범위로 찍는다. 드론이 촬영하는 넓이는 센티미터 단위로 더욱 줄어든다. 또 LIDAR를 탑재한 자율주행차는 1초에 130만 건의 데이터 포인트를 수집함으로써 그야말로 모든 시각적 이미지를 포착해낸다.[46]

장비의 크기와 가격이 하락하고 성능이 향상되는 현상은 모든 기술 영역에서 동일하게 나타난다. 1981년 최초로 출시된 상업용 GPS는 무게가 24킬로그램에 달했으며 가격은 무려 11만 9,000달러였다.[47] 하지만 2010년이 되자 이 칩은 손가락 끝에 올려놓을 수 있을 정도로 작아졌고 가격도 5달러로 떨어졌다. 인류가 로켓을 처음 발사하던 시대의 대표적 산물인 '관성 측정기'도 마찬가지다. 오늘날 스마트폰에 내장된 가속도계와 자이로스코프는 당시와 똑같은 기능을 수행하면서도 쌀알보다 가벼운 무게에 가격은 4달러를 넘지 않는다.

발전의 흐름은 계속된다. 바야흐로 인류는 마이크로의 세계에서 나노의 세계로 이동하는 중이다. 스마트 기능을 갖춘 의복, 장신구, 안경, 오라링 등이 이미 모습을 드러낸 것은 그 증거다. 얼마 후에는 이 센서들이 인체로 진입하는 시대가 열릴 것이다. 스마트 더스트Smart Dust를 생각해보라. 티끌만 한 크기의 이 전자 장치는 데이터를 감지하고, 저장하고, 전송하는 기능을 수행한다. 오늘날 스마트 더스트의 크기는 사과 씨 정도다.[48] 하지만 머지않은 미래에는 나노 수준의 초미세 장비가 우리 몸의 혈류를 따라 흘러 다니며 데이터를 수집함으로써 인류에게 남겨진 가장 위대한 미개척의 영역, 즉 인간 신체의 비밀을 탐구하게 될 것이다.

인류는 자신의 몸에 대해 그리고 세계에 대해 더욱 많은 정보를 얻게 될 것이다. 이는 커다란 혁명이다. 이 센서들이 수집하는 데이터의 양은 상상을 초월한다. 자율주행차 한 대는 하루에 4테라바이트의 데이터를 생산한다. 장편 영화 1,000편에 담긴 정보와 맞먹는 양이다. 상업용 비행기의 데이터 산출량은 하루 40테라바이트에 달한다. 스마트 공장smart factory(디지털 자동화 솔루션을 적용한 지능형 생산 공장—옮긴이)은 하루에 무려 1페타바이트의 데이터를 쏟아낸다.[49]

이런 엄청난 데이터는 우리에게 무엇을 가져다줄까? 물론 엄청난 혜택이다.

병원의 의사들은 환자의 건강상태를 추적하기 위해 1년에 한 번씩 건강진단을 실시할 필요가 없다. 연중무휴, 하루 24시간 측정된 환자의 신체 데이터가 지속적으로 입수되기 때문이다. 농부들은 토지와 대기 중의 수분 함유량을 정확히 파악해 급수가 필요한 농작물만 골라 물을 공급할 수 있다. 이를 통해 작물을 더 건강하게 키우고, 더 많은 소출을 얻고, 특히 이 지구온난화 시대에 물 낭비를 줄일 수 있을 것이다. 비즈니스 세계에서도 마찬가지다. 모든 것이 급속도로 변화하는 오늘날에는 시대적 상황에 유연하고 신속하게 대처하는 기업에게 가장 큰 혜택이 돌아간다. 그러므로 고객에 대해 속속들이 파악하는 일은(사생활 침해의 소지가 있음에도 불구하고) 기업의 경쟁력을 엄청나게 높여주는 요소일 수밖에 없다. 그것이 이 가속적인 격변의 시대에서 살아남을 수 있는 유일한 방법이기 때문이다.

아닌 게 아니라 격변의 시대는 이미 시작됐다. 앞으로 10년 내에 우리는 측정 가능한 모든 것이 측정되는 세상에서 살게 될 것이다. 말하자면 극도의 투명성을 갖춘 세계가 찾아오는 것이다. 인류가 만들어낸 전자 피부는 우주 끝에서부터 대양의 밑바닥 그리고 인체의 혈관까지 감각의 경계를 확장해 수많은 정보를 끝없이 생산해낼 것이다. 좋든 싫든 우리는 이미 '감지 과잉'의 시대를 살아가는 중이다.

로봇공학: 술 취한 드로이드에서 닌자 로봇으로

2011년 3월, 도쿄 인근에서 일어난 대규모 지진으로 인해 태평양에 거대한 쓰나미가 발생했다.[50] 그리고 후쿠시마의 다이치 원자력발전소에는 아파트 단지만 한 크기의 파도가 덮쳤다. 그 혼란의 와중에 발전소의 비상 전원장치가 파손됐고, 펌프는 제 기능을 상실했으며 냉각 시스템은 가동이 중단됐다. 그로 인해 원자로 노심이 녹아내리면서 여러 차례 수소 폭발이 발생했고, 결국 끔찍한 대참사가 벌어졌다. 사고 한 달 후 국제원자력기구IAEA가 측정한 사고 현장의 방사능 수준은 상상을 초월했다.

방사능 오염을 제거하는 작업을 위해서는 오염 제거 전문가들을 신속하게 현장에 보내는 일이 무엇보다 중요했다. 하지만 당시 후쿠시마는 사람이 접근하기에 너무 뜨거웠다. 그동안 일본은 로봇공학 영역에서 세계를 이끌던 나라였다. 당국에서는 사람과 비슷하게 생긴 드로이드droid 로봇들을 사고 현장에 투입하기로 했다. 하지만 결과는 참담했다. 지뢰밭과 다름없는 사고 현장에서 고농도의 방사능은 로봇의 회로를 태워버렸다. 몇 달이 지나자 후쿠시마는 로봇들의 공동묘지로 변했다.

이 재난으로 혼다Honda 역시 명성에 큰 타격을 입었다. 후쿠시마의 위기가 시작되자마자 이 회사에는 세계 최첨단의 휴머노이드 로봇 아시모 ASIMO를 현장에 보내달라는 전화와 이메일이 쇄도했다. 1950년대의 우주인 모습을 한 아시모는 이미 세계적 명성을 얻은 유명 인사였다. 이 로봇은 뉴욕 증권 시장을 개장하는 벨을 울렸으며, 디트로이트 교향악단을 지휘했고, 영화 시사회에서 레드카펫 위를 걸었다. 하지만 카펫 위를 걷는 일과 핵 재난이 발생한 지역에서 복잡한 임무를 수행하는 일은 전혀 달랐다. 아시모는 후쿠시마에 투입됐던 다른 로봇들과 마찬가지로 재난 복구 작업이라는 임무를 수행하기에는 너무도 역부족인 모습을 드러냈다. 혼다의 명성은 크게 훼손되었으며, 전 세계의 로봇공학 관계자들 역시 충격에 휩싸였다.[51]

그로부터 몇 년 후, 미국 고등연구기획국DARPA은 이런 충격에 대응하기 위해 재난형 로봇 경진대회Robotics Challenge를 열고, '인간이 만든 위험하고 더러운 환경'에서 뛰어난 능력을 발휘한 휴머노이드 로봇의 제작자에게 350만 달러의 상금을 내걸었다.[52] 여기서 핵심적인 키워드는 '인간이 만든'이라는 문구였다. 인간과 유사하게 생긴 휴머노이드 로봇이 중요한 이유는 우리가 인간이 만든 세계, 즉 두 개의 손, 두 개의 눈 그리고 정면을 보고 직립 보행하는 인터페이스 방식을 기반으로 구축된 세계에서 살아가기 때문이다.

하지만 2015년 로봇 경진대회에 참가한 로봇들의 수준은 엉망이었다. 기계들은 툭하면 넘어졌고, 계단을 오르는 일조차 제대로 해내지 못했으며, 회로 합선으로 불꽃에 휩싸이기도 했다. 심지어 DARPA의 프로그램 매니저이자 이 대회를 주최한 길 프랫Gill Pratt조차 참을성을 잃을 정도였다. "왜 우리가 이 뜨거운 햇볕 아래 앉아 사람이 5분이면 해낼 일을 기계가 한 시간 넘게 하고 있는 모습을 지켜봐야 할까요?"[53]

하지만 이 분야의 발전 역시 빠르게 이루어졌다. 1년 뒤 온라인에 퍼진 어느 동영상에는 DARPA 경진대회에서 2위에 오른 보스턴 다이나믹스Boston Dynamics의 로봇 아틀라스Atlas가 눈에 덮인 미끄러운 나무를 오르고 창고에서 상자를 쌓는 장면이 담겼다.[54] 이 로봇은 어떤 사람에게 하키 스틱으로 얻어맞은 후에도 넘어지지 않고 스스로 균형을 잡기도 했다. 그로부터 1년 후에는 아틀라스가 장애물 코스를 통과하는 동영상이 촬영됐다. 이 기계가 커다란 나무 상자 위에서 공중제비를 돌며 낙하하는 모습을 본 스포츠 아나운서는 이렇게 해설했다. "로봇이 360도를 돌아 팔레트 위에 성공적으로 안착했습니다. 멋진 백플립이군요!"

혼다 역시 보고만 있지 않았다. 2017년, 이 회사는 사다리를 오르고, 옆걸음으로 움직이고, 심지어 네 다리로 바닥에 엎드린 상태에서 고릴라처럼 손가락 관절부위를 땅에 대고 기어다닐 수 있는 재난 구조용 로봇의 시제품을 공개했다.[55] 후쿠시마 원전사고가 발생한 지 6년 만에 인류는 술 취한 드로이드의 시대에서 완벽하게 재난 구조작업이 가능한 닌자 로봇의 세계로 진입한 것이다.

2017년 일본의 대기업 소프트뱅크 역시 혼다에 뒤질세라 알파벳으로부터 보스턴 다이나믹스를 사들였다(알파벳은 2013년 이 회사를 인수했다[56]). 이유는 무엇이었을까? 일본이 직면한 또 다른 위기, 즉 인구고령화가 심화되고 노인을 돌볼 인력이 부족한 문제를 해결하기 위해서였다. 일본은 2000년대에 접어들면서 은퇴 시기에 도달한 노년층이 인구의 상당 부분을 차지하게 됐다. 지난 수십 년간 진행된 기대수명의 증가와 출산율 감소의 영향 때문이었다.[57] 노인들을 보살필 사람도 없었다. 가뜩이나 인력난에 시달리는 경제 상황에서, 누가 노인들을 돌보고 그 비용을 어떻게 감당할 것인가의 문제가 심각한 사회적 과제로 대두됐다. 2015년, 일본의 아베 신조 총리는 이 두 가지 문제를 해결하기 위해 '로봇 혁명'을 선언했다. 그리고 여러 융합기술의 발전 덕분에 그의 제안은 힘을 받게 됐다.

그리고 그런 현상은 전 세계에서 공통적으로 발생했다.

오늘날 로봇은 우리 삶의 모든 영역을 파고들었다. 인공지능 기반의 로봇들은 스스로 학습을 하고, 혼자서든 여럿이든 자유자재로 움직이고, 두 다리로 걷고, 두 개의 바퀴를 달고도 중심을 잡고, 수영을 하고, 하늘을 날고, 급기야 공중제비까지 해낸다. 현대의 로봇은 지루하고 더럽고 위험한 일들을 주로 담당한다. 하지만 미래에는 정밀성과 경험이 요구되는 모든 곳에서 로봇이 맹활약을 할 것이다. 이미 병원의 수술실에서는 로봇 조수가 탈장 치료부터 심장혈관 우회수술 같은 복잡한 의료 행위를 보조한다. 농장에서는 로봇 수확기가 논밭의 작물을 거두어들이고 나무에 올라가 과일을 딴다. 2019년 건설 현장에는 1,000개의 벽돌을 한 시간 만에 쌓을 수 있는 로봇 석공이 최초로 도입되기도 했다.[58]

산업용 로봇의 발전은 더욱 빠른 속도로 진행 중이다. 10년 전만 해도 이 수백만 달러짜리 기계는 매우 위험했기 때문에 직원들은 방탄유리 뒤에 숨어서 로봇이 움직이는 모습을 지켜봐야 했으며 로봇의 움직임을 프로그램 하는 업무도 대부분 박사급 인력이 담당했다. 하지만 더 이상 그럴 일이 없어졌다. 오늘날 시장에는 코봇cobot이라 불리는 협업로봇이 수없이 등장했다. 프로그램 작업도 로봇의 팔을 원하는 동작에 따라 움직여주기만 하면 그만이다. 더욱이 코봇에는 수많은 센서가 탑재되어 있기에 인간 같은 생물체와 부딪히게 되면 10분의 1초 안에 곧바로 움직임을 멈춘다.

하지만 진정한 혁신은 로봇의 경제적 측면에 있다. 덴마크의 로봇 제조사 유니버설 로봇Universal Robot이 만든 UR3라는 코봇의 소매가격은 2만 3,000달러 정도다.[59] 공장 노동자의 1년 치 급여와 비슷한 액수다. 하지만 로봇은 지치는 법이 없다. 화장실에 가기 위해 일을 중단하지 않아도 되고 휴가도 필요 없다. 테슬라, GM, 포드 같은 기업에서 공장을 완전하게 자동화한 이유 그리고 폭스콘(아이폰 생산을 담당하는 하청기업)과 아마존이 수만 명의 공장 직원을 로봇으로 대체한 이유는 바로 이 때문이다.

아마존은 주로 드론을 통해 로봇 시장을 이끌었다.[60] 5년 전, 이 회사가 드론으로 택배 서비스를 제공하겠다고 발표하자 전문가들은 대부분 그

계획이 몽상에 불과하다고 지적했다. 하지만 오늘날 세븐일레븐부터 도미노피자까지 많은 기업이 드론 배송 프로그램을 계획 중이다. 향후에는 드론이 최신 소설, 기침약, 밤중에 주문한 아이스크림까지 무엇이든 배달해주는 시대가 찾아올 것이다.

그동안 드론은 재난 구조 작업이나 의약품 공급 업무에 많이 활용됐다. 비단 일본뿐만이 아니라 2012년 허리케인 샌디가 강타한 아이티, 2013년에 태풍 하이얀으로 피해를 입은 필리핀, 홍수가 휩쓸고 간 발칸반도, 대지진을 겪은 중국 등에서 드론은 큰 활약을 펼쳤다.[61] 드론은 구조 현장에서 생존자를 찾아내는 데도 인간보다 우수한 능력을 발휘한다. 보잉이 제작한 드론은 작은 자동차도 들어올릴 만큼 무거운 물건을 옮기는 데 최적화되어 있기 때문에 적재적소에 도움을 제공하는 능력이 탁월하다.[62] 짚라인Zipline이라는 회사는 드론을 이용해서 르완다와 탄자니아에 혈액과 약품을 공급했다.[63] 50퍼센트 이상의 국가가 도로의 부족에 시달리는 아프리카 대륙에서는 드론을 활용함으로써 의료 서비스의 질을 획기적으로 개선할 수 있을 것이다.

또한 드론은 삼림 황폐화라는 또 다른 재난을 완화하는 역할을 수행하기도 한다. 오늘날 지구상에서는 벌목, 농경지 확장, 산불, 광산채굴, 도로 건설 등으로 매일 70억 그루의 나무가 쓰러진다. 엄청난 규모로 진행되는 이 환경적 재난은 기후변화와 동식물 멸종의 주된 요인이다. 이런 상황에서 등장한 '나무 심는 드론'은 씨가 담긴 캡슐을 땅을 향해 총을 쏘듯 발사하는 방식으로 나무 종자를 퍼뜨린다. 드론 한 대가 하루에 10만 그루의 나무를 심을 수 있다.[64]

물론 앞으로도 로봇의 역할은 계속될 것이다. 노인 돌보기, 호스피스 업무, 육아, 애완동물 기르기, 개인 비서, 아바타, 자율주행차, 비행자동차 등 로봇이 할 일은 끝도 없다. 하지만 우리가 오직 로봇에만 초점을 맞춘다면 숲을 보지 않고 나무만 보는 것에 불과하다. 핵심은 로봇이 다른 기술들의 기하급수적 발전과 융합하고 있다는 사실이다. 지구의 전자 피부를 구성하는 수많은 센서와 클라우드에 연결된 인공 신경망 기반의 인공지능으로 인해 더 빠르고 똑똑한 로봇들이 계속해서 출현할 수 있는 것이다. 그렇다면 아직 놀랄 일이 더 남았을까? 다음 장을 기대해보라. 아직 절반밖에 이야기하지 않았다.

CHAPTER 03

터보 부스트를
단 미래

가상현실과 증강현실: 미디어를 넘어

2001년, 스탠퍼드의 심리학 교수 겸 가상현실 전문가 제러미 베일린슨Jeremy Bailenson은 실험실 장비를 챙겨들고 워싱턴 D.C.로 날아갔다.[1] 연방 사법센터의 판사들을 대상으로 가상현실에 관한 콘퍼런스를 열기 위해서였다. 백문이 불여일견이라고, 베일린슨은 콘퍼런스 도중 판사들에게 고글을 착용하게 하고 가상현실을 직접 체험할 수 있는 기회를 주었다.

그가 준비한 프로그램은 가상 세계 속에서 널빤지 위를 걷는 가상현실 시뮬레이션 게임이었다. 베일린슨은 가상 세계의 배경을 콘퍼런스가 열리는 방과 비슷한 모습(바닥에 카펫이 깔리고 양옆으로 창문이 늘어선 장소)으로 설정해둔 상태였다. 판사들이 처음 고글을 쓰면 평범한 실내의 모습이 눈앞에 나타났다. 하지만 베일린슨이 버튼을 한 번 누르자 갑자기 바닥이 앞뒤로 갈라지면서 체험자의 발아래가 깊은 골짜기처럼 꺼져버렸다. 체험자는 졸지에 폭 3미터의 양쪽 낭떠러지 사이에 위태롭게 걸친 좁은 널빤지 위에 서 있게 됐다. 말하자면 그 널빤지를 걸어 맞은편으로 건너가는 것이 이 가상현실 게임의 요령이었다. 그런데 실험에 참가한 어느 판사가 약간 왼쪽으로 치우쳐 걸음을 옮기기 시작했다.

그러다 발을 헛디뎠다.

그 판사는 예순 살 정도의 나이에 120킬로그램이 넘는 몸무게의 소유자였다. 그 가상현실 프로그램은 중력에 대한 감각도 조작할 수 있었기 때문에, 그 사람이 보기에 자신의 육중한 몸은 당장 발아래 골짜기로 추락해버릴 판이었다. 만일 실제 세계에서 이런 상황이 벌어진다면 당사자가 취할 수 있는 최선의 행동은 건너편 낭떠러지를 향해 몸을 던져 아무 데나 손이 닿는 곳에 매달리는 일일 것이다.

그리고 그 판사는 정말 그렇게 했다. "그는 45도 정도 아래 방향으로 점프해서 컴퓨터가 놓인 테이블의 뾰족한 모서리를 향해 뛰어들었습니다." 베일린슨의 말이다.

다행히 별다른 사고는 발생하지 않았다. 그 판사는 다치지 않고 체험을 마쳤으며 베일린슨은 가상현실 전문가들이 '현장감'presence이라 부르는 감각적 속임수를 훌륭하게 입증해냈다. 정교한 가상현실 프로그램은 신경생물학적 작용을 통해 사용자로 하여금 현실과 가상의 세계를 혼동하게 만든다. 만일 고글에 나타난 시각적 이미지를 포함해 명암이나 움직임 같은 모든 요소가 실제 세계와 흡사하다면 두뇌는 그 착각을 현실이라고 믿어버린다. 연방 판사가 테이블을 향해 뛰어든 이유도 이 때문이다.

현장감은 새로운 기술 발전의 산물이다. 역사적으로 인간은 물리적 법칙의 제약과 오감의 지배 속에서 살아왔다. 하지만 가상현실은 그 규칙을 다시 쓰고 있다. 이 기술은 우리의 경험을 디지털화하고 인간의 감각을 컴퓨터가 만들어낸 세계로 이동시킨다. 가상현실의 무한한 가능성과 현실감을 가로막는 것은 오직 빈곤한 상상력뿐이다.

인공지능과 마찬가지로 가상현실이라는 개념이 처음 등장한 시기는 1960년대쯤이었다.[2] 1980년대에 최초로 '고객용' 가상현실 시스템이 등장하기 시작했지만 소비자들의 기대를 충족시키기에는 역부족이었다. 1989년, 제론 레니어Jaron Lanier가 설립한 회사 VPL은 '아이폰'Eye Phone이라는 이름의 가상현실 시스템을 무려 25만 달러의 가격으로 출시했다.[3] (레니어는 '가상현실'이라는 용어를 처음 만든 사람이기도 하다.) 하지만 그 시스템을 가동하기 위해 사용되는 컴퓨터는 대형 냉장고 크기와 맞먹었고, 헤드셋 또한 지나치게 크고 사용이 불편했다. 게다가 고글의 이미지 주사율은 당시의 텔레비전에 비해서도 6배나 느린 초당 5프레임에 불과했다.

1990년 초가 되자 가상현실에 대한 세간의 부푼 기대가 시들해지면서 이 기술은 그 뒤 20년 동안 잠복기를 벗어나지 못했다. 하지만 그런 상황 속에서도 기반 기술의 개발은 계속됐다. 1990년대가 가고 새로운 천년이 시작될 때쯤에는 판사들을 널빤지 위에서 놀라 자빠지게 만들 정도로 기술의 수준이 향상됐다. 그리고 2000년대가 지나갈 무렵에는 점점 강력해지는 게임 엔진과 인공지능의 이미지 렌더링 소프트웨어 덕분에 가상현실은 잠복기를 지나 파괴적 혁신기로 접어들었으며, 이 기술을 기반으로 하는 비즈니스의 세계도 활짝 열렸다.

스타트업들이 설립되기 시작했고 인수 합병도 활발하게 벌어졌다. 2012년, 페이스북은 가상현실 기업 오큘러스 리프트Oculus Rift를 20억 달러에 인수하며 업계에 파장을 불러일으켰다.[4] 2015년 기술 전문 매체 〈벤처 비트〉Venture Beat가 보도한 바에 따르면 과거 시장에 새로 진입하는 가상현실 기업의 수는 1년에 평균 10개 미만이었지만 그해 갑자기 234개로 늘어났다고 한다.[5] 삼성은 2017년 한 해 동안 365만 개의 가상현실 헤드셋을 팔아치우며 이 기술의 덕을 톡톡히 봤다.[6] 애플, 구글, 시스코, 마이크로소프트 같은 기업들도 점차 가상현실 시장에 눈을 돌리기 시작했다.[7, 8, 9, 10]

스마트폰 기반의 가상현실 제품도 속속 등장하면서 소비자들은 단돈 5달러로 가상현실에 입문할 수 있게 됐다.[11] 2018년에는 무선 어댑터, 독립 헤드셋, 모바일 헤드셋 등도 선을 보였다.[12] 이미지 해상도에도 큰 진전이 이루어졌다. 구글과 LG는 인치당 픽셀 수를 2배로 늘렸으며 화면 주사율도 VPL의 초당 5프레임과는 비교도 할 수 없는 120프레임 이상으로 끌어올렸다.[13] 이와 비슷한 시기에 가상현실 시스템은 시각뿐만 아니라 다른 감각으로도 목표를 확장하기 시작했다. 히어360HEAR360이라는 스타트업이 만든 '전全 방위 입체음향' 마이크 세트는 360도 오디오 효과를 제공한다.[14] 시각적 몰입감에 이어 사용자를 온통 에워싸는 듯한 청각적 몰입감도 가상현실의 현장감에 힘을 보탠 것이다. 또한 촉각 장갑, 조끼, 전신 복장 등의 장비들도 소비자 시장을 강타하면서 촉각의 영역도 대중의 감각을 사로잡기 시작했다.[15] 그 밖에 냄새 발생기와 미각 시뮬레이터[16]를 포함한 모든 종류의 감각 장치(뇌파 판독기를 포함해)는 가상 세계를 실제와 더욱 흡사하게 만들고 있다.[17]

가상 세계를 탐구하려는 사람들도 지속적으로 증가하는 추세다. 미국의 시장 조사기관 이마케터eMarketer에 따르면 과거 월평균 2,200만 명에 그쳤던 가상현실 기기 사용자가 2018년에는 3,500만 명으로 늘었다.[18] 전문가들의 예측에 따르면 2024년쯤이면 가상현실 시장의 규모가 380억 달러에 달할 것이며 가상현실과 연관되지 않은 산업 분야를 찾기 어려울 것이라고 한다.[19]

우리는 이 책의 제2부에서 미래에는 엔터테인먼트부터 의료 산업에 이르기까지 가상현실이 시장을 어떻게 재편할 것인가에 대해 자세히 알아볼 예정이다. 하지만 여기서 미리 소개하고 싶은 한 가지 사례는 교육 분야다. 가상현실 덕분에 전혀 새로운 차원의 학습 경험이 도입될 수 있는 영역이기 때문이다. 베일린슨은 자신의 스탠퍼드 연구팀과 함께 가상현실의 능력을 활용해서 인간의 행동변화를 이끄는 연구에 20년을 보냈다. 그는 사용자가 1인칭 시점으로 인종차별이나 성차별을 포함한 여러 종류의 사회적 차별을 경험할 수 있는 가상현실 프로그램을 개발해냈다.[20] 예를 들어 그가 피실험자들에게 노인이나, 노숙자 또는 볼티모어의 거리에 사는 흑인 여성 같은 사람들의 입장이 되어볼 기회를 제공하자 실험 참가자들의 타인에 대한 공감능력이나 이해도가 눈에 띄게 증가했다고 한다.

"가상현실은 단순한 미디어 경험이 아닙니다." 베일린슨은 2010년 뉴욕 대학교 로스쿨에서 이렇게 연설했다. "이 기술이 적절하게 구현되면 실제적인 경험이 되는 겁니다. 그동안 우리가 실험한 결과에 따르면 가상현실은 전통적인 미디어에 비해 사람들의 행동변화나 참여를 더 많이 이끌어냈으며 그들에게 더욱 강력한 영향을 미쳤습니다."[21]

가상현실에서 많은 발전이 이루어진 만큼 증강현실 기술도 커다란 진전을 보였다. 2016년 닌텐도에서 내놓은 게임 포켓몬 고Pokémon GO가 무려 10억 회 이상의 사용자 다운로드를 기록하면서 증강현실은 파괴적 혁신기로 진입했다.[22] 그 뒤를 이어 이 기술의 발전을 이끈 기업은 애플이었다. 애플은 어느 개발자든 애플의 플랫폼 위에서 증강현실 앱을 개발할 수 있도록 증강현실 개발자 키트를 발표했으며,[23] 스마트 글라스의 얇고 투명한 렌즈를 전문으로 개발하는 아코니아 홀로그래픽스Akonia Holographics를 인수했다.[24]

스타트업 사업가들 역시 너도나도 이 시장에 뛰어들었다. 우리가 이 책을 쓰는 시점에서 엔젤리스트Angel List라는 크라우드펀딩 사이트에 증강현실 스타트업으로 등록된 업체의 수는 1,800개가 넘는다.[25] 전문가들은 2021년이 되면 증강현실의 시장규모가 1,330억 달러에 달할 거라고 예상한다.[26]

증강현실 장비는 가상현실에 비해 값이 비싼 편이다. 입문자용인 립모션Leap Motion 헤드셋의 가격은 100달러 정도며 마이크로소프트의 홀로렌즈Holo Lens 같은 최고급 제품은 3,000달러를 호가한다.[27, 28] 최근 럭셔리 자동차에 탑재되기 시작한 증강현실 헤드업 디스플레이heads-up display는 조만간 중저가 모델의 차량에도 표준 사양으로 제공되리라 생각된다.

증강현실 기술은 교실에서 공부하는 아이들에게 가상의 사물과 가상의 세계를 탐구할 기회를 준다. 길을 걷는 사람들에게는 증강현실 안경을 통해 건물들의 역사를 알려주는 색다른 학습 경험을 제공하기도 한다. 소매 산업 역시 또 다른 차원의 경험으로 사용자를 안내한다. 정해진 예산으로 식사할 곳을 찾는 배고픈 사용자는 거리의 식당에서 판매되는 점심 특선 메뉴와 가격 그리고 그곳을 먼저 다녀간 고객들이 식당에 매긴 점수를 알아볼 수 있다. 산업 현장에서는 증강현실 시뮬레이션으로 온갖 종류의 기계를 조작하는 방법을 직원들에게 교육한다. 박물관은 증강현실 디스플레이를 설치해서 관람객에게 진열품의 정보를 제공하고, 부동산 업자는 고객이 증강현실을 통해 매물로 나온 집을 돌아볼 수 있도록 해준다. 의료 현장에서는 외과의사들이 증강현실 기술을 바탕으로 막힌 동맥의 내부를 들여다보고, 의대생들은 가상의 시체를 대상으로 해부 실험을 한다.

그럼 이제 게임을 시작해보자. 연방 판사들이 당신을 향해 뛰어들고 있다.

3D 프린팅: 주문형 제조 기술

우주에서 물류비용이 가장 비싼 공급망은 거리가 388킬로미터에 불과하다.[29] 바로 지구의 우주비행 관제센터Mission Control부터 국제 우주정거장International Space Station, ISS까지 보급품이 전달되는 네트워크다. 이 공급망의 비용은 물품의 무게에 따라 다르다. 어떤 물건을 지구의 중력함정gravity well에서 벗어나게 만드는 데는 450그램당 1만 달러가 넘는 돈이 든다.[30] 뿐만 아니라 그 물건이 ISS에 도달하기까지는 수개월이 넘는 시간이 소요되기 때문에, 우주정거장의 소중한 공간 중 상당 부분은 만일의 경우에 대비한 대체부품 같은 잡동사니들이 차지하고 있는 경우가 많다.[31] 말하자면 역사상 가장 비싼 공급망 탓에 우주에서 가장 특별한 폐품 집하장이 생겨난 것이다.

우리 저자들은 앞서 펴낸 책《볼드》에서 최초로 이 문제를 해결하겠다고 나선 메이드 인 스페이스Made In Space라는 기업을 소개했다.[32] 이 회사의 목표는 우주에서 사용이 가능한 3D 프린터를 만들어내는 것이었다. 그 후 몇 년이 지난 오늘날, 메이드 인 스페이스는 예정대로 우주에 진출해서 활동 중이다.[33] 2018년, ISS에서 임무 수행 중이던 어떤 우주인은 사고로 손가락이 부러지는 부상을 당했지만 손가락에 댈 부목을 지구에 주문하지 않았다. 그는 부목이 도착할 때까지 몇 개월을 기다리는 대신 3D 프린터를 켜고 프린트할 물품의 목록을 뒤져 '부목'이라는 파일을 찾아냈다. 그리고 플라스틱을 제조 원료로 삼아 그 물건을 만들어내기 시작했다.[34] 과거에는 이런 새로운 차원의 '주문형'on-demand 제조 기술을 누구도 경험하지 못했다.

하지만 여기까지 오는 데는 적지 않은 시간이 필요했다. 최초의 3D 프린터는 1980년대에 등장했다.[35] 당시만 해도 이 기계는 투박하고, 느리고, 프로그램도 어려웠으며, 툭하면 고장 나기 일쑤였고, 오직 플라스틱으로만 출력이 가능했다. 오늘날 3D 프린터는 원소 주기율표를 온통 점령한 것처럼 거의 모든 원소를 재료로 사용한다. 금속, 고무, 플라스틱, 유리, 콘크리트 등은 물론, 심지어 셀룰로오스, 가죽, 초콜릿 같은 유기물질을 포함한 수백 가지 재료를 어떤 색깔로도 프린트할 수 있다.[36] 뿐만 아니라 과거에는 상상할 수 없었던 출력물도 갈수록 늘어나는 추세다. 이 기계는 제트 엔진에서 아파트 그리고 회로기판에서 의족이나 의수 같은 인공 신체부위까지 극도로 복잡한 장비를 놀라울 만큼 짧은 시간 안에 척척 찍어낸다.[37, 38, 39, 40]

제조 산업에 있어서 이는 놀라운 혁신이다. 3D 프린터의 '주문형' 속성은 제품의 재고라는 개념 자체를 없애버리고, 재고를 보유하는 데 수반되는 모든 것들도 함께 사라지게 만든다. 다시 말해 이 기술로 인해 앞으로 공급망, 교통 네트워크, 물품 보관실, 창고 등은 영원히 자취를 감추게 될 것이다. 이제 3D 프린터라는 단일 기술의 기하급수적 발전은 12조 달러 규모의 제조 산업 전체를 위협하기에 이르렀다.[41]

게다가 발전의 속도도 놀라울 정도로 빠르다. 2000년대 초반만 해도 3D 프린터는 가격이 수십만 달러에 달하는 매우 값비싼 기계였다.[42] 하지만 오늘날에는 1,000달러 이하의 제품도 수두룩하다.[43] 더욱이 가격은 떨어지는 반면 성능은 계속 향상되는 추세다.[44] 또한 이 영역에서도 다른 기술들과의 융합이 발생하면서 3D 프린터는 다양한 시장으로 진입하기 시작했다.

몇 년 전, 이스라엘의 나노 디멘션Nano Dimension은 3D 프린터로 회로기판을 만들어 판매한 최초의 기업이 됐다.[45] 과거에는 회로기판 설계자들이 새로운 제품을 개발하는 데 몇 개월씩 걸렸지만, 이제 단 몇 시간이면 시제품을 만들어내는 일이 가능해졌다. 또 3D 프린터는 에너지 산업 영역에도 진출해서 신재생에너지 혁명에 있어 가장 비싸고 중요한 배터리, 풍력 터빈, 태양전지 등의 핵심 제품들을 '출력'해내고 있다.[46, 47, 48] 이 기술은 교통 산업 분야에서도 맹활약 중이다. 한때 지구상에서 가장 복잡한 기계는 엔진이었다. 제너럴일렉트릭GE이 제조한 터보프롭turboprop 엔진은 독립적으로 제작된 855개의 부품들로 구성되어 있었다.[49] 오늘날

3D 프린팅 기술 덕분에 부품의 숫자는 12개로 줄었다. 덕분에 엔진의 무게는 50킬로그램 정도 가벼워졌으며 연료 연소비율도 20퍼센트 이상 개선됐다.

생명공학도 3D 프린팅의 세계와 만났다. 3D 프린터가 최초로 인공 신체기관을 제작하기 시작한 2010년 이후 수많은 병원이 이 기술을 받아들였다.[50] 2018년 요르단의 한 병원은 신체 절단 환자에게 20달러 미만의 가격으로 24시간 내에 의족이나 의수를 만들어주는 프로그램을 도입했다.[51] 또한 언리미티드 투모로우Unlimited Tomorrow나 오픈 바이오닉스 Open Bionics 같은 기업들은 3D 프린터의 전자제품 제조 능력을 활용해 촉각을 느낄 수 있고 물건을 집어 드는 일이 가능한 생체공학적 의수를 만들어 저렴한 가격으로 판매한다.[52, 53, 54] 3D 프린터는 의족이나 의수뿐만 아니라 사람의 내부 기관을 제작하는 용도로도 활용된다. 2002년, 웨이크 포레스트 대학교의 과학자들은 3D 프린터를 이용해 혈액을 거르고 소변을 생산할 수 있는 신장 조직을 최초로 만들어냈다.[55] 또 2010년 샌디에이고에 소재한 바이오프린팅 기업 오레가노보Oreganovo는 처음으로 인공혈관을 제작했다.[56] 요즘에는 프렐리스 바이오로직스Prellis Biologics라는 기업이 3D 프린터를 이용해 인간의 모세혈관을 빠른 속도로 출력해내고 있다.[57] 그런가 하면 이비바 메디컬Iviva Medical이라는 회사는 아예 인공신장을 통째로 찍어낸다.[58] 전문가들은 2023년이 되면 3D 프린터로 제작한 인공기관들이 의료 시장에 본격적으로 등장할 거라고 예상한다.[59]

3D 프린터가 일으킨 충격파는 건설 산업 분야에서 더욱 빠르게 퍼져나가는 추세다. 2014년 중국의 윈순Win Sun이라는 기업은 3D 프린터를

이용해 10채의 독신자용 주택을 24시간 만에 건설해냈다.[60] 소요된 비용은 한 채당 5,000달러 미만이었다.[61] 이 회사는 또 몇 달 뒤에 5층짜리 아파트를 6일 만에 뚝딱 지어냈다. 2017년에 또 다른 중국 기업은 3D 프린팅 기술과 모듈 공법을 결합해 57층짜리 고층건물을 단 19일 동안에 완공했다.[62] 2019년, 캘리포니아에 소재한 마이티 빌딩스Mighty Buildings라는 회사는 3D 프린터, 로봇공학, 재료과학 등을 접목시켜 지금까지 누구도 생각지 못했던 일을 해냈다.[63] 미국의 건축 법규를 지키는 범위 내에서 3D 프린터를 활용해 1인 가구용 주택들을 10분의 1 비용으로 건설하고, 이를 업계 평균보다 3배 이상 저렴한 가격으로 판매한 것이다.

아마 3D 프린터로 세상을 바꾼 가장 훌륭한 사례는 브렛 헤이글러Brett Hagler라는 사내의 이야기일 것이다. 그는 2010년 아이티에서 대지진이 발생한 지 몇 년 후에 이 섬을 방문했다. 헤이글러는 재난이 휩쓸고 간 후에 꽤 오랜 시간이 지났음에도 수만 명의 주민이 여전히 천막을 치고 피난민으로 살아가는 모습에 큰 충격을 받았다. 그는 새로운 기술을 활용해 도움이 절실한 사람들에게 영구적인 피난처를 만들어주기로 결심했다. 헤이글러는 먼저 뉴스토리New Story라는 비영리기관을 설립해서 '건설자들'Builders이라고 알려진 일단의 투자자들로부터 연구 자금을 모금하기 시작했다. 그리고 투자받은 돈으로 가장 혹독한 물리적 환경에서도 가동될 수 있는 태양발전 기반의 3D 프린터를 제작했다. 그는 이 기계를 사용해 37제곱미터에서 74제곱미터 넓이의 주택 400채를 6,000달러에서 9,000달러의 비용으로 건설하는 데 성공했다. 지하 대피소처럼 대충 지어진 집이 결코 아닌 현관과 발코니까지 제대로 갖춰진 실용적인 현대식 주택이었다.[64]

2019년 가을, 뉴스토리는 멕시코에서 세계 최초로 3D 프린터를 사용해 지역 공동체를 건설하는 일에 착수했다.[65] 그들은 거주할 곳 없는 사람들에게 50채의 주택을 무상으로 공급하거나 판매하기로(무이자 소액대출로 대출을 해주고) 했다. "데이터는 명백합니다." 헤이글러는 이렇게 말한다. "안정적인 거주지는 인간의 가장 기본적인 욕구입니다. 만일 그 욕구가 만족된다면 건강, 행복, 소득, 아동의 교육 수준 같은 다른 요소들도 함께 개선될 수 있는 겁니다. 3D 프린터는 빈곤과 싸울 수 있는 훌륭한 도구입니다. 그 도구를 어떻게 사용하느냐 하는 것은 전적으로 우리 자신에게 달렸습니다."

블록체인: 사람보다 신뢰할 수 있는 시스템

블록체인은 세상에 나온 지 얼마 되지 않았지만 그 사이 기록 관리의 최강자, 역사상 가장 매력적인 회계 솔루션, 정부 제도에 종말을 고하는 기술 등 온갖 화려한 별칭을 끌어 모았다. 그러나 블록체인을 한마디로 표현하면 일종의 '활성화 기술'enabling technology, 즉 전자화폐를 활성화하려는 목적으로 개발된 기술이다.

달러나 센트 같은 물리적 화폐를 0과 1의 부호로 바꾼다는 전자화폐의 개념은 1983년에 처음 등장했다.[66] 하지만 당시 이 아이디어는 '이중사용'二重使用 문제라는 난관을 극복하지 못했다. 쉽게 설명하자면 이렇다. 당신이 1달러짜리 지폐를 친구에게 건네면 그 지폐는 당신 손을 떠나 친구에게 넘어간다. 반면 당신이 1달러짜리 디지털 화폐를 친구에게 주는 상황이라면, 당신이 컴퓨터에 그 화폐의 원본을 남겨두고 친구에게 복사본만 건네도 누구도 이를 막을 방법이 없다. 사실 디지털 세계에서의 공유란 전부 이런 식이다. 당신이 다른 사람에게 이메일을 보내면 당신의 컴퓨터에는 원본이 남고 상대방에게는 복사본이 전송되는 것이다. 물론 이메일을 주고받는 일이라면 별 문제가 없겠지만, 돈을 거래하는 경우에는 이런 상황이 절대 용납될 수 없다. 비트코인은 바로 이런 문제를 해결하기 위해 만들어진 전자화폐다.

비트코인이 세상에 처음 선을 보인 것은 2008년의 일이다. 자신을 사토시 나카모토Satoshi Nakamoto라는 이름으로 부르는 익명의 인물(또는 인물들)이 금융기관 없이도 돈을 주고받을 수 있는 디지털 방식의 '사용자 간 직접 접속'peer-to-peer 지불 시스템을 온라인 논문으로 제안한 것이다.[67] 그리고 그다음 해 첫 번째 비트코인이 대중에게 공개됐다. 하지만 당시 이 전자화폐는 '채굴'되기는 했지만 아직 시장에서 거래가 이루어지지 않았기 때문에 여기에 금전적 가치를 부여할 방법이 없었다. 2010년, 라스즐로 헨예츠Laszlo Hanyecz라는 프로그래머가 비트코인 1만 개로 피자 두 판 (25달러)을 구매하면서 이 문제를 처음 해결했다.[68] 피자 가격을 기준으로 했을 때 당시의 비트코인 가격은 1개에 0.0025달러였다. 2019년 비트코인의 가치는 1만 5,000달러까지 치솟았다.[69]

하지만 비트코인의 진정한 혁명은 이 화폐를 뒷받침하는 블록체인 기술이라고 할 수 있다. 블록체인은 분산적이고, 가변적이며, 가용적이고, 투명한 디지털 장부다. 이 단어들의 의미를 하나씩 짚어보자. 분산적 distributed이란 블록체인이 사용자들에게 집단적으로 공유되는 데이터베이스라는 뜻이다. 즉, 네트워크상에서 전자화폐를 소유한 누구든 이 장부의 복사본을 지닌다는 말이다. 가변적mutable이란 모든 사용자가 아무 때나 이 장부에 새로운 정보를 입력할 수 있다는 의미이며, 가용적permissible이란 누구나 전자화폐를 현금처럼 자유롭게 사용 가능하다는 뜻이다. 마지막으로 네트워크에 접속한 모든 사람이 이 장부의 거래내역을 들여다볼 수 있기 때문에 이 시스템은 매우 투명하다. 그리고 바로 이 때문에 '이중사용'의 문제가 해결될 수 있는 것이다.

블록체인 기술의 최대 혁신은 이 장부에 거래가 기록되는 방식에 있다. 일반적인 금융 거래는 사람들끼리 돈을 주고받는 과정에서 '믿을 만한 제3자'를 필요로 한다. 예를 들어 내가 당신에게 수표를 끊어준다면 내가 그 수표에 적힌 액수만큼의 현금을 보유하고 있다는 사실을 제3자(대개는 은행)를 통해 입증해야 한다. 하지만 암호화폐는 금전적 교환 과정에서 중개인 없이 네트워크에 접속된 모든 컴퓨터를 통해 그 거래의 유효성을 직접 입증한다. 그리고 검증이 끝난 거래 내역은 다른 기록들과 함께 '블록'block으로 묶이고 이전에 만들어진 블록들에 추가됨으로써 '체인'chain을 이루게 된다.

블록체인은 금융 거래의 중개인을 없애버리고 회계업무를 디지털 시대로 이끌면서 과거 인터넷이 전통적인 미디어를 몰아낸 것처럼 금융 산업을 곤경에 빠뜨리고 있다. 무엇보다 이 기술은 은행이 존재하지 않는 곳에서도 금융 거래를 가능하게 만든다. 다시 말해 블록체인의 '가용성' 덕분에 은행 계좌가 없는 수억 명의 인구가 새롭게 돈을 보관할 곳을 찾아낸 것이다. 컨설팅 기업 액센츄어가 최근 발표한 자료에 따르면, 이 새로운 시장의 규모는 3,080억 달러에 달한다고 한다.[70]

또한 블록체인을 사용하면 사람들 사이에 돈을 보내고 받는 일이 매우 쉬워진다. 특히 다른 나라로 송금을 하는 경우에 대단히 편리하다. 오늘날 국제 송금 시장의 규모는 6,000억 달러가 넘는다고 한다.[71] 그 거래에서 이득을 보는 쪽은 주로 대형 금융기관이나 통신 기업들이다. 다시 말해 웨스턴 유니언Western Union 같은 '믿을 만한' 중개인이 그 거래 과정에서 막대한 수수료를 떼어가는 것이다.[72]

세상에 은행 계좌를 소유하지 않은 사람이 많은 이유 중 하나는 그들의 공식적 신분이 확실하지 않기 때문이다.[73] 그러나 블록체인은 온라인에서 활동하는 모든 사용자 개인에게 디지털 신분증을 만들어줌으로써 이 문제를 해결해낸다. 우리가 그 신분증으로 무엇을 한다는 말인가? 첫째, 자신의 개인 데이터를 보관하는 용도로 사용할 수 있다. 둘째, 공정하고 정확한 투표의 수단으로 활용한다. 셋째, 이 디지털 신분증에 남들이 자신을 평가한 평판 점수를 첨부할 수도 있다. 특히 이 평판 점수를 적절히 이용한다면 우버나 리프트 같은 제3자 없이도 개인 간 자동차 공유 시스템을 운영하는 일이 가능할 것이다.[74]

블록체인은 사람의 신분만이 아니라 물건의 내역을 검증하는 용도로도 사용된다. 예를 들어 당신이 약혼자를 위해 구입한 반지가 블러드 다이아몬드blood diamond(분쟁지역에서 생산되어 불법적으로 거래되는 다이아몬드—옮긴이)인지 여부를 이 기술을 통해 쉽게 확인할 수 있다.[75] 특히 토지의 명의를 등록하는 일은 블록체인을 활용하기에 안성맞춤의 영역이다. 인류의 절대다수는 자신이 공식적으로 소유하지 않은 땅 위에서 살아간다. 아이티를 생각해보라. 대지진과 독재 체제, 잦은 강제 대피령 등으로 인해 이 나라에서는 어떤 땅이 누구의 소유인지 밝혀내는 일이 불가능에 가깝다. 하지만 블록체인에 토지의 명의를 등록하면 모든 거래가 정확히 기록되기 때문에 진짜 땅 주인은 그 기록을 역추적해서 토지의 소유권을 주장할 수 있다.

블록체인이 제공하는 또 다른 기능은 '스마트 계약'smart contract이다. 스포츠 도박의 예를 들어보자. 오늘날 인터넷으로 도박을 하는 데 있어서도 내기에 이긴 사람에게 돈이 지급될 거라는 사실을 보증해줄 '믿을 만한 제3자', 즉 도박 사이트가 필요하다. 그런데 만일 두 도박사가 협의를 통해 승부 결과를 공정하게 밝혀줄 디지털 중재자(예를 들어 〈뉴욕 타임스〉 사이트의 스포츠 페이지 경기 결과 기사)를 선정한다면, 두 사람은 이를 바탕으로 블록체인 계약서를 작성해서 돈을 걸 수 있다. 시스템은 이 계약서에 명시된 〈뉴욕 타임스〉의 경기 결과에 따라 내기의 승자와 패자를 결정하고, 자동적으로 승자에게 돈을 보내준다. 이 기능을 스마트 계약이라고 부르는 이유는 사람이 관여할 필요 없이 프로그램이 모든 일을 알아서 수행하기 때문이다.[76]

블록체인 기술은 이 모든 능력을 바탕으로 폭발적인 성장 국면에 접어들었다. J.P 모건, 골드만삭스, 뱅크오브아메리카 같은 주요 금융기관들은 2018년부터 암호화폐에 대한 전략을 본격적으로 수립하기 시작했다.[77] 블록체인 버전의 크라우드소싱(제4장에서 자세히 다룰 예정이다)이라 할 수 있는 가상화폐공개initial coin offering(사업자가 블록체인 기반의 가상화폐 코인을 발행하고 이를 투자자들에게 판매해 자금을 확보하는 방식—옮긴이) 역시 2018년 기준 시장 가치가 100억 달러에 달할 정도로 놀라운 성장세를 나타낸다.[78] 리서치 전문기업 가트너에 따르면 불과 10년 전에 피자 두 판 가격으로 시작된 가상화폐 시장의 규모는 2025년에 1,760억 달러로 성장하리라 예상되며 2030년에는 무려 3조 1,000억 달러를 넘을 것

이라고 한다.[79]

이 기술이 인류를 어떤 세계로 안내할지 제대로 이해하기 위해서는, 가상 세계와 현실 세계를 연결할 수 있는 블록체인의 또 다른 기능에 대해 알아봐야 할 것 같다. 에릭 퓰리에Eric Pulier라는 기술 선구자가 설립한 기업 바톰Vatom Inc.은 블록체인을 활용해서 '스마트 오브젝트'smart object를 제작한다.[80] 재무적 용어를 빌려 표현하자면 가상 세계와 현실 세계 사이에서 가치가 이동되는 새로운 형태의 자산이라고 보면 된다. 쉽게 말하면 그냥 좀 생소하고 이상한 물건일 뿐이다. 사실 스마트 오브젝트가 하는 일을 정확히 묘사할 만한 단어는 아직 우리 사전에 없다.

그게 도대체 무엇인지 단계별로 알아보자.

가장 기초적인 수준에서 설명하자면 스마트 오브젝트는 프로그램 내에 블록체인 계층을 탑재한 디지털 객체라고 할 수 있다. 블록체인 계층을 탑재했다는 뜻은 그 스마트 오브젝트가 세상에서 유일한 진품 디지털 객체라는 의미다. 만일 당신이 바톰 사가 발행한 톰 브래들리Tom Bradley(미국의 유명 미식축구 코치—옮긴이)의 미식축구 디지털 카드를 소유하고 있다면, 그것이 세상에서 하나밖에 없는 카드라고 확신해도 좋다. 만일 당신이 그 카드를 내게 주면 그 카드는 나에게 넘어오고 당신에게는 남지 않는다. 다시 말해 물리적인 물건처럼 실제로 이동이 이루어지는 것이다.

이제 이해의 수준을 한 단계 높여보자. 어느 날 스마트 안경을 착용하고 뉴욕시의 도심을 걷고 있는 당신은 콜라가 여섯 병 그려진 코카콜라 광고판을 발견한다. 그리고 그 광고판을 향해 스마트폰을 클릭해서 그중 한 병을 구입한다. 그러자 콜라 한 병이 갑자기 광고판을 뛰쳐나와 당신의 스마트폰 속으로 들어간다. 이제 광고판에는 콜라가 다섯 병 남았고, 다른 한 병은 당신의 스마트폰에서 '스마트 오브젝트'가 된다. 여기서 특기할 사항 두 가지가 있다. 첫째, 당신은 콜라를 얻기 위해 앱을 다운로드하거나 웹사이트를 통해 주문할 필요가 없다. 콜라를 향해 스마트폰을 클릭하기만 하면 모든 일이 자동적으로 이루어진다. 둘째, 당신은 광고판에 있던 코카콜라의 디지털 복사본만이 아니라 실제 콜라를 구입한 것이다. 광고판에 남은 코카콜라는 다섯 병으로 줄었지만, 나머지 한 병은 당신의 스마트폰으로 들어왔다. 당신은 주변의 카페로 들어가 당신이 소유한 스마트폰의 콜라를 바텐더의 스마트폰으로 옮긴다. 그러자 바텐더는 당신에게 실제 코카콜라 한 병을 건넨다. 스마트 오브젝트가 마치 쿠폰처럼 활용이 되는 것이다. 얼마나 놀라운 일인가. 당신은 디지털 콜라를 물리적인 콜라와 교환함으로써 디지털 세계에 존재하던 가치를 물리적 세계로 이동한 것이다.

스마트 오브젝트 또한 블록체인처럼 '가변적'이다. 예를 들어 당신이 디지털 콜라를 바텐더가 아닌 친구에게 준다고 해보자. 때마침 코카콜라에서는 특별 캠페인을 진행하는 중이다. 당신이 콜라를 친구의 스마트폰으로 이동시키는 순간, 콜라가 두 병이 된다. 이제 당신 친구는 한 병을 자기 몫으로 챙기고, 나머지 한 병을 또 다른 친구에게 선물할 수 있게 됐다.

더욱 신기한 일도 벌어진다. 인공지능 기반의 스마트 오브젝트는 스스로 배우고 기억하는 프로그램이다. 어느 날 새 양복이 필요해진 당신이 양복 매장으로 들어가는 상황을 가정해보자. 당신은 양복을 구입함과 동시에 그 옷의 디지털 복사본도 함께 건네받는다. 주문서나 별도의 양식을 작성할 필요 없이 그 복사본은 당신의 스마트폰으로 들어온다. 그 디지털 복사본에는 그 옷이 한 땀 한 땀 제작된 전 과정을 찍은 동영상이 담겨 있다. 누가 일부러 프로그램해서 집어넣은 동영상이 아니라, 그 스마트 양복이 자신의 역사를 스스로 학습한 결과다. 이것이 왜 중요할까? 당신이 착용한 옷이 아동 노동력 착취의 결과물이 아니라는 사실을 블록체인의 보증으로 확인할 수 있기 때문이다.

한 걸음만 더 나가보자. 인공지능 기반의 스마트 오브젝트는 한 곳에만 고정적으로 머물지 않는다. 이 프로그램은 단순한 디지털 객체가 아니라 마치 새로운 종류의 생물처럼 자신의 의지에 따라 디지털 세계를 누비고 다닌다. 예를 들어 마이크로소프트에서 근무하는 당신은 앞으로 회사가 출시할 판타지 게임을 설계할 게임 디자이너를 한 명 새로 채용해야 하는 상황이다. 당신은 먼저 불꽃 칼을 하나 디자인해서 스마트 오브젝트로 만든다. 그리고 소셜미디어를 샅샅이 뒤져 판타지, 암호, 게임 디자인 등 당신이 원하는 기술을 지닌 적임자를 물색한다. 그러다 존 스미스라는 완벽한 후보자를 찾아낸다. 그는 지금 바하마에서 휴가를 즐기는 중이다. 존은 스마트 안경을 쓴 채 바닷가를 산책하고 있다. 그가 쓴 안경은 이 해변의 역사에 대해 상세한 정보를 제공한다. 그런데 갑자기 거대한 불꽃 칼이 하늘에서 떨어져 존의 발아래 모래에 박힌다. 그는 칼을 빼내려고 시도해보지만 꿈쩍도 하지 않는다. 그런데 칼의 손잡이 부분에 16개의 숫자가 깜빡거리는 모습이 눈에 들어오는 게 아닌가? 암호학 지식이 풍부한 존은 그 숫자가 하나의 퍼즐이라는 사실을 깨닫는다. 그리고 곧 문제를 풀어 답을 큰 소리로 이야기한다. 그러자 칼이 모래에서 빠지고 불꽃 칼은 분홍색 용으로 변한다. 그리고 그 용은 존이 마이크로소프트의 게임 디자이너 후보로 선정됐다고 말하며 이 일자리에 관심이 있는지 묻는다.

스마트 오브젝트는 단순히 가상 세계와 현실 세계를 이어줄 뿐만 아니라 우리가 사는 세계를 마치 게임 속 세상처럼 바꿔버린다. 블록체인이 공상과학 기술을 현실의 과학으로 만들었다면, 반대로 스마트 오브젝트는 현실 세계를 공상과학의 세계로 이끌고 있는 것이다.

재료과학과 나노기술: 효율성 혁신

1870년, 발명가 토머스 에디슨은 '재료과학'의 문제점에 봉착해 있었다.[81] 당시의 과학자들은 특정한 종류의 금속에 전기를 통과시키면 열이 발생하면서 색이 하얗게 바뀌고 곧이어 밝은 빛을 발산한다는 사실을 이미 알고 있었다. 에디슨은 적절한 재료, 즉 열 손실이 적으면서 전기를 덜 소모하고 전기충격에도 오래 견딜 수 있는 소재를 찾아낸다면 자신이 인류 최초로 전구를 만들어낼 수 있을 거라고 믿었다. 하지만 그 연구에는 꽤 오랜 시간이 소요됐다.

자신의 직감 말고는 의지할 바가 없던 에디슨은 그로부터 14개월 동안 1,600개의 재료를 실험해서 결국 14.5시간 동안 수명이 지속되는 탄소막 면사綿絲 필라멘트를 발명했다.[82] 그리고 몇 년 후에는 탄소막 대나무 실로 재료를 바꾸면서 1,200시간 지속되는 전구를 만들어냈다.[83] 하지만 1904년이 되자 혁신의 바람이 시장을 거세게 뒤흔들면서 수없이 많은 사람이 이 일에 뛰어들었다. 그 결과 기존의 제품보다 훨씬 밝고 오래가는 텅스텐 필라멘트가 세상에 나오기에 이르렀다.[84] 결과적으로 에디슨이 자신의 직관에 따라 수행했던 1,600번의 실험은 결국 수십 년도 안 돼 사라질 2등 제품을 만들어내는 데 그친 것이다.

그러나 오늘날 엔지니어들은 끊임없이 반복되는 작업을 지루하게 거듭할 필요도 없고, 연구의 결과물이 2등 제품으로 마무리되지 않을까 염려하지 않아도 된다. 연구자들은 실험관 대신에 컴퓨터를 사용해 새로운 재료들을 마음껏 실험함으로써 과거에는 수개월에서 수년이 넘게 걸리던 탐구의 과정을 단 몇 시간 만에 마칠 수 있게 됐다. 다른 말로 표현하자면, 인류는 이제 재료과학 혁명의 시대에 돌입한 것이다.

재료과학material science이란 그 이름처럼 새로운 재료를 발견하거나 개발하는 학문 분야를 의미한다. 물리학과 화학에서 파생된 이 기술은 원소 주기율표에 있는 모든 원소를 식재료로 하고 물리의 법칙을 레시피 삼아 새로운 소재들을 요리해낸다. 하지만 방대한 주기율표와 복잡한 물리 법칙으로 인해 재료과학은 역사적으로 발전의 속도가 더딘 과학 영역의 하나였다. 예를 들어 오늘날 스마트폰부터 자율주행차까지 쓰이지 않는 곳이 없는 리튬 이온 배터리의 아이디어는 1970년대에 이미 세상에 나왔다. 그러나 이 제품은 1990년대 들어서야 비로소 시장에 등장했으며 요즘처럼 성장한 것은 불과 몇 년 전의 일이다. 하지만 버락 오바마 대통령은 재료과학의 느린 발전 속도가 마음에 들지 않았던 것 같다.

2011년 6월, 오바마는 카네기멜론 대학교에서 소재게놈 이니셔티브MGI, Material Genome Initiative 전략을 발표하고, 앞으로 오픈소스와 인공지능을 바탕으로 재료과학의 혁신 속도를 2배로 끌어올리는 데 국가 차원의 노력을 투입하겠다고 선언했다.[85] 그는 재료과학의 발전을 가속화하는 전략이 미국의 국제 경쟁력을 좌우하게 될 것이며 청정에너지, 국가안보, 인류 복지 등에 관한 문제를 해결하는 데도 핵심적인 열쇠로 작용할 거라고 내다봤다.

그리고 그 전략은 성공했다.

오바마의 이니셔티브 덕분에 과학자들은 인공지능을 기반으로 다양한 원소(수소, 붕소, 리튬, 탄소 등등)를 수억 가지로 조합한 방대한 데이터베이스를 구축할 수 있었다. 그리고 그 결과 원소 주기율표를 대상으로 마치 즉흥 재즈를 연주하듯 마음껏 연구 활동을 수행할 수 있게 됐다. 딜로이트 컨설팅에서 첨단소재 부서를 이끄는 재료과학자 제프 카벡Jeff Carbeck은 이렇게 말한다. "우리가 기존에 알고 있는 물질은 1만여 개 정도였지만 이제는 고성능 컴퓨터와 양자역학에 힘입어 아직 세상에 존재하는 않는 새로운 물질의 특성을 예측할 수 있게 됐습니다. 몇 년 후에는 차세대 무릎 인공관절을 이식해야 하는 환자들이 인공지능으로 이 데이터베이스를 검색해서 가장 안전하고 믿을 만한 재료를 선택하는 시대가 올 겁니다."[86]

오바마의 전략으로 인해 우리는 물리적 세계에 대한 새로운 종류의 지도를 접할 수 있게 됐다. 과학자들은 이 지도를 바탕으로 수많은 원소를 예전과 비교할 수 없이 빠른 속도로 조합해서 과거에 존재하지 않았던 신물질을 창조해낸다. 또한 새롭게 등장한 다양한 소재 제작 도구도 연구의 범위와 규모(원자 수준을 포함해)에 관계없이 개발의 효율성을 한층 강화해주는 역할을 한다. 이 도구들 덕분에 우리는 초경량 자전거용 탄소섬유 복합체, 강력한 내구성을 지닌 제트엔진을 위한 첨단 합금, 인간의 관절을 대체할 수 있는 생체적합물질 등에 광범위하게 사용되는 메타 물질metamaterial(자연계에 존재하지 않는 특성을 구현하기 위해 설계된 물질—옮긴이)을 개발해냈다.[87, 88] 재료과학의 발전은 에너지 저장 기술이나 양자 컴퓨팅의 혁신에도 큰 역할을 한다.[89, 90] 로봇공학에서도 마찬가지다. 새롭게 개발된 재료들은 인간을 닮은 휴머노이드 로봇의 인공 근육을 만드는 데 결정적인 도움을 준다. 당신이 사는 세계가 드라마 〈웨스트월드〉처럼 변한다고 상상해보라.

훌륭한 재료는 훌륭한 장비를 탄생시킨다. 어플라이드 머티리얼즈 Applied Materials의 최고 기술책임자 옴카람 날라마수Omkaram Nalamasu는 이렇게 말한다. "만일 1980년대에 현대의 스마트폰 같은 물건을 만들었다면 1억 1,000만 달러가 넘는 비용이 들었을 겁니다. 게다가 크기는 14미터가 넘고 200킬로와트의 에너지가 필요했을 거예요. 바로 이것이 재료과학의 위력입니다."[91]

재료과학을 논하려면 이 분야에서 가장 중요한 태양광발전 이야기를 빼놓고 넘어갈 수 없다. 오늘날 일반적인 태양 전지판의 '에너지 변환효율', 즉 수집한 태양빛을 전기로 바꾸는 능력은 16퍼센트이며, 전력을 1와트 생산하는 비용은 평균 3달러 정도다.[92] 그러나 가장 최근에 개발된 재료 중 하나인 페로브스카이트Perovskite는 에너지 변환효율을 66퍼센트까지 증가시키는 광光민감성 결정체다.[93] 이 비율은 실리콘 전지판의 이론적 최대 변환효율의 2배에 달한다. 더구나 페로브스카이트를 구성하는 물질들은 어디서나 쉽게 찾을 수 있으며 합성비용도 비교적 저렴하다. 그렇다면 앞으로 어떤 일이 생길까? 물론 모든 사람이 저렴한 가격으로 태양광 에너지를 사용할 수 있게 되는 것이다.

재료과학의 바깥 경계선에 자리 잡은 최첨단 영역은 나노nano의 수준에서 물질을 조작하는 나노기술이다. 나노란 개미보다 100만 배, 적혈구보다 8,000배, DNA 사슬보다 2.5배 작은 극소형의 세계를 의미한다. 1959년 물리학자 리처드 파인만Richard Feynman은 '바닥의 세계에는 풍부한 공간이 존재한다.' There's Plenty of Room at the Bottom라는 연설을 통해 이 개념을 세상에 처음 선보였다.[94] 그러나 나노기술이 본격적으로 기술의 세계에 모습을 드러낸 것은 에릭 드렉슬러Kim Eric Drexler라는 미국 과학자가 쓴《창조의 엔진》이라는 저서를 통해서였다.[95] 드렉슬러는 이 책에서 나노머신nanomachine이라는 초소형의 자기 복제 기계에 대해 언급한다. 이 프로그래밍 가능한 기계들은 무한정 자기 자신을 복제할 수 있고, 동시에 다른 어떤 것으로도 변신이 가능하다. 게다가 원자의 수준에서 활동하는 이 나노봇들은 모든 종류의 물질(흙, 물, 공기 등)에서 원자를 하나하나 분리해내고, 그 원자를 재료로 삼아 어떤 물질이든 만들어내는 능력도 갖췄다. 드렉슬러에 따르면 나노의 세계에서는 더러운 찌꺼기로 가득한 물웅덩이가 흠집 하나 없는 커다란 다이아몬드 반지로 바뀌는 일도 가능하다고 한다.

최근 시장에 나온 수많은 나노 제품을 보면 이 분야의 발전 역시 놀라울 정도로 빠르게 이루어지고 있는 듯하다. 옷에 주름이 질까봐 옷을 접는 일이 망설여진다면? 주름과 얼룩을 방지하는 직물용 나노 첨가제를 사용해보라. 유리창을 닦기 싫은 사람은? 유리에 붙이는 나노필름은 유리창을 스스로 청소하고 눈부심을 방지하며 전기까지 전달하는 능력을 발휘한다. 집에 태양광발전 설비를 갖추고 싶다면? 태양광을 포착하는 나노 코팅제들이 이미 수도 없이 출시됐다. 또 나노물질은 자동차, 비행기, 야구 배트, 헬멧, 자전거, 수하물, 전동 공구 등 수많은 물건의 무게를 획기적으로 줄여준다. 하버드 대학교의 과학자들은 크기가 1밀리미터 미만의 초소형 배터리를 출력해낼 수 있는 나노 3D 프린터를 개발했다.[96] 가상현실을 탐험할 때 착용하는 커다란 고글이 마음에 들지 않는다면? 그 고민도 머지않아 해결될 것 같다. 최근 일단의 연구자들은 스마트폰보다 6배 이상의 해상도를 자랑하는 나노기술 기반의 스마트 콘택트렌즈를 개발 중이다.[97]

그뿐만이 아니다. 의료의 영역에서는 몸속 구석구석 약물을 전달하는 나노봇들이 암과의 투쟁에서 탁월한 능력을 발휘한다. 컴퓨팅의 영역에서도 마찬가지다. 하버드 대학교의 어느 생명공학자는 1그램의 DNA에 700테라바이트의 정보를 저장하는 데 성공했다.[98, 99] 또 환경 분야의 과학자들은 대기 중에서 이산화탄소를 추출해 고강도의 탄소 나노섬유로 변환하고 이를 제조업에 활용할 수 있는 기술을 개발했다. 만일 이 시스템이 사하라 사막 면적의 10퍼센트 정도를 대상으로 가동될 수만 있다면, 앞으로 10년 안에 지구의 대기 중 이산화탄소 농도는 산업화 이전 수준으로 감소될 것이다.[100] 나노기술이 적용될 수 있는 분야는 무한하며 발전의 속도 또한 매우 빠르다. 향후 10년 안에 이 극소형의 세계는 상상도 할 수 없는 거대한 결과를 창출해낼 것이다.

이 책의 제2부에서는 이런 기술의 발전이 우리 사회에 어떤 변화를 초래할지 구체적으로 살펴볼 예정이다. 하지만 그전에 좀 더 특별한 차원의 물질, 즉 우리 몸의 기본 구성요소인 세포, 유전자, 단백질 등에 대해 탐구해보도록 하자. 이 물질들은 생명공학의 영역에 어떤 변화를 불러일으키고 있을까?

생명공학: 고장 난 세포를 수리하는 기술

영화배우 존 트라볼타John Travolta에게 1970년대는 성공적인 시대였다. 1972년부터 서서히 인기를 얻기 시작한 그는 1975년 TV 드라마 〈웰컴 백 코터〉에 출연하면서 본격적으로 대중의 관심을 끌었다. 그러나 그를 진정한 스타로 만들어준 작품은 1976년에 출연한 TV 영화 〈플라스틱 거품 안의 소년〉The Boy in the Plastic Bubble이었다.[101, 102, 103]

이 영화의 실제 주인공 데이비드 베터David Vetter는 'X염색체 관련 중증 합병성 면역결핍장애'라는 유전성 면역질환을 앓던 텍사스 출신 소년이었다. 이 병에 걸린 환자는 외부로부터 어떤 종류의 세균도 침입할 수 없는 거품처럼 생긴 독립 공간 속에서 평생을 살아야 한다. 거품 속으로 반입되는 모든 것(물, 음식, 의복 등)은 반드시 살균 과정을 거쳐야 한다. 이 질환을 앓는 사람에게는 보통의 공기로 호흡을 하는 일조차 치명적일 수 있다.

그런데 트라볼타가 이 영화에 출연하기 4년 전쯤 과학전문 저널 《사이언스》에는 최근 새로 개발된 치료법을 사용하면 '중증 합병성 면역결핍장애'뿐만 아니라 다른 유전질환들도 고칠 수 있다는 기사가 실렸다.[104] 유전자 치료gene therapy라고 알려진 이 방법은 당시로서는 생소하기는 했지만 매우 유용한 해결책이었다. 유전병의 원인은 DNA가 돌연변이를 일으키는 데 있기 때문에, 나쁜 DNA를 좋은 DNA로 교체할 방법을 찾으면 치료가 가능하다는 것이 그 이론의 핵심이었다. 이를테면 컴퓨터 시스템의 디버그debug와 비슷한 개념이었다.

하지만 좋은 DNA를 어떻게 제 위치에 자리 잡게 할 수 있을까?

이 대목에서 필요한 것이 바로 바이러스의 활약이다. 이 초미세 기생물체는 숙주의 세포에 자신의 몸을 흡착해서 살아간다. 바이러스는 일단 특정 위치에 자리를 잡으면 자신의 유전물질을 세포에 주입해서 숙주가 바이러스의 DNA를 계속 복제하게 만든다. 말하자면 생산라인을 장악하는 것이다. 유전자 치료는 바로 이 과정을 이용해 바이러스의 유전자 코드에서 유전병을 불러일으키는 부분을 제거하고 좋은 DNA로 바꾼다. 바이러스가 숙주의 세포에 좋은 DNA를 주입하면 해당 질환의 증세가 사라지고, 결국 병이 치료되는 것이다.

유전자 치료는 세간의 엄청난 기대를 불러일으켰지만, 이를 현실에 도입하기는 쉽지 않았다. 의료진이 이 방법으로 첫 번째 환자에게 치료를 시도하기까지는 거의 20년 가까운 시간이 걸렸다. 그리고 문제가 발생했다. 1999년, 희귀한 선천적 대사이상 증세에 시달리던 제시 겔싱어Jesse Gelsinger라는 열여덟 살 소년이 펜실베이니아 대학교 의료진의 유전자 치료 임상실험에 자원했다. 그때까지 겔싱어의 상태는 치명적이라고 할 수는 없었다. 그는 극도로 제한적인 식이요법과 함께 하루에 32개의 알약을 복용하면서 증세가 더 악화되지 않도록 조절하고 있었다. 그는 이 임상실험이 성공하면 자신의 병이 완쾌될 가능성이 있다는 생각으로 치료를 받는 데 동의했다. 그리고 4일 동안 유전자 주입 치료가 이루어졌다. 하지만 겔싱어는 완쾌되지 못했다. 불행히도 사망한 것이다. 이는 유전자 치료를 받은 환자가 최초로 사망한 사건으로 기록됐다.[105]

더 많은 사고가 뒤를 이었다. 그로부터 얼마 후, 프랑스에서는 중증 합병성 면역결핍장애 질환으로 유전자 치료를 받던 소년 10명 중 2명이 암에 걸렸다.[106] 미국 식품의약국은 별도의 통보가 있을 때까지 모든 유전자 치료를 즉시 중지하라는 지시를 내렸다. 게다가 2001년 실리콘밸리의 닷컴 버블이 붕괴된 일은 이 분야의 발전을 더욱 위축시키는 계기로 작용했다. 그때까지 유전자 치료를 연구하던 스타트업들은 인터넷 산업의 폭발적 성장에 힘입어 자금을 지원받을 수 있었기 때문이다.

하지만 과학의 발전은 결국 돌파구를 찾아냈다. 유전자 치료는 대중의 눈앞에서 사라졌지만 연구는 계속됐다. 2019년 4월 18일, 놀라운 소식이 전해졌다. 중증 합병성 면역결핍장애가 치료됐다는 소식이었다. 유전자 치료를 받은 환자들은 면역 체계가 전혀 없이 태어난 10명의 아기였다. 증세가 호전됐다든가 환자의 상태가 통제 가능하게 바뀐 정도가 아니었다. 치료하기 전에 면역 시스템이 없던 아기들에게 치료 후 면역 시스템이 생겨났다. 병 자체가 완전히 사라진 것이다.[107]

다른 질환들의 치료에도 서광이 비췄다. 오늘날 현재 임상실험 마지막 단계에 놓인 유전자 치료제는 50여 종에 달한다.[108] 덕분에 우리는 불치병이라 여겨진 많은 질병의 치료에 대해 희망을 갖기 시작했다. 그러나 유전자 치료는 생명공학이라는 거대한 발전의 흐름 속에 놓인 단일 영역에 불과하다.

생명공학은 인간의 생명 작용을 기술의 대상으로 활용하는 학문이다. 다시 말해 생명의 기본적 구성요소(유전자, 단백질, 세포 등)를 생명을 조작하는 도구로 삼는 것이다. 생명공학의 출발점은 인간의 몸을 구성하는 30~40조 개의 세포다.[109] 그리고 이 세포들의 기능이 인간의 건강을 좌우한다. 각각의 세포에는 어머니로부터 전달받은 32억 통의 '편지' 그리고 아버지에게서 받은 32억 통의 '편지'가 들어 있다. 이 64억 개(32억 쌍)의 편지가 바로 우리의 DNA, 즉 게놈genome이다. 말하자면 '나'라는 사람을 구성하는 소프트웨어 코드인 셈이다. 내 머리 색깔, 눈의 빛깔, 성격의 상당 부분, 특정 질환에 대한 성향, 수명 등이 모두 유전자와 밀접한 관계가 있다.

최근까지도 그 편지들을 '읽는' 일은 그리 쉽지 않았다. 더구나 그 편지들이 각각 어떤 역할을 하는지 정확히 이해하기는 훨씬 더 어려웠다. 지난 2001년에 완성된 인간 게놈 프로젝트Human Genome Project, 즉 10년 동안 1억 달러를 들여 진행했던 이 사업의 목적이 바로 그것이었다.[110] 이 프로젝트의 성공 이후에 유전자 분석에 들어가는 비용은 무어의 법칙을 3배나 능가할 만큼 급속히 하락하기 시작했다. 오늘날 인간 게놈의 염기서열 분석에 소요되는 기간은 단 며칠에 불과하며 가격도 1,000달러 미만이다.[111, 112] 일루미나illumina 같은 유전자 분석 장비 기업들에 따르면 몇 년 후에는 유전자 분석 시간이 한 시간을 넘지 않고 가격도 100달러면 충분할 거라고 한다.

게놈 염기서열 분석을 빠르고 저렴하게 수행하는 일이 왜 중요할까? 바로 이 기술이 향후 의료 산업의 판도를 바꿀 핵심 열쇠기 때문이다. 오늘날 고장 난 세포를 수리하는 데는 몇 가지 방법이 주로 사용된다. 유전자 치료는 문제가 있거나 누락된 DNA를 다른 DNA로 교체하는 치료법이다. 반면 크리스퍼-카스9 CRISPR-Cas9 같은 '유전자 편집' 기술은 문제가 있는 유전자를 세포 내에서 직접 교정하는 방법을 사용한다. 또 줄기세포 치료법은 아예 세포 전체를 다른 세포로 교체해버리는 기술이다. 이렇듯 다양한 유전자 개입 기술이 시장을 두드리는 이유는 우리가 게놈 염기서열을 신속하게 분석할 수 있게 됐기 때문이다.

요즘 인류의 대對 유전병 전쟁에서 주력 무기로 떠오른 카리스퍼-카스9의 예를 들어보자. 이 기술은 인간 유전자 코드의 정확한 위치를 목표로 삼아 DNA를 '다시 쓰는' 공학적 도구다.[113] 예를 들어 근위축증을 일으키는 DNA를 제거하고 싶다면? 간단하다. 게놈상의 해당 지점을 대상으로 '유전자 가위' 시스템을 가동해서 문제가 발생한 DNA의 염기를 싹둑싹둑 잘라내면 그만이다.

더욱 중요한 사실은 크리스퍼가 싸고, 빠르고, 사용이 쉽다는 점이다. 지난 5년 동안 이 기술은 게놈을 편집할 수 있는 유일한 방법이었다. 하지만 최근 하버드 대학교의 과학자들은 극도의 정확성을 자랑하는 차세대 유전자 편집기 크리스퍼 2.0을 공개했다.[114] 이는 DNA의 이중나선 가닥에 존재하는 특정 염기만을 집어내 바꾸는 기술이다. 32억 쌍의 염기 중 단 하나만 교체할 수 있다면 어떤 점이 좋은 걸까? 이 연구를 주도한 하버드 대학교의 화학생물학자 데이비드 류David Liu는 이렇게 말한다.[115] "현재 인간의 질병을 유발한다고 알려진 5만여 종의 유전자 변이變異 중 3만 2,000종은 단순히 한 쌍의 염기가 다른 쌍으로 바뀌었기 때문에 발생합니다."

크리스퍼 기술을 적용할 수 있는 또 다른 분야는 인간의 생식세포 계열을 교정하는 기술, 즉 태아의 DNA를 편집하는 방법이다.[116] 디자이너 베이비designer baby(희귀 질환을 지닌 자녀를 치료하는 데 이용할 줄기세포를 얻기 위해 탄생시킨 아기―옮긴이)를 생각해보라. 생식세포 계열 조작 기술은 오래된 윤리적 논란(영화 〈가타카〉를 본 사람은 이해할 것이다)의 대상이지만, 낭포성 섬유증이나 겸상적혈구빈혈 같은 고질적 유전병을 대대로 지니고 살아가야 하는 가족들 입장에서는 이 기술이 지난 세기에 발명된 백신 못지않게 중요한 의학적 진전이 아닐 수 없다.

줄기세포 요법도 주목해야 할 분야 중 하나다.[117] 우리 신체의 대표적인 회복 메커니즘의 하나인 줄기세포는 다른 어떤 종류의 세포로도 변신이 가능한 놀라운 능력을 자랑한다. 이 때문에 인간의 몸은 수명이 다한 조직을 복구할 때 줄기세포를 이용한다. 줄기세포 치료 역시 이런 신체의 작동 원리를 이용하는 기술이다. 현재 미국에서 사용 승인을 받은 줄기세포 치료법은 몇 개에 불과하지만, 전 세계의 실험실에서는 이에 관련한 수많은 연구가 진행 중이다. 과학자들이 줄기세포 치료법을 개발하고 있는 분야는 암, 당뇨병, 관절염, 심장병, 노화에 따른 시력 감퇴, 골격 조직 복구, 통증 관리, 신경질환, 자가 면역질환, 화상 및 기타 피부병, 시력 상실 등 무궁무진하다.

더욱 중요한 사실은 줄기세포, 유전자 치료, 유전자 편집 같은 독립 기술이 서로 융합함으로써 더욱 커다란 가능성의 세계를 약속하고 있다는 것이다.

아마 이 융합의 결과로 빚어질 수 있는 가장 환상적인 결과물은 모든 개인에게 맞춤형으로 제공되는 '1인용' 치료법일 것이다. 모든 치료는 당신의 게놈, 전사체轉寫體, 단백질 유전정보, 미생물군유전체 등에 맞춰 특별하게 설계된다. 이는 인류가 한 번도 경험해보지 못한 고도의 예방의학이다. 당신은 이 치료를 통해 자신에게 가장 적합한 음식, 보충제, 운동 요법 등을 파악할 수 있게 된다. 그리고 자신의 소화기관 내에 어떤 미생물들이 살고 있고, 어떤 식이요법을 통해 체내 생태계를 더욱 건강하게 만들 수 있는지 이해하게 될 것이다. 또 자신이 어떤 질병에 걸릴 가능성이 가장 크고 이를 예방하기 위해서는 어떤 방어책을 세워야 하는지 알아낼 수도 있다. 이제 인류 앞에는 극도로 개인화된 의료 시스템의 세계가 활짝 열리는 중이다. 생명공학의 발전에 따라 인간의 생명을 구성하는 요소들이 우리 자신의 생명을 보호하는 도구로 바뀌면서, 이전 세대에 창궐했던 수많은 질병이 우리의 기억 속에서 영원히 사라질 날도 머지않았다.

CHAPTER 04

가속화의
가속화

융합이 가져온 증폭

유일하게 지속되는 것은 변화다. 그리고 변화의 추세는 갈수록 가속화 된다. 이것이 우리가 이제까지 논의한 내용이다. 세상이 바뀌는 속도가 점점 빨라지는 이유는 다음 세 가지의 '증폭 요인'이 중첩되어 작용하기 때문이다. 첫째, 컴퓨터의 능력을 포함해서 앞의 두 장에서 살펴본 핵심 기술들의 기하급수적 발전이 인류의 진보를 견인한다. 둘째, 개별적으로 발전하는 기술이 다른 기술과 융합하면서 과거 그 기술들의 발전 과정에 존재했던 모든 요소를 일순간에 몰아내는 엄청난 변화의 소용돌이가 발생한다. 예컨대 인공지능과 로봇기술의 융합으로 인해 앞으로 수억 개의 일자리가 자취를 감출지도 모른다.

우리가 살펴볼 마지막 증폭 요인은 기술들의 융합으로 인해 생겨난 일곱 가지의 추가적 동력이다. 이들은 기하급수적 발전 단계에 놓인 기술들이 서로 융합하면서 부차적으로 형성한 '2차 효과'이자 혁신의 속도를 더욱 가속화시키는 촉진제라고 할 수 있다. 각각의 동력은 독립적으로도 기능하지만 다른 동력들과 복합적으로 작용할 때 진정한 효과를 발휘한다. 말하자면 이 일곱 가지 동력은 인류의 미래라는 수학 방정식의 단계별 해법이자 세상이 바뀌는 속도와 변화의 충격을 증가시키도록 미리 설계된(어떤 면에서는 우리 모두에 의해) 알고리즘이라고 볼 수 있다. 하나의 동력은 다른 동력에 영향을 받으면서 동시에 다른 동력을 더욱 증폭하는 역할을 한다. 그리고 이 모든 동력이 함께 작용하면서 기술 발전의 가속화를 더욱 가속화한다. 그래서 우리 조상들이 평생에 걸쳐 경험했던 변화를 우리가 단 1년 만에 창조해낼 수 있는 것이다.

이 장에서는 이들 동력에 대해 알아보려고 한다. 이어지는 이 책의 제2부에서는 이 일곱 가지 동력의 집단적 영향력을 탐구해보고 이로 인해 향후 10년 간 우리의 삶이 어떻게 바뀔지 논의해볼 예정이다. 하지만 여기서는 우선 하나씩 접근해보자. 먼저 '시간'에 대한 이야기부터 시작하기로 한다.

첫 번째 동력: 시간의 절약

요즘 온라인에서 찾아볼 수 있는 '오리지널 매킨토시'The Original Macintosh 라는 글은 이 전설적인 컴퓨터가 만들어지는 과정을 기록한 일종의 일화

집이다.[1] 이 글에는 애플의 컴퓨터 과학자 앤디 허츠펠드Andy Hertzfeld가 스티브 잡스의 '전형적인' 모습을 회상하는 대목이 나온다. '전형적'이라는 말을 사용한 이유는 언제나 그랬듯이 잡스가 또다시 불만을 터뜨렸기 때문이다.

문제는 속도였다.

애플이 출시한 최초의 매킨토시 모델은 속도가 매우 빠른 컴퓨터가 되어야 했다. 물론 서류상으로는 그 말이 사실이었다. 모토로라 68000 프로세스를 탑재한 이 시스템은 이전에 나온 애플 II Apple II 기종에 비해 10배 이상의 속도를 자랑했다. 하지만 이 신형 컴퓨터는 주기억장치RAM의 용량이 부족했기 때문에 플로피 디스크를 통해 추가적인 정보를 업로드할 수밖에 없었다. 특히 시스템이 처음 구동되는 과정에서 이런 상황이 발생하다 보니 컴퓨터가 부팅될 때마다 몇 분이 더 지체되기 일쑤였다.

잡스는 그 느려터진 속도를 참을 수 없었다. 어느 날 그는 래리 케니언 Larry Kenyon이라는 엔지니어의 자리로 직접 가 예의 '잡스 스타일'로 이렇게 요구했다. "매킨토시 부팅 시간이 너무 길어. 좀 더 빠르게 만들 방법을 찾아보게."

케니언은 참을성 있게 잡스의 말을 경청했다. 그는 이전에도 이 문제를 두고 잡스와 여러 차례 대화를 나눈 바 있었다. 그는 컴퓨터의 속도를 개선할 수 있는 다양한 대책을 다시 한 번 설명했다. 이 부분을 고쳐야 하고, 저 부분을 손봐야 하고 등등. 그러나 문제는 일단 컴퓨터가 부팅된 뒤에야 그 모든 방법을 적용할 수 있다는 사실이었다.

잡스는 완강한 태도를 굽히지 않았다. "생각해보게." 잡스는 말을 이었다. "앞으로 매킨토시를 몇 명이 사용하게 될까? 100만 명? 아니 그보다는 훨씬 더 많을 거야. 몇 년 후면 적어도 500만 명이 이 컴퓨터를 쓰게 될 걸세. 그렇다면 자네가 부팅 시간을 10초만 줄일 수 있다면 500만 명의 사용자가 매일 5,000만 초를 절약하는 거야. 1년이면 아마 10여 명의 인생 전체를 합친 것만큼의 시간이 되겠지. 그러니 자네가 부팅 시간을 10초 단축시키면 여러 명의 생명을 구하는 것과 다름이 없어. 어떤가. 해 볼 만한 가치가 있는 일이라고 생각하지 않나?"

그리고 몇 달 후, 그들은 정말 부팅 시간을 10초 줄이는 데 성공했다. 잡스는 옳았다. 빨라진 부팅 속도 덕분에 사용자들이 실제로 시간을 절약할 수 있게 된 것이다. 하지만 그건 이 일화에만 한정된 사실이 아니다. 기술이 인류에게 가져다 준 가장 중요한 혜택 중 하나는 바로 '시간 절약'이다.

다시 말해 컴퓨터의 부팅 시간만 단축된 것이 아니다.

오늘날 우리가 가장 광범위하게 사용하는 기술 중 하나인 검색 엔진을 생각해보라. 과거 인터넷 검색이라는 기술이 등장하기 전에는 사람들이 뭔가에 대해 알고 싶으면 도서관을 찾았다. 이는 꽤 오랜 시간이 소요되는 일이었다. 얼마나 걸렸을까? 2014년, 미시건 대학교의 행동심리학자 얀 첸Yan Chen은 피실험자들에게 여러 가지 복잡한 문제를 냈다. 그리고 그들 중 절반에게는 온라인으로 답을 검색하도록 하고, 나머지 절반에게는 도서관을 뒤져서 답을 찾게 만들었다. 그리고 양쪽 그룹이 정답을 도출하는 데 걸리는 시간을 측정했다. 온라인으로 답을 얻는 데 소요된 시간은 문제당 평균 7분이었다. 반면 오프라인 검색에는 22분이 걸렸다.[2] 즉, 우리가 검색 엔진에 질문을 입력할 때마다 기술 덕분에 매번 15분을 절약할 수 있다는 의미다. 스티브 잡스 식으로 설명하자면, 구글이 하루 평균 제공하는 35억 회의 검색 결과로 인해 인류는 하루에 525억 분을 절약할 수 있는 것이다. 잡스 말대로 이는 수많은 사람의 일생 전체에 해당하는 시간이다.

뿐만 아니라 온라인 쇼핑이나 엔터테인먼트를 포함한 모든 기술로 인해 우리가 절약하는 엄청난 시간을 생각해보라. 예전에는 시계를 사려면 반드시 시계 상점을 가야 했다. 영화를 볼 때는 일단 자동차를 타고 극장으로 향했다. 비행기 표를 예약하기 위해서는 전화를 걸고 오랜 시간을 대기하거나 사람을 직접 만나 일을 처리할 수밖에 없었다. 하지만 이제 그럴 일이 없어졌다. 그리고 세상은 크게 변했다.

혁신을 하려면 자유로운 시간이 필요하다. 몇 세기 전만 해도 세상의 변화가 그토록 느렸던 이유 중 하나는 사람들이 새로운 아이디어를 생각할 시간이 없었기 때문이다. 예전에는 삶을 살아가는 데 필수적인 일, 즉 농작물을 기르고, 먹을거리를 사냥하고, 물을 긷고, 바느질을 하고, 그물을 깁고, 집안을 치우는 일을 하기에도 하루가 모자랐다. 그러나 잡스의 말대로 기술은 이 문제를 해결했다. 과거 100년에 걸쳐 인간의 노동력을 절감해주는 갖가지 도구(전기, 수돗물, 가전제품 등등)가 속속 등장하면서, 우리가 가장 싫어하는 활동 중 하나인 '집안일'의 부담이 크게 줄어들었다.[3] 1900년대 사람들이 집안일에 쏟아부은 시간은 한 주 평균 58시간에 달했으나 2011년에는 1.5시간으로 줄었다. 기업가들과 발명가들은 매달 평균 한 주가 넘는 시간을 세상 사람들에게 공짜로 선사한 것과 다름없다.

시간 절약은 기술이 가져다주는 혜택일 뿐만 아니라 새로운 혁신의 동력, 즉 기술 발전의 가속화를 더욱 가속화할 수 있는 또 다른 힘이다. 오늘날 우리가 기술 덕분에 시간을 절약했다고 말하지만, 이는 미래에 절감할 수 있는 시간과는 비교가 되지 않는다. 1800년대 후반에는 뉴욕에서 시카고까지 여행하려면 역마차로 꼬박 4주가 걸렸다.[4] 몇 십 년 후 기차가 등장하면서 이 시간은 4일로 줄었다. 그리고 비행기는 이 거리를 네 시간 만에 이동할 수 있게 해주었다. 하지만 앞으로 몇 년 후에는 하이퍼루프가 이를 한 시간 내로 줄여줄 것이다. 심지어 가상현실이나 아바타 같은 기술이 본격적으로 사용되는 때가 오면 이동 시간이 아예 제로가 될지도 모른다.

센서 역시 우리가 사용하는 가전제품들을 스마트하게 만들어줌으로써 많은 시간을 벌어준다. 머지않은 미래에는 당신 집에 커피가 떨어지면 냉장고가 스스로 이를 감지해서 주문을 하고 아마존의 드론이 당신에게 커피를 배달해주는 세상이 찾아올지도 모른다. 당신은 집 밖에 놓인 커피 봉지를 주방으로 들고 들어올 때야 비로소 커피가 떨어졌다는 사실을 알게 될 것이다. 물론 얼마 뒤에는 커피를 들고 들어오는 일마저 당신의 충실한 집사 로봇이 담당하게 되겠지만.

시간 절약으로 인해 가장 큰 혜택을 누리는 곳은 무엇보다 우리의 일터다. 재료과학이나 의학연구 분야에서는 실험실이 아닌 컴퓨터를 통해 새로운 화합물을 실험할 수 있게 됐다. 인공지능은 새로운 과학적 발견에 소요되는 시간을 몇 년에서 몇 주로 줄였다. 양자 컴퓨터 역시 이 시간을 더더욱 앞당기는 중이다. 3D 프린터는 제품의 생산이나 건물을 건설하는 데 소요되는 시간을 나날이 단축하고 있다. 이런 추세가 계속된다면 앞으로 어떤 일이 벌어질까?

이 기술들은 모두 혁신의 속도를 앞당기는 데 커다란 기여를 한다. 발명가나 기업가 그리고 이 순간에도 차고에서 뭔가를 뚝딱거리며 만드는 청년들은 기술 덕분에 더 많은 시간을 갖게 됨으로써 실험하고, 실패하고, 일어나고, 다시 실패하고, 또 일어나고, 그러다 마침내 성공할 기회를 얻게 될 것이다. 기술은 혁신이 발생하는 시간을 단축시키며 동시에 혁신가들이 새로운 혁신을 생산하는 데 전념할 수 있도록 시간을 벌어준다. 말하자면 가속화의 순환 고리가 더욱 가속화되는 것이다. 물론 인류의 발전을 앞당기는 요소는 시간만이 전부가 아니다.

두 번째 동력: 자본의 가용성

그건 미국이 역사상 유례없이 강력한 원투펀치를 한꺼번에 얻어맞은 사건이었다. 1957년, 소련은 스푸트니크 1호를 지구 궤도에 발사하면서 미국을 상대로 첫 번째 펀치를 날렸다.[5] 그러자 온 나라가 벌집을 쑤셔놓은 듯 난리가 났다. 수소폭탄의 아버지라고 불리는 에드워드 텔러Edward Teller는 이 사건을 두고 '진주만 공습 이후 미국이 당한 가장 큰 패배'라고 논평했다.[6] 마이크 맨스필드Mike Mansfield 상원의원은 "이제 우리의 생존이 위협을 받게 됐다."라고 경고했다.[7] 하지만 소련은 여기서 그치지 않고 또다시 주먹을 날렸다. 4년 후 유리 가가린Yuri Gagarin이 인류 최초의 유인 우주선을 타고 지구 궤도에 오른 것이다.[8] 두 차례 강력한 펀치를 얻어맞은 미국인들은 충격에 빠졌으며 두 나라 사이에 냉전의 골은 더욱 깊어졌다. 그리고 치열한 우주 진출 경쟁이 시작됐다.

그럼 미국은 어떻게 반격했을까? 이 나라가 꺼내든 무기는 돈이었다.

그것도 엄청난 돈.

그로부터 몇 달 후, 케네디 대통령은 아폴로 프로그램을 발표했다. 그는 앞으로 항공우주산업에 미국 GDP의 2.2퍼센트를 투입하겠다고 선언하며 소련의 공세에 반격을 가했다.[9] 그리고 그렇게 유입된 막대한 자금 덕분에 혁신은 훨씬 앞당겨질 수 있었다. 미국 최초의 우주비행사 앨런 셰퍼드Alan Shepard가 지구 궤도 근접한 곳까지 탄도비행에 성공한 시점부터 닐 암스트롱이 달 표면을 밟을 때까지 소요된 시간은 불과 8년이었다.

그건 당연한 결과였다.

기술의 발전을 가속화하는 가장 큰 요인은 돈이다. 더 많은 돈이 투입될수록 더욱 환상적인 미래가 펼쳐지는 법이다. 자금이 풍부하다는 말은 더 많은 사람이 실험과 실패의 과정을 반복하며 획기적인 발견을 해낼 수 있는 능력이 생긴다는 뜻이다. 우리가 살펴볼 가속화의 두 번째 동력은 바로 사상 유례없는 자본의 가용성이다.

오늘날 혁신가들은 자금을 투자받기가 그 어느 때보다 쉬워졌다. 그리고 그 풍족한 자금을 바탕으로 세상에는 더 많은 혁신, 즉 더욱 기발한 아이디어와 독특한 제품이 지속적으로 쏟아져 나오고 있다. 돈이 세상을 돌아가게 만들지는 않더라도 미래를 앞당기는 것만은 분명하다. 그럼 그 많은 돈은 어디서 올까?

바로 디지털 기술이다.

역사적으로 새로운 기술은 사람들이 더 많은 돈을 벌 수 있도록 해주었다. 그러나 디지털 기술은 더 많은 돈을 '투자'받을 수 있는 길을 열어주었다. 투자액 규모로 봤을 때 자본 가용성 스펙트럼의 최하단부를 대표하는 크라우드펀딩은 그 첫 번째 사례다. 이 용어가 낯선 사람도 있겠지만, 크라우드펀딩은 매우 간단한 개념이다. '크라우드'crowd는 현재 온라인에 연결된 수십억의 대중을 의미한다. '펀딩'funding이란 그 수많은 사람에게 자금을 요청한다는 뜻이다. 크라우드펀딩으로 투자를 유치하는 사람들은 대체로 자신이 어떤 제품이나 서비스를 세상에 내놓겠다고 약속하며 킥스타터Kickstarter 같은 크라우드펀딩 전용 사이트에 해당 제품이나 서비스에 관한 동영상을 찍어 올린다. 그들이 요청하는 자금 지원의 조건 및 형태는 대략 다음 네 가지 중 하나다. 첫째, 대출(정확히 말하면 개인 간 대여). 둘째, 지분 투자. 셋째, 특정한 보상에 대한 대가(예를 들어 티셔츠). 넷째, 나중에 출시될 제품이나 서비스의 선先구매. 그리고 이런 과정을 거쳐 어마어마한 돈이 모이게 된다.

역사상 최초로 크라우드펀딩을 통해 자금을 모집한 사람들은 영국의 프로그래시브 록밴드 마릴리온Marillion이다. 그들은 1997년 미국 투어비용을 마련하기 위해 팬들로부터 6만 달러를 온라인으로 모금했다.[10] 그로부터 20년이 지난 2015년, 전 세계 크라우드펀딩 시장은 규모가 340억 달러에 달할 정도로 성장했다.[11] 마릴리온은 모금 캠페인에 필요한 모든 관련 절차를 스스로 처리해야 했지만 요즘 새로 사업을 시작하는 사람들은 북미 지역에서만 600개가 넘는 크라우드펀딩 사이트 중 하나를 선택해서 손쉽게 모금을 진행할 수 있다.

세계에서 가장 널리 사용되는 '보상형' 크라우드펀딩 플랫폼 킥스타터는 현재까지 45만여 개의 프로젝트를 통해 44억 달러를 모금했다.[12] 이 사이트는 또한 스타트업들의 창업 과정을 획기적으로 줄여주는 역할을 했다. 페블타임 Pebble Time이라는 스마트워치 제작 프로젝트에 1개월 동안

2,000만 달러가 모금된 일은 그동안 킥스타터를 통해 진행된 캠페인 중 가장 성공적인 사례로 꼽힌다. 마릴리온 밴드의 시대였다면 몇 년이 넘게 걸렸을 것이다.[13]

다른 많은 디지털 플랫폼처럼 크라우드펀딩 역시 무어의 법칙에 따라 매년 두 자리 숫자 이상의 성장세를 보인다. 전문가들에 따르면 2025년에 크라우드펀딩 생태계를 통해 이동하는 자금은 3,000억 달러에 달할 거라고 한다.[14] 하지만 이 투자 방식에서 이루어진 진보의 핵심은 자금의 규모보다 그 돈을 활용하는 사람들이 달라졌다는 사실이다.

키바Kiva 같은 개인 대 개인 소액대출 사이트들은 종래에 투자자들이 외면해온 소외계층을 대상으로 요긴한 자금을 지원해주는 역할을 한다. 보상형 크라우드펀딩 프로그램들은 다른 곳에서 자금을 지원받기가 쉽지 않은 대양★洋 정화기술이나 오큘러스 리프트의 가상현실 같은 혁신을 우리에게 선사해주었다. 크라우드펀딩은 세계 어떤 곳의 어떤 사람이든 훌륭한 아이디어와 스마트폰만 있다면 필요한 자금을 요청할 수 있도록 '투자의 대중화 시대'를 열었다. 골드만삭스가 크라우드펀딩을 두고 '파괴적 혁신을 불러올 가능성이 가장 큰 새로운 금융 모델'이라고 부른 것도 무리가 아니다.[15]

크라우드펀딩이 사업가를 위한 새로운 자금 조달원이라면 벤처캐피털 투자는 과거를 대표하는 투자 유치 방법이다. 하지만 이 과거의 산물은 그동안 새로운 기술들의 발전을 가속화하는 데 지대한 역할을 했다. 벤처캐피털이 아니었다면 애플, 아마존, 구글, 우버 같은 기업들은 태어나지 못했을 것이다. 요컨대 벤처 자금은 기술 발전의 가속화를 가속하는 역할을 했을 뿐 아니라 발전의 프로세스를 이끄는 동력으로 작용했다.

미국의 벤처 자금 규모는 1995년의 81억 달러에서 2016년 614억 달러로 늘었다. 그리고 2018년에는 1,300억 달러로 기록적인 급등세를 보였다. 이는 닷컴 열풍이 시장을 휩쓸던 2000년의 1,190억 달러 이후 역대 두 번째로 높은 금액이었다. 벤처캐피털은 미국 밖의 세계에서 더욱 큰 성장세를 나타냈다. 새롭게 이 시장에 뛰어든 아시아 국가들의 투자 규모는 810억 달러까지 치솟았으며 유럽의 벤처캐피털 역시 210억 달러로 사상 최고의 투자액을 기록했다.[16, 17, 18, 19, 20]

자금의 규모보다 더욱 중요한 측면은 이 막대한 돈이 대부분 기술 기업들에게 투자되면서 혁신의 수레바퀴가 더욱 빨리 구를 수 있는 여건이 조성됐다는 사실이다. 벤처 투자는 특히 핵심 기술의 발전에 큰 공을 세웠다. 최근 몇 년 간 블록체인이나 알렉사Alexa 같은 음성인식 기술에 많은 자금이 투입됐다. 인공지능 영역에 유입되는 투자액 또한 2017년의 54억 달러에서 2018년의 93억 달러로 급증하는 추세다. 거센 투자 열풍이 불고 있는 생명공학 영역에서도 벤처 투자액이 2017년의 118억 달러에서 2018년에는 144억 달러로 늘었다.[21, 22]

하지만 눈 깜짝할 사이에 엄청난 자금을 모집하는 방법 중에 가상화폐 공개ICO를 능가하는 수단은 없을 듯하다. 암호화폐라는 세계를 배경으로 탄생한 ICO는 블록체인 기술에 의해 뒷받침되는 새로운 형태의 크라우드펀딩이다. 스타트업들은 자신이 만든 가상화폐('토큰' 또는 '코인'이라 부른다)를 대중에게 판매해서 자금을 유치한다. 이 토큰을 구매한 사람들은 그 기업의 소유권을(아니면 적어도 의결권을) 갖는다. 또는 향후 회사가 거둘 수익을 배분받거나 회사가 보유한 부동산 같은 자산의 일부를 증권의 형태로 소유하게 된다.

ICO는 큰 규모의 자금을 빠른 시간 안에, 그것도 특이한 형태로 조달하는 투자 유치 방법으로서 대중의 인기를 순식간에 끌어 모았다. 예를 들어 블록체인 기반의 분산형 데이터 저장 네트워크인 파일코인Filecoin은 사용자가 자신의 서버에서 남는 저장 공간을 빌려주면 그 대가로 이 회사가 만든 파일코인이라는 토큰을 그 사용자에게 제공하는 방식으로 회사를 운영한다. 2017년 8월 시행된 파일코인의 ICO에는 불과 30일 만에 2억 5,700만 달러가 모금됐다. 처음 한 시간 동안 쏟아져 들어온 돈만 1억 3,500만 달러에 달했다. 아직 이 회사의 제품이 시장에 나오기도 전의 일이었다.[23]

그뿐만이 아니다. 파일코인이 성공을 거두기 한 달 전, 비트코인의 현대식 버전이라고 스스로 칭하는 테조스Tezos라는 '셀프 거버넌스'self-governance 가상화폐(네트워크상의 사용자들이 프로토콜 및 기타 의사결정을 공동으로 수행하는 가상화폐―옮긴이)는 ICO를 통해 13일 만에 2억 3,200만 달러의 투자를 유치했다. 그리고 오늘날 유통되는 암호화폐 중 가장 대중적인 제품으로 평가받는 EOS 토큰은 ICO를 시작한 지 1년 만에 40억 달러의 자금을 끌어들이는 기록을 세웠다.

토큰의 인기는 수그러질 기미가 보이지 않는다. 또한 분기당 ICO의 숫자도 고공 행진 중이다. 2017년 1사분기에 10여 개에 불과했던 ICO는 그해 마지막 분기에 100개가 넘었다. 그 후로도 이 시장의 움직임은 갈수록 활발해지고 있다.

이제 ICO는 잠시 미뤄두고 다른 종류의 펀드 이야기를 해보자. 투자라는 금광에서 으뜸을 뽑으라면 이 분야의 헤비급 챔피언인 국부펀드sovereign wealth fund, SWF(정부가 외환보유고의 일부를 주식, 채권 등에 출자하는 펀드—옮긴이)를 빼놓을 수 없다. 전 세계를 망라하는 이 거대한 투자 펀드는 규모가 무려 8.5조 달러에 달한다.[24] 전통적으로 국부펀드는 국가 기반시설이나 천연자원 같은 공공의 지분을 사들이는 데 투자해왔다. 하지만 최근 스타트업들이 미래의 경제적 성공을 보장하는 확률이 높아지자 많은 국부펀드가 그 수익을 사냥하기 위해 일반 기업들의 문을 두드리고 있다. 스페인 마드리드의 IE 경영대학원 산하 국부펀드 연구소가 발표한 바에 따르면 2017년 한 해 동안 42개의 스타트업에 국부펀드의 자금이 투입됐으며 투자 금액은 162억 달러에 달했다고 한다.[25]

하지만 스타트업 투자에 관한 한 소프트뱅크의 CEO 손정의가 운영하는 '비전 펀드' Vision Fund를 능가하는 것은 없을 것이다. 레이 커즈와일이 제창한 '특이점' singularity (인공지능의 발전에 따라 유례없는 기술적 성장과 상상도 할 수 없는 문명적 변화가 발생할 미래의 기점) 개념에 깊이 공감한 손정의는 이 시점을 앞당기는 일에 뛰어들기로 마음먹었다. "저는 특이점이 반드시 찾아올 거라고 확신합니다." 그는 2017년에 행한 어느 연설에서 이렇게 말했다. "앞으로 30년이면 현실화될 겁니다. 그 시기는 분명히 다가오고 있습니다. 제가 서두르는 이유는 그 때문입니다. 그 시기를 대비해 투자할 자금을 더 많이 축적하려는 거죠."[26]

손정의는 실제로 엄청난 돈을 축적했다. 비전 펀드가 출범한 것은 지난 2016년 9월의 일이었다.[27] 당시 사우디아라비아의 제2왕세자였던 무함마드 빈 살만 Mohammed bin Salman은 그동안 지나치게 원유에만 집중됐던 자국의 투자 포트폴리오를 다각화할 방법을 찾기 위해 도쿄로 날아왔다. 손정의는 살만 왕세자를 만난 자리에서 역사상 가장 큰 규모의 펀드를 설립해 기술 스타트업들에게 자금을 지원하고 싶다는 자신의 계획을 이야기했다. 살만은 회의 시작 후 한 시간이 지나기도 전에 자신이 그 펀드의 주요 투자자가 되겠다고 약속했다. "45분 만에 450억 달러를 투자받았습니다." 손정의는 나중에 〈데이비드 루벤스타인 쇼〉David Rubenstein Show라는 대담 프로그램에 출연해서 이렇게 말했다. "1분에 10억 달러였던 셈이죠."

그러자 애플, 폭스콘, 퀄컴 같은 기업들도 곧바로 이 펀드에 합류했다. 그리고 그들은 많은 스타트업이 성공에 도달하는 데 크게 기여했다. 손정의는 1,000억 달러의 자산을 보유한 비전 펀드가 아직 '첫걸음'에 불과하다고 말한다. 그는 향후 몇 년 내에 두 번째 비전 펀드를 설립하겠다고 이미 공언한 상태다. "앞으로 투자액의 규모를 거침없이 키워서 2~3년마다 제2, 제3, 제4의 비전 펀드를 만들 계획입니다. 우리는 투자 여력을 10조 엔에서 20조 엔 그리고 100조 엔으로 성장시킬 수 있는 매커니즘을 창조하고 있습니다."

얼마가 됐든 엄청난 금액인 것은 분명하다. 이런 막대한 투자가 지속적으로 이루어지고 여기에 크라우드펀딩, 벤처캐피털, ICO 등이 가세한다면, 앞으로 자금의 가용성이라는 현상은 단지 비즈니스의 세계를 넘어 역사상 초유의 속도로 달러와 센트를 아이디어와 혁신으로 바꾸는 기술적 터보 엔진이 되어줄 것이다.

세 번째 동력: 무료화

우리는 앞에서 기하급수적 발전의 흐름 위에 놓인 기술이 거치는 발전 단계 '6D'에 대해 살펴본 바 있다. 이 각 단계는 특정한 기술이 현재 어떤 위치에 놓여 있고 앞으로 어디로 향할지 측정할 수 있게 만들어주는 일종의 임시 표지판 역할을 한다. 여기서는 그 단계 중 하나인 무료화가 기술 발전의 가속화에 어떤 동력으로 작용하는지 탐구해보려 한다.

혁신을 위해서는 누구나 연구를 해야 한다. 생각해보라. 당신이 마음대로 쓸 수 있는 수백만 달러의 연구비보다 당신의 연구에 훨씬 더 도움이 될 수 있는 것은 무엇일까? 예를 들어 수백만 달러의 수백만 배에 해당하는 돈이라면 어떨까? 그것이 바로 무료화가 제공하는 혜택이다.

앞서 말한 대로 지난 2001년 인간 게놈의 염기서열 분석을 완성하는 데는 장장 9개월 동안 1억 달러가 넘는 비용이 투입됐다. 오늘날 일루미나가 출시한 최신 분석 장비를 이용하면 한 시간 만에 100달러의 가격으로 염기서열 분석을 할 수 있다.[28] 속도는 6,480배가 빨라졌고 가격은 100만 배 저렴해진 것이다. 그 결과 유전체학 분야에서 일하는 사람들은 정부의 연구 보조금으로 과거보다 훨씬 광범위하고 심도 있는 연구를 수행함으로써 학문적 통찰력을 확대하고 혁신을 촉진할 수 있게 됐다.

염기서열 분석에서 벌어진 혁신의 이야기는 다른 여러 분야에서도 그대로 반복된다. 과거에는 대기업이나 부유한 국가의 연구소만 사용 가능했던 도구가 오늘날 거의 무료에 가까운 비용으로 누구나 쓸 수 있게 된 사례는 수도 없이 많다. 가장 대표적인 물건이 당신 주머니에 담긴 스마트폰이라는 슈퍼컴퓨터다. 수십 년 전만 해도 이 정도 성능의 기계를 구입하기 위해서는 수백만 달러가 넘는 돈을 지불해야 했다. 우리 저자들은 《어번던스》에서 당시의 스마트폰(800달러 정도)에 포함된 공짜 기술(음악 재생기, 비디오카메라, 계산기 등)의 가치가 2012년을 기준으로 100만 달러에 달한다고 썼다. 오늘날에는 인도의 뭄바이에서 구입한 50달러짜리 스마트폰 안에도 똑같은 기능이 들어 있다. 게다가 카메라, 가속도계, GPS 같은 각종 센서 역시 수천 배 작아지고 가격도 100만 배 이상 저렴해졌다.

얼마 전까지만 해도 로봇은 대기업들이나 활용할 수 있는 기술이었다. 요즘에는 진공청소기를 구입할 정도의 가격이면 누구나 로봇 청소기를 살 수 있다. 뿐만 아니라 그 로봇을 움직이는 데 필요한 전기요금도 지속적으로 하락하는 추세다. 2019년 국제 신재생에너지 기구International Renewable Energy Agency가 발표한 자료에 따르면 오늘날 신재생에너지가 전 세계 전력 공급에 차지하는 비율은 3분의 1에 달하며 생산 원가도 석탄을 채굴하는 비용보다 더 저렴해졌다고 한다.[29] 이런 추세가 계속됐을 때, 앞으로 태양광 에너지 생산량이 다섯 차례 정도 배가倍加를 일으킨다면 이 기술만으로도 인류에게 필요한 전력량의 200퍼센트를 생산할 수 있을 것이다. 우리는 지구라는 별에 전기를 공급하는 동력이 완전히 무료화되는 시대를 눈앞에 둔 셈이다. 혁신에는 전기가 필요하다. 따라서 전력 에너지가 무료화되기만 해도 세계의 변화는 더욱 가속될 것이다.

하지만 기술적 혁신 그 자체만으로는 변화의 속도를 빠르게 할 수 없다. 누군가는 그 혁신의 결과물을 시장으로 가지고 들어가야 한다. 이제 무료화 덕분에 비즈니스에 필요한 모든 요건(에너지, 교육, 제조, 교통, 통신, 보험, 노동력 등등)이 기하급수적으로 저렴해지는 시대다. 물론 더 많은 돈은 상상의 세계를 더 빨리 현실화해준다. 하지만 무료화라는 이름의 동력은 그 속도를 거의 순간이동의 수준으로 끌어올려줄 것이다.

네 번째 동력: 천재의 탄생

1913년, 케임브리지 대학교의 수학 교수 G. H. 하디G. H. Hardy는 이렇게 시작되는 한 통의 편지를 받았다. "선생님 안녕하십니까. 저는 마드라스 Madras의 항만 신탁소 경리부에서 1년에 20파운드를 받으며 일하는 사무원입니다." 그리고 아홉 페이지에 걸친 장문의 글에는 정수론, 무한급수, 연분수, 이상적분 등과 관련된 120개의 연구 결과를 포함한 수학적 아이디어들이 담겨 있었다. 편지는 이렇게 끝을 맺었다. "저는 매우 가난한 사람입니다. 혹시 제가 보내드린 연구 내용이 조금이라도 가치가 있다고 생각하신다면 저의 이론을 세상에 공개하고 싶습니다." 마지막으로 S. 라마누잔S. Ramanujan이라는 서명이 보였다.[30]

요즘에는 케임브리지의 수학 교수가 방정식이 담긴 메일을 받는 것이 그리 특별한 일이 아닐지 모르지만, 당시 이 편지는 하디 교수의 호기심을 자극했다. 이 편지에 담긴 수학적 방법론은 평범한 미적분학에서 출발해 곧 놀라운 방향으로 전개되면서 결론에 도달했다. 하디는 나중에 이렇게 회고했다. "그 이론은 참이어야 했다. 만일 참이 아니라면, 지구상에는 그 이론을 수립할 만큼의 상상력을 소유한 사람이 없다는 말일 테니까."

이로써 수학 역사상 가장 놀라운 이야기가 탄생했다. 스리니바사 라마누잔 Srinivasa Ramanujan은 1887년 인도의 마드라스(1997년 첸나이로 도시명 변경—옮긴이)에서 태어났다. 어머니는 가정주부였고 아버지는 인도의 전통의상 사리를 파는 가게의 점원이었다. 라마누잔은 어릴 때부터 수학에 비범한 재능을 보였지만 정식 교육을 받거나 누구에게 가르침을 받은 적이 없었다. 게다가 그는 학교라는 제도를 싫어했다. 대학에 진학해서도 수학을 제외한 나머지 과목에서 전부 낙제했다. 심지어 그를 지도하던 수학 교수조차도 라마누잔의 학문적 작업을 이해하지 못했다. 그는 스무 살이 되기 전에 학교를 그만두었고 그 후 4년간을 극심한 가난 속에서 보냈다. 그러다 스물세 살이 되던 해에 자포자기의 심정으로 하디 교수에게 편지를 보낸 것이다.

라마누잔의 편지를 받고 혼란스러워하던 하디 교수는 존 리틀우드John Littlewood라는 동료 수학자에게 그 편지를 보여주며 이것이 누군가의 장난에 불과하다는 사실을 확인하려 했다. 하지만 그들이 라마누잔의 편지가 단순한 장난이 아니라고 깨닫는 데는 그리 오랜 시간이 걸리지 않았다. 다음 날, 수학자이자 철학자인 버트런드 러셀Bertrand Russel도 두 사람에게 합류했다. 러셀은 나중에 쓴 글에서 이렇게 말했다. "그들은 광란의 흥분 상태에 빠졌다. 마드라스에서 1년에 20파운드를 받으며 일하는 힌두 점원이 제2의 뉴턴이라는 사실을 발견했기 때문이다."

하디는 라마누잔을 케임브리지로 초청했다. 5년 후, 라마누잔은 영국의 왕립학회 로열 소사이어티Royal Society의 역사상 최연소 멤버로 선출됐다. 인도 출신 학자가 이 단체의 회원이 된 것은 그가 처음이었다. 라마누잔은 그로부터 4년 뒤 폐결핵으로 사망하기까지 그동안 풀 수 없다고 여겨진 여러 문제에 대한 해법을 포함해 3,900개의 수학 공식을 정립해내는 업적을 달성했다. 또한 그는 컴퓨터 공학, 전기 공학, 물리학 등의 영역에도 중요한 기여를 했다. 오늘날 라마누잔은 역사상 가장 뛰어난 천재이자 위대한 인물로 손꼽히는 존재가 됐다. 하지만 그가 거둔 최고의 성과는 자신의 천재성을 다른 사람이 발견하도록 만든 일일지도 모른다.

최근까지도 대부분의 천재는 빛을 보지 못하고 사라지는 경우가 많았다. 만일 당신이 특정 분야에서 놀라운 재능을 타고났다 하더라도 그 능력을 마음껏 펼칠 수 있는 기회가 주어질 가능성은 매우 낮다. 성性, 계급, 문화 같은 요소가 발목을 잡기 때문이다. 만일 당신이 부유한 가정에서 태어난 '남성'이 아니라면 3학년 교육을 제대로 마치기도 쉽지 않다. 어찌어찌해서 겨우 재능이 발견될 만큼 교육을 받는다 하더라도, 그 재능을 다른 사람들에게 인정받거나(라마누잔처럼) 이를 통해 세상을 바꿀 만한 일을 이루어내기는 하늘의 별따기다.

IQ가 천재를 가려내는 유일한 측정 기준은 아니지만 스탠퍼드-비넷 Standford-Binet 지능검사의 표준 분포도에 따르면, 천재라는 기준에 적합한 능력을 보이는 사람은 전체 인구의 1퍼센트 정도라고 한다.[31] 바꿔 말하면 이는 세상에 7,500만 명의 천재가 존재한다는 뜻이기도 하다. 하지만 그 천재들 중에 세상에 영향을 끼친 사람은 얼마나 될까?

불과 얼마 전까지만 해도 매우 적었다.

현대의 초연결 사회가 만들어낸 장점 중의 하나는 이런 비범한 개인들이 더 이상 계급, 국가, 문화 등의 희생물이 되어 사라지지 않아도 된다는 사실이다. 우리는 천재들을 상실함으로써 낭비한 기회비용을 별로 생각하지 않고 살아가지만, 사실상 세계는 막대한 손실을 입고 있는 것이다. 하지만 세계인들 사이의 상호연결성이 갈수록 증가하고 네트워크 기술의 기하급수적 발전이 이루어지는 오늘날에는 그동안 천재들을 발견하지 못하게 가로막았던 장벽들이 점차 무너지고 있다. 그 결과 더욱 새로운 아이디어, 빠른 혁신, 가속적인 발전이 가능해졌다.

하지만 이야기는 여기서 끝이 아니다.

천재는 물론 희귀한 현상 중의 하나지만 이제 우리는 천재들이 소유한 신경생물학적 특성까지 점차 이해하기 시작했다. 그리고 단기적 접근 방식과 장기적 접근 방식의 두 가지 형태로 이에 대한 연구를 진행 중이다. 먼저 단기적 접근 방식이란 창의성, 학습 능력, 동기부여, 심리적 몰입 같은 '혁신의 신경생물학적 바탕'에 대한 연구를 통해 인간의 인지적 능력을 극대화하려는 시도를 의미한다.

인간의 창의성을 측정할 때 자주 등장하는 아홉 개의 점을 잇는 문제를 예로 들어보자. 이는 종이 위에 그려진 아홉 개의 점을 연필을 떼지 않고 네 개의 직선으로 연결하는 테스트다. 보통의 경우 이 문제를 풀어내는 사람은 전체의 5퍼센트 정도라고 한다. 호주의 시드니 대학교에서 이 실험을 했을 때, 참가자 중에 이 문제를 푼 사람은 아무도 없었다. 그러자 이 대학의 연구진은 인간의 심리적 몰입 상태에서 발생하는 두뇌의 변화와 비슷한 자극을 두 번째 그룹 참가자들의 두개골을 통해 직접 전달했다. 그러자 어떤 일이 벌어졌을까? 무려 40퍼센트의 피실험자들이 문제를 풀어냈다.[32] 기록적인 결과였다.

장기적 접근 방식도 전체적인 맥락은 비슷하다. 이 분야의 연구자들은 인간의 인지 능력을 향상하는 기술을 개발한 후에 궁극적으로 이를 우리의 두뇌에 영구적으로 이식하는 방법을 모색하고 있다. 일론 머스크가 설립한 스타트업 뉴럴링크Neuralink, 브레인트리의 공동 설립자 브라이언 존슨Bryan Johnson이 창업한 커널Kernel 그리고 페이스북 같은 대기업들은 차세대 뇌 임플란트brain implant 기술 개발에 수백만 달러를 투자했다.[33, 34] 존슨은 '신경 보철'neuro-prosthetics 또는 '두뇌와 컴퓨터의 인터페이스' 같은 용어로 불리는 이 임플란트 기술의 목표를 이렇게 설명한다. "이 연구의 목표는 인간의 두뇌와 인공지능을 대결하게 만드는 것이 아닙니다. 그보다는 인간의 두뇌와 인공지능을 결합함으로써 '인간의 지능'을 새롭게 창조하는 데 의의가 있습니다."[35]

사람들은 이를 〈사이보그 네이션〉(미국의 온라인 기술 잡지 《와이어드》가 인공기관, 로봇, 심리 통제장비 등에 관해 제작한 동영상 시리즈—옮긴이)에 나오는 까마득한 먼 미래의 이야기라고 생각한다. 하지만 이 분야에서도 발전의 속도는 우리의 생각보다 훨씬 빠르다. 최근 뇌졸중에 걸린 환자도 마비된 팔다리를 움직일 수 있는 두뇌와 컴퓨터 간의 인터페이스가 선을 보였으며, 사지마비 환자가 생각만으로 컴퓨터를 조작할 수 있는 기술도 개발 중이다. 신체의 감각기관을 대체하는 장비는 이미 다양한 제품이 세상에 모습을 드러냈다(달팽이관 임플란트가 대표적인 사례다).

인간의 기억 능력을 강화하는 일은 과학자들이 가장 최근에 연구를 시작한 분야 중 하나다. 2017년, 서던 캘리포니아 대학교의 신경과학자 동 송Dong Song은 뇌전증 환자들을 치료하기 위해 사용되는 발작조절 신경 임플란트 치료법에서 힌트를 얻어 환자의 두뇌에서 학습과 기억 저장을 담당하는 신경 회로를 자극하는 실험을 했다. 그러자 환자의 기억력이 30퍼센트의 증가하는 효과를 거둘 수 있었다.[36] 가까운 미래에는 이 방법이 알츠하이머 환자들을 치료하는 데 활용될 수 있을 것이며, 궁극적으로는 모든 사람의 두뇌 기능을 향상시키는 용도로 발전할 수 있을 것으로 기대된다.

레이 커즈와일은 2030년대 중반이 되면 인체의 모든 기관을 인공 조직으로 대체한 완벽한 사이보그가 탄생할 거라고 예상했다.[37] 그동안 커즈와일의 미래 예측 적중률은 86퍼센트를 기록했다.[38] 하지만 그의 예측이 10년 정도를 빗나간다고 하더라도 크게 상관없다. 우리가 목격하고 있는 네트워크나 신경과학의 급속한 발전에 따라 미래에는 더 많은 천재가 등장하고, 이를 통해 더욱 급속한 혁신과 진보가 이루어질 거라는 사실만은 분명하기 때문이다.

다섯 번째 동력: 풍부한 소통

다음으로 살펴볼 가속화의 동력은 바로 네트워크의 위력이다. 네트워크는 우리가 다른 사람과 생각을 주고받고, 아이디어를 교환하고, 새로운 발명을 촉진하는 데 있어 핵심적인 수단이다. 우리 저자들은 앞서 펴낸 책《어번던스》에서 18세기에 유럽 전역으로 퍼져나간 커피숍이 계몽주의 사상을 확산시키는 중요한 매체로 작용했다는 이야기를 했다. 영국 작가 매트 리들리Matt Ridley의 유명한 글에 따르면, 당시 누구나 평등하게 같은 공간에서 차를 마실 수 있는 이 장소에 각계각층의 인물이 몰려들어 새로운 사상을 교환하고, 함께 어울리고, '섹스를 나누었다'고 한다.[39] 다시 말해 그 시대에 정보 공유의 중심지로 새롭게 부상한 커피숍은 문명의 진보를 이끄는 핵심적인 교두보의 역할을 했다는 것이다.

현대를 살아가는 우리는 확장된 개념의 커피숍이라고 할 수 있는 '도시'에서 이와 비슷한 네트워크 효과를 목격한다. 역사적으로 경제 성장의 3분의 2 이상이 도시에서 발생한 이유는 인구가 밀접한 지역일수록 아이디어의 교류가 더욱 활발하게 이루어지기 때문이다. 산타 페 연구소 Santa Fe Institute의 물리학자 제프리 웨스트Geoffrey West는 도시의 규모가

2배 성장할 때마다 소득, 부, 혁신(신규 특허 수 기준)이 15퍼센트 증가한다는 사실을 발견했다.[40]

커피숍의 크기가 도시와 비교될 수 없듯이 도시는 지구에 비하면 규모 면에서 상대가 되지 않는다. 2010년에는 전 세계 인구 중 약 4분의 1에 해당하는 18억 명이 인터넷을 사용했다. 2017년의 인터넷 사용자는 전체 인구의 절반 정도인 38억 명이었다.[41] 향후 5년이면 나머지 42억 명이 모두 인터넷으로 연결되어 세계인들과의 대화에 동참하리라 예상된다. 이제 80억 명의 지구인 전체가 기가바이트의 속도로 네트워크를 공유하는 시대가 찾아오고 있는 것이다.

도시가 인류 문명의 발전을 이끈 최고의 엔진이 될 수 있었던 비결은 네트워크의 규모, 집적도, 유동성이었다. 그런 점에서 앞으로 온 세계가 인터넷이라는 이름의 단일한 네트워크로 연결될 거라는 말은, 지구 전체가 역사상 가장 거대한 혁신의 실험실로 바뀔 날이 불과 몇 년 앞으로 다가왔다는 뜻이다.

여섯 번째 동력: 새로운 비즈니스 모델

전통적으로 혁신이란 단어는 새로운 기술을 발견하거나 새로운 제품 및 서비스를 창조한다는 말과 동의어로 쓰였다. 하지만 오늘날 이 정의는 혁신의 가장 중요한 요소 중 하나인 '새로운 비즈니스 모델'을 포착하지 못하는 부족한 표현이 되어버렸다.

비즈니스 모델이란 기업이 가치를 생산하기 위해 활용하는 시스템이나 프로세스를 의미한다. 역사적으로 볼 때 이 모델은 놀라우리만큼 고정적인 형태로 유지되어왔다. 다시 말해 기업의 비즈니스 모델은 몇몇 지배적인 아이디어에 의해 주도됐으며, 이따금 그 모델에 변화가 발생하면서 대규모 업그레이드가 몇 차례 진행된 것이 전부였다. 2015년 《맥킨지 쿼털리》McKinsey Quarterly에는 이런 기사가 실렸다. "그동안 기업이 경제적 가치를 창조하고 포착하는 게임의 기본 규칙은 한 번 만들어지면 수년에서 수십 년 동안 거의 바뀌지 않았다. 대부분의 기업은 똑같은 비즈니스 모델을 경쟁자보다 더 잘 수행하기 위해 안간힘을 썼다."[42]

지난 20세기를 돌아보면 대개 10년에 한 차례 꼴로 비즈니스 모델의 주요한 변화가 발생했다는 사실을 알 수 있다. 예를 들어 1920년대에는 '미끼와 낚시 바늘' 모델이 등장했다.[43] 값이 저렴한 초기 제품(일례로 무료 면도기라는 미끼)으로 먼저 고객을 유혹하고, 고객이 그 제품을 사용하기 위해 끊임없이 다른 제품(일례로 면도날이라는 낚시 바늘)을 사들여야 하는 상황으로 몰아가는 전략이었다. 뒤를 이어 1950년대에는 맥도날드가 선구자 역할을 한 '프랜차이즈 모델'이 선을 보였으며, 1960년대에는 월마트 같은 기업이 앞장서 대형 슈퍼마켓의 모델을 도입했다.[44] 하지만 1990년대에 인터넷이 등장하면서 수없이 많은 비즈니스 모델이 다양한 모습으로 탄생하고 발전하는 시대로 접어들었다.

인터넷의 출현 이후 20년이 채 지나기도 전에 우리는 네트워크 효과를 기반으로 하는 '플랫폼' 비즈니스 모델의 탄생을 목격했으며, 비트코인과 블록체인이 '믿을 만한 제3자'의 역할을 하던 기존의 금융 모델에 타격을 가하는 장면을 지켜봤다. 또한 크라우드펀딩과 ICO는 전통적인 자금 조달 방법을 위협하고 있다. 이 새로운 비즈니스 모델들의 공통점은 무엇일까? 하나의 혁신적인 아이디어가 유니콘 기업으로 발전하는 과정을 획기적으로 단축해주는 이 모델들은, 단순히 기존의 시스템이나 프로세스를 개선하는 정도를 넘어 기술 발전의 가속화를 촉진하는 또 다른 동력으로 작용하고 있다.

게다가 이 새로운 비즈니스 모델이 불러일으키는 파괴적 혁신의 규모는 계속 증가한다. 처음에는 기술의 발전과 융합을 가속화했던 동력이 이제는 '시장'의 발전과 융합을 더욱 빠르게 만드는 역할을 하는 것이다. 그 말은 지난 수십 년에 걸쳐 발생했던 비즈니스 모델의 변화는 앞으로 닥칠 변화에 비하면 아무것도 아니라는 뜻이다. 그렇다고 우리가 미래를 전혀 예측할 수 없는 것은 아니다. 아래에서는 향후 수십 년에 걸쳐 비즈니스의 세계를 좌우하리라 예상되는 일곱 가지의 새로운 모델을 살펴보고자 한다. 각각의 모델은 기업의 가치를 창조하기 위한 혁명석이고 새로운 방법이자 인류 발전의 가속화를 이끄는 동력이 될 수 있을 것이다.

1. 크라우드 경제: 크라우드소싱, 크라우드펀딩, ICO, 자산 활용leveraged asset, 주문형 고용staff-on-demand 모델 등이 여기에 속한다. 온라인에 연결된 수십억 명의 사용자와 나중에 인터넷을 활용하게 될 수십억 명의 잠재 고객을 대상으로 하는 사업 전략이자, 비즈니스 방식에 혁명적 변화를 가져온 모델이다. 순식간에 엄청난 규모의 기업들을 키워낸 '자산 활용'이라는 비즈니스 전략을 생각해보라. 에어비앤비Airbnb는 세계에서 가장 큰 '호텔 체인'으로 자리 잡았지만, 단 한 채의 호텔도 소유하지 않는다. 그들은 대중의 '자산(여분의 방)'을 '활용(타인에게 임대)'하는 방식으로 비즈니스를 한다. 또한 주문형

고용 모델은 급격한 변화의 환경에 놓인 기업들의 신속한 조직 운영을 돕는다. 과거에는 이 모델이 인도의 콜센터와 같은 아웃소싱 서비스를 주로 의미했지만, 오늘날에는 아마존 매커니컬 터크 Amazon Mechanical Turk처럼 단순 반복적인 온라인 작업을 수행하는 값싼 프리랜서 일자리부터 빅데이터 기업 캐글Kaggle의 '주문형' 데이터 과학자까지 모든 비정규직 경제를 일컫는다.

2. 무료/데이터 경제: 온라인 플랫폼 기반의 '미끼와 낚시 바늘' 모델이라고 할 수 있다. 기본적으로 고객들에게 여러 가지 훌륭한 서비스를 제공하고(페이스북처럼), 그 고객들에게서 수집된 데이터를 바탕으로 수익을 올리는(역시 페이스북처럼) 비즈니스 방식이다. 이는 그동안 빅데이터의 혁명으로 인해 촉발된 기술의 발전과 밀접한 관계가 있다. 기업들이 과거 어느 때보다 미시적인 관점에서 사용자들의 인구학적 특성을 관찰할 수 있게 됐기 때문이다.

3. 스마트 경제: 1800년대 후반만 해도 새로운 비즈니스 아이디어란 기존의 도구를 편리하게 만드는 일을 의미했다. 예를 들어 물건에 구멍을 뚫는 공구나 빨래판에 전기 장치를 달아 전기 드릴과 세탁기를 고안한 것이다. 《와이어드》의 공동 설립자인 작가 케빈 켈리 Kevin Kelly는 《인에비터블 미래의 정체》라는 저서에서 현대의 기업들도 과거의 사업 전략과 유사한 개량 버전, 즉 인공지능으로 전기의 역할을 대체하는 비즈니스 모델을 구사하고 있다고 지적했다.[45] 다시 말해 기존의 도구들에 스마트 기능을 탑재하는 것이다. 그 결과 휴대전화가 스마트폰으로 바뀌었으며, 스테레오 스피커의 자리를 스마트 스피커가 차지했고, 자동차는 자율주행차가 됐다.

4. 재활용 경제: 자연에서는 그 무엇도 낭비되지 않는다. 한 종種의 사체는 다른 종의 생존 기반이 되기 마련이다. 자연계의 완벽한 재활용 시스템을 인간이 모방해서 만든 비즈니스 모델에는 그동안 여러 가지 이름이 붙었다. 예컨대 생물체의 특성, 구조, 및 원리를 산업 전반에 적용시켜 새로운 제품을 설계하는 비즈니스는 '생체모방'biomimicry이라고 한다. 또 제품이 만들어지고, 사용되고, 재활용되는 수명 주기 전체를 염두에 두고 새로운 종류의 도시를 디자인하는 사업은 '요람에서 요람으로'cradle to cradle라는 별칭으로 부른다. 그리고 이 모델들을 포괄적으로 표현할 때는 '폐쇄형' 재활용 경제closed-loop economy라고 칭한다. 플라스틱 뱅크Plastic Bank라는 기업은 이 비즈니스 모델의 좋은 사례다. 누구라도 이 회사가 운영하는 '플라스틱 은행'에 재활용이 가능한 플라스틱 제품을 맡기면 현금이나 무료 와이파이 같은 대가를 얻을 수 있다. 그리고 이 회사는 재활용 전문 기업에 수집된 플라스틱을 판매한다. 말하자면 플라스틱의 수명 주기를 재활용이라는 폐쇄 회로closed-loop 안으로 가지고 들어오는 것이다.

5. 분산형 자율 조직distributed autonomous organization, DAO[46]: 블록체인과 인공지능의 융합 덕분에 전혀 새로운 종류의 기업이 탄생하고 있다. 이 회사는 직원도 없고 상사도 없지만 쉴 새 없이 가동된다. 사전에 미리 프로그램된 규칙을 바탕으로 회사가 돌아가고, 나머지 일은 컴퓨터가 알아서 하는 것이다. 예를 들어 블록체인의 스마트 계약 기술 기반으로 움직이는 자율주행 택시들은 연중무휴 하루 24시간 스스로 일을 하고 차가 고장 나면 알아서 수리 센터로 향한다. 인간의 개입은 전혀 필요 없다.

6. 다중 세계 모델: 이제 인간은 하나의 세계에서만 살아가지 않는다. 현대인 대부분은 이미 현실 세계의 자기 자신과 온라인 세계의 자신이라는 두 개의 자아를 지니고 있다. 말하자면 우리는 점점 더 여러 곳에 '동시다발적으로' 존재하는 경향을 보인다. 게다가 증강현실과 가상현실의 발전은 그런 추세를 더욱 가속화한다. 앞으로 우리는 일터에서 나를 대표하는 아바타 그리고 놀이에서 자신을 나타내는 아바타를 갖게 될 것이다. 그리고 이렇게 새로운 버전의 자아가 점점 늘어날수록 그로 인한 비즈니스의 기회도 증가할 것이다. 가상 세계를 통해 수백만 달러의 기업 가치를 최초로 일구어낸 기업 중 하나가 '세컨드라이프'다.[47] 이 사이트를 이용하는 사용자들은 자신의 디지털 아바타를 위해 옷이나 집을 디자인해주는 사람에게 돈을 지불한다. 우리가 새로운 형태의 디지털 세계를 만들면 만들수록, 그 세계를 기반으로 새로운 경제가 더욱 다양하게 구축될 것이다. 이제 인류는 다중 세계를 대상으로 동시에 비즈니스를 수행 중이다.

7. 변신의 경제[48]: 종래의 '경험의 경제'는 고객들에게 특정한 경험을 공유해주는 비즈니스 모델이었다. 일례로 스타벅스는 단순한 커피숍을 넘어서, 집도 일터도 아니지만 고객의 삶을 더욱 풍부하게 만들어주는 '제3의 장소'를 지향한다. 이곳에서 커피를 한 잔 구매한다는 것은 하나의 경험, 말하자면 커피와 관련된 일종의 놀이공원 같은 경험을 얻는다는 말과 같은 뜻이다. 이 아이디어가 다음 단계로 확장된 개념이 '변신의 경제'다. 즉, 고객은 특정한 경험을 위해 돈을 지불할 뿐만 아니라 그 경험으로 인해 자신의 삶이 변화되는

대가로 돈을 내는 것이다. 이 비즈니스 모델의 초기 형태는 버닝맨 페스티벌Burning Man Festival(1986년부터 미국에서 시작된 실험적이고 전위적인 음악축제 — 옮긴이)이나 피트니스 기업 크로스핏 Crossfit에서 운영 중인 몸 만들기 프로그램을 들 수 있다. 이 프로그램에 참가한 사람들은 매우 힘든 경험(낡은 창고에서 진행되는 강도 높은 운동)을 통과해야 하지만 그 대신 자신의 삶이 변신하는 보상(원하는 몸을 갖게 되는 일)을 얻는다.

이 모든 모델을 종합해서 생각해보면, 이제 현대는 '정상'보다 '비정상'의 비즈니스가 대세를 장악하는 시대가 됐다고 말할 수 있을 것이다. 하버드 대학교의 클레이튼 크리스텐슨 Clayton Christensen 교수에 따르면 기존의 기업이 새로운 비즈니스 모델을 추구해야 하는 것은 더 이상 선택의 사안이 아니다. "대부분의 조직은 기업의 성장을 위해 가장 중요한 것이 새로운 기술이나 제품을 만드는 일이라고 생각한다. 하지만 많은 경우이는 사실이 아니다. 기업들이 차세대 성장을 위해 해야 할 일은 회사가 이루어낸 기술적 혁신을 새로운 비즈니스 모델에 탑재하는 것이다."[49]

미래 세계에 혁신적 파괴를 불러올 이 비즈니스 모델들은 앞으로 우리를 더 훌륭하고, 더 저렴하고, 더 빠르게 성장으로 이끌 것이다. '훌륭하다'는 의미는 새로운 비즈니스 모델이 기존의 모델과 비슷하게 작동하면서도 고객의 문제를 더 '잘' 해결한다는 뜻이다. '저렴하다'는 말은 기술의 무료화가 점점 가속화되면서 고객(즉 우리 자신)들이 더 적은 돈으로 더 많은 제품이나 서비스를 원한다는 의미다. 그러나 새로운 비즈니스 모델이 가져다줄 진정한 변화는 바로 우리를 더욱 '빠르게' 성장시킨다는 것이다. 새로운 비즈니스 모델들은 가속적인 변화의 흐름 위에서 경쟁을 해야 하는 기업들에게 속도와 신속함을 선사하기 위해 설계됐다. 그러므로 앞에서 살펴본 어떤 비즈니스 모델도 기업의 행보를 느리게 만드는 위험 요소로 작용하지 않을 것이다.

일곱 번째 동력: 수명 연장

컴퓨터는 세상을 움직이지만 알고리즘은 컴퓨터를 움직인다. 그런데 여기서 한 가지 의문이 떠오른다. 최초의 컴퓨터 알고리즘은 어떤 계기로 탄생했을까? 그건 바로 시詩에 대한 공포 때문이었다. 시인의 광기에 대한 공포 때문에.

에이다 러브레이스Ada Lovelace는 1815년 런던에서 천재 시인 바이런Byron의 딸로 태어났다. 방탕한 생활로 악명이 높았던 바이런이 가족을 버리고 떠났을 때 에이다는 아직 10대 소녀에 불과했다. 그녀의 어머니는 딸의 교육에 모든 것을 헌신하기로 결심했다. 대단히 지적인 여성이었던 바이런 부인은 에이다에게 개인 가정교사를 붙여주고 수학이나 과학을 집중적으로 가르쳤다. 여성이 직업을 갖는 일이 금기시되던 당시의 상황에서 이는 매우 급진적인 교육 방식이었다. 하지만 에이다의 어머니에게는 그럴 만한 속사정이 있었다. 바이런 부인은 자신의 남편을 광기의 세계로 빠뜨린 것이 무엇보다 예술, 특히 시라고 믿었다. 그러므로 남편의 자유분방한 성향이 딸에게도 유전되지 않을까 두려워한 나머지 에이다를 그 세계에서 멀리 떨어뜨리려고 노력한 것이다.

그리고 가정교사까지 동원한 교육은 결국 결실을 맺었다. 에이다가 열일곱 살이 되던 1833년, 그녀의 인생은 큰 전환점을 맞게 된다. 케임브리지 대학교의 수학 교수 찰스 배비지Charles Babbage를 만날 기회를 얻은 것이다. 당시 배비지가 역임 중이던 루카스 수학 석좌 교수라는 직위는 과거 아이작 뉴턴에게 주어졌으며 나중에는 스티븐 호킹에게 돌아가기도 했던 명예로운 자리였다. 배비지 교수는 에이다의 수학에 대한 열정을 간파하고, 그녀에게 자신이 발명한 '차분기관'difference engine이라는 증기로 작동되는 계산기를 보여주었다.

그 기계를 목격하고 큰 충격을 받은 에이다는 차분기관의 원리를 파악해보기로 결심했다. 그녀는 배비지 교수에게 이 계산기의 설계도를 얻어 연구를 거듭했다. 그리고 배비지가 차분기관의 차기 버전인 '해석기관'analytical engine을 발명했을 때, 에이다의 학문적 수준은 이미 상당한 경지에 오른 상태였다. 배비지의 해석기관은 비록 증기로 움직이기기는 했지만 세계 최초로 개발된 '프로그래밍이 가능한' 컴퓨터였다. 당시 이탈리아의 수학자이자 엔지니어였던 루이기 메나브레Luigi Menabrae가 배비지의 해석기관에 대해 프랑스어로 논문을 쓰자, 에이다는 그 논문을 영어로 번역하기로 마음먹었다. 그리고 배비지의 격려에 힘입어 그 번역본에 자신의 학문적 견해를 밝히는 풍부한 주석을 달았다.

그녀가 이 번역본을 통해 내놓은 학설 중에는 해석기관이 계산기로서의 역할을 수행하게 만드는 새로운 방법론이 포함되어 있었다. 다시 말해 에이다 러브레이스는 세계 최초의 컴퓨터 프로그램, 즉 인류 최초의 알고리즘을 만들어낸 것이다. 하지만 학문적 발견에 대한 중압감 때문이었는지 아니면 단순한 불행이었는지, 에이다는 논문 번역을 마친 직후

병석에 누워버렸다. 인류 최초의 컴퓨터 프로그래머이자 역사상 가장 흥미로운 재능을 지닌 그녀는 겨우 서른여섯에 세상을 떠났다.[50]

이런 역사적 사실 앞에서 우리에게는 많은 질문이 떠오른다. 세상에는 자신이 하고자 했던 일을 마치지 못하고 죽는 사람이 얼마나 많을까? 에이다 러브레이스나 아인슈타인, 또는 스티브 잡스 같은 사람들이 30년만 더 건강하게 살았더라면 그들은 어떤 일을 이루어낼 수 있었을까? 인간은 대체로 삶의 후반기에 이르렀을 때 풍부한 지식이 축적되고, 재능이 다듬어지고, 많은 사람과 훌륭한 인간관계가 수립되는 법이다. 하지만 '노화'라는 운명은 우리를 경기장 밖으로 속절없이 밀어내버린다. 이 문제를 해결하기 위한 우리의 시도, 즉 인간이 건강한 모습으로 더욱 오랫동안 살아가게 만드는 일이 우리가 살펴볼 가속화의 마지막 동력이다.

사람을 건강한 상태로 더 오랫동안 살아가도록 만든다는 말은 인간의 육체적·정신적 능력이 최고조에 달하는 시간을 연장함으로써 사회에 기여할 수 있는 기회를 늘린다는 의미다. 즉, 우리가 지닌 꿈을 더 오랜 시간 동안 추구할 수 있도록 해주는 것이다. 과연 인간은 얼마나 더 오래 살 수 있을까?

20만 년 전, 아직 동굴에서 살아가던 우리의 조상들은 13세 전후에 사춘기에 도달하고 곧 자식을 낳았다.[51] 그러다 보니 20대 중반이 되면 벌써 자식도 자식을 두게 됐다. 가족들이 먹을 음식이 극도로 귀한 상태에서, 종족 번식을 위해 자신이 택할 수 있는 최선의 방법은 손자의 음식을 빼앗지 않고 세상에서 사라지는 일이었다. 말하자면 당시 진화라는 시스템이 멈추지 않고 가동될 수 있었던 이유는 인간의 평균수명이 25년에 불과했기 때문이었다.

그 후로 기나긴 시간이 흘렀지만 큰 변화가 발생하지는 않았다. 중세에 들어서면서 인간의 평균수명은 31세가 됐다. 19세기 말엽 인류는 처음으로 평균수명 40세의 벽을 넘었다. 그러다 20세기에 들어서자 인간의 수명은 급격히 증가하기 시작했다. 질병의 원인은 세균이라는 미생물 원인설germ theory의 등장, 항생물질의 발명, 위생적인 환경 구축, 깨끗한 물 공급 등으로 인해 유아 사망률은 획기적으로 감소했다. 1900년에 미국에서 사망한 사람 중 30퍼센트는 5세 미만의 어린이였다. 1999년에 그 비율은 1.4퍼센트로 줄었다. 뿐만 아니라 녹색혁명이나 교통 네트워크의 개선으로 인해 인간이 더 많은 열량을 섭취할 수 있게 되면서 평균수명은 더욱 늘었다. 2000년대가 되자 인간의 평균수명은 76세로 증가했다. 지난 세기에 비해 거의 30년이 증가한 수치였다.

그리고 인간의 목숨을 가장 많이 앗아가는 두 가지 질병, 즉 심장질환과 암에 대한 치료법이 개선되면서 우리는 이제 평균수명 80세의 시대를 살아가게 됐다.[52] 앞으로 인류가 알츠하이머나 파킨슨병 같은 신경퇴행성질환을 정복할 수 있다면 인간의 기대수명은 100세 또는 그 이상이되리라는 것이 과학자들의 전망이다. 하지만 많은 사람은 인류가 거기서멈추지 않을 거라는 사실을 잘 알고 있다.

그런 신념에 불을 지피는 것이 바로 기술의 융합이다. 인공지능, 클라우드 컴퓨팅, 양자 컴퓨팅, 센서, 방대한 데이터, 생명공학, 나노공학 같은 기술들을 바탕으로 획기적인 의료 도구들이 새롭게 개발되고 있기 때문이다. 게다가 수많은 기업이 이 도구들을 이용해 인간의 수명 연장에 대한 기술들을 시장에 내놓기 시작한 상태다.

2013년 9월, 구글(현재는 알파벳)은 칼리코Calico라는 바이오 스타트업의 설립을 발표하면서 이 분야에 최초로 뛰어들었다. 당시 온 나라의 언론들은 이 기술 업계의 거인이 '죽음'이라는 적에게 본격적인 도전장을 내밀었다고 보도했다. 《타임》은 '죽음의 문제를 해결하기 위한 구글의 새로운 프로젝트'라고 헤드라인을 썼으며, 《애틀랜틱》은 '구글, 죽음을 극복하기 원하다'라는 제하의 기사를 실었다.[53, 54] 하지만 칼리코는 아직 그렇게 거창한 목표를 내세우지는 않는다. 최근 이 회사는 〈인간 수명의 극대화를 위한 고찰: 노화가 거의 발생하지 않는 포유동물 벌거숭이 두더지 쥐의 순환 대사성 표지에 관하여〉라는 제목의 논문을 발표했다. 어쨌거나 이 회사의 핵심 메시지는 분명하다. 그 어느 때보다도 많은 자금과 인력을(그것도 구글 기준으로) 노화 방지 분야에 쏟아붓겠다는 것이다.

그리고 이런 기업은 구글뿐만이 아니다.

뒤에서 더 자세히 다루겠지만, 현재 인간의 수명 연장과 관련된 연구는 대개 세 가지 방향으로 진행되고 있다. 첫째, 노화 지연 약품의 개발이다. 인간의 신체는 무차별한 세포분열로 인한 문제(예를 들면 암세포의 증식)를 방지하기 위해 일정 횟수의 분화를 거치고 나면 세포분열을 멈춘다. 이때 '노화 세포'senescent cells라 불리는 분화가 중지된 세포들이 결국 염증을 일으키고 인체의 노화를 촉진하는 주요 원인이 되는 것이다. 최근 제프 베이조스가 후원하는 실리콘밸리의 스타트업 유니티 바이오테크놀로지Unity Biotechnology는 이 노화 세포들을 파괴함으로써 염증이 발생한 조직을 활성화시키는 노화 지연 약품을 개발하고 있다.[55] 연구자들이 인간의 중년 나이에 해당하는 실험용 쥐에게 이 약물을 투여하자 그 쥐가 건강한 상태에서 수명을 연장하는 비율이 35퍼센트 증가했다고 한다.[56]

두 번째는 소위 '젊은 피' 수혈 방식이다. 2014년 스탠퍼드와 하버드의 연구진은 젊은 쥐의 혈액을 늙은 쥐에게 주입함으로써 늙은 쥐의 손상된 인지 기능을 회복시키는 실험에 성공했다.[57] 그 이후 많은 기업이 이 실험 과정의 여러 요소를 독립적인 제품으로 분리해 상업화하는 일에 뛰어들었다. 일례로 하버드 대학교의 학자들이 설립한 기업 엘리비안Elevian은 GDF11이라는 젊은 혈액 인자를 개발 중이다.[58] 연구자들이 이 회춘 단백질을 늙은 쥐에게 주입하자 심장, 두뇌, 근육, 폐, 신장 등의 세포조직이 재생되는 모습이 관찰되었다고 한다.[59]

줄기세포를 활용하는 세 번째 방법이 현재로서 가장 전망이 밝은 노화 방지 대책이다. 예를 들어 새뮤드Samumed라는 기업은 자기 재생 및 성체 줄기세포의 분화를 통제하는 인체의 신호전달 경로에 관한 치료법을 개발하고 있다.[60] 만일 이 회사의 시도가 성공한다면, 인류에게는 연골을 재생하고, 인대를 치료하고, 주름을 없애고, 암을 치료할 수 있는 길이 열릴 것이다. 자사가 개발 중인 제품에 대해 철저한 비밀을 유지하고 있는 이 기업의 가치가 벌써 130억 달러에 달하는 것도 놀랄 일이 아니다.[61] 줄기세포 연구의 선구자 밥 하리리Bob Hariri가 설립한 셀룰래리티Celularity 라는 기업은 접근 방식이 조금 다르다. 하리리 박사는 동물의 태반에서 추출한 줄기세포가 동물의 수명을 30~40퍼센트 증가시킨다는 사실을 실험을 통해 입증했다. 이 기업의 사명은 사람에게 같은 방식의 줄기세포 치료법을 적용해 인간 신체의 질병 저항력을 높이고 자연 치유 능력을 증가시키는 것이다.[62, 63]

그렇다면 우리가 이제까지 살펴본 모든 기술은 결국 어느 곳을 향하고 있는 걸까? 레이 커즈와일은 '수명 탈출 속도'longevity escape velocity라는 개념에 대해 즐겨 이야기한다. 과학의 발전 덕분에 우리가 살아 있는 동안 인간의 수명이 매해 1년이 넘는 속도로 늘어나게 되면, 궁극적으로 인류가 수명이라는 한계를 벗어나는 지점에 도달할 수 있다는 말이다.[64] 물론 아직 까마득한 먼 미래의 일일지도 모르지만, 커즈와일은 그 시점이 우리 생각보다 훨씬 가깝게 다가와 있다고 주장한다. "앞으로 10~12년 후면 보통 사람들도 수명 탈출 속도에 도달하게 될 가능성이 크다."

이제 우리는 젊음의 샘물에 그 어느 때보다도 가까이 도달한 듯하다. 인간의 수명이 수십 년 늘어나는 현상은 기술 발전의 가속화를 더욱 촉진하는 또 다른 동력이 될 수 있다. 그리고 앞서 살펴본 여섯 가지의 다른 동력이 여기에 가세했을 때, 그 결합으로 인해 탄생할 미래의 모습은 상상하기가 어렵다. 미래에는 인공지능에 의해 향상된 두뇌를 바탕으로 완벽하게 상호 연결된 사람들이 지금보다 훨씬 오랫동안 수명을 유지하게 될 것이다. 그 시대의 모습은 오늘날 우리가 살고 있는 이 세계와 전혀 다를 게 분명하다.

그런 미래를 앞두고 혼란을 느낄 독자 여러분을 위해 이 책의 제2부를 마련했다. 앞으로 이어지는 여덟 개의 장에서는 인류가 맞이할 미래의 모습을 이해하기 위해 기하급수적 발전의 흐름 위에 놓인 기술들의 융합과 그에 따른 2차 효과들(이 장에서 이야기한 일곱 가지 동력)이 세계에 어떤 충격을 가하고 있는지 탐구해보기로 한다. 물론 이 방대한 주제를 이 책에서 모두 다룰 수는 없는 노릇이므로, 가능하면 탐구의 영역을 핵심적인 대상에 집중하려고 한다. 따라서 제2부에서는 인간의 경제에 가장 많은 기여를 하면서 동시에 우리의 삶에 막대한 영향을 미치는 분야를 위주로 논의를 진행할 예정이다.

또한 우리는 내용이 긴 장과 짧은 장을 번갈아 배치함으로써 독자들이 책을 읽는 지루함을 덜어주려고 노력했다. 예를 들어 첫 번째 장은 쇼핑의 미래에 대해 다소 긴 내용이 펼쳐지고, 그다음 장에서는 광고의 앞날이 비교적 짧게 언급된다. 그리고 제3부에서는 에너지와 환경에 대한 논의가 이루어질 예정이다. 이 책을 다 읽은 독자들은 기하급수적 발전의 곡선 위에 놓인 기술들의 융합이 인류의 미래 모습을 어떻게 바꿀지에 대해 전방위적 시각을 소유하게 되리라 믿는다.

PART 2

산업의 재편으로 달라지는 부의 미래

CHAPTER 05
소매업의 정의가 달라진다

최초의 쇼핑 플랫폼

그건 시계로 시작했다가 결국 헤지펀드 매니저의 손에서 끝났다. 그리고 그동안 미국 전체를 바꿔놓았다. 대체 무슨 말일까? 소매 기업 시어스의 카탈로그 이야기다.

리처드 워런 시어스Richard Warren Sears는 1863년 12월 7일 미네소타 주의 스튜어트빌에서 태어났다.[1] 어머니는 평범한 가정주부였고 아버지는 금광 사업에서 실패한 후 대장간과 마차 사업으로 성공한 사람이었다. 하지만 시어스의 아버지가 뒤늦게 쌓아올린 경제적 기반은 그리 오래 가지 못했다. 시어스가 10대에 접어들 무렵, 그의 아버지는 목축업에 투자했다가 전 재산을 날려버렸다. 그 때문에 온 가족은 줄곧 경제적 어려움

CHAPTER 05 소매업의 정의가 달라진다 161

에서 벗어나지 못했다. 엎친 데 덮친 격으로 그로부터 몇 년 후 아버지가 세상을 떠나자 시어스는 어머니와 누이들의 부양을 책임져야 하는 형편이 됐다. 그의 나이 겨우 열여섯 살 때의 일이었다.

먹고살기 위해 필사적이었던 시어스는 전보 기술을 배워 철도에 관련된 일자리를 얻었다. 그러다 나중에는 어느 기차역의 역무원이 됐지만, 그곳에서 벌어들이는 수입만으로는 가족을 부양하기에 충분치 않았다. 때문에 그는 항상 더 많은 소득을 올릴 수 있는 방법을 궁리해야 했다. 그러던 1886년의 어느 날, 기회가 찾아왔다.

시카고의 도매업자 한 사람이 미네소타 주 레드우드 폴스에 거주하는 보석상에게 시계 한 상자를 화물로 보냈다. 하지만 무슨 이유인지 그 보석상이 물건의 인수를 거부하면서, 그 시계 상자는 시어스가 근무하는 기차역에 계속 머물러 있었다. 시어스는 이 기회를 놓치지 않고 시계 제조업자에게 연락을 취해 자신에게 그 시계를 팔라고 제안했다. 당시 시계 하나의 원가는 12달러였지만 소매상점들은 대개 그 2배 정도를 받고 손님들에게 판매했다. 그러나 시어스는 가격을 낮춘다는 아이디어를 생각해냈다. 이로써 미국 최초의 가격 할인 정책이 탄생했다. 마침 시어스가 사업을 시작한 시기도 잘 들어맞았다. 1870년대 초부터 미국 전역에 철도망이 급속도로 뻗어나가기 시작했다. 사상 처음으로 일반 시민도 하루에 수백 킬로미터를 여행할 수 있게 된 것이다. 하지만 문제가 하나 있었으니 여행자들이 시간을 맞추기가 어렵다는 사실이었다.

그때는 도시마다 시간이 제각각이던 시절이었다.[2] 미국에 존재하는 시간대만 300개에 달할 정도였다. 1883년, 철도회사들은 기차 운행 스케줄의 정확성을 기하기 위해 시간대를 표준화하기로 결정했다. 그들은 나라 전체를 네 개 시간대로 나누고 해당 지역의 시간을 이에 따라 조정하도록 했다. 그러자 역무원들이 기차를 제때 운행하는 데 갑자기 시계가 필수적인 물건이 되어버렸다. 모든 사람이 시계를 필요로 했다. 그렇다면 시어스는 얼마에 시계를 팔았을까? 그가 부른 가격은 겨우 14달러였다.

시어스는 첫 번째 상자의 시계를 팔아 5,000달러(현재의 12만 달러 정도)의 이익을 남겼다. 신참 사업가로 변신한 그의 나이는 겨우 스물세 살이었다. 그는 첫 장사에서 번 돈으로 더 많은 시계를 주문하고 R. W. 시어스 시계 회사R. W. Sears Watch Company를 설립했다. 그리고 지역 신문에 자신이 판매하는 시계의 광고를 싣고 영업망을 넓혀 나갔다.

1887년, 시어스는 알바 커티스 로벅Alvah Curtis Roebuck이라는 시계 수리공을 고용해 사업을 함께 꾸려 나갔다. 두 사람 사이에 긴밀한 동업자 관계가 형성되면서 사업도 나날이 번창했다. 4년 후, 시어스와 로벅은 첫 번째 카탈로그를 펴냈다. 52페이지에 달하는 이 상품 목록은 각종 시계와 보석으로 가득했다. 그로부터 2년 뒤, 카탈로그의 분량은 무려 196페이지로 늘었다. 아직 미국 국토의 대부분이 농촌을 벗어나지 못한 시대였다는 사실을 감안하면 이는 놀라운 상술이었다. 두 사람은 시계와 보석뿐 아니라 말안장과 재봉틀을 포함한 모든 것을 판매하면서 쇼핑의 지평을 영원히 바꿔놓았다.

그 후 10년간 이 회사는 우편 서비스의 발전에 힘입어 승승장구했다. 당시 농촌 지역에는 각 가정마다 우편배달이 제공되지 않기 때문에 이로 인해 늘 뜨거운 사회적 논란이 벌어졌다. 의회는 농촌 주택들을 대상으로 우편물을 배달하면 비용이 너무 많이 든다고 난색을 표했으며, 지역의 소매업자들(미국의 유통업 대부분을 차지하던 영세 자영업자들)은 기존의 독점 상태를 지키기 위해 사생결단으로 배송 서비스를 반대했다.

하지만 1896년 의회가 '농촌지역 무료 배달 법안'Rural Free Delivery Act을 통과시키자, 두 사람 앞에는 새로운 사업의 기회가 활짝 열렸다.[3] 시어스는 지체 없이 이 흐름을 파고들었다. 때마침 자동차가 등장하면서 새로운 시대의 흐름을 더욱 부채질했다. 게다가 새로 건설된 수많은 도로 덕분에 통신판매 업자들은 미국의 어느 가정에나 물건을 배달할 수 있게 됐다. 그리고 이로 인해 시어스의 카탈로그는 미국의 민주주의 역사를 이끈 강력한 원동력으로 자리 잡았다.

시어스가 등장하기 전에는 지역의 상인들이 손님에게 판매할 물건을 결정하는 일부터 가격을 매기는 일까지 모든 것을 좌지우지했다. 그러다 보니 부자들은 품질 좋은 물건을 먼저 차지할 수 있었지만 가난한 사람들에게는 남은 찌꺼기만 돌아가기 일쑤였다. 하지만 시어스는 이 규칙을 다시 썼다. 그가 제작한 카탈로그는 누구도 차별하지 않았다. 모든 물건에는 정확한 가격을 명시했으며, 계급, 피부색, 종교를 떠나 누구에게나 똑같은 돈을 받았다. 시어스의 전략은 결국 커다란 성공으로 이어졌다. 데렉 톰슨Derek Thompson이라는 언론인은 《애틀랜틱》에 기고한 글에서 이렇게 썼다. "창업 10년도 되기 전에 시어스의 카탈로그는 500페이지로 늘었다. 그리고 결국 이 책은 미국의 경제를 진단하게 만들어주는 소비자의 바이블로 자리 잡았다. 이 회사는 인형, 옷, 코카인, 비석, 심지어 집까지 팔았다. 현대의 기술 분석가들이 '플랫폼' 비즈니스에 대한 논의를 시작하기 수십 년 전에 시어스는 이미 완벽한 플랫폼 기술을 구축했던 것이다."[4]

1915년 시어스의 통신판매 사업이 절정에 달했을 때 이 회사의 카탈로그는 무려 1,200페이지에 달했으며 10만 개 이상의 상품을 수록했다. 그리고 회사의 연매출도 1억 달러를 돌파했다. 그러나 아직 시작에 불과했다. 시어스는 다음 단계로 소매업에 뛰어들었다. 1920년대로 접어들면서 도시화의 열풍이 불기 시작하자 미국의 모습은 농촌에서 도시로 급격히 변해갔다. 시어스는 이 변화의 기류를 타고 전국의 대도시를 중심으로 300개 이상의 매장을 열었다. 1930년대 중반이 되자 미국의 모든 소비자는 100달러를 쓸 때마다 1달러를 시어스에서 사용하게 됐다. 이런 엄청난 성공의 비결은 무엇이었을까?

경제학자이자 저술가인 제러미 리프킨Jeremy Rifkin에 따르면 모든 경제적 패러다임의 전환에는 공통분모가 존재한다고 한다. 그는 〈비즈니스 인사이더〉와의 인터뷰에서 이렇게 말했다. "적절한 시기가 되면 세 가지 기술이 등장해 서로 '융합'하면서 비스니스의 하부구조를 새롭게 형성합니다. 그리고 이는 우리가 가치사슬상에서 경제적 활동을 수행하고 힘을 관리하는 방법을 근본적으로 바꾸어버립니다. 그 세 가지 기술은 경제적 활동을 효율적으로 관리하도록 해주는 새로운 통신기술, 경제적 활동에 동력을 제공하는 새로운 에너지의 원천 그리고 경제적 활동의 이동을 돕는 새로운 운송수단입니다."[5]

말하자면 시어스는 정확히 그 세 가지 기류를 타고 성공에 도달한 셈이다. 미국의 우편 서비스는 이 회사의 통신기술이었고, 텍사스에서 쏟아진 값싼 석유는 에너지의 원천이었으며, 자동차는 새로운 운송수단이었다. 하지만 하나의 패러다임은 또 다른 패러다임에 의해 대체되기 마련이다. 우리 모두는 시어스라는 회사의 결말을 잘 알고 있다. 창업 132주년이 되는 2018년 가을, 시어스는 결국 파산했다. 그들은 2013년부터

2018년에 걸쳐 1,000개가 넘는 매장을 폐쇄했으며 60억 달러 이상의 적자를 기록했다. 이 회사의 소유권을 지닌 헤지펀드 회사의 매니저는 남은 사업 분야를 하나씩 정리하는 수순에 돌입했다.[6]

왜 이런 일이 벌어진 걸까?

월마트라는 경쟁자의 등장 때문이었다. 시어스는 역사상 처음으로 할인 판매의 아이디어를 도입했지만 월마트는 게임의 규칙을 다시 쓰면서 경쟁사를 물리쳤다. 특히 월마트는 제품의 무료화 및 대중화 전략에서 시어스를 압도했다. 그들은 더 싼 부지를 골라 매장을 열었고 인건비가 낮은 직원을 고용했으며 더 저렴한 물건을 팔았다. 하지만 월마트의 가장 큰 성공 비결은 무엇보다 기술의 기하급수적 성장이라는 흐름을 잘 읽어낸 것이었다.

톰슨은 《애틀랜틱》에 기고한 글에서 이렇게 썼다. "시어스가 거둔 무용담의 비극적 아이러니는 이 기업의 화려한 성장을 이끌었던 통신기술이 결국 이 회사의 몰락을 초래하는 핵심 요인으로 작용했다는 사실이다. 1980년대에 들어서면서 월마트를 포함한 현대식 소매 기업들은 디지털 기술을 바탕으로 고객의 구매 성향을 파악해 본사에 알리고, 본사는 최근 베스트셀러가 된 브랜드의 제품을 대량 주문하는 전략을 구사했다. 월마트가 '값싼 제품을 효율적으로 판매하는' 게임에서 우위를 점하는 사이 시어스는 빠른 속도로 몰락의 길을 걸었다. 1980년대 초만 해도 시어스의 매출액은 월마트에 비해 5배 이상이었다. 하지만 1990년대 초에는 오히려 월마트의 매출액이 시어스를 2배 능가했다."

하지만 이는 소매업에서 벌어진 파괴적 혁신 스토리의 두 번째 장에 불과하다. 역사는 반복되는 법이다. 월마트가 시어스를 추월할 때쯤 설립된 아마존은 그 두 회사의 장점만 골라서 혼합한 모델로 비즈니스에 뛰어들었다.[7] 그들은 시어스가 성공을 거둔 우편 서비스를 똑같이 이용했으며, 월마트가 구사한 통신기술을 그대로 활용했다. 시어스가 시작한 만물상점, 즉 '에브리씽 스토어'everything store를 월마트가 또 다른 에브리씽 스토어로 대체하자 아마존은 이를 대체해 진정한 의미의 에브리씽 스토어를 창조해냈다. 하지만 이런 상황 앞에서 위기를 느낀 회사는 시어스나 월마트뿐만이 아니었다.

지난 10년 동안 소매 산업이 단순히 '변화'됐다고 말한다면 그건 지나치게 절제된 표현일 것이다. 아마존이나 알리바바 같은 전자상거래의 거인들은 이 산업을 디지털화함으로써 기하급수적 성장의 흐름을 타고 사상 초유의 속도로 정상에 올랐다. 반면 수많은 오프라인 소매 기업은 시어스와 함께 파산의 대열에 합류했다. 문을 닫은 매장은 2017년에만 6,700개에 달했다.[8] 아래의 표를 보면 오늘날 소매 산업계에 얼마나 거센 변화의 바람이 불어닥치고 있는지 이해가 될 것이다.[9]

회사명	2006년 기업 가치 (단위: 10억 달러)	2016년 기업 가치 (단위: 10억 달러)	2019년 기업 가치 (단위: 10억 달러))	06년~18년 변화율(%)
시어스(Sears)	14.3	0.9	파산	−100%
제이씨페니(JCPenney)	14.4	2.75	0.18	−98%
노드스트롬(Nodstrom)	8.5	10.2	4.8	−43%
콜스(Kohl's)	18.8	9.4	7.3	−61%
메이시즈(Macy's)	17.8	12.2	4.8	−73%
베스트바이(Best Buy)	21.3	14.5	17.6	−17%
타깃(Target)	38.2	42.1	54.4	+42%
월마트(Walmart)	158.0	216.3	319.47	+202%
아마존(AMAZON)	17.5	474.4	893.1	+5,103%

만일 당신이 이 정도의 파괴적 위력에 벌써 충격을 받았다면 전자상거래의 혁명은 이제 막 시작된 것이나 다름없다는 사실을 기억해야 한다. 미국 온라인 쇼핑 시장의 매출은 2009년 1사분기의 340억 달러에서 2017년 3사분기에는 1,150억 달러로 증가했지만, 이 눈부신 성장조차 소매 산업 전체 매출에서 차지하는 비율은 10퍼센트에 불과하다.[10, 11] 왜 그럴까? 아직 인터넷에 연결되지 않은 수많은 사람 때문이다(2020년 3사분기 미국 온라인 쇼핑 시장의 매출은 2,095억 달러로 집계됐다.—편집자).

우리 저자들은 《어번던스》에서 '떠오르는 10억'Rising Billion, 즉 향후 10년 안에 온라인의 세계로 새롭게 진입할 막대한 숫자의 디지털 인구에 관해 언급한 바 있다. 이 일이 현실화되면 세계의 인터넷 사용자는 2025년에 82억 명으로 증가하게 될 것이다.[12, 13] 하지만 이 인구 중 상당수는 소매상점이나 쇼핑몰을 자주 방문하지 않을 사람들이다. 그 이유는 뒤에서 자세히 설명하겠지만, 이들은 집에 편히 앉아 모바일 장비를 이용해 디지털 방식으로 물건을 구매하기를 선호한다. 요컨대 통신, 에너지, 교통 같은 기술의 융합 현장에 자리 잡은 소매 산업은 앞으로 세상의 변화를 민감하게 감지해내는 광산의 카나리아이자 리프킨이 언급한 '차세대 경제적 패러다임 전환'의 출발점이 될 것이다. 어쨌든 한 가지 분명한 것은 미래의 쇼핑이 과거와 전혀 달라질 거라는 사실이다.

디지털 비서와 고객 경험

인공지능이 소매 산업에 미칠 영향을 정확히 예측하기는 불가능하지만 이 기술로 인해 앞으로 어떤 일이 생길지를 조금만 이해해도 그것이 동네 상점 주인들에게 얼마나 불리한 상황으로 작용할지 짐작할 수 있다. 미래의 시장에는 오직 두 종류의 조직, 즉 인공지능을 활용하는 기업과 파산을 선언하는 기업만이 존재할 것이다.

인공지능은 소매 산업을 더 싸고, 빠르고, 효율적으로 만들어준다. 그리고 고객 서비스부터 제품 배송까지 모든 일을 담당한다. 또한 고객의 경험을 다시 정의함으로써 인간의 개입과 번거로운 절차가 최소화된 '마찰 없는'frictionless 쇼핑을 가능하게 해준다. 궁극적으로 인공지능이 인간 대신 물건을 구매하게 되면 물건을 사는 행위 자체를 무형의 과정으로 바꿔놓는다.

가장 기본적인 단계부터 논의를 시작해보자. 우리가 무언가를 소유하고 싶은 욕구는 어떤 과정을 거쳐 구매로 이어질까. 사람들은 대부분 상점에 가서 자신이 원하는 물건을 구입한다. 물론 온라인 시장을 찾기도 한다. 그 시장은 우리의 욕구를 만족시킬 때도 있고 그렇지 못할 때도 있다. 그런데 만일 당신에게 완벽한 개인 비서가 있어 당신이 무엇을 원하든 '바로 그 물건'을 정확히 구매해준다면 어떨까. 그럴 형편이 되지 못하는 대부분의 사람을 위해 존재하는 것이 바로 디지털 비서다.

오늘날 소매 기업들에게 악몽을 선사하는 4인의 인공지능 비서, 즉 아마존의 알렉사, 구글의 구글 어시스턴트Google Assistant, 애플의 시리, 알리바바의 티몰 지니Tmall Genie는 소비자들의 지갑을 두고 전쟁 중이다. 이들은 음성인식과 인공지능 기반의 전자상거래 플랫폼의 주도권을 두고 전면전에 돌입했다. 하지만 전통적인 소매 기업들의 이름은 이 명단에 없다는 사실을 주목할 필요가 있다. 그동안 위의 네 기업이 인공지능이라는 군비 경쟁에 수십억 달러를 쏟아부으며 시장을 선점하기 위해 노력했다는 사실을 감안하면, 앞으로 이런 구도가 쉽게 깨질 것 같지는 않다.

과거에도 이와 비슷한 형태로 시장이 급변한 적이 있었다. 노키아는 한때 휴대전화 시장에서 선두를 달리던 기업이었지만 스마트폰의 등장과 함께 결국 회사 문을 닫아야 했다.[14] 왜 그런 일이 생겼을까? 이 회사는 원래 휴대전화 비즈니스를 하던 기업이었다. 하지만 어느 날 갑자기 휴대전화 사업은 컴퓨터 사업으로 바뀌었다. 노키아는 애플이나 구글 같은 새로운 경쟁자를 따라잡을 능력이 없었다. 앞으로 소매 기업들의 줄도산이 계속 이어지리라 예상되는 이유도 이와 비슷한 맥락이다.

영화 〈스타트랙〉에서 캡틴 커크가 엔터프라이즈 호의 컴퓨터에게 이야기하는 장면을 보고 자란 베이비붐 세대의 중년들은 디지털 비서가 공상과학 소설에나 나오는 이야기처럼 느껴질 것이다.[15] 하지만 자동화라는 마법의 세계에 이미 익숙해진 밀레니얼 세대의 젊은이들에게 음성인식 기반의 인공지능 비서는 당연히 등장해야 할 차세대 기술 중 하나일 뿐이다. 앞으로 이 젊은이들이 본격적인 소비의 주체로 등장하게 되면 음성 명령만으로 구매가 이루어지는 제품의 매출이 현재의 20억 달러에서 2023년에는 80억 달러로 증가할 것이다.[16] 물론 마찰이 완전히 사라진 구매가 이루어지기까지는 좀 더 기다려야 하겠지만, 최근의 데이터에서는 소비자들의 행태가 점점 이런 방향을 향해 가고 있다는 사실이 드러난다. 일례로 소비자들이 아마존 프라임 서비스를 통해 사용한 금액은 평균 1,300달러에 그친 반면, 아마존의 스마트 스피커 에코를 통해 소비한 금액은 1,700달러가 넘었다.[17]

지난 2018년 진행됐던 구글 듀플렉스의 시연 장면만큼 디지털 비서가 업계에 미치게 될 파괴적 혁신을 생생하게 입증한 사례도 드물 것이다. 구글이 매년 개최하는 개발자 모임 I/O 콘퍼런스I/O Conference에서는 7,000명의 참가자를 대상으로 기조연설, 기술 세미나, 코드 연구 그리고 행사의 하이라이트인 제품 데모가 진행된다. 그동안 실리콘밸리에서는 제품의 데모를 통해 전설적인 인물이 많이 배출됐다. 특히 검정색 터틀넥을 입고 "잠깐, 잠깐만요. 아직 한 가지가 남았습니다."를 외치며 수십 년간 무대를 휘어잡은 스티브 잡스는 역사의 한 페이지를 장식했다. 하지만 2018년 구글의 CEO 순다르 피차이Sundar Pichai는 특유의 부드러운 화법을 구사하며 이 분야의 왕관을 이어받았다.[18, 19, 20]

캘리포니아 마운틴 뷰의 쇼어라인 앰피시어터Shoreline Amphitheater 무대에 오른 피차이는 우리의 삶에서 많은 일이 여전히 전화라는 매체를 통해 이루어진다고 말했다. "여러분은 자동차 엔진오일을 바꿀 때도 전화를 하고, 주중에 배관공을 불러야 할 일이 생겼을 때도 전화를 겁니다. 또 머리를 자르기 위해 미용실에 예약을 할 때도 전화를 하겠죠. 앞으로는 인공지능이 그런 일을 도와줄 수 있을 겁니다."

그리고 피차이는 자신의 뒤쪽에 설치된 대형 스크린과 스피커를 통해 이 회사의 차세대 디지털 비서 구글 듀플렉스가 사람과 전화통화를 하는 장면(미리 녹화된 장면)을 보여주었다. 첫 번째는 식당에 자리를 예약하는 통화였으며 두 번째는 미용실에서 커트 예약을 잡는 통화였다. 특히 이 시스템이 미용실에 전화를 걸어 약속을 잡는 모습은 모든 관객을 충격에 빠뜨렸다. 듀플렉스가 사람처럼 '음~' 하는 소리를 섞어 넣으며 상대방과 자연스러운 언어로 대화를 나누었기 때문이다. 두 차례의 통화에서 전화기 저편의 사람들은 모두 자신이 인공지능과 이야기를 나누고 있다는 사실을 깨닫지 못했다.

물론 인공지능이 정체를 밝히지 않고 인간의 삶에 마구잡이로 파고드는 현상에 경계심을 나타내는 사람들도 적지 않았다. "인공지능이 접수 담당자를 바보로 만들었다면 이제 누가 인공지능을 바보로 만들 수 있을까?" 콘퍼런스가 끝난 뒤, 그 데모는 세간의 큰 반향을 불러일으켰다. 구글은 듀플렉스에 '구글 자동 예약 시스템'이라는 이름을 붙였다. 어쨌든 이 시스템의 성공으로 인해 인공지능이 인간의 쇼핑 문화에 얼마나 자연스럽게 녹아들 수 있을지 그리고 그로 인해 우리의 삶이 얼마나 편리해질지 충분히 예측할 수 있게 됐다.

하지만 아직은 시작에 불과하다. 인공지능이 소매 산업에서 위력을 발휘하게 될 다음 영역은 고객 서비스 분야다. 젠데스크Zendesk라는 소프트웨어 기업의 조사에 따르면 어떤 소비자가 만족스런 고객 서비스를 받았을 때 해당 기업의 제품을 다시 구매할 확률이 42퍼센트 증가한다고 한다. 반면 불쾌한 서비스를 경험한 고객 중 52퍼센트는 그 기업의 물건을 다시 사지 않는다는 것이다.[21] 다시 말해 고객 서비스 담당자와 단 한 번이라도 실망스런 상호작용을 경험한 고객 중 절반은 그 기업과의 거래를 영원히 끊어버린다. 이는 재무적으로 매우 큰 위험요소다. 다행히 이 문제는 인공지능이 해결하기에 안성맞춤의 영역이다.

피차이가 데모를 보여준 인공지능 제품은 소비자를 위해 회사에 전화를 걸 수도 있지만, 회사를 대신해 소비자의 전화를 받는 데 활용될 수도 있을 것이다. 이 분야의 기술적 발전은 대략 다음의 두 가지 방향으로 이루어지는 추세다. 일단 고객 서비스를 예전처럼 사람에게 맡기고자 하는 기업이라면 이스라엘 텔아비브에 소재한 스타트업 비욘드버벌Beyond

Verbal의 고객 서비스 코칭 솔루션을 검토해보기를 권한다.[22] 이 시스템은 회사에 전화를 건 고객의 목소리와 억양을 분석해서 그 사람이 화를 터뜨리기 직전인지, 이미 화가 난 상태인지, 아니면 그 중간 어디쯤인지를 파악해낸다. 비욘드버벌의 앱은 30개 언어와 7만 개 이상의 주제에 대한 연구를 바탕으로 제작됐기 때문에 인간의 감정 상태, 태도, 성격 유형 등에 관한 400여 종류의 음성적 표지를 식별해낼 수 있다.[23]

이 시스템은 이미 많은 콜센터에 도입되어 영업 직원들이 고객의 감정 상태를 파악하고 이에 적절히 대응하는 일을 무대 뒤에서 돕고 있다. 덕분에 직원들은 고객과의 통화를 원만하게 진행할 뿐만 아니라 회사의 수익을 증가시키는 효과도 거둘 수 있다. 예를 들어 비욘드버벌 시스템은 고객이 통화 중에 어떤 단어를 선택하는지, 목소리를 어떻게 내는지 등을 분석해서 전화로 물건을 구매하고자 하는 소비자의 성향을 파악해낸다. 만일 그 사람이 얼리 어댑터에 해당한다면 인공지능은 영업 직원에게 가장 최근에 출시된 제품을 제안하라고 알려준다. 반대로 전화를 건 고객이 보수적인 사람이라면 시스템은 이미 성능이 입증된 제품을 제안하라고 권한다.

한편 뉴질랜드의 소울머신즈Soul Machines 같은 기업은 고객 서비스 담당자를 인공지능으로 완전히 대체해버리는 기술을 개발한다.[24] 소울머신즈는 IBM의 인공지능 컴퓨터 왓슨을 기반으로 소비자들에게 감정적 공감을 제공할 수 있는 고객 서비스 아바타를 개발해서 이른바 '정서지능 컴퓨팅'의 선구자로 떠올랐다.[25] 이 주제에 대해서는 뒤에서 더 자세히 다룰 예정이지만 여기서는 '40퍼센트'라는 통계 숫자에 대해서만 간단히 언급하려고 한다. 오늘날 이 기술을 도입한 기업들은 모든 고객 서비스의 40퍼센트를 이 아바타를 활용해서 수행하며 인간의 개입 없이도 높은 고객 만족도를 올리고 있다. 또한 인공 신경망을 기반으로 구축된 이 시스템은 고객과의 상호작용을 통해 더욱 많은 내용을 학습하기 때문에 앞으로 이 비율은 더욱 높아질 것이다.

또한 상호작용의 양 자체도 지속적으로 증가하고 있다. 오토데스크 Autodesk라는 소프트웨어 기업은 자사가 판매하는 모든 소프트웨어 제품에 AVA Autodesk Virtual Agent라는 소울머신즈 기반의 인공지능 아바타를 탑재해서 고객에게 제공한다.[26] 기술지원을 담당하는 인공지능 프로그램 AVA는 컴퓨터 스크린에 등장해 부드러운 태도로 고객의 문제를 해결해주며, 고객들이 기술지원을 받기 위해 대기해야 하는 지루한 시간을 영원히 없애준다. 그런가 하면 다임러 파이낸셜 서비스 Daimler Financial Services는 최근 사라Sarah라는 이름의 아바타를 제작해서 현대인들의 짜증을 유발하는 세 가지 대표적 금융 업무, 즉 자금조달, 리스, 자동차 보험과 관련된 고객의 일을 돕는다.[27] 미래에 자율주행 택시를 운영할 '분산형 자율조직' 기업에서는 이 회사의 인공지능 시스템이 다임러의 사라와 자금조달, 리스, 보험에 관련한 상담을 할 날이 올 것이다. 말하자면 인간이 전혀 필요 없는 인공지능 대 인공지능의 협상이 이루어지는 것이다.

하지만 이는 비단 인공지능뿐만이 아니라 기하급수적으로 발전하는 다른 여러 기술과 인공지능이 융합함으로써 빚어질 미래의 이야기다. 여기에 네트워크와 센서 기술이 가세하면 파괴적 혁신의 규모는 더욱 확대될 것이며, 쇼핑의 '무無마찰 계수'(인간의 개입이 얼마나 줄어들었는지 측정하는 지수—옮긴이) 역시 계속 증가할 것이다.

아마존 고와 마찰 없는 쇼핑

2026년 4월의 시카고, 비가 을씨년스럽게 내리는 어느 날이다. 어머니와 밖에서 점심을 먹기로 한 당신은 코트를 챙겨 나오는 일을 깜빡했다. 그래서 시내로 향하는 우버 자율주행 택시 안에서 요새 소문이 자자한 환경 친화적 '비건' 가죽 재킷 매장을 스마트폰으로 검색한다. 이 재킷은 줄기세포를 키워 만들기 때문에 옷을 만드는 과정에서 어떤 소도 희생시키지 않는다고 한다.

당신은 마음에 드는 재킷을 발견하고 '관심' 버튼을 누른다. 그리고 스마트폰을 닫고 주머니에 집어넣는다. 재킷 매장의 인공지능은 스마트폰의 인공지능을 통해 자율주행 택시를 매장으로 안내한다. 당신은 목적지에 도착한 후에야 이 매장이 옛날 방식으로 인간 직원들을 고용하는 일종의 '장인'匠人 가게라는 사실을 깨닫는다. 매장 안으로 들어가니 실비아라는 여성이 당신이 고른 비건 가죽 재킷을 들고 문 앞에서 기다린다. 재킷은 마치 맞춤옷처럼 몸에 꼭 들어맞는다. 놀랄 일이 아니다. 몇 달 전, 당신은 스마트폰의 닌텐도 위Wii 센서를 이용해 당신의 신체 지도body map를 구석구석 상세히 작성해두었다. 요즘 나오는 신발은 대부분 중량 센서를 탑재하고 있기 때문에 당신의 허리둘레가 늘었다 줄었다 하면 그에 맞춰 신체 지도 역시 자동적으로 변한다. 당신이 매장 안으로 들어가기 한참 전부터 당신의 스마트폰과 매장의 컴퓨터는 이미 당신의 체형과 사이즈를 알고 있었다.

재킷 대금을 계산하기 위해 줄을 서지 않아도 된다. 수많은 카메라와 센서가 당신과 재킷의 행방을 추적하고 있기 때문에 당신이 매장의 문을 나서는 순간 당신의 암호화폐 계좌에서 재킷 가격이 자동적으로 결제된다. 뿐만 아니라 당신이 이 매장을 처음 찾았다는 사실을 알고 있는 센서들은 당신의 재방문을 유도하기 위해 다음 번 구매 시 옷값의 25퍼센트를 할인해주는 쿠폰을 문자 메시지로 보내준다.

당신이 매장을 나서자마자 방금 팔려나간 재킷이 걸려 있던 선반의 센서는 이 사실을 매장의 인공지능에게 알린다. 인공지능은 제조사에 같은 재킷을 다시 주문하고, 매장 직원에게 빈 옷걸이를 채워넣으라는 메시지를 보낸다. 또 지난 이틀 동안 이 비건 가죽 재킷이 세 벌이나 판매됐다는 사실을 파악한 재고 관리 시스템은 이 트렌드에 따라 고객이 많이 찾는 사이즈로 여분의 재킷을 몇 벌 더 주문한다.

이상의 시나리오는 그렇게 까마득히 먼 미래의 이야기가 아니다. 우리가 사는 세계에 이미 폭발적으로 확산되고 있는 사물인터넷이 조금 더 발전해서 더 많은 장비가 인터넷에 연결된다면 앞서 예를 든 모든 일은 거의 자동적으로 현실화될 것이다. 맥킨지의 연구에 따르면 2025년에는 소매 산업에서 사용될 IoT 장비의 시장 규모가 4,100억 달러에서 1.2조 달러에 달할 것이라고 한다.[28] 게다가 관련 기술들도 거의 개발이 끝난 상태다.

고객들을 계산대 앞의 긴 줄에서 해방시켜줄 자동 결제 시스템도 이미 세상에 나왔다.[29] 2018년 1월, 아마존은 시애틀에 아마존 고Amazon Go 스토어를 최초로 오픈했다. 그다음 해에는 일곱 개의 매장을 더 열었으며 2021년까지 매장 수를 3,000개로 확대할 계획을 밝혔다. 〈뉴욕 타임스〉에는 이런 기사가 실렸다. "이곳의 회전문은 지하철 개찰구와 비슷했고, 물건을 살 때는 마치 도둑질을 하는 듯한 느낌을 받았다."[30, 31, 32]

이 매장을 방문한 고객이 들어갈 때 스마트폰에 담긴 QR 코드를 스캔하면 나머지 일은 인공지능이 알아서 처리한다. 카메라는 고객이 어느 통로에 있는지 추적하고 선반에 탑재된 중량 센서는 상품의 이동 상황을 감지한다. 고객은 원하는 물건을 골라 자신의 가방에 집어넣고 집으로 향하면 그만이다. 고객이 매장의 문을 나서는 순간 물건 값은 고객의 아마존 계정으로 자동 청구된다.

이는 '마찰 없는' 쇼핑의 또 다른 사례라고 할 수 있다. 매장에 길게 늘어선 줄은 소비자들의 외면을 초래한다. 게다가 계산원을 고용하는 데도 많은 돈이 든다. 맥킨지에 따르면 소매 기업들이 자동 결제 시스템으로 (아마존 고 매장에서 근무하는 유일한 직원은 주류 판매 구역에서 구매자의 신분증을 확인하는 담당자다) 절약할 수 있는 인건비는 2025년이 되면 1년에 1,500억 달러에서 3,800억 달러에 달할 거라고 한다.[33] 그러니 아마존 이외에도 수많은 기업이 계산원이 없는 매장 시스템을 추구하는 것은 당연한 얘기다. 샌프란시스코의 스타트업 v7랩v7labs은 모든 소매 기업을 대상으로 무인 매장 솔루션을 보급하고 있으며, 알리바바는 무인 매장 헤마Hema 스토어를 아마존보다 2년 먼저 중국에서 시험가동하기 시작했다.[34, 35]

또 전자태그RFID와 중량 센서를 이용해 선반에서 물건이 제거되는 상황을 감지하는 스마트 선반도 이미 시장에 나왔다.[36] 소매 기업들은 이 혁신적 기술을 통해 물건의 도난을 방지하고, 재고 보충 작업을 자동화하고, 상품을 항상 최적화된 위치에 적재한다. 오늘날 주로 사용되는 인텔의 제품에는 스크린이 달려 나오지만 가까운 미래에는 스마트 선반에 탑재된 인공지능이 고객과 대화를 나눌 수도 있게 될 것이다. 이 스웨터는 드라이클리닝 전용인가요? 선반에게 물어보시면 됩니다.

아마 미래에 소매 기업에게 닥칠 가장 큰 혁신은 공급망 관리의 효율성일 것이다. 지난 2015년 시스코가 내놓은 예상에 따르면 앞으로 IoT 기술이 공급망 영역에 미칠 경제 효과가 무려 1.9조 달러에 달할 거라고 한다.[37] 인공지능은 수많은 데이터 속에서 인간이 절대 알아낼 수 없는 패턴을 파악해낸다. 그 말은 공급망의 모든 연결고리, 즉 재고 수준, 공급 업체의 자질, 수요 예측, 생산 계획, 운송 관리 등의 요소가 혁명적으로 바뀔 거라는 뜻이다.

게다가 변화의 속도도 빠르다. 오늘날 전 세계의 소매 기업과 제조 기업 중 70퍼센트가 물류 분야를 디지털화하는 작업을 진행 중이다. 더 중요한 사실은 이 모든 파괴적 혁신이 로봇이 등장하기 전에 발생하고 있다는 점이다. 그렇다면……?

로봇이 몰려오고 있습니다![38]

2016년 8월 3일, 던전 앤 드래곤 게임 사용자들의 오랜 소원이 이루어졌다. 도미노 피자가 DRUDomino's Robotic Unit라는 이름의 로봇을 출시한 것이다.[39] 최초의 피자 배달 로봇으로 탄생한 DRU는 영화 〈스타워즈〉에 나오는 로봇 R2-D2와 대형 전자레인지를 절반씩 섞어놓은 모습의 기계다. LIDAR와 GPS는 이 로봇에게 길을 안내하고 온도 센서는 음식의 온도를 유지해주는 역할을 한다. 이 로봇은 출시 이후 뉴질랜드, 프랑스, 독일을 포함한 10여 개국에 보급됐다.[40] DRU의 2016년 8월 데뷔가 중요한 의미를 갖는 이유는 우리가 가정용 배달 로봇을 사상 처음으로 목격했기 때문이다.

이제 로봇의 본격적인 공세가 시작됐다.

현재 시장에서 활동 중인 배달 로봇은 10여 종에 달한다.[41] 스카이프 Skype의 공동 창업자 재너스 프리스Janus Friis와 아티 헤인라Ahti Heinla가 설립한 스타트업 스타섭 테크놀로지스Starship Technologies는 범용 배달 로봇을 출시해서 공급 중이다. 현재 이 로봇 시스템에 포함된 장비는 GPS와 센서가 주종을 이루지만, 머지않은 미래에는 마이크와 스피커를 통해 고객과 소통할 수 있는 기능(인공지능의 자연어 처리 능력을 바탕으로)을 탑재한 모델이 등장할 예정이다. 스타섭의 로봇들은 2016년 이후로 20개국 100개 도시에서 5만 건 이상의 배달을 처리했다.[42]

또 구글에서 자율주행차 엔지니어로 일했던 지아준 주Jiajun Zhu가 동료와 함께 설립한 뉴로Nuro는 소형 자율주행차를 자체적으로 개발했다.[43] 일반 승용차 절반 크기의 뉴로는 바퀴 달린 토스터기를 연상케 하는 화물 수송용(장바구니 12개 정도 운송 가능) 로봇이다. 이 기계는 2018년부터 미국 식품회사 크로거Kroger의 일부 매장에서 사용 중이며 2019년에는 도미노 피자와도 협력관계를 체결했다.[44, 45]

배달 로봇은 거리뿐만 아니라 하늘도 점령하기 시작했다. 2016년, 아마존은 업계 최초로 프라임 에어Prime Air라는 드론 배송 프로그램을 발표하고 이를 통해 고객 주문 후 30분 이내에 물건을 배달하겠다고 약속했다.[46] 그러자 세븐일레븐, 월마트, 구글, 알리바바 같은 기업들도 즉시 경쟁에 뛰어들었다.[47, 48, 49, 50] 아직 이 서비스의 가능성에 대해 많은 사람이 회의적이지만 최근 미국 연방항공청에서 드론 부서를 총괄하는 책임자는 이렇게 말한다. "드론 배송은 생각보다 훨씬 가까운 미래에 현실화될 겁니다. 많은 기업이 드론을 가동할 준비를 끝마친 상태입니다. 우리는 드론을 배달 업무에 사용하도록 허가해달라는 여러 기업의 요청을 처리하는 중입니다. 그때를 대비해 빨리 움직여야 할 것 같습니다."[51]

배달 로봇들은 소비자가 매장을 방문할 필요를 없애주는 역할을 하지만 과거의 방식대로 매장에서 직접 쇼핑을 하고 싶은 사람들은 그곳에서 로봇의 도움을 받을 수도 있을 것이다. 사실 로봇이 매장에서 고객의 쇼핑을 도운 것은 어제오늘의 일이 아니다.

2010년, 소프트뱅크는 인간의 감정 인식 기능을 갖춘 휴머노이드 페퍼Pepper를 내놓았다.[52] 페퍼는 1.2미터의 키에 흰색 플라스틱 몸체, 까만색 입, 인어의 지느러미 같은 하체를 한 귀여운 모습의 로봇이다. 기계의 가슴 부위에는 고객과의 소통에 필요한 터치스크린이 달려 있다. 이 로봇은 그동안 고객과 많은 소통을 했다. 페퍼의 귀여운 모습은 전 세계 사람들을 매혹시켰고, 이는 인간의 즐거운 삶을 돕는다는 로봇의 사명과도 잘 맞아떨어졌다. 그동안 1만 2,000대가 팔려나간 페퍼는 일본에서 아이스크림을 나르고, 싱가포르 피자헛에서 고객에게 인사를 하고, 팔로알토의 전자제품 매장에서 고객과 춤을 춘다.[53] 물론 이런 로봇은 페퍼뿐만이 아니다. 월마트는 선반에 물건을 적재하는 로봇으로 재고를 관리하고, 베스트바이는 연중무휴 하루 24시간 가동이 가능한 로봇 계산원을 운영한다. 또 주택 자재 업체 로우스Lowe's는 가슴에 대형 아이패드와 다리에 바퀴를 부착한 '로우봇'Lowe Bot을 매장에 배치해서 고객이 원하는 물건을 찾아주고 재고를 추적한다.[54, 55, 56]

아마 로봇으로 가장 큰 혜택을 얻을 수 있는 곳은 물류창고 관리 분야일 것이다. 2012년 아마존은 7억 7,500만 달러를 들여 키바 시스템즈Kiva Systems를 인수했다. 그로부터 불과 6년이 지난 오늘날, 이 회사의 물류센터에 배치된 4만 5,000대의 로봇은 크리스마스 시즌 같은 성수기에 '1초당' 306개의 아이템을 처리해낸다.[57, 58, 59]

그러자 다른 소매 기업들도 앞다퉈 로봇의 세계에 뛰어들었다. 유명 의류기업 갭GAP은 고객이 청바지를 주문하면 킨드레드Kindred라는 로봇을 이용해 주문된 물품을 분류하고 포장하고 발송한다. 마치 인형 뽑기 기계의 집게발처럼 생긴 킨드레드는 인형 대신 티셔츠나 바지를 들어 올려 우체통처럼 생긴 공간에 집하 처리하고, 이곳에 쌓인 물건들을 분류 및 발송한다.[60, 61] 이 로봇의 가장 큰 장점은 대중화가 쉽다는 것이다. 킨드레드 로봇은 값이 저렴하고 배치가 쉽기 때문에 이 제품을 사용하면 작은 기업도 아마존 같은 대기업과 충분히 경쟁이 가능하다.

이제 비즈니스의 지속을 원하는 소매 기업들 앞에는 그다지 많은 선택지가 놓여 있지 않은 것 같다. 2024년이 되면 미국의 최저임금은 시간당 15달러가 될 예정이지만 아직 많은 사람들이 이 금액도 너무 낮다고 생각한다.[62] 인간의 인건비가 지속적으로 오르는 상황에서, 이제 로봇은 단지 세상에 등장한 정도가 아니라 사회 곳곳에 없어서 안 될 존재로 자리 잡고 있다. 매장의 소유주는 걸핏하면 아프고, 일터에 늦고, 부상당하기 쉬운 인간 직원을 고용할 필요성을 느끼지 않게 될 것이다. 로봇은 연중무휴 24시간 일한다. 휴가를 가지도 않고 화장실에 가기 위해 일을 멈추지 않는다. 의료보험도 필요 없고 가족여행을 가지 않아도 된다. 그 말은 이런 추세가 계속된다면 '기술 발전에 따른 실업'의 문제가 점점 큰 문제로 대두될 거라는(제3부에서 이 주제를 더 다룰 예정이다) 뜻이다. 어쨌든 소매 산업에서 로봇은 기업과 소비자 양쪽에 매우 큰 혜택을 제공한다는 사실만은 분명하다.

3D 프린터와 소매 산업

2010년, 케빈 러스타지Kevin Rustagi는 불만스러웠다. 친구 아만 아드바니Aman Advani, 키트 히키Kit Hickey, 기한 아마라시리와디나Gihan Amarasiriwardena도 마찬가지였다. MIT를 갓 졸업하고 사회에 진출한 이 네 명의 젊은이는 자신들이 출근할 때 입는 정장이 마음에 들지 않았다. 운동선수들도 경기를 할 때는 온갖 종류의 최첨단 장비를 착용하고 경기장에 들어서는 법인데, 회계사들은 왜 평범한 복장에 만족해야 한단 말인가.

이 젊은이들은 이런 현실을 바꿔봐야겠다고 마음먹었다. 그리고 미니스트리 오브 서플라이Ministry of Supply라는 의류 기업을 공동 설립하고 미 항공우주국의 우주복 기술을 바탕으로 정장용 셔츠를 제작할 계획을 세웠다.[63] 2011년, 그들은 킥스타터를 통해 크라우드펀딩으로 사업자금을 모금했다. 최초의 목표 금액은 3만 달러였지만 최종적으로 50만 달러가 모였다. 그리고 비즈니스가 시작됐다.

얼마 되지 않아 그들이 내놓은 '아폴로' 셔츠는 시장을 강타했다. 겉보기에 평범한 버튼다운 셔츠처럼 생긴 이 옷은 결코 평범하지 않았다. 상변화물질phase change materials이라는 소재를 사용한 아폴로 셔츠는 체온을 조절하고 땀과 악취를 줄여주는 기능이 뛰어났다. 또한 착용자의 체형에 꼭 들어맞고, 옷자락이 바지에서 잘 빠져나오지 않으며, 하루 종일 입어도 주름이 생기지 않았다. 기술 매체 〈테크 크런치〉Tech Crunch는 이 옷을 두고 마치 '마법의 셔츠' 같은 제품이라고 평했다.[64]

마법의 셔츠는 마법의 바지와 마법의 정장을 포함한 수많은 제품으로 이어졌다. 요즘 미니스트리 오브 서플라이는 남녀 모두를 위한 고성능 스마트 복장을 제작한다. 그중 하나인 스마트 재킷은 음성인식 기능을 바탕으로 사용자가 원하는 온도에 맞춰 자동적으로 열을 발산한다. 최근 이 회사는 자신들의 첨단기술을 제조 단계까지 확장했다. 보스턴의 뉴베리 스트리트에 소재한 미니스트리 오브 서플라이의 직판 매장에서는 고객에게 고성능 셔츠(또는 정장, 블라우스, 바지 어떤 옷이든)를 3D 프린터로 1시간 30분 만에 만들어준다. 기계가 옷을 제작하는 모습은 경이로움 그 자체다. 4,000개의 바늘과 10여 종류의 원사原絲가 장착된 이 3D 프린터는 재료와 색깔을 가리지 않고 모든 종류의 옷을 남는 쓰레기가 전혀 없이 출력해낸다.

보스턴까지 갈 형편이 안 되는 고객들도 전혀 문제가 없다. 요즘에는 스마트폰만 있으면 어디서나 3D 프린터로 제작된 옷을 주문할 수 있다. 2015년 대니트 펠렉Danit Peleg이라는 패션 디자이너가 3D 프린터로 옷을 출력해 온라인에서 판매하자 몇몇 디자이너가 그 뒤를 이어 시장에 뛰어들었다.[65] 최근에는 스포츠 대기업들도 이 기술을 도입하기 시작했다. 최근 리복은 제품 생산의 품질과 속도를 높이기 위해 그리고 뉴발란스는 운동선수들을 위해 맞춤형으로 신발 깔창을 제작하는 데 3D 프린터를 각각 활용 중이다. 그리고 다른 패션 기업들도 뒤질세라 이 기술을 도입하는 일에 나서고 있다.[66, 67]

하지만 패션은 이야기의 일부에 불과하다. 이제 3D 프린터의 열풍은

소매 산업 전체에 불어 닥치기 시작했다. 사무용품 기업 스테이플스Staples
는 몇 년 전부터 3D 프린터로 고객들에게 서비스를 제공한다. 고객이 자
신에게 필요한 사무용품의 디자인 파일을 온라인으로 업로드하면 스테
이플스의 직원은 그 제품을 출력해서 완성품을 고객의 집까지 배달해준
다.[68] 프랑스의 공구용품 제조 기업 르로이 멜랑Leroy Merlin은 한 발 더 나
아가 아예 고객이 자신의 집이나 가게에서 맞춤형 공구를 직접 프린트할
수 있게 만들어주는 서비스를 제공한다.[69] 10인치짜리 납작 머리 못이나
벽 모서리에 사용할 수 있는 휘어진 소켓 렌치가 필요하다고? 걱정하지
말라. 금방 해결되니까.

　게다가 지금까지 이야기한 내용은 현재의 모습에 불과하다. 3D 프린
터는 향후 10년 동안 주로 다음과 같은 측면에서 소매 산업을 완전히 재
편할 것이다.

1. **공급망의 종말**: 소매업자들은 원재료만 구입해서 창고에서든 매장
   에서든 자신이 판매할 재고를 3D 프린터로 직접 출력할 것이다. 그
   말은 공급자, 제조사, 유통업체 등이 세상에서 영원히 사라질 거라
   는 뜻이다.
2. **쓰레기의 종말**: 물론 모든 쓰레기가 완전히 없어지지는 않을 것이다.
   하지만 재료를 낭비하지 않고 정확하게 필요한 제품을 찍어낼 수
   있는 3D 프린터의 능력은 환경 친화적 제품을 원하는 소비자들의
   욕구와 원료비를 최소화하려는 소매업자들의 의도에 꼭 들어맞는
   해결책이다.
3. **예비 부품 시장의 종말**: 당신이 아이오와에서 농사를 짓는 사람이라

고 가정해보자. 그런데 농산물을 수확할 시즌에 트랙터가 고장이 나서 부품이 도착할 때까지 며칠을 기다려야 할 형편이다. 자칫하면 한 철 농사를 전부 망쳐버릴지도 모른다. 그럴 때 3D 프린터로 문제를 해결할 수 있다. 커피 메이커가 고장 나든 스케이트보드의 바퀴가 망가지든 마찬가지다. 이는 예비 부품 시장의 종말을 의미할 뿐만 아니라 우리가 구입한 어떤 제품이든 거의 반영구적으로 사용할 수 있다는 뜻이기도 하다.

4. 사용자 디자인 제품의 부상: 물론 애플처럼 탁월한 디자인을 자랑하는 회사들은 여전히 시장에 남아 소비자들을 유혹할 것이 분명하다. 하지만 앞으로 패션에서 가구까지 소비자가 스스로 디자인한 제품은 전문 디자이너가 디자인한 제품을 서서히 대체하며 업계의 표준으로 자리 잡을 것이다.

그런데 이런 모든 현상은 우리로 하여금 마지막 의문을 품게 만든다. 인공지능 비서 알렉사가 내 주문을 처리하고, 3D 프린터가 그 물건을 제작하고, 드론이 완성품을 우리 집 문 앞까지 배달해준다면, 앞으로 우리가 어떤 장소로 굳이 쇼핑을 하러 갈 필요가 있을까?

마지막 희망이 된 경험 경제

작가 조지프 파인Joseph Pine은 경영 전문 저널 《하버드 비즈니스 리뷰》에 기고한 '경험 경제Experience Economy로의 초대'라는 글에서 흥미로운 측정 지표를 사용해 지난 200년 동안 진행된 경제 발전을 추적했다.[70] 그 지표는 바로 생일 케이크다.

농업이 경제를 주도하던 시절에는 어머니가 농장에서 나오는 재료(밀가루, 설탕, 버터, 달걀)를 이용해 직접 케이크를 만들었다. 들어간 비용은 고작 몇 십 센트 정도였다. 그러다 상품의 생산과 유통에 기반을 둔 공업 경제가 발전하면서 어머니는 가정용 제빵 브랜드 베티크록커Betty Crocker의 인스턴트 케이크 재료를 1~2달러에 구매했다. 그 후 서비스 산업이 경제를 장악하면서 일에 바쁜 부모는 케이크 재료값의 10배에 달하는 10달러에서 15달러를 주고 베이커리나 슈퍼마켓에서 완제품 케이크를 샀다. 사람들이 더욱 시간에 쫓기는 1990년대가 되면서 부모들은 더 이상 아이를 위해 생일 케이크를 사지도, 파티를 열지도 않는다. 대신 그들은 100달러를 지불하고 생일 이벤트 전체를 '아웃소싱'한다. 요즘 처크 E. 치즈Chuck E. Cheese's, 디스커버리 존Discovery Zone, 마이닝 컴퍼니Mining Company 같은 업체들은 아이들의 기억에 남을 만한 행사를 열어주고 생일 케이크는 무료로 제공한다. 바야흐로 '경험의 경제' 시대가 도래한 것이다.

미리 만들어둔 재료가 아니라 '미리 만들어둔 경험'을 소비자들에게 제공해주는 경험의 경제는 고객의 새로운 욕구를 만족시키기 위한 새로운 비즈니스 모델이다. 역사적으로 인류는 '미리 포장해둔' 경험을 별로 원하지 않았다. 삶 자체가 경험이었기 때문이다. 우리 자신을 안전하고, 따뜻하고, 배부르게 만드는 일만 해도 인생은 늘 스릴 넘치는 모험이었다. 하지만 기술은 이 구도를 바꿔놓았다.

산업혁명의 전환기에는 지구상에서 가장 부유한 사람들도 에어컨, 수도, 실내 배관 같은 문명의 혜택을 받지 못했다. 컴퓨터는 물론이고 자동차, 냉장고, 전화도 없었다. 하지만 오늘날 미국에서는 빈곤선 이하의 시민들도 이런 다양한 편의시설을 누리고 살아간다. 사람들은 좋은 물건을 얻게 되더라도 만족하지 못하고 항상 더 많은 것을 추구하는 법이다. 사실 우리는 언젠가부터 자신에게 주어진 모든 것을 당연하게 받아들이게 됐다. 그 결과 현대인들은 소유보다 경험(촉감, 기억, 현실감 등등)의 가치를 훨씬 중요시하기에 이르렀다.

소매 기업들은 이런 트렌드에 너도나도 편승했다. 스타벅스는 소비자들이 지역의 커피숍에서 느끼는 친숙함을 글로벌 규모로 확장해서 이른바 '스타벅스 은행'(고객들이 선불카드와 앱을 통해 구매 금액을 미리 충전해서 사용하는 스타벅스 자체의 결제 시스템―옮긴이)을 구축했다. 야외용품 전문 기업 카벨라Cabela's는 회사의 전시장을 폭포까지 갖춘 야외 모험 공간처럼 꾸며놓았다. 이제 경험의 경제는 관련 기술들의 기하급수적 발전과 융합에 힘입어 절정을 향해 치닫는 중이다.

최근 웨스트필드Westfield 쇼핑센터 그룹은 10년 후 소매 산업의 모습을 약속하는 '데스티네이션 2028'Destination 2028이라는 비전을 내걸었다.[71] 이 기업이 건설 계획 중인 미래의 쇼핑센터는 공중에 떠 있는 감각공원 sensory garden(방문객들을 위해 냄새나 소리 같은 감각적 즐거움을 제공하는 정원―옮긴이), 스마트 탈의실, 명상적 분위기의 작업장 같은 첨단의 시설로 가득한 '초연결 소도시'로서, 모든 고객을 위해 맞춤화된 서비스를 제공하는 공간이 될 것이라고 한다. 이곳의 스마트 화장실은 고객 개인에게 적절한 영양과 수분의 수준에 대한 조언을 제공하고, 인공지능은 안구 스캐너를 통해 고객들의 과거 구매 이력을 파악해서 고객 개개인의 쇼핑이 '신속 정확하게' 이루어질 수 있도록 맞춤형으로 돕는다. 또 마법의 거울은 당신이 새로운 옷을 착용했을 때의 모습을 미리 보여주는 가상의 이미지를 360도 방향으로 제공할 거라고 한다.

웨스트필드가 지향하는 '데스티네이션 2028'의 목표는 엔터테인먼트, 건강, 학습, 개인화된 상품 매칭 등의 서비스를 통해 고객이 이곳에서 더 나은 자기 자신을 만드는 일을 돕는 것이다. 그들은 이런 최상의 서비스가 제공된다면, 고객이 쇼핑을 위해 군이 집을 나서야 하는 불편을 충분히 감수할 거라고 믿는다.

이 기업 입장에서는 대단히 야심찬 행보다. 현재 미국에 존재하는 대형 쇼핑몰은 1,100개에 달하며 일반 쇼핑센터는 4만 개가 넘는다.[72] 미네소타 주에 위치한 몰 오브 아메리카Mall of America는 작은 도시라고 할 만큼 규모가 어마어마하다. 면적이 52만 제곱미터가 넘는 이곳에는 500개 이상의 점포가 입주해 있다.[73] 중국에서 가장 큰 쇼핑몰은 65만 제곱미터가 넘는 면적을 자랑하며 미 국방성 건물보다도 크다.[74] 고객에게 한층 업그레이드된 경험을 안겨주는 '경험의 경제'는 앞으로 이런 대형 쇼핑몰이 살아남기 위해 반드시 고려해야 할 비즈니스 모델일지도 모른다.

하지만 그런 시대가 됐을 때 비즈니스의 모습은 과거와 전혀 달라질 것이다. 다시 말해 소매 산업이 고객에게 성공적으로 '경험의 경제'를 제공한다면, 이 산업은 다른 여러 산업이 융합한 모델이 될 수밖에 없다. 고객이 쇼핑몰에서 시간을 보내면서 소비하는 돈은 소매업, 의료, 엔터테인먼트, 교육 등 여러 산업이 함께 나누어 갖게 될 것이다. 그렇지 않다면 쇼핑이라는 행위는 인공지능이 우리를 위해 처리할 또 하나의 업무로 바뀌면서 쇼핑몰은 우리에게 영원한 추억의 공간으로 남게 될지도 모른다.

쇼핑몰의 종말

앞에서 우리는 2026년이 되면 인공지능, 센서, 네트워크의 융합에 따라 쇼핑의 세계가 어떻게 바뀔지에 대한 사고 실험을 했다. 이제 시계를 몇 년 더 뒤로 돌려 또 다른 기술들이 소매 산업에 가세하는 시나리오를 바탕으로 다시 한 번 가상 여행을 떠나보자.

때는 2029년 4월 21일, 밝은 해가 비치는 댈러스다. 내일은 당신이 투자 유치를 위한 오찬 행사를 진행하기로 한 날이다. 하지만 입고 갈 옷이 마땅치가 않다. 그렇다고 옷을 사려고 쇼핑몰에서 하루 종일 시간을 보내고 싶은 생각은 없다. 물론 걱정하지 않아도 된다. 당신의 신체 데이터는 일주일 전에 측정한 최신 버전으로 저장되어 있다. 당신은 가상현실 헤드셋을 쓰고 자비스(아무래도 이 책의 저자는 〈아이언맨〉 집착증이 있는 듯하다)라는 인공지능과 대화를 나눈다.

"내일 행사에 입을 드레스를 한 벌 사야겠어." 당신이 한 말은 이것뿐이다. 그러자 당신은 곧바로 가상 의류매장으로 이동한다. 차를 타고 움직일 필요가 없다. 고속도로에서 교통 정체를 겪지 않아도 되고 주차를 하느라 고생할 이유도 없다. 유모차를 밀고 성난 듯이 몰려드는 쇼핑객들과 마주치지 않아도 된다. 당신은 자신만을 위해 마련된 의류매장으로 입장한다. 모든 옷이 당신에게 꼭 맞는 사이즈다. '모든' 옷이라는 의미는 이 가상 매장이 지구상 모든 디자이너의 작품과 모든 종류의 디자인을 망라하는 상품을 보유하고 있다는 뜻이다. 당신은 자비스에게 요즘 상하이에서 유행하는 스타일이 뭔지 묻는다. 그러자 순식간에 당신 눈앞에 패션쇼가 펼쳐진다. 런웨이를 걷는 모델들은 모두 당신과 똑같이 생긴 모습으로 상하이에서 최신 유행하는 드레스를 입고 있다.

전화벨이 울린다. 친한 친구의 전화다. 그녀는 자신의 가상현실 헤드셋을 쓰고 당신의 매장으로 합류한다. 인공지능은 두 사람이 나누는 대화를 듣는다. 당신이 한마디씩 하는 말은 자비스에게 곧바로 명령어로 작용한다. "새로 산 드레스에 어울리는 검정색 펌프스가 있으면 좋겠는데." 그러자 당신 사이즈에 꼭 맞는 신발로 가득 찬 판매대가 곧바로 모습을 드러낸다. 하지만 마음에 드는 물건이 없다. 그러자 친구가 이렇게 묻는다. "이 드레스에는 너희 집 신발장에 있는 지미 추Jimmy Choo 구두가 어떨까?" 문제없다. 당신이 물리적으로 소유한 모든 의류에는 가상현실 버전이 함께 붙어 다닌다. 당신은 인공지능에게 명령해서 금방 그 신발을 신어본다.

옷을 선택하는 일이 끝나자 인공지능은 돈을 지불한다. 당신이 고른 옷이 창고에서 3D 프린터로 제작되는 동안(출력이 완료되면 드론이 당신 집으로 배달해줄 것이다), 향후 당신이 가상 세계에서 사용하게 될 그 옷의 디지털 버전은 당신의 개인 소유품 목록으로 들어간다. 옷 가격은? 중간 도매상이 없기 때문에 매장에서 구입하는 금액의 절반에 불과하다.

이제 현재 시점으로 다시 돌아와 미래가 얼마나 가까이 다가왔는지 하나씩 살펴보자.

3D로 신체를 측정하는 기술은 이미 개발되어 있다. 리바이스나 블루밍데일스 같은 기업들은 일부 매장에 설치된 이미지 측정 부스에서 적외선 감지 및 이미징 기술을 활용해 고객의 신체 형태를 디지털로 정확히 복제해낸다.[75, 76] 나이키, 보스, 아르마니 같은 기업들도 앞으로 비슷한 기술을 활용해 고객에게 서비스를 제공할 계획이다.[77, 78] 대기업들만 이 분야에 뛰어든 것은 아니다. 남성의류 기업 밤펠Bombfell은 패션 전문가와 인공지능의 협업을 바탕으로 80여 개가 넘는 브랜드 중에서 선택된 최적의 의상을 고객에게 정기적으로 보내준다.[79] 온라인 소매 기업들도 이 분야에 합류했다. 2017년에 3D 신체 스캔 전문기업 바디랩스Body Labs를 인수한 아마존은 프라임 워드로브Prime Wardrobe 서비스를 통해 고객에게 맞춤형 의류를 제공할 계획이다.[80]

아마존과 알리바바는 인공지능을 이용해서 패션에 관한 조언을 고객들에게 무료로 제공한다.[81] 중국 최대의 연중 쇼핑 행사 광군제가 다가오면, 딥러닝 기반의 알리바바 인공지능은 패션 컨셉 스토어를 열고 인간 전문가의 조언과 재고 현황을 바탕으로 소비자에게 어울리는 옷을 제안해준다. 이 서비스는 하루 매출 250억 달러에 달하는 이 쇼핑 행사의 실적에 크게 기여한다고 알려져 있다. 아마존의 쇼핑 알고리즘 역시 고객의 취향과 소셜미디어에서의 행위 데이터를 바탕으로 개개인에게 맞춤형으로 패션을 제안한다.[82]

그렇다면 가상현실 시스템 자체는 얼마나 발전했을까? 최근 마이크로소프트는 런던 패션대학London College of Fashion과 함께 홀로룩스Hololux라는 가상현실 헤드셋을 개발했다.[83] 이 가상현실 고글을 착용한 사용자들은 '혼합현실'mixed reality(현실 세계에 가상현실이 접목되어 현실의 물리적 객체와 가상 객체가 상호 작용할 수 있는 환경—옮긴이)을 통해 전 세계 어느 곳에서도 마음껏 쇼핑할 수 있다. 런던 하이 스트리트의 프라다 매장을 둘러보고 싶다고? 헤드셋만 쓰면 언제라도 가능하다.

자, 이제까지 살펴본 대로 미래의 쇼핑은 극도로 소멸화, 무료화, 대중화될 것이며 장소의 제한도 사라질 것이다. 이는 쇼핑몰의 종말이라는 말과 다를 바가 없다. 물론 몇 년 더 기다리면 당신은 우버의 비행자동차 택시를 타고 웨스트필드의 데스티네이션 2028로 향하게 될 수도 있다. 그곳에서의 경험은 해볼 만한 가치가 있을 테니까. 비록 쇼핑몰의 완전한 종말이 오지 않을지도 모르지만, 어떤 경우든 소매 산업의 세계가 머리끝부터 발끝까지 완전하게 탈바꿈할 거라는 사실만은 분명하다.

그렇다면 똑같은 일이 광고의 세계에서도 벌어질까?

CHAPTER 06

더 이상 광고는 필요 없다

한 시대를 풍미한 '매드맨'

에미상을 수상한 TV 드라마 〈매드맨〉Mad Men은 1960년대 유명 광고 제작회사를 배경으로 광고인들의 삶을 그린 작품이다. 개성 넘치는 캐릭터의 인물들, 고급술을 곁들인 호화로운 점심식사, 최신 기술 등으로 상징되던 광고회사들은 인쇄, TV, 라디오 광고가 대세를 이루던 한 시대를 풍미했다. 이 세 매체는 지난 50년 동안 기업들이 제품이나 서비스를 대중에 노출시키는 일을 도맡았다. 하지만 시대의 물결을 타고 승승장구하던 광고회사들은 갑자기 등장한 인터넷이라는 거대한 벽에 부딪혀 산산조각이 났다.

닷컴 혁명이 처음 발발했을 때만 해도 이 기술이 광고의 세계에 어떤 파괴적 혁신을 가져올지 예상한 사람은 별로 없었다.[1] 하지만 인터넷이 나오자마자 미국 버전의 온라인 벼룩시장 크레이그리스트Craigslist는 신문광고를 잠식하기 시작했고, 웹사이트의 배너광고는 잡지광고를 궁지로 몰아넣었다. 게다가 디지털 녹화장비DVR가 보급되고 훌루, 넷플릭스, 아마존 같은 업체들이 유료 디지털 콘텐츠를 제공하면서 인류는 달갑지 않은 TV광고의 홍수에서 벗어났다. 그리고 인터넷이 본격적으로 보급된 지 20년도 안 된 오늘날, 구글과 페이스북 두 회사가 벌어들이는 광고 수입이 지구상에 존재하는 모든 인쇄 매체의 광고 매출을 합친 것보다 더 많은 세상이 됐다.

2017년 구글은 광고 캠페인을 통해 950억 달러의 매출을 올렸으며 페이스북은 광고로 390억 달러를 벌었다.[2, 3] 두 회사의 광고 수익을 합하면 전 세계 광고 매출의 25퍼센트가 넘는다. 소셜미디어 마케팅은 오픈소스 기반의 전자상거래 플랫폼, 모바일 장비, 온라인 결제 시스템 등의 발전에 힘입어 전통적인 광고 산업을 거의 대체했다. 이런 변화가 발생하는 데 걸린 시간은 고작 15년에 불과했다.

이 산업의 규모는 어마어마하다. 2018년 전 세계 광고 산업의 매출은 5,500억 달러에 달했다.[4] 덕분에 구글의 기업 가치는 7,000억 달러를 넘어섰고 페이스북도 5,000억 달러 이상의 기업 가치를 기록했다.[5, 6] 그들의 기업 가치가 계속 상승하는 이유는 두 회사가 이 순간에도 사용자들의 인터넷 활동 데이터, 즉 검색 결과, 좋아요 또는 싫어요, 특정 주제에 대한 취향, 친구들, 최근 클릭한 사이트 같은 개인 정보를 계속 축적하고 있기 때문이다.

앞으로 광고 산업 역시 업계 전체에 밀려드는 기술적 융합의 물결을 타고 끊임없이 변화할 것이다. 이에 따라 광고는 우리의 삶에 더욱 깊이 침투할 것이며 침투의 양상도 점점 개인화될 것이다. 하지만 그런 상황도 언제까지 계속되지는 않으리라 본다. 오래지 않아 소셜미디어 마케팅 시장 자체가 사라지는 시대가 올 테니까. 그렇다면 그때가 언제일까? 아마 앞으로 10년에서 12년을 넘지 않을 것이다.

왜 그런 일이 벌어지는지 한번 살펴보자.

화면의 한계를 벗어난 광고

역사적으로 사람들이 세계를 바라보는 경험은 누구에게나 똑같았다. 정신질환이 있거나, 마약을 했거나, 상상력이 지나친 경우가 아니라면 모든 사람이 동일한 현실을 지속적으로 공유했다. 내가 보는 세상은 당신이 보는 세상과 별반 다르지 않았다. 하지만 현대에 들어 디지털 세계와 물리적 세계의 경계선이 모호해지면서 우리를 둘러싼 세계를 수많은 정보가 층층이 뒤덮게 됐다. 물론 적절한 장비 없이 그 정보를 포착할 수는 없다. 당신이 증강현실 안경을 착용하는 순간, 눈앞에 존재하는 모든 사물에 대한 풍부한 데이터가 당신에게 맞춤형으로 제공된다. 그 말은 이제 나의 세계와 당신의 세계가 매우 달라졌다는 뜻이다.

이제 리얼리티 2.0, 또는 웹 3.0, 또는 공간 웹 Spatial Web의 시대가 찾아왔다. 공간 웹의 개념을 이해하기 위해서는 웹의 역사를 잠시 살펴볼 필요가 있다. 웹페이지의 모든 문서가 고정되어 있고 오직 읽기만 가능했던 웹 1.0 시대에는 최선의 광고 수단이 배너광고였다. 그러다 웹 2.0이

나오면서 멀티미디어 콘텐츠, 대화형 웹 광고, 소셜미디어가 등장했다. 하지만 이 기술들은 2차원 스크린의 한계를 넘지 못했다. 그다음으로 세상에 모습을 보인 차세대 기술이 바로 웹 3.0이다. 5G 통신의 고용량 대역폭, 증강현실 장비, 1조 개가 넘는 센서 등의 융합기술 위에 강력한 인공지능이 가세하면서 사용자의 눈앞에 보이는 물리적 대상 위에 디지털 정보를 겹쳐 제공하는 기술이 개발된 것이다. 이로써 광고는 스크린의 독재로부터 벗어날 수 있게 됐다.

미래의 당신이 증강현실 안경을 쓰고 애플 스토어로 들어가는 장면을 상상해보자. 판매대 위에 놓인 아이폰의 디스플레이에 가까이 다가가니 실제 크기의 스티브 잡스 아바타가 등장해서 이 제품의 최신 기능을 설명하기 시작한다. 잡스의 아바타가 조금 부담스러운 당신은 그냥 문자로 정보를 제공해 달라고 음성명령을 통해 요청한다. 그러자 잡스는 사라지고 당신 눈앞의 허공에 해당 제품의 주요 기능이 글씨로 표시된다. 당신은 구매할 제품을 선택하고 음성으로 스마트 계약을 맺는다.

다음으로 당신은 증강현실 안경을 쓰고 친구 집으로 향한다. 그녀와 주방에서 이야기를 나누다 보니 친구가 새로 장만한 캐비닛이 눈에 들어온다. 안경에 탑재된 센서가 당신 눈동자의 움직임을 추적해서 인공지능에 알려주자, 인공지능은 당신이 그 캐비닛에 관심이 있다는 사실을 파악해낸다. 인공지능 비서는 과거의 검색 기록을 통해 당신이 주방 리모델링을 고려 중이라는 사실을 알고 있다. 당신이 켜놓은 스마트 추천 기능 덕분에 눈앞에 다양한 가격, 디자인, 색깔을 지닌 캐비닛의 정보가 나타난다. 생각하기에 따라 이는 참신한 형태의 광고거나 또는 마찰 없는 쇼핑을 돕는 편리한 도구일 수도 있을 것이다. 아니면 단지 새로운 종류의 스팸에 불과할지도 모른다.

이 증강현실 도구의 초기 버전은 이미 세상에 나왔다. '시각 검색'visual search이라고 알려진 이 기술은 이미 여러 기업에서 고객들에게 제공 중이다. 예를 들어 스냅챗은 아마존과 협력관계를 맺고 사용자가 앱 카메라를 특정 목표물에 비추면 해당 제품이나 이와 비슷한 물건을 구매할 수 있는 링크를 제공한다.[7] 핀터레스트 Pinterest라는 소셜네트워크 서비스 기업도 다양한 시각 검색 도구를 제공한다.[8] 일례로 사용자가 샵더룩 Shop the Look이라는 기능을 선택하면 사진에 보이는 모든 물건에 점이 표시된다. 사진에 나온 소파가 마음에 드는 사람은 소파에 찍힌 점을 클릭하면 된다. 그러면 해당 사이트에서 판매 중인 비슷한 제품들의 정보가 표시된다. 또 렌즈 Lens는 사용자가 특정 대상을 향해 앱 카메라를 비추면 카메라가 포착한 제품에 관한 링크를 실시간으로 보여주는 시각 검색 도구다.

구글은 여기서 한 걸음 더 나아간다. 2017년 출시된 시각 검색 엔진 구글 렌즈Google Lens는 판매 대상 제품뿐만 아니라 모든 것에 대한 정보를 제공한다.[9] 사용자들은 이 제품을 통해 눈앞에 펼쳐진 온갖 사물에 대한 지식을 얻을 수 있다. 화단에서 피어난 식물의 이름, 공원에서 즐겁게 뛰노는 개의 품종, 도시의 거리에 늘어선 건물들의 역사 등등.

이케아IKEA는 이 서비스의 범위를 최대로 확장했다. 이 회사가 제공하는 스마트폰 증강현실 앱을 이용하면 누구나 자기 집 거실에 이케아가 판매하는 모든 가구의 실물 크기 디지털 버전을 미리 배치해볼 수 있다.[10] 새로운 커피 테이블이 필요한 소비자는? 다양한 스타일과 크기의 커피 테이블을 클릭해서 원하는 공간에 가져다 놓으면 된다. 그리고 구매를 결정한 물건에 대해 스마트 결제를 진행하면 그만이다. 이케아는 사용자가 고른 커피 테이블을 문 앞까지 배달해준다. 조립이 필요하다면? 이 회사의 증강현실 앱은 제품 조립 방법도 단계별로 알려준다.

기업들 사이에 시각 검색에 대한 경쟁이 벌어지면서 기술의 발전은 더욱 가속화되고 소비자들이 검색 도구를 활용하는 비율도 점점 증가한다. 더 많은 사람이 이 기술을 사용할수록 이 시스템의 뒤에 놓인 인공지능에 더 많은 데이터가 유입된다. 2018년 가을에는 사용자들이 시각 검색 도구로 검색을 수행한 건수가 월 10억 회가 넘었다.[11] 이제 대부분의 글로벌 브랜드가 '초점을 맞추고, 버튼을 누르고, 구매하는' 방식의 새로운 세계를 준비 중이다. 이는 미래에 쇼핑몰이 사라질 거라는 예상을 뒷받침하는 또 하나의 증거가 될 수 있다. 그때가 되면 눈앞에 보이는 모든 현실이 바로 쇼핑몰 그 자체가 될 테니까. 너무 과격한 변화라고? 잠시만 기다려 달라. 정말 으스스한 이야기는 따로 있다.

초개인화, 음성 복제 그리고 딥페이크

들켰다. 그냥 어느 백화점으로 한가로이 들어섰을 뿐인데 이곳의 안면인식 시스템이 당신이 나타났다는 사실을 알아차린다. 증강현실 안경에 갑자기 불이 켜진다. "안녕, 사라. 만나서 반가워요."

젠장, '방해하지 마시오' 모드로 설정하는 걸 깜빡했다.

백화점의 TV 모니터들이 기다렸다는 듯이 사방에서 공격을 시작한다. 당신을 부르는 사람은 어느 미국 대통령의 홀로그램인 듯하다. "사라, 잠깐만요. 국가안보에 관련된 일입니다. 이번에 로레알L'Oreal이 새로 출시한 피부관리 제품과 당신의 게놈 염기서열이 꼭 맞는다는 사실을 말하고 싶군요."

당신이 미합중국 대통령에게도 반응이 없자 인공지능은 전략을 수정한다. 이제 당신 엄마의 목소리가 들린다. 순간 자신도 모르게 움찔한다. 엄마의 목소리는 항상 마음속에 깊이 각인되어 있기 때문이다. 하지만 이런 상황에 익숙한 당신은 그냥 갈 길을 간다. 이제는 당신이 가장 좋아하는 영화배우(당신의 넷플릭스 계정을 들여다봤을 것이다)와 스포츠 스타(당신의 인터넷 검색기록을 참고 안 했을 리가 없다)까지 등장한다. 그중에서도 가장 당신을 놀라게 한 사람은 당신이 다니는 교회의 맥팔랜드 신부님이다.

어쨌든 그 옛날 말보로맨Malboro Man(담배회사 말보로가 1950년대부터 1990년대까지 진행한 광고의 모델—옮긴이)이 매체를 주름잡던 시대와 비교하면 격세지감을 느끼지 않을 수 없다. 만일 이렇게까지 짜증날 정도로 사람을 귀찮게 하지 않는다면 어떤 면에서는 이런 식의 광고가 재미있게 느껴질 수도 있을 것이다. 이런 시나리오가 머나먼 미래의 일일 것 같은가? 다시 한 번 생각해보라.

영화 〈미션 임파서블〉에서 탐 크루즈가 성대 마이크를 사용해 악당의 목소리를 흉내 내던 장면을 기억하는가? 이제 더 이상 불가능한 일이 아니다. 이미 두 회사가 현실에서 사용 가능한 제품을 내놓았다. 몬트리올에 소재한 스타트업 라이어버드Lyrebird는 새로운 음성 합성기술을 사용해 소량의 음성 데이터로도 특정인의 목소리를 거의 똑같이 복제해낸다.[12]

약 30문장 정도면 음성을 복제하기에 충분하다.[13] 당신의 깜짝 생일파티를 촬영한 3분짜리 동영상이면 당신의 목소리를 흉내 내는 데 완벽한 데이터로 쓸 수 있다. 중국 최대의 검색엔진 기업 바이두Baidu는 라이어버드보다 더 빠른 인공지능을 보유하고 있다. 이 기업의 음성 모방 시스템은 3.7초짜리 음성 샘플 10개로 특정인의 목소리를 95퍼센트 비슷하게 흉내 낸다. 만일 5초짜리 샘플 100개만 주어지면 거의 완벽한 수준으로 음성 복제가 가능하다.

라이어버드나 바이두의 음성 합성기술이 아직 완전하지 않을지 모르지만 이 분야의 발전 역시 눈부실 정도로 빠르다. 사람들은 소비자들을 섬뜩하게 만드는 광고를 제작하기 위해서만 이 기술을 개발하는 것이 아니다.

"이 기술은 무궁무진한 용도로 활용이 가능합니다." 바이두 홍보실에서 근무하는 레오 조우Leo Zou는 기술뉴스 사이트 〈디지털 트렌드〉Digital Trends와의 인터뷰에서 이렇게 말했다. "음성 복제 기술은 사고나 질병으로 목소리를 잃은 환자를 위해 사용될 수 있습니다. 또 이 기술은 인간과 기계 사이에 접점을 형성할 수 있는 중요한 혁신입니다. 예를 들어 엄마는 아이의 오디오북에서 자신의 목소리가 흘러나오도록 설정을 바꿀 수 있을 겁니다. 아예 원래의 디지털 콘텐츠를 이 기술을 바탕으로 새롭게 바꾸는 것도 가능하겠죠. 앞으로는 사용자들이 비디오 게임 캐릭터에게 저마다 독특한 목소리를 입힐 수도 있을 거예요. 또는 어떤 사람의 연설을 통역할 때 마치 연설자가 다른 언어를 말하는 것처럼 음성 합성기로 목소리를 모방할 수도 있을 거구요."[14]

음성뿐만이 아니다. 2018년, 버락 오바마 전 대통령이 등장하는 유튜브 동영상 한 편이 인터넷을 떠들썩하게 했다.[15] 600만 명이 넘는 사람이 시청한 이 영상에서는 미국 국기 옆에 앉은 오바마가 카메라를 향해 진지한 표정으로 이야기한다. "트럼프는 정말 머저리 같은 인물입니다. 그래도 이제 그런 얘기는 하지 않을 작정입니다. 적어도 대국민 연설에서는 삼가도록 하겠습니다. 하지만 누군가는 계속 얘기하겠죠. 이를테면 조던 필Jordan Peele 같은 사람 말입니다."

그리고 화면이 양쪽으로 분리된다. 왼쪽 화면에는 오바마가 계속 연설을 이어가고, 오른쪽에는 코미디 배우 겸 감독 조던 필이 오바마의 입모양을 따라 실제로 말을 한다. 딥페이크deep fake라 불리는 인공지능 기반의 인간 이미지 합성 기술은 원본 이미지나 동영상(예를 들어 오바마의 연설 장면)에 새로 만들어진 이미지나 영상(예를 들어 조던 필이 트럼프를 모욕하는 오바마를 흉내 내는 장면)을 교묘하게 합성하는 방식을 의미한다.

필이 이 동영상을 제작한 이유는 사람들에게 딥페이크의 위험성을 알리기 위해서였다.[16] 그동안 이 기술을 활용한 정치적 속임수, 리벤지 포르노, 유명인 음란물 등이 수도 없이 만들어졌다. 하지만 이 초기 버전의 딥페이크 영상들은 원본과 비슷하기는 했지만 사람들이 충분히 진위를 가려낼 수 있었다. 그러나 최근 카네기멜론 대학교의 연구진은 딥페이크를 실물과 더욱 흡사하게 만드는 새로운 알고리즘을 만들어냈다.[17] 그들이 개발한 인공지능은 사람의 머리 위치, 표정, 시선뿐만 아니라 눈 깜빡임, 눈썹의 미세한 움직임, 어깨가 살짝 떨리는 모습 같은 미세한 디테일까지 복제해낸다. 연구에 따르면 사람들 대부분은 그렇게 만들어진 동영상을 진짜라고 믿었다고 한다.

이 기술이 긍정적인 용도로(뒤에 나오는 엔터테인먼트 편에서 논의할 예정이다) 이용될 수도 있겠지만 현재로서는 그 부정적인 파장을 무시하기가 어렵다. 많은 사람은 이 기술을 활용한 '가짜 뉴스'로 인해 누군가의 명성이 추락하고, 시민 봉기가 발생하고, 심지어 국제 정세에 충격이 가해지는 상황을 우려한다. 뿐만 아니라 이 기술로 인해 법률적인 문제가 빚어질 수도 있다. 딥페이크 영상이 판을 치는 세상에서는 '동영상에 포착된' 어떤 사람이 그 영상 속의 인물이 자신이 아니라고 우기면 그만이다. 어차피 누구도 진위를 구분하기가 어렵기 때문이다.

하지만 광고의 문제점(엄마의 목소리를 가장해 백화점에서 고객을 따라다니는 귀찮은 광고)은 그리 오래 지속될 트렌드가 아니라 일시적인 현상에 불과하다. 이제 광고 자체가 영원히 사라져버릴 날이 머지않았기 때문이다.

인공지능, 광고를 몰아내다

그 옛날 매드맨의 시절부터 오늘날에 이르기까지 광고의 목적은 바뀌지 않았다. 즉, 무언가를 판매하기 위한 수단이었다. 따라서 광고는 항상 소비자들이 특정 제품이나 서비스를 통해 얻을 혜택을 강조했다. 당신이 X를 구입하면 Y가(섹시해지고, 성공한 사람처럼 보이고, 돋보이고 등등) 될 겁니다. 하지만 구매 결정의 주체가 더 이상 당신이 아니라면 어떨까? 이제 쇼핑 전문가 자비스가 또다시 등장할 시간이다.[18]

미래에 당신이 이렇게 말하는 장면을 상상해보라. "이봐 자비스, 치약을 좀 사야겠어." 자비스가 TV를 봤을까? 아름다운 모델이 새하얀 이를 드러내며 활짝 웃는 치약 광고를 밤늦게 우연히 시청했을까? 물론 그럴 리 없다. 자비스는 순식간에 시중에 나온 모든 치약 제품의 분자식과 가격, 미백 기능, 구취 제거 기능, 사용자 만족도 나아가 당신의 미각 세포에 영향을 주는 신체의 게놈 특성까지 분석해낸다. 그리고 그 모든 것들을 고려한 후 구매를 결정한다.

한 걸음 더 나아간 미래에는 사실 당신이 직접 치약을 사달라고 부탁할 필요도 없을 것이다. 자비스는 당신이 주기적으로 소비하는 품목(커피, 차, 우유, 치약, 탈취제 등등)의 재고량을 파악해서 당신이 뭔가를 보충해야 한다는 사실을 깨닫기도 전에 이미 주문을 할 테니까.

그렇다면 뭔가 새로운 물건을 사야 하는 상황에서는 어떨까? 아들의 생일날 아이가 원하는 드론을 사주고 싶다고? 인공지능에게 필요한 기능만 구체적으로 얘기하면 된다. "자비스, 100달러 미만으로 드론을 좀 알아봐주겠어? 잘 날아가고 사진 찍는 기능만 좋으면 돼."

패션에 대한 결정은 어떨까? 인공지능이 우리 대신 옷을 골라준다면 우리는 그 기계의 결정을 믿을까? 아직까지는 그럴 것 같지 않다. 하지만 만일 인공지능이 우리가 쇼핑할 때 눈동자가 어떻게 움직이는지 포착하고, 다른 사람과 나누는 대화를 통해 무엇을 좋아하고 싫어하는지 파악하고, 소셜미디어 활동을 추적해서 우리나 지인들의 패션에 대한 선호도를 분석한다면 충분히 가능한 일이다. 패션 자비스는 우리의 옷을 멋지게 골라줄 것이다. 더 이상 광고는 필요 없다.

미래에는 인공지능이 우리의 구매 활동 대부분을 대신하게 될 것이다. 그리고 우리는 자신이 원했는지조차 깨닫지 못했던 새로운 제품과 서비스를 손에 들고 놀라게 될 것이 분명하다. 물론 그런 종류의 충격을 원치 않는 사람들은 첨단의 기술을 무시하고 계속해서 지루하고 따분한 삶을 이어갈 수밖에 없다. 어쨌든 앞으로 전통적인 광고를 위협하는 변화의 물결은 거세게 밀어닥칠 것이며 소비자들에게는 커다란 혜택이 돌아갈 것이다.

CHAPTER 07

즐거움의 새로운 지평이 열리다

넷플릭스의 공격

디지털 엔터테인먼트의 부상에 관해 논할 때 빼놓을 수 없는 사례가 넷플릭스의 설립자 겸 CEO 리드 헤이스팅스Reed Hastings가 내린 네 가지 의사결정에 대한 이야기다. 첫 번째 의사결정은 1999년 컴퓨터 과학자 였던 헤이스팅스가 본격적인 사업가가 되기로 마음먹은 시기에 이루어 졌다. 그는 처음으로 창업한 소프트웨어 회사를 주식시장에 상장시킨 후 다른 회사에 매각하면서 이미 두둑한 돈을 챙겼기 때문에 다음 번 설립할 회사에 투자할 자금이 넉넉한 상태였다. 헤이스팅스의 머리에 떠오른 사업 아이디어는 인터넷을 통해 DVD를 주문받고 이를 우편으로 사용자에게 배송해주는 서비스였다. 그가 이 비즈니스를 시도하기로 결정하면서 넷플릭스라는 기업이 세상에 태어나게 됐다.

두 번째 결정이 내려진 때는 사업을 시작한 뒤 몇 달 후였다. 헤이스팅스가 보다 거시적인 시각에서 소비자들에게 DVD 반환 연체료를 받지 않기로 한 것이다. 그리고 세 번째 결정은 넷플릭스의 진정한 혁신이라고 할 수 있는 고객의 대여 희망 리스트 '큐'Queue를 만든 일이었다. 사용자들이 자신이 보고 싶은 영화의 목록을 미리 작성해놓으면, 넷플릭스는 고객이 먼저 대여한 DVD가 우편으로 반환됐다는 통보를 받자마자 목록에 포함된 다음 번 DVD를 그 고객에게 보내주었다. 소비자는 이 회사의 DVD 대여 정책에 따라 한 번에 최대 세 편의 DVD를 주문할 수 있었기 때문에, 고객 입장에서는 집에서 볼 영화가 떨어지는 상황이 생기지 않았다. 수많은 사람이 넷플릭스를 가장 우선적인 DVD 대여 기업으로 여기게 된 이유는 그런 편리함 때문이었다. 플랫폼 비즈니스의 초기 버전이라고 부를 수 있는 이 사업 모델은 산업 전체에 큰 변화의 바람을 불러일으켰으며 그로 인해 넷플릭스는 엔터테인먼트 업계의 거인으로 떠올랐다.

넷플릭스가 창업된 1999년에 이 회사의 정기 구독자는 23만 9,000명을 기록했으나 불과 4년 만에 100만 명으로 늘었다.[1] 그러나 넷플릭스가 업계의 판도를 바꿔놓은 진정한 게임 체인저가 된 데는 우편으로 DVD를 보내주던 서비스를 인터넷 스트리밍 서비스로 바꾼 헤이스팅스의 네 번째 의사결정이 핵심적인 역할을 했다.[2]

2018년 가을까지 넷플릭스의 가입자는 1억 3,700만 명으로 급증했으며 전문가들은 향후 몇 년간 가입자가 2배로 늘어나리라 전망하고 있다.[3] (2020년 현재, 넷플릭스의 가입자는 1억 9,300만 명이다.—편집자)

오늘날 넷플릭스는 스트리밍 업계의 독보적인 존재가 됐다. 지구상에서 이루어지는 모든 스트리밍 구독 서비스의 51퍼센트를 점유하는 넷플릭스의 연매출은 45억 달러를 넘고 시가총액도 1,500억 달러에 육박한다.[4, 5, 6] 하지만 이 회사는 그 돈으로 또 다른 일을 벌이면서 업계에 더욱 거대한 파괴적 혁신을 불러왔다.

넷플릭스는 이제 콘텐츠를 만든다. 그것도 엄청난 양의 콘텐츠를 쏟아낸다. 2017년, 이 회사는 오리지널 영화와 TV 프로그램을 제작하는 데 62억 달러를 투자했다.[7] 이는 CBS(40억 달러), HBO(25억 달러) 같은 대형 방송사의 예산을 훌쩍 넘어서는 액수였으며, 타임워너나 폭스 같은 헤비급 강자들의 예산 80억~100억 달러에도 거의 근접한 금액이었다. 그리고 1년 후, 넷플릭스는 콘텐츠 제작 예산을 130억 달러로 2배 늘리면서 명실상부한 메이저 제작사의 반열에 올랐다.[8] 하지만 진정한 뉴스는 이 회사가 그렇게 벌어들인 돈으로 어떤 일을 했느냐는 것이다. 2018년, 여섯 개의 메이저 제작사는 합해서 75편의 영화를 만들어냈다. 반면 넷플릭스는 막강한 자금력을 바탕으로 80편의 영화와 700편의 TV 드라마를 독자적으로 제작했다.[9]

엔터테인먼트 영역에서 발생한 기하급수적 기술 발전의 충격을 이해하기 위해 우선 넷플릭스를 살펴봐야 하는 이유는 이 때문이다. 이 회사가 블록버스터Blockbuster라는 비디오 대여 프랜차이즈 기업을 쓰러뜨린 사건은 아직도 업계의 전설로 회자된다. 블록버스터가 넷플릭스를 5,000만 달러에 인수하라는 제안을 거부한 일은, 디지털 사진을 최초로 발명한 코닥이 정작 그 비즈니스를 본격적으로 시작하지 않는 일 못지않게 최악의 의사결정이었다.[10] 하지만 블록버스터를 향한 넷플릭스의 공격은 단지 '독립적' 융합의 결과물에 불과했다. 넷플릭스는 미국인들이 인터넷이라는 새로운 네트워크를 통해 소파에 편히 앉아 DVD를 주문할 수 있게 함으로써 가정용 비디오 시장을 몰락으로 이끌었다. 오늘날 이 기업은 초고속 인터넷 통신과 인공지능이라는 두 기술의 융합을 바탕으로 1조 달러 규모의 엔터테인먼트 생태계 전체를 노리고 있다.

물론 이 비즈니스에 뛰어든 기업은 넷플릭스뿐만이 아니다. 오늘날 스트리밍 플랫폼 사업은 그야말로 폭발적인 성장세를 보이는 중이다. 대부분의 기술 대기업이 이 시장에 출사표를 던지면서, 기술의 융합에서 발생한 부산물이 시장의 융합을 이끄는 현상이 벌어지고 있다. 2018년 애플은 스트리밍 서비스 분야에 10억 달러를 투자했고 아마존 역시 50억 달러를 쏟아부었다.[11, 12] 슬링 Sling, 유튜브, 훌루 Hulu 같은 스트리밍 업체들은 물론이고, 심지어 페이스북에서 300만 명의 팔로워를 보유한 잔디 깎기 기계 수리공 같은 사람도 엔터테인먼트 업계의 문을 두드리는 상황이다.

우리는 앞으로 이어지는 이 장의 후반부에서 기술의 기하급수적 발전과 융합으로 인해 향후 10년 동안 엔터테인먼트 산업이 어떻게 재편될지 살펴볼 예정이다. 현재 이 산업에서 진행 중인 변화는 '누가, 무엇을, 어디서'라는 세 가지 키워드로 대표될 수 있을 것이다. 다시 말해 우리는 '누가' 콘텐츠를 만들고, '어떤' 콘텐츠가 만들어지고, 소비자가 '어디서' 그 콘텐츠를 경험하는지에 대한 시대적 상황이 급변하는 모습을 목격하는 중이다.

영화의 발명 이후 엔터테인먼트 산업은 막강한 자금력을 갖춘 영화 제작사와 방송국에 의해 주도되어왔다. 현재 TV광고 판매액과 영화 흥행

실적을 합한 매출은 거의 3,000억 달러에 육박한다.[13] 제한된 자원(기술, 인재, 자금 등)을 독점한 소수의 할리우드 영화 제작사와 TV 방송국은 그동안 시장을 철저히 지배했다.

하지만 기하급수적으로 가속화되고 있는 기술의 발전으로 인해 이 시장에서도 과거에 희소했던 자원들이 급속도로 풍부해지는 현상이 나타나고 있다. 엔터테인먼트 산업을 변화시키는 세 가지 요소 중 먼저 '누가' 콘텐츠를 만드는가의 문제부터 생각해보기로 하자.

고소득 전문직이 된 '유튜버'

2000년대 초에 비디오카메라, 편집 시스템, 음성 녹음기 등이 휴대전화에 기본 사양으로 탑재되면서 사람들은 이 도구들을 이용해 스스로 콘텐츠를 만들기 시작했다. 수많은 사용자가 쏟아낸 이 엄청난 양의 제작물에는 '사용자 제작 콘텐츠'user-generated contents라는 이름이 붙었다. 그동안 블로그는 주로 사용자들이 작성한 글을 게시하는 매체로 활용됐다. 팟캐스트는 오디오 형태의 사용자 콘텐츠를 전파하는 수단이었다. 하지만 문제는 동영상이었다. 사용자들이 제작한 동영상을 한데 모아 누구나 자유롭게 공유할 수 있도록 만드는 중심 사이트가 존재하지 않았던 것이다.

많은 회사가 그 공백을 메우기 위해 경쟁에 뛰어들었다. 그중에서도 가장 눈에 띄는 행보를 보인 기업은 구글이었다. 이 기술 업계의 거인은 동영상 공유 서비스 시장을 선점하기 위해 필사적으로 노력했지만, 법률적인 문제 앞에서 발목이 잡혀 있었다. 회사의 변호사들은 저작권 침해의 가능성을 두고 깊은 우려를 나타냈다. 만일 이 사이트에 사용자가 직접 제작하지 않은 콘텐츠가 올라온다면 구글에게는 어떤 문제가 발생할까?

하지만 유튜브에게는 그런 문제가 없었다. 온라인 결제 시스템 기업 페이팔PayPal의 전 직원 세 명이 아이디어를 모아 문을 연 이 회사는 직원들이 차고에서 일하며 신용카드로 경비를 충당하던 설립 초기의 스타트업이었다. 유튜브는 법률적 문제나 변호사에 대한 일을 신경 쓰기에는 너무 규모가 작았다. 그들은 그런 문제를 두고 머뭇거리지 않았다. 구글이 어떤 사용자가 어떤 콘텐츠를 올릴지 고민하며 시간을 보내는 사이에 유튜브는 폭발을 시작했다. 이 회사의 공동설립자 자베드 카림Jawed Karim이 '동물원의 나'Me at the Zoo라는 평범한 동영상을 이 사이트에 처음 업로드한 후, 브라질의 축구스타 호나우지뉴가 등장하는 축구 묘기 영상이 최초로 100만 조회 수를 돌파하기까지 걸린 시간은 불과 6개월이었다.[14, 15] 덕분에 이 회사는 세쿼이아 캐피털Sequoia Capital이라는 벤처캐피털로부터 350만 달러의 투자를 유치해서, 그 돈으로 네트워크 장비를 개선하고 회사의 입지를 더욱 든든히 굳혔다.[16] 그로부터 1년이 지난 어느 날, 구글은 경쟁보다는 대세를 따르는 편이 낫다는 판단하에 자사의 동영상 공유 서비스를 폐쇄하고 16억 5,000만 달러에 유튜브를 사들이기로 결정했다. 그리고 이 사이트를 '인터넷의 차세대 진화'라고 불렀다.[17]

차세대 진화라고? 너무나 부족한 표현이라고 생각하지 않나?

오늘날 이 사이트에서는 매일 수십억 명의 사용자가 수십억 개의 동영상을 시청한다.[18] 젊은 세대들 사이에서는 유튜브가 TV를 대체하는 매체로 완전히 자리 잡았다. 게다가 모든 사람이 콘텐츠를 공유할 수 있는 대중화의 위력으로 인해 그동안 스타들을 독점해온 할리우드 시장은 심각한 붕괴의 위기에 처했다. 대신 소셜미디어에서 두각을 나타내는 인물이 수없이 등장하면서 새로운 종류의 콘텐츠 제작자들은 전통적 매체를 비전통적 방식으로 위협하고 있다.

요리 프로그램을 예로 들어보자. 그동안 TV를 주름잡았던 고든 램지 Gordon Ramsay나 레이첼 레이Rachael Ray 같은 스타 요리사들은 이제 유튜브의 요리 프로그램과 경쟁을 해야 하는 처지에 놓였다. 예를 들어 앤드류 레이Andrew Rea가 진행하는 〈배비쉬와 함께 마음껏 먹어보기〉라는 유튜브 쇼는 TV의 유명 요리 프로그램에서 나온 요리를 그대로 만들어보는 프로그램으로, 동영상 한 편당 100만 회 이상의 조회 수를 올린다.[19] 〈개와 함께 요리를〉이라는 프로그램에서는 어느 일본 여성이 조용히 요리를 하고 프랜시스라는 이름의 푸들 강아지가 대신 설명을 하면서 수백만 명의 시청자를 즐겁게 만든다.[20] 또 주인공이 술에 취해 진행하는 〈술 취한 나의 주방〉이라는 요리 쇼도 80만 명이 넘는 시청자를 끌어 모은다.[21]

이 새로운 스타들은 엄청난 돈을 벌어들인다.[22] 2018년에 로건 폴 Logan Paul이라는 유튜버는 자신이 운영하는 코미디 브이로그를 통해 1,450만 달러의 수입을 올렸다. 다니엘 미들턴Daniel Middleton이라는 게이머도 1,850만 달러를 벌었다. 음악을 연주하는 뮤지션이나 카메라 앞에서 장난감을 가지고 노는 아이들 중에서도 유튜브를 통해 큰돈을 버는 이들이 적지 않다. 〈라이언의 장난감 리뷰〉라는 프로그램으로 스타가 된 일곱 살 어린이 라이언은 한 해에 2,200만 달러를 벌어들이며 《포브스》가 선정한 고소득 유튜브 사업가 1위에 올랐다. 게다가 가장 많은 돈을 벌어들일 수 있는 도구는 역시 돈이라는 사실을 잘 알고 있는 벤처 투자자들도 여기에 가세했다. 업프론트 벤처스Upfront Ventures, 코슬라 벤처스Khosla Ventures, 퍼스트 라운드 캐피털First Round Capital, 로워케이스 캐피털Lowercase Capital, SV 엔젤SV Angel 같은 투자회사들은 사용자 콘텐츠 제작자들에게 앞다퉈 투자를 한다. 새로운 콘텐츠 제작자들은 할리우드 스타 못지않은 부를 쌓아올리고 있다.

기술의 융합이 계속되면서 파괴적 혁신의 규모 역시 갈수록 증가한다. 스마트폰 카메라의 급속한 확산 덕분에 수많은 콘텐츠 제작자가 생겨났다. 그리고 유튜브로 대표되는 동영상 플랫폼들은 그 제작자들에게 놀이터 겸 돈을 벌 수 있는 공간을 제공했다. 하지만 요즘에는 사용자들이 뱀유저Bambuser 같은 앱 기반 서비스를 통해 아예 자신만의 라이브 스트리밍 방송국을 직접 운영한다.[23] 말하자면 개인 콘텐츠 제작자들이 엔터테인먼트 생태계 전체를 위협하는 세상이 된 것이다.

이 과정을 더욱 부추기는 것이 블록체인이다. 이 기술을 사용하면 예술가들이 자신의 창작물에 대한 디지털 기록을 다른 누구도 변경이 불가능하게(즉, 불법복제가 불가능하게) 만들 수 있다. 게다가 그 작업에 필요한 돈은 아주 소액이다. 다시 말해 블록체인은 누구나 적은 돈으로 마음껏 콘텐츠를 제작할 수 있는 기회를 제공한다. 인터넷이 처음 등장할 때부터 작가, 예술가, 영화 제작자, 만화가, 언론인 같은 사람들은 바로 이런 세상을 기다려온 것이다. 중개인 없이 팬에게 직접 다가갈 수 있고, 오로지 창작 실력만으로 평가받을 수 있는 그런 세상을.

그리고 이 모든 에너지를 포착하기 위해 새로운 콘텐츠 플랫폼이 수없이 등장하고 있다. 시장은 어느 곳에나 존재한다. 당신의 관심 분야가 무엇이든(소프트웨어 코딩하기, 로봇 만들기, 고양이 키우기 등), 그 분야에 정통한 사람들의 조언을 듣고 볼 수 있는 주문형 동영상이나 생방송 채널을 찾아볼 수 있다. 게다가 진행자와 팬 사이의 상호작용을 더 긴밀하게 만들어주는 앱도 뒤에서 한몫을 한다. 그러나 그중에서도 가장 놀라운 발전은 특별한 콘텐츠보다 '특별한 제작자'가 등장한 일일 것이다.

2016년 6월, 〈선스프링〉Sunspring이라는 단편 SF영화가 온라인으로 공개됐다.[24] 이 영화의 대본을 쓴 인공 신경망 기반의 인공지능은 그동안 수백 편의 공상과학 영화 대본을 숙지한 후에 자신이 직접 영화 시나리오를 작성했다. 그로부터 2개월 후, 20세기폭스는 〈모건〉Morgan이라는 공포영화의 예고편을 내놓았다. 이 예고편을 만드는 데 한몫을 한 제작자는 바로 IBM의 인공지능 컴퓨터 왓슨이었다.[25]

왓슨은 100편 정도의 공포영화 예고편을 '감상한' 후에 시각과 청각을 포함한 구성요소 분석을 거쳐 인간에게 가장 공포심을 느끼게 하는 요소를 파악했다. 그리고 〈모건〉에도 같은 분석 기법을 적용해 영화에서 가장 핵심적인 장면들을 골라냈다. 물론 공포의 순간을 논리적으로 배열하는 작업에는 사람의 힘이 필요했지만, 왓슨은 예고편 제작에 소요되는 시간을 10일에서 단 하루로 단축했다.

기계의 시대로 접어들고 있는 영역은 영화뿐만이 아니다. 조지아 공과대학교의 연구팀은 비디오게임 사용자가 자신만의 스타일로 마음껏 게임 스토리를 만들 수 있는 인공지능 셰헤라자드Scheherazade를 개발했다.[26] 기존의 인공지능 기반 비디오 게임들은 고정된 수의 데이터 세트를 기반으로 했기 때문에 사용자가 선택할 수 있는 스토리의 수가 한정되어 있었다. 하지만 셰헤라자드는 무한정 스토리를 만들어낼 수 있다. 이 인공지능은 말 그대로 무한한 모험의 기계인 셈이다. 하지만 이는 알고리즘만의 능력이 아니다. 세헤라자드는 인간의 도움을 필요로 한다. 다시 말해 콘텐츠를 창조하는 과정은 인공지능과 수많은 사용자들의 협업을 통해 이루어진다.

이런 현실은 엔터테인먼트 산업의 두 번째 중요한 변화, 즉 '어떤' 콘텐츠가 만들어지느냐에 대한 논의로 우리를 이끈다.

인공지능과 함께 쓰는 스토리

엔터테인먼트 산업의 두 번째 중요한 변화는 '어떤' 콘텐츠가 제작되느냐의 문제와 관련이 깊다. 앞으로 이어지는 세 단원에서는 갈수록 '협업화'collaborative, '몰입화'immersive 그리고 '개인화'personalized 되어가는 오늘날의 콘텐츠에 대해 살펴볼 예정이다. 먼저 '수동적' 매체의 종말에 대해 이야기해보자.

어느 매체가 수동적이라는 말은 그 미디어가 제공하는 정보가 한 방향으로만 흐른다는 뜻이다. 전통적인 신문, 잡지, TV, 영화 그리고 이 책이 모두 그런 부류에 속하는 매체들이다. 반면 능동적 매체란 정보가 양방향으로 교환되며 사용자가 적극적으로 제작 과정에 참여하는 미디어를 의미한다.

능동적 매체란 새로운 개념이 아니다. 요즘에는 사용자를 제품 개발자로 대하는 기업이 점점 늘어나는 추세다. 위키피디아 사이트에 '사용자 제작 스토리 기반 비디오게임'이라고 검색어를 입력하면 95개의 게임

타이틀이 나온다.[27] 둠Doom이나 슈퍼마리오 메이커Super Mario Maker 같은 유명 게임은 사용자들이 각자의 레벨에 맞춰 쉽게 게임 스테이지를 편집하고 다른 사용자들과 공유할 수 있는 기능을 제공한다. 하지만 셰헤라자드 같은 인공지능 기술은 이 상호작용성의 수준을 완전히 새로운 차원으로 확장해준다.

이런 경향은 다른 매체로도 파급되고 있다. 매쉬업 머신Mash Up Machine이라는 인공지능 기반의 플랫폼은 사용자들이 스토리텔링에 함께 참여할 수 있도록 만들어주는 사이트다.[28] 이 앱은 기계 지능과 인간 지능의 양방향 상호작용을 통해 만화영화를 제작한다. 즉, 사용자가 원하는 콘텐츠를 제시하면 인공지능이 사용자의 스토리텔링 스타일을 구체적으로 파악해서 적절한 대안을 제시해 스토리 만드는 일을 돕는다. 그리고 이를 통해 스토리의 품질은 지속적으로 개선된다. 기계가 우리의 스토리텔링을 돕는 사이 기계 자신이 점점 훌륭한 이야기꾼이 되어가는 것이다. 앞으로 인공지능이 단순히 특정한 주제나 최근 유행하는 문화 요소를 검색해서 콘텐츠를 생산하는 시대는 곧 막을 내릴 것 같다. 대신 이 기계는 수많은 소설을 읽고, 영화를 보고, 인간에게 스토리텔링을 제안하는 과정을 통해 진흙 속에서 진주를 발견해내는 능력을 갖게 될 것이다.

반면 우리 인간은 그런 능력을 점점 잃어가고 있는 듯하다. 딥페이크가 그 대표적인 사례다. 정치와 포르노에서 시작된 이 불편한 기술은 최근 여러 엔터테인먼트 영역으로 확산되면서 협업적이고 능동적인 미디어로 새롭게 자리 잡았다. 2018년 캘리포니아 대학교 버클리 캠퍼스의 연구진은 전문 댄서의 신체 동작을 아마추어의 몸에 합성할 수 있는 인공지능 기반의 동작 변환 기술을 개발했다.[29] 당신이 엉성한 몸놀림으로 차차차를 추면 프로 춤꾼의 화려한 움직임이 화면을 수놓는 것이다. 이제 누구나 프레드 아스테어, 진저 로저스, 미시 엘리엇 같은 스타가 될 수 있는 시대가 찾아왔다. 사람의 동작 전체를 모방해내는 이 딥페이크 기술은 이미 대중화의 단계에 진입했다. 딥페이크 1.0 버전은 인공지능 기반으로 프레임을 하나하나 전송하는 방식을 사용했기 때문에 수많은 카메라와 센서가 필요했다. 그러나 이 댄스 속임수는 스마트폰 카메라만 있으면 충분히 제작이 가능하다.

딥페이크는 엔터테인먼트 산업에 많은 기회를 가져다준다. 예를 들어 이 기술로 죽은 사람을 되살릴 수도 있을 것이다. 할리우드의 제작사들은 언제쯤 로빈 윌리엄스나 마릴린 먼로, 투팍 샤커 같은 사람들을 화면에 부활시킬까? 새로 개봉하는 영화에 흘러간 스타들이 등장할 날이 얼마나 남았을까? 언뜻 생각해도 그렇게 먼 미래의 일은 아닐 듯싶다. 아마 딥페이크라는 속임수 기술이 만들어낼 수 있는 최고의 속임수는 컴퓨터를 이용해 또 다른 우리 자신을 창조하는 일일 것이다. 현대인들은 이미 시리, 에코, 코타나Cortana 같은 인공지능 비서를 사용 중이다. 만일 당신이 남자친구와 심하게 다툰 뒤에 인공지능에게 도움을 청한다고 가정해보자. "시리, 그 사람이 나 때문에 단단히 화가 난 것 같아." 하지만 인공지능 비서는 이렇게 말할 수 있을 뿐이다. "그 말에 어떻게 답변해야 할지 모르겠습니다." 그런데 만일 당신의 디지털 비서가 토니 로빈스Tony Robbins 같은 유명한 인생 상담 코치라고 상상해보라.

상상할 필요도 없다. 2018년, 로빈스는 실제 인간의 '페르소나'를 인공지능으로 만들어내는 일을 전문으로 하는 라이프 카인드Lifekind라는 기업과 협업을 시작했다.[30, 31] 음성과 이미지 시뮬레이션을 기반으로 제작되는 이 페르소나는 특정인의 태도부터 그가 지닌 기억까지 실제 인물과 분간이 어려울 정도로 똑같이 만들어진다. 라이프 카인드는 로빈스를 재창조하기 위해 800만 개의 이미지를 합성하고 책, 동영상, 블로그, 팟캐스트, 라이브 행사 등 그의 활동이 기록된 모든 자료를 참조했다. 로빈스는 그렇게 만들어진 자신의 인공지능 페르소나에 대해 이렇게 말한다. "로봇이 아니라 스스로 작동하는 인공지능 프로그램입니다. 아직 나처럼 사람들에게 상담을 해주지는 못하지만 언젠가 그렇게 될 거라고 확신해요. 아내가 목소리를 구별하지 못할 정도로 그 페르소나는 저와 매우 흡사합니다. 하지만 가장 흥미로운 대목은 인공지능 기술이에요. 이 기계가 사람들의 생각이나 느낌을 포착해내는 능력은 참으로 대단합니다. 인공지능은 이미 내 머릿속에 들어 있는 대부분의 기억을 복사해갔어요. 그리고 내가 상담할 때 사용하는 자아개선 모델도 거의 완벽하게 익혔죠. 앞으로 인공지능이 피상담자를 만난다면 이 모델을 바탕으로 그 사람의 심리 상태가 20퍼센트의 우려, 30퍼센트의 흥분, 40퍼센트의 몰입으로 구성되어 있다는 사실을 금방 알아낼 수 있을 겁니다."

이제 능동적 콘텐츠가 대세를 장악하기 시작했다. 게다가 인간의 지능과 기계 지능이 공동으로 콘텐츠를 제작하면서 엔터테인먼트 산업의 경계 자체가 전혀 새로운 영역으로 확장되고 있는 중이다.

실제보다 더 실제 같은 홀로덱의 등장

줄스 어바흐 Jules Urbach는 〈스타트랙〉의 원작자 진 로든버리 Gene Rodden

berry의 아들 로드와 같은 학교를 다녔다.[32] 절친한 사이였던 두 소년은 매일 대화를 나눴다. 주로 무슨 이야기를 했을까. "홀로덱Holodeck 얘기였죠." 어바흐의 말이다. "우리는 홀로덱에 대해서 정말 많은 이야기를 주고받았어요."

〈스타 트렉: 넥스트 제너레이션〉 시리즈에 나오는 홀로덱이라는 방은 홀로그램 기술을 바탕으로 사용자가 원하는 모든 경험을 만들어낼 수 있는 공간이다. 이곳에 들어선 사람들은 그 극도의 몰입감으로 인해 현실과 가상 세계를 구분하지 못한다. 홀로덱에 대한 어바흐의 끈질긴 집착은 이 기술을 실제 세계에 구현하겠다는 필생의 사명으로 이어졌다.

그는 이 사명을 완수하기 위해 비디오게임, 3D 게임, 3D 렌더링 등의 분야에서 풍부한 경력을 쌓았다. 그리고 오토이Otoy라는 기업을 설립하고 데스크탑 컴퓨터의 렌더링 기술을 클라우드 환경에서도 사용 가능하게 만들어주는 기술을 개발했다.[33] 과거 〈혹성탈출〉처럼 고도의 특수효과가 필요한 영화를 찍을 때는 필름 한 프레임을 제작하기 위해 슈퍼컴퓨터로 여러 시간을 작업해야 하는 경우가 많았다. 하지만 오토이의 소프트웨어는 클라우드에 와이파이로 연결된 태블릿에서 이 과정을 실시간으로 해낼 수 있게 만들어줬다. 어바흐는 그 후 360도로 실사 이미지를 포착하는 일에 전문화된 스타트업 라이트스테이지Light Stage를 설립했다. 이 회사의 기술 역시 오토이의 특수효과에 필요한 기본 이미지를 제공하며 사람들의 모습을 홀로그램으로 변환하는 데 일조했다.

하지만 홀로덱을 실제 세계에 구현하기 위해서는 두 가지 장애물을 더 통과해야 했다. 가장 큰 문제는 '빛'이었다. 우리가 어떤 물체를 본다는 말은 그 대상에서 튀어나오는 수조 개의 광자光子를 본다는 말과 같은 의미다. 따라서 우리가 인간의 눈을 향해 수조 개의 광자를 적절한 각도 및 강도로 인공적으로 투사한다면 어떤 형태의 실제라도 조작해낼 수 있는 것이다.

캘리포니아에 위치한 스타트업 라이트필드 랩Light Field Lab은 수조 개의 광자를 인공적으로 생성할 수 있는 디스플레이 기술을 최초로 개발했다.[34] 그들이 제작한 디스플레이는 가로 10센티미터, 세로 15센티미터의 작은 기계에 불과하지만, 측면 30도 각도에서도 보이는 5센티미터 두께의 홀로그램 이미지를 투사해낸다. 이 디스플레이들을 연결해 45센티미터 크기의 디스플레이를 구성하고 다시 이들을 합쳐 벽면 전체 크기로 제작한다면, 라이트필드 랩은 벽, 바닥, 천장을 포함하는 방 전체를 이 사각형 디스플레이로 뒤덮을 수 있다. 그리고 모든 디스플레이가 3미터 거리에서 홀로그램 이미지를 투사하면 바로 〈스타트랙〉의 홀로덱이 탄생하는 것이다.

물론 아직 완전하지는 않다. 홀로덱에서의 경험을 실제 세계와 똑같이 흉내 내려면 마지막 장애물인 '촉각'의 벽을 넘어야 한다. 라이트필드는 이 분야에서도 어느 정도 진전을 이뤘다. 그들은 빛을 통해 시각적 감각을 제공했듯이 소리를 사용해 현실감을 주는 기술을 개발했다. 바로 초음파(병원 의사들이 사용하는 바로 그 기술)를 투사함으로서 목표물이 실제로 존재하는 느낌을 주는 것이다. 이 기술은 아직 실제적인 대상처럼 완전한 현실감을 주지는 못하지만 어느 정도 구체적인 물체가 존재한다는 느낌을 제공한다. 오토이의 소프트웨어, 라이트스테이지의 이미지 포착 기술 그리고 라이트필드의 광자 투사 기능이 합쳐지면 역사상 가장 강력한 몰입도를 제공하는 엔터테인먼트 장비인 홀로덱의 기본요소가 모두 갖춰지는 셈이다.

현대적 콘텐츠의 두 번째 특징인 '몰입화'는 사용자를 콘텐츠에 집중하도록 만드는 기술적 변화를 의미한다. 사용자 집중도 측면에서 수동적 콘텐츠는 능동적 콘텐츠를 당할 수 없고, 능동적 콘텐츠는 몰입적 콘텐츠와 상대가 되지 않는다. 그 이유는 감각 입력 정보 때문이다. 인간은 어떤 활동을 하는 과정에서 보다 많은 감각이 관련될수록 그 활동에 더욱 집중하게 된다.

많은 기업이 인간의 감각을 가상 세계로 최대한 확장할 방법을 궁리하는 이유는 이 때문이다. 접촉의 느낌을 전달하는 촉각 장갑은 이미 세상에 나와 갈수록 정교하게 진화하고 있다. 또한 냄새 발생 장치는 관객에게 후각 효과를 제공하는 스멜오비전 Smell-O-Vision 영화를 TV로 확장하고 있으며, 3D 오디오 시스템은 사용자가 거실에서 콘서트홀의 경험을 하도록 만들어준다. 촉각 의자 haptic chair는 콘텐츠의 내용에 따라 상하로 요동치고, 좌우로 기우뚱거리고, 떨리고, 흔들리는 느낌을 고스란히 전달한다. 또 영화 〈레디 플레이어 원〉 스타일의 전방향 러닝머신에 오른 사람은 어느 방향을 향해서도 달리기를 하거나 춤을 출 수 있다.

스탠퍼드의 신경과학자 데이비드 이글먼 David Eagleman은 이 기술을 더욱 발전시키는 데 관심이 많다. 그는 세컨드라이프의 창시자 필립 로즈데일 Philip Rosedale과 함께 촉각이 감지되는 영역을 손바닥에서 윗몸 전체로 확장하는 기술을 개발했다. 최근 로즈데일이 구축한 하이 피델리티 High Fidelity라는 사이트는 사용자에게 고도의 몰입감을 제공하는 가상 세계다.[35] 이글먼이 설립한 스타트업 네오센서리 Neo Sensory는 하이 피델리티 사이트에서 사용 가능한 촉각 의복 '엑소스킨'exoskin을 만들어냈다.[36]

긴팔 셔츠 형태의 엑소스킨에는 팔, 등, 배 부위에 몇 센티미터 간격으로 소형 모터가 촘촘히 부착되어 있다. 이글먼은 이렇게 설명한다. "만일 가상 세계에 비가 내리면 당신은 몸에 떨어지는 빗방울을 느낄 수 있습니다. 다른 아바타가 당신을 만질 때도 그 아바타의 손이 몸에 닿는 느낌을 경험하게 되죠." 그리고 이 장비의 신속한 신호 전달 능력은 사용자로 하여금 어떤 촉감이든 즉시 감지할 수 있게 만들어준다.

뿐만 아니라 로스앤젤레스에 위치한 드림스케이프Dreamscape라는 회사는 촉각 센서와 고도의 몰입감을 제공하는 가상현실을 결합해 사용자 집단 전체를 대상으로 특별한 경험을 제공하는 기술을 개발했다.[37] 이 회사의 장비를 착용한 사용자들은 깊은 바다 한가운데서 대왕고래와 수영을 하거나 드림스케이프가 만든 가상 외계동물원 에일리언 주Alien Zoo에서 동물을 쓰다듬는 경험을 할 수 있다. 최근 드림스케이프는 극장 체인 AMC와 협력관계를 맺었다. 이제 여름 휴가시즌의 가장 큰 즐거움이었던 블록버스터 영화가 관람객들이 직접 영화 속으로 뛰어드는 방식의 콘텐츠로 대체될 날도 머지않은 듯하다.

어바흐가 구축하고 있는 홀로덱은 차세대의 기술적 진화를 상징하는 공간이다. 초음파를 통해 촉각 경험을 제공하는 이곳에서는 사용자들이 촉각 장갑 없이도 장비를 착용한 것과 똑같은 감각을 느낄 수 있다. 인공지능 기반의 홀로덱은 사용자들의 감정 상태까지 식별할 수 있는 능력을 갖췄기 때문에 우리에게 매우 상호적이고 개인화된 공간이 되어줄 것이다. 그 말은 우리가 논의 중인 현대 엔터테인먼트의 세 가지 변화 요소가 이 한 공간으로 귀결될 수 있다는 뜻이다. 물론 홀로덱이 엔터테인먼트 산업에 커다란 변화를 가져올 혁신적 기술이기는 하지만 이야기는 여기서 끝이 아니다.

앞으로는 콘텐츠가 엄청난 수준으로 개인화될 것이기 때문이다.

말하지 않아도 인공지능은 알아요

2028년, 힘든 하루를 보낸 당신은 아직도 일을 마치지 못했다. 저녁식사 약속 시간까지는 45분도 남지 않았지만, 일단 잠시 앉아서 술도 한 잔 하고 기분 전환을 했으면 좋겠다. TV 리모컨을 집어 들고 여기저기 채널을 돌려볼까? 별로 그럴 마음이 없다. 커피 테이블 위에 CNN 방송의 홀로그램 이미지가 떠다니게 만들어볼까? 그러고 싶지도 않다. 하지만 다행인 것은 그런 물음에 신경 쓰지 않아도 인공지능 비서가 지금 당신에게 무엇이 필요한지 잘 알고 있기 때문이다.

인공지능은 당신과 매일의 일상을 함께할 뿐만 아니라 당신의 감정 상태를 관찰하고 이해하는 능력도 갖추고 있다. 이 시스템은 당신의 기분이 고조되고 저하되는 상황을 매우 세밀한 수준까지 포착해낸다. 예를 들어 오늘 아침에 당신이 스마트 거울을 보고 얼굴을 찡그렸고, 아내와 화가 난 목소리로 대화를 나누었으며, 집으로 돌아오는 차 안에서 동생이 전화를 했는데도 받지 않았다는 것을 상세히 기억한다. 특히 당신과 오랜 시간을 함께 한 이 디지털 비서는 당신이 정말 큰 스트레스를 받지 않는 한 동생의 전화를 무시하는 법이 없다는 사실을 잘 알고 있다. 게다가 신경생리학적 변화를 추적하는 센서의 데이터를 바탕으로 당신의 감정적 삶에 대한 내용뿐만 아니라 그 감정 상태가 신체와 두뇌에 어떤 영향을 미치는지도 정확히 이해한다.

인공지능 비서는 이 모든 정보를 바탕으로 행동에 돌입한다.

거실로 들어가니 배우 오손 웰즈Orson Welles의 코미디 중에서 당신이 가장 좋아하는 장면이 벽에 비춰진다. 당신에게 이 상황이 뜻밖인 이유는 불과 얼마 전까지만 해도 자신이 오손 웰즈의 팬이라는 사실을 인식하지 못했기 때문이다. 그가 출연한 옛날 영화를 지난 5년 동안 몇 편 감상하기는 했지만 이 배우를 좋아한다는 사실을 깨닫지 못했다. 물론 영화의 내용은 제대로 기억을 못하더라도 그 작품들을 보며 이따금 박장대소를 하기는 했다. 인공지능은 그 사실을 잘 알고 있다. 뿐만 아니라 당신의 감정 변화 과정을 항상 추적하고 있는 이 시스템은 당신이 웃음을 터뜨리게 되면 신속히 기분이 전환된다는 점을(과거 스트레스를 받았던 78.56퍼센트의 상황에서) 파악하고 있다.

당신 눈앞에 오손 웰즈의 코미디 영화 장면이 계속 펼쳐진다. 또 그와 비슷한 스타일의 코미디 영상들도 뒤이어 등장한다. 그리고 영화가 끝날 무렵, 인공지능은 당신의 스마트폰에서 당신과 아내가 함께 웃고 있는 동영상을 찾아내 비춰준다. 옛날의 행복한 추억을 떠올린 당신은 삶에서 무엇이 중요한지 다시금 깨닫는다. 인공지능은 완벽하게 자신의 업무를 수행해냈다. 잔에 따른 술을 다 마실 때쯤에는 한결 기분이 나아진다. 당신은 오늘 있었던 언쟁에 대해 아내와 화해를 한 다음, 하루 종일 자신을 짓눌렀던 언짢은 느낌에서 벗어나 보다 개운한 마음으로 저녁식사 자리로 향한다.

놀라운 사실은 이 모든 기술이 오늘날 거의 개발이 완료됐다는 것이다. 감성 컴퓨팅Affective Computing이란 기계가 인간의 감정을 이해하고 모방할 수 있도록 학습시키는 기술을 의미한다.[38] 인지심리학, 컴퓨터 공학, 신경생리학 등의 과학 영역이 인공지능, 로봇공학, 센서 등의 기하급수적 발전과 결합한 이 새로운 기술은 융합이 탄생시킨 또 하나의 놀라운 이야깃거리다. 감성 컴퓨팅은 이미 다양한 산업 분야에 스며들었다. 예를 들어 이러닝e-learning 분야에서는 인터넷 강의 도중 학습자가 지루해하는 기미를 보이면 감성 컴퓨팅 기반의 인공지능이 교습 스타일을 바꾼다. 또한 의료 분야에서는 로봇 간병 업무의 품질을 향상시키는 데 이 기술이 사용된다. 사회적 감시 영역에서는 어느 운전자가 분노했다는 사실을 인공지능이 파악해서 해당 차량에 대한 안전 조치를 강화하는 용도로 감성 컴퓨팅을 활용하기도 한다. 하지만 감성 컴퓨팅이 가장 큰 영향력을 발휘할 수 있는 분야는 갈수록 강력한 개인화가 진행되고 있는 엔터테인먼트 산업일 것이다.

얼굴 표정, 손동작, 시선, 목소리, 머리 움직임, 음성 주파수 및 지속 시간 등은 모두 특정인의 감정 상태에 대한 정보를 알려주는 신호다. 이제 우리는 차세대 센서와 딥러닝 기술을 바탕으로 이 신호를 판독해서 사용자의 기분을 분석할 수 있게 됐다. 그리고 이에 관련된 기반기술들도 거의 개발이 끝났다.

MIT에서 감성 컴퓨팅 그룹Affective Computing Group을 이끄는 로잘린드 피카드Rosalind Picard 교수는 최근 어펙티바Affectiva라는 스타트업을 설립했다. 이 기업이 개발한 감정 인식 플랫폼은 게임 산업과 마케팅 등에서 활발하게 사용 중이다.[39] 이 플랫폼은 고객 서비스를 담당하는 챗봇에게 사용자가 혼란스러운 상태인지 또는 좌절한 상태인지 알려주고, 광고주들에게는 자사의 광고가 사용자들에게 미치는 감정적 영향력을 테스트할 방법을 제공한다. 또 게임 회사들에게는 사용자의 감정 상태에 따라 게임의 내용을 실시간으로 조율할 수 있는 기회를 준다. 일례로 네버마인드Nevermind라는 공포 게임은 어펙티카의 기술을 이용해 사람의 얼굴 표정과 생리적 정보를 바탕으로 사용자의 심리를 진단한다. 만일 사용자가 공포를 느꼈다는 사실을 시스템이 포착하면 더욱 어려운 미션과 비현실적인 콘텐츠를 추가해서 게임의 공포감을 증가시킨다.[40]

또 다른 감성 컴퓨팅 스타트업 라이트웨이브Lightwave는 개인의 감성 상태뿐만 아니라 집단 전체의 감성을 포착해내는 기술을 개발 중이다.[41] 시스코는 이미 이 회사의 제품을 사용해 스타트업 아이디어 발표 경진대회에서 고객들의 반응을 측정했고, DJ 겸 가수인 폴 오켄폴드Paul Oakenfold는 싱가포르에서 열린 콘서트 도중 관객들의 참여를 유도하기 위해 라이트웨이브의 솔루션을 활용했다. 또 영화 〈레버넌트〉 시사회에서도 이 회사 제품으로 관객의 반응을 측정한 바 있다.

감성 컴퓨팅은 모바일 세계로도 진출했다. 그 말은 이제 우리 주머니 속의 스마트폰이 사용자의 감정, 위치, 교우관계, 친구들의 기분 등 실제 세계에서 일어나는 일에 관한 콘텐츠를 제공하기 시작했다는 뜻이다. 유비모Ubimo와 클루업Clueup 같은 스타트업들은 감성 컴퓨팅 앱 개발 플랫폼부터 고도로 개인화된 감성 콘텐츠 전송 서비스까지 감성 컴퓨팅 기업들에게 필요한 모든 것을 제공한다.[42, 43]

한편 기술의 융합이 계속되면서 새로운 종류의 개인화 기술이 가능성을 드러내고 있다. 기존 콘텐츠 중에 적당한 것을 골라 사용자의 기분을 충족하기보다는 아예 새로운 콘텐츠를 개인의 취향에 맞게 만들어내는 기술이 개발되고 있는 것이다.

사용자가 원하는 대로 비디오게임의 줄거리를 풀어갈 수 있도록 해준 인공지능 기반의 스토리텔링 기술은 이제 전통적인 매체를 겨냥하기 시작했다. 2018년 5월, 20세기폭스는 1980년대에 발간된 어린이용 게임북 《골라맨》Choose Your Own Adventure 시리즈를 대형 영화 화면에서 구현하는 영화 이벤트를 개최한다고 발표했다.[44] 관객들은 영화가 상영되는 동안 스마트폰을 이용해 영화의 줄거리, 스토리의 반전 등을 포함한 영화의 진행 방향을 결정하는 투표를 했다. 하지만 수많은 관객의 스마트폰 참여로 인해 줄거리가 산으로 가면서 영화는 엉망이 되어버렸다. 영화 전문 매체 〈할리우드 리포터〉는 이를 두고 "최악의 결과로 마무리된 영화 산업의 파괴적 혁신"이라고 혹평했다.[45] 하지만 관객과 스마트폰으로 의견을 주고받는 일은 임시적 해결책에 불과하다. 앞으로 감성 기반의 스토리텔링은 관객의 기분을 감지하는 센서 및 감성 컴퓨팅을 바탕으로 영화를 관람하는 일을 전혀 다른 종류의 경험으로 만들어줄 것이다.

또한 인공지능 비서는 특정 줄거리에 대한 당신의 선호도를 당신 자신보다 더 잘 파악하게 될 것이다. 당신은 어떤 영화를 재미있게 봤다는 사실만 기억하지만 인공지능은 당신이 그 영화를 '왜' 즐겼는지 알고 있다. 이 시스템은 언어의 의미 분석과 생체 반응을 바탕으로 영화 속의 특정 대사가 당신에게서 강력한 향수를 불러일으킨 이유를 파악해낸다. 또 당신의 심장박동, 눈 깜빡거림, 동공 팽창반응 등을 포착해서 당신이 어떤 곳에 시선을 집중하고 어떤 곳을 외면하는지도 알아낸다. 이런 데이터가 계속 축적된다면 앞으로 당신이 영화나 게임의 줄거리를 선택하는 상황에서도 의사결정의 주체는 당신이 아니라 인공지능이 될 것이 분명하다. 인공지능 비서는 우리의 과거 이력, 신경생리학적 특성, 위치, 사회적 선호도, 원하는 몰입감의 정도 등을 현재의 감정 상태와 대응시켜 우리의 감성적 욕구를 가장 잘 충족할 수 있는 콘텐츠를 맞춤형으로 제작할 것이다.

지금까지 '누가' 콘텐츠를 만들고, '어떤' 콘텐츠가 만들어지는지에 대해 이야기했다. 이제 콘텐츠의 변화에 대한 마지막 이야기, 즉 우리가 콘텐츠를 경험하는 '장소'와 관련한 혁명이 어떻게 벌어지고 있는지 살펴보자.

여기, 저기, 어디에서나 즐길 수 있다

먼저 '이야기'에 대한 이야기를 간단히 해보자. 역사학자들에 따르면 사람들이 모닥불 주위에서 이야기를 나눈 것이 스토리텔링의 시초라고 한다. 하지만 대중을 상대로 한 스토리텔링은 인쇄물의 발명과 함께 본격적으로 시작됐음이 분명하다. 인류 최초의 정보 전달 매체인 서적, 신문, 잡지는 그 후 400년간 엔터테인먼트 세계의 핵심 위치를 차지했다. 그 후 고도의 친밀감과 신속성을 제공하는 라디오가 등장했다. 물론 얼마 후에는 무성영화와 유성영화라는 획기적인 미디어도 발명됐지만, 라디오는 사상 최초로 온 나라를 하나의 주파수로 연결시킨 기술이었다.

그리고 흑백 TV가 나오면서 시각적 이미지를 실시간으로 공유하는 시대가 열렸다. 뒤이어 등장한 컬러 TV는 한 시대의 정복자라고 할 만큼 세상에 엄청난 파장을 불러온 기술이었다. 거실 한가운데 자리 잡은 이 커다란 상자는 50년 동안 막강한 독점적 지위를 누렸다. 그리고 플라즈마 스크린 기술이 개발됐다. 세계 가전제품 전시회가 한 번 열릴 때마다 TV는 더욱 얇고 저렴해졌으며 화질은 개선됐다. 오늘날에는 전원 코드가 사라지고 어디에나 스크린이 존재하는 모바일 시대가 찾아왔다. 그럼 이런 파괴적 혁신을 다시 파괴하게 될 기술은 무엇일까?

증강현실 기업 매직리프Magic Leap가 공식적으로 선언한 회사의 사명은 세상의 모든 스크린을 사라지게 만드는 것이다.[46] 비록 그들이 최초로 출시한 증강현실 헤드셋은 소비자들의 기대에 다소 어긋났지만 그 후에 나온 제품들은 이 기업의 존재 이유를 납득시키기에 충분했다. 매직리프는 기존의 스크린을 소멸화시킴으로써 침실의 벽, 우리의 손바닥, 브루클린 다리의 옆면 등 사용자가 원하는 모든 장소를 스크린으로 만드는 기술을 지향한다.

그렇다면 증강현실 헤드셋은 앞으로 어떤 제품으로 대체될까? 일례로 증강현실 콘택트렌즈 같은 기술이 그중 하나일 것이다. 이 렌즈는 사용자의 각막 위에 위치한 스크린이 망막 뒷부분에 직접 영상을 비추기 때문에 더 이상 무겁고 불편한 헤드셋이 필요 없다. 그럼 증강현실 콘택트렌즈는 무엇으로 바뀔까? 그건 그조차도 필요 없는 홀로덱 같은 기술이 아닐까 싶다. 그렇다면 홀로덱을 대체할 기술은? 잠깐, 스티브 잡스의 말대로 잠시만, 잠시만 기다려 달라. 아직 한 가지가 더 남았다.

그렇다면 어떤 환상적인 기술이 더 남아 있는지 자세히 들여다보자.

먼저 여전히 스크린으로 엔터테인먼트를 즐기고자 하는 사람들을 위해 스크린 자체의 기술도 계속 진화 중이라는 사실을 언급해야 할 것 같다. 최근 유기발광다이오드, 즉 OLED 기술은 기존의 LED 디스플레이를 빠른 속도로 대체하기 시작했다.[47] OLED는 화질 개선 효과도 뛰어나지만 최대 장점은 신축성이 좋고 유연하다는 것이다. LG가 개발한 19인치 OLED 디스플레이는 원통 속으로 말아 넣을 수도 있다. 물론 다른 기업들의 기술도 그리 많이 뒤처진 상태는 아니다. 휴대전화 시장에도 비슷한 제품이 등장했다. 중국의 연구진은 딱딱한 실리콘 대신 그래핀graphene이라는 신소재를 이용해 팔목에 두르거나 팔찌처럼 착용할 수 있는 스마트폰을 개발해냈다.[48] 뿐만 아니라 사용자에게 촉감을 느끼게 해주는 터치스크린도 등장했다. 이 제품은 사용자의 피부에 초미세 전류를 흘려보내는 방식으로 촉각 신호를 전달한다.

하지만 스크린의 본질적인 문제는 장소라는 한계성이다. 즉, 스크린을 사용한다는 말은 거실이나 극장 같은 고정된 장소에서 엔터테인먼트를 즐긴다는 뜻이다. 물론 스마트폰이나 태블릿PC 같은 모바일 장비도 있지만 이들의 문제는 화면의 크기가 너무 작아 사용자들을 몰입으로 이끌기가 어렵다는 것이다. 손바닥만 한 스크린으로 콘텐츠를 접하다 보면 여러 방해 요소로 인해 이야기의 줄거리를 놓치기 십상이다. 하지만 증강현실 기술은 우리 모두를 스크린으로부터 해방시키는 혁신을 불러왔다.

그 변화의 속도는 생각보다 빠르다. 전문가들은 향후 5년 동안 증강현실로 인해 창출될 시장 규모가 900억 달러에 달할 거라고 전망한다.[49] "나는 증강현실이 스마트폰 못지않은 혁신적 기술이라고 생각합니다." 애플의 CEO 팀 쿡Tim Cook은 최근 〈인디펜던트〉라는 인터넷 매체와의 인터뷰에서 이렇게 말했다. "스마트폰은 누구나 사용이 가능합니다. 우리는 아이폰을 특정 집단이나 국가, 또는 시장에 한정된 물건이라고 생각하지 않습니다. 그건 모두의 제품이니까요. 내 생각에 증강현실도 그에 못지않은 획기적이고 거대한 기술입니다."[50]

증강현실 기술이 사용자에게 제공하는 가장 큰 장점은 평범한 현실 세계 위에 다양한 정보를 겹쳐서 보여준다는 것이다. 말하자면 세계 전체가 하나의 큰 스크린이 되는 셈이다. 만일 당신이 〈스타워즈〉 증강현실 게임을 하고 싶다면 퇴근길이든, 회사의 자리에서든, 화장실에서든, 어디에서나 당신의 제국을 지키기 위해 싸울 수 있다.

우리가 처음 증강현실의 맛을 본 것은 2016년 닌텐도가 출시한 포켓몬 고를 통해서였다.[51] 유명 만화영화 캐릭터를 바탕으로 제작된 이 증강현실 게임은 역사상 유례없는 성공을 거두었다. 하루 사용자 500만 명, 1개월 사용자 6,500만 명 그리고 20억 달러의 매출을 달성한 이 게임의 폭발적인 파급력은 두고두고 기록에 남을 정도였다.[52] 그 후 몇 년 동안 수많은 증강현실 앱이 물밀듯이 쏟아져 나왔다. 두껍고 육중했던 증강현실 안경은 가볍고 얇은 제품으로 바뀌었으며 크기도 작아졌다. 모조비전 Mojo Vision처럼 풍부한 투자를 유치한 스타트업들은 증강현실 콘택트렌즈를 개발해서 안경이나 헤드셋 없이도 헤드업 디스플레이 기능을 활용할 수 있게 만들어주었다.[53]

증강현실 콘택트렌즈에 관심이 없는 사용자들은 어바흐의 홀로덱을 기대해보라. 그는 2030년이 오기 전에 디즈니랜드 같은 테마 파크나 부유한 사람들의 오락 공간에 최초의 홀로덱을 선보일 계획이다. 하지만 홀로덱보다 더욱 훌륭한 콘텐츠 제작 도구는 자연이 만들어낸 현실 투사 시스템, 즉 인간의 두뇌일 것이다.

그런 점에서 두뇌-컴퓨터 인터페이스brain-computer interface, BCI라는 기술을 잠시 언급해야 할 것 같다. 증강현실 콘택트렌즈는 자연스러운 인터페이스를 바탕으로 사용자의 눈앞에 보이는 사물의 정보를 전달한다. 여기에 촉각 장갑이 더해지면 실제와 흡사한 시뮬레이션이 가능해진다. 그리고 이를 홀로덱이라는 실내로 가지고 들어와 여기에 광자와 초음파 기술을 추가하면 사용자에게 훨씬 몰입도가 높은 경험을 제공할 수 있다. 하지만 BCI는 인간의 두뇌 작용을 이용해 우리가 보통의 상황에서 현실 세계를 인식하는 것과 똑같은 방식으로 또 다른 현실을 창조해낸다.

원래 '감금증후군'(의식은 있지만 전신마비로 인하여 외부자극에 반응하지 못하는 질환―옮긴이) 환자들과 소통하기 위해 개발된 BCI는 뇌전도 electroencephalogram 센서로 두피 내부의 뇌파를 읽어내 사용자가 생각만으로 콘텐츠를 통제할 수 있게 만드는 인터페이스 기술이다. 뇌전도 기반의 BCI 장비는 이미 게임 분야에 도입되기 시작했다.[54] 연구자들은 이 기술을 테트리스나 팩맨 등의 고전 아케이드 게임과 월드 오브 워크래프트를 포함한 다중사용자 게임에 적용해 가능성을 입증했다. 그 결과 마인드 밸런스 Mindbalance 나 박테리아 헌트 Bacteria Hunt 같은 BCI에 특화된 게임이 탄생하기에 이르렀다.

2017년, 워싱턴 대학교의 연구진은 한 발 더 나아가 브레인넷 BrainNet 이라는 두뇌 대 두뇌 소통 네트워크를 개발했다.[55] 이는 여러 사람이 생각만으로 상호작용할 수 있게 만든 사상 최초의 네트워크였다. 실험 참가자들은 뇌전도를 이용해 두뇌의 신호를 '읽고', 경두개 자기자극법(자기장으로 뇌의 특정 부위를 자극하여 신경세포를 활성화시키는 뇌 자극법―옮긴이)으로 신호를 '쓰는' 방식으로 함께 테트리스 게임을 했다. 그들은 뇌전도와 경두개 자기자극법 그리고 깜빡거리는 전구 몇 개만으로 서로 소통하고 협업해서 게임을 진행했다. 새롭게 탄생한 이 '하이브 마인드 게임'은 인류가 최초로 탐구를 시작한 선구적 기술이다.

또한 BCI 기술은 게임을 벗어나 전통적인 영화의 세계로 진입했다. 2018년 5월, 영국의 미술가 겸 영화감독 리처드 램천Richard Ramchurn은 〈더 모멘트〉The Moment라는 27분짜리 단편 영화를 공개했다. 비교적 저렴한 가격(100달러)의 뇌전도 헤드셋을 착용하고 이 영화를 관람하는 관객들은 자신의 머릿속에서 일어나는 생각에 따라 영화의 내용(장면, 음악, 애니메이션 등)이 그때그때 달라지는 경험을 할 수 있다.[56]

BCI를 활용하면 인간 두뇌의 피질皮質과 컴퓨터의 직접 연결을 통해 엔터테인먼트 콘텐츠를 사용자의 감정뿐 아니라 두뇌에 맞춰 제작할 수 있다. 물론 이 연결 기술이 개발되는 데는 그동안 우리가 이 분야에 쏟았던 10년의 시간 그 이상이 더 필요할지도 모른다. 하지만 이런 기술적 동향이 콘텐츠 제작자들에게 무엇을 의미하는지 생각해보라. 머지않아 미디어 기업과 신경과학 연구소가 통합을 시작하고, 기술의 융합이 시장의 융합을 불러옴으로써 엔터테인먼트 산업의 지형이 누구도 예측 불가능한 모습으로 바뀌게 될 거라는 말이다.

CHAPTER 08

무엇을 어떻게
공부할 것인가

양과 질을 향한 탐구

극장에서 사람들에게 놀라운 경험을 안겨준 융합기술은 이제 학교 교실로 진입하기 시작했다. 매우 적절한 시기라고 생각된다.

교육이라는 지상과제를 거시적 관점에서 바라봤을 때, 우리에게는 양과 질의 두 가지 문제가 존재한다. 양적 문제란 교육에 필요한 자원이 거의 재앙적인 수준으로 부족한 현상을 의미한다. 현재 미국은 160만 명의 교사 부족이라는 초유의 사태에 처해 있다.[1] 글로벌 차원으로 시야를 확대하면 상황이 더 심각해진다. 유네스코UNESCO에 따르면 2030년에는 지구 전체적으로 6,900만 명의 교사가 모자라게 될 거라고 한다.[2] 이런 상황으로 인해 오늘날 지구상에서 기초 교육의 혜택조차 받지 못하는 어린이의 수는 2억 6,300만 명에 달한다.

질적인 문제 역시 심각하다. 현대의 교육 시스템은 그야말로 결함투성이다.[3] 지금의 교육 제도는 다른 시대의 사람들이 다른 세상에서 살아가기 위한 필요성 때문에 만들어낸 것이다. 사람들이 기차를 타고 미국 대륙 횡단에 나선 18세기 중엽, 우리는 극도로 산업 지향적인 교육 시스템을 설계해서 규격화된 인간들을 생산하기 시작했다. 학생들은 벨소리에 맞춰 이 '학습장'에서 저 학습장으로 옮겨 다녔고, 표준화된 시험이라는 품질 관리 절차에 따라 자신들을 향한 사회적 요구를 만족시킬 준비를 했다. 그 요구가 무엇이었을까? 바로 성실한 공장 노동자가 되는 것이었다.

이 실업교육의 가장 전형적인 형태는 교사가 강단에 서서 아이들을 가르치는 이른바 '무대 위의 현자賢者' 시스템이었다. 오늘날까지 지속되고 있는 이 획일적인 교육 모델은 훌륭한 교사와 좋은 학교가 드물었던 당시의 시대 상황 탓에 불가피하게 탄생했다. 그러나 한 명의 교사가 교실을 가득 메운 학생들에게 강의를 하는 교습 방식은 비록 경제적이기는 해도 언제나 두 부류의 학생들을 탄생시킬 수밖에 없다. 수업을 따라가지 못하는 아이들과 수업을 지루해하는 아이들.

교육의 품질 관리에 대한 요구가 갈수록 거세지면서 교사들은 '시험 잘 보는 방법'을 가르쳐야 한다는 압박을 받게 된다. 그리고 그런 교육 시스템을 거친 학생들은 갈수록 더 규격화될 수밖에 없다. 하지만 학교에서 학생들을 테스트하는 내용은 아이들이 삶에서 익혀야 할 많은 기술 중에 극히 일부에 불과하다. 더구나 그들이 성인이 됐을 때 필요한 지식과는 거의 상관이 없다. 하나만 물어보자. 당신이 마지막으로 방정식과 인수분해 문제를 풀어본 때는 언제인가?

산업화 시대의 유물인 '일괄 처리' 교육 시스템은 인간의 생물학적 특성을 무시한 교육적 재앙이나 다름없다. 외부의 자극에 대한 사람의 반응은 각기 다르다. 그 원인이 선천적이든 후천적이든 결과는 마찬가지다. 모든 사람의 학습 효과를 극대화할 수 있는 '표준화된 경험'은 존재하지 않는다. 2015년 미국 교육부가 수행한 조사에 따르면 미국에서 매일 7,000명의 고등학생이 학교를 그만둔다고 한다. 26초에 한 명꼴이다. 1년 전체로는 120만 명이 학교를 자퇴하는 셈이다. 그들에게 학교를 떠난 이유를 물으면 절반 이상이 '지루해서'라고 대답한다.[4, 5]

하지만 기하급수적으로 발전하는 기술들의 융합은 교육의 양과 질 문제에 새로운 해결책을 제시하고 있다. 엔터테인먼트 산업을 뒤흔들어놓은 수많은 기술이 교육 현장에서도 맹활약을 예고하기 때문이다. 현대의 획일적인 교육 시스템은 결코 앱스토어를 당할 수 없다.

10억 명의 안드로이드 교사

MIT의 미디어연구소를 설립한 니콜라스 네그로폰테Nicholas Negroponte는 2012년 에티오피아의 오지 마을 두 곳에 모토로라의 줌Xoom 태블릿 PC와 태양광 충전 장비를 여러 세트 들고 들어갔다.[6] 봉인된 상자에 들어 있던 태블릿 PC에는 기초학습 게임, 영화, 전자책 같은 프로그램들을 미리 설치해두었다. 네그로폰테는 어른들의 손을 거치지 않고 아이들에게 이 상자를 직접 전달했다. 이곳의 어린이들은 읽고 쓰는 법을 몰랐다. 더구나 이런 첨단기술을 접한 적이 있을 리가 없었다. 그 물건에 대해 알려줄 사람은 아무도 없었다. 네그로폰테가 궁금했던 점은 딱 한 가지였다. 앞으로 무슨 일이 벌어질까?

네그로폰테는 지난 수십 년간 이 질문에 대한 답을 찾기 위해 노력해왔다. 그동안 그는 매우 독특한 학설을 펼쳐왔다. 학습 소프트웨어나 게임이 설치된 휴대용 컴퓨터를 손에 넣은 아이들은 스스로 읽고 쓰는 법을 배우고 인터넷을 서핑하게 된다는 것이다. 몇 년 전, 그는 자신의 주장을 입증하기 위해 '아이 한 명에게 노트북 한 대씩을'One Laptop per Child이라는 이름의 비영리단체를 설립했다.[7] 이 단체의 목표는 이름 그대로 경제적 도움이 필요한 모든 어린이에게 100달러 상당의 태블릿 PC를 전달해주는 것이었다. 하지만 사람들은 의문을 제기했다. 값싼 태블릿 한 대로 문제가 해결될까? 아이들에게 적절한 교습이나 지도가 필요 없을까? 소프트웨어와 게임만으로 자기학습 효과를 거둘 수 있을까?

하지만 에티오피아에서 수행한 실험은 세간의 의구심에 확실한 답변을 제공해주었다. "나는 아이들이 그 상자를 통째로 가지고 놀 거라고 생각했습니다." 네그로폰테는 기술 전문지 《MIT 테크놀로지 리뷰》MIT Technology Review와의 인터뷰에서 이렇게 말했다. "하지만 4분이 안 돼서 어린이 한 명이 상자를 열고 태블릿의 온오프 스위치를 찾아냈습니다. 그리고 전원을 켰어요. 5일 만에 어린이 한 명당 하루 평균 47개의 앱을 가지고 놀게 됐습니다. 2주가 되기 전에 아이들은 마을에서 〈ABC 노래〉를 부르고 다녔죠. 그리고 5개월 만에 안드로이드 운영체제를 해킹했습니다."[8]

아이들에게 컴퓨터를 제공해서 읽는 법을 가르친다는 생각은 새로운 아이디어가 아니다. 우리는 《어번던스》에서 뉴캐슬 대학교의 교육공학

교수 수가타 미트라Sugata Mitra가 실시했던 실험을 소개한 바 있다. 미트라의 연구 결과에 따르면 '기능적 문맹'은 컴퓨터 사용 능력을 쌓는 데 아무런 장애가 되지 않는다고 한다.[9] 그는 이 연구에서 인도의 빈민가에 거주하는 어린이들에게 인터넷에 연결된 컴퓨터를 나누어주었다. 아이들은 순식간에 장비를 사용하는 방법을 찾아내고, 인터넷을 서핑하고, 읽고 쓰는 법을 익혔다.

하지만 네그로폰테는 에티오피아 실험을 통해 한층 진일보한 결과를 얻어냈다. 네그로폰테의 연구팀은 태블릿이 아이들에게서 학습 능력과 창의력을 이끌어냈다는 점에 대해 깊이 고무됐다. 더 중요한 사실은 아이들이 복잡한 기술까지 스스로 터득할 수 있는 잠재력을 발휘했다는 점이었다. 이 단체의 최고기술책임자 에드 맥니어니Ed McNierney는 《MIT 테크놀로지 리뷰》와의 인터뷰에서 이렇게 말했다. "아이들은 태블릿의 환경을 저마다 취향에 맞게 설정해놓았더군요. 모든 어린이의 태블릿이 제각각이었습니다. 원래 그 장비에는 환경을 임의로 바꾸는 일을 방지하는 소프트웨어가 미리 설치되어 있었어요. 아이들이 그 장치를 풀어냈다는 사실은 그들의 창의성, 호기심, 새로운 발견에 대한 욕구 등을 상징하는 겁니다. 학습에서 가장 중요한 요소들이죠."[10]

2017년, 엑스프라이즈 재단은 이 일에 박차를 가하기 위해 1,500만 달러의 상금을 걸고 글로벌 러닝 엑스프라이즈Global Learning XPRIZE라는 경진대회를 개최했다.[11] 일론 머스크가 후원하고 구글이 협찬한 이 행사는 교육의 혜택에서 배제된 전 세계 2억 6,300만 명의 아동을 위해 교육용 소프트웨어를 개발하는 대회였다. 여기에 참가한 팀들은 아이들이 태블릿 PC만으로 신속한 교육 효과를 얻을 수 있도록 만들어주는 안드로이드 기반의 소프트웨어, 즉 읽고 쓰는 법(완성된 소프트웨어를 실험할 장소가 탄자니아였기 때문에 지정 언어는 스와힐리어)과 수학의 기초 과정을 18개월 안에 익힐 수 있는 프로그램을 개발해서 제출했다.

전 세계 700여 팀이 이 대회에 참가하기 위해 몰려들었다. 그중 200개 팀이 소프트웨어 개발을 완료했고, 다섯 개 팀이 결선에 진출해서 각 100만 달러의 상금을 받았다. 그리고 그들이 만든 소프트웨어는 구글이 기증한 5,000대의 픽셀 C Pixel C 태블릿에 설치됐다. 엑스프라이즈 재단 은 유엔세계식량계획World Food Program의 도움을 얻어 탄자니아 깊은 오지 의 167개 마을에 거주하는 문맹 어린이 2,400명을 찾아냈다. 이곳 마을 에는 학교는 물론, 글을 읽을 줄 아는 어른도 없었다. 재단 직원들은 태블 릿에 태양광 충전기를 설치하고, 아이들을 미리 테스트(나중에 학습 진척 도를 조사할 목적으로)한 다음, 장비를 나눠주었다.

2019년 5월, 두 팀이 이 경진대회의 공동우승을 차지해서 1,000만 달 러의 상금을 나누어 가졌다. 최종 우승자는 킷킷스쿨Kitkit School이라는 소 프트웨어를 개발한 대한민국의 스타트업과 영국의 비영리단체 원빌리 언Onebillion이었다. 이 두 팀은 아이들이 하루에 한 시간만 태블릿으로 학 습하면 탄자니아의 학교에서 정규교육을 받는 것과 동일한 효과를 거둘 수 있는 교육 소프트웨어를 개발했다. 공동우승 팀을 포함해 최종 결선 에 오른 다섯 팀은 이 대회의 규칙에 따라 모두 오픈소스 방식으로 프로 그램을 작성했다(그들이 개발한 소프트웨어는 깃허브Github 사이트에서 무료로 다운로드가 가능하다).

하지만 이 소프트웨어를 문맹과 싸울 수 있는 진정한 무기로 만들기 위해서는 경제적으로 어려운 모든 어린이(경우에 따라 어른들도 포함해서)

의 손에 태블릿을 쥐어주어야 한다는 문제가 남아 있다. 바로 그것이 이 경진대회의 진정한 목적이다. 만일 이 자기학습 소프트웨어들이 모든 안드로이드 스마트폰과 태블릿에 기본적으로 설치된다면 모바일 기기를 교체할 때가 된 사람들은 자신의 구형 장비를 자선단체에 기증할 수 있을 것이다. 이는 재활용을 통해 환경을 보호하고, 어린이들을 도와 사회에 이바지할 수 있는 방법이며, 나아가 아이들에게 선생님을 선물하는 일과 다름없다. 현재 1년에 생산되는 안드로이드 모바일 기기는 전 세계적으로 10억 대가 넘는다.[12] 이 소프트웨어들은 교육의 사각지대에 놓인 2억 6,300만 명의 아이들에게 지대한 도움을 제공함으로써 역사상 가장 심각한 인재의 낭비를 줄이는 데 일익을 담당하게 될 것이다.

궁극의 현장학습, 가상현실

2030년의 역사 시간이다. 이번 주는 고대 이집트에 대해 배울 예정이다. 파라오, 여왕, 무덤 그리고 투탕카멘왕에 얽힌 이야기 등등. 물론 학생들이 피라미드를 직접 찾아가서 볼 수 있다면 더없이 좋을 것이다. 하지만 항공료는? 호텔 비용은? 여행을 위해 학교를 2주간 비우는 일은? 어느 모로 보나 현장학습은 말도 안 되는 얘기다. 게다가 그곳에 간다고 하더라도 피라미드를 볼 수 없을 것이다. 이집트의 무덤 대부분은 현재 수리를 위해 문을 닫았기 때문에 시끌벅적한 어린이 무리를 환영할 만한 곳은 어디에도 없다.

하지만 걱정하지 않아도 된다. 우리에게는 가상현실이 있으니까.

네페르타리 여왕의 무덤이 자리 잡고 있는 여왕의 계곡은 현지인들조차 마음대로 들어갈 수 없다. 무덤의 내부는 유적 보존을 위해 외부인의 접근이 수십 년 동안 차단된 상태다. 하지만 가상의 세계에서는 학생들이 묘실墓室을 자유롭게 드나들고, 상형문자를 베끼고, 여왕의 석관을 가깝게 들여다봐도 아무 문제가 없다. 뿐만 아니라 세계적인 이집트 학자를 여행 가이드로 삼을 수도 있다. "여러분이 무덤 뒤쪽의 장식물을 주의 깊게 살펴보면 오시리스의 조각을 발견할 수 있을 겁니다. 이 이집트의 신은……."

하지만 무덤 뒤쪽을 보기 위해 2030년까지 기다릴 필요는 없다. 2018년, 필립 로즈데일과 하이 피델리티 개발팀은 가상의 이집트 현장학습 도구 제작에 착수했다.[13] 그들은 먼저 3D 레이저로 네페르타리 여왕의 무덤을 몇 센티미터 단위로 세밀하게 스캔했다. 또 묘실 내부 여기저기를 고화질 카메라로 수천 번 넘게 촬영했다. 그리고 1만 장 이상의 사진을 이어 붙여 한 장면의 실내 풍경을 만들고, 이를 3D로 스캔한 무덤의 지도와 일일이 일치시키는 방식으로 실물과 거의 흡사한 가상 무덤을 만들어냈다. 그리고 로즈데일은 교실에 모인 아이들에게 HTC사의 바이브Vive 가상현실 헤드셋을 나누어주었다. 가상현실 소셜 플랫폼인 하이 피델리티는 여러 사람이 동일한 가상공간을 공유할 수 있기 때문에 학급 전체가 함께 여왕의 무덤을 탐사하는 일이 가능했다. 아이들에게 완벽한 몰입감을 안겨준 이 이집트 현장학습에서는 이동 시간이 필요 없었고 비용도 발생하지 않았다.

하이 피델리티의 현장학습은 아이들에게 매우 풍요로운 학습 경험을 선사했다. 연구에 따르면 감각적 경험이 더 많이 개입된 수업일수록 학습효과가 더 우수하다고 한다. 설령 그것이 가상현실이라고 해도 말이다.[14] 그러므로 이 기술을 적절히 활용한다면 아이들에게 고도의 몰입감을 제공하는 고품질의 학습 환경을 무한정 구축할 수 있을 것이다. 물론 이는 현재에 국한된 이야기일 뿐이다.

그렇다면 미래에는 어떤 일이 펼쳐질까? 많은 전문가는 교육이야말로 가상현실의 킬러 앱 killer app(새로운 기술의 보급에 결정적인 계기가 되는 어플리케이션—옮긴이)이 될 거라고 입을 모은다. 더 정확히는 가상현실과 인공지능을 결합한 기술이 교육현장을 주도하게 되리라는 것이다. 바로 앞장에서 설명한 토니 로빈스의 인공지능 페르소나를 기억하는가? 라이프 카인드가 유명 인생 상담 코치의 복제품을 제작하는 데 사용한 인공 신경망은 다른 어떤 사람도 복사해낼 수 있다. 고대 그리스에 대해 공부하고 싶다고? 가상현실 세계로 들어가 보라. 도리아 식 기둥이 줄지어 서 있는 복도에서 흰색 토가를 입고 수염을 기른 남성이 당신에게 인사를 건넬 것이다. "안녕하세요. 플라톤이라고 합니다. 저의 아카데미를 소개해드리죠."

윤리학의 창시자에게 윤리학을 직접 배운다면 더할 나위 없이 멋진 일이겠지만 가상현실은 여기서 한 발 더 나아간 세계로 당신을 안내한다. 우리가 제3장에서 만났던 제러미 베일린슨은 현재 스탠퍼드 대학교에서 '가상 인간 상호작용 연구소' Virtual Human Interaction Lab를 이끄는 심리학자다.[15] 그는 지난 16년 동안 가상현실을 활용해 윤리의 감정적 근원이라고 할 수 있는 인간의 공감 능력을 확대하는 일에 전념했다. 그는 이 과정에서 가상현실을 경험한 사람들이 노숙자, 기후변화, 인종차별 등에 대한 태도를 빠르게 바꾸는 모습을 목격했다.[16] 가상 세계에서 집 없는 늙은 여인이 되어 시간을 보낸 사람은 노숙자에 대한 자신의 공감 능력이 한결 증가하는 것을 느낀다. 그리고 그렇게 변화된 심리 상태는 가상 세계를 벗어난 후에도 오랫동안 유지된다고 한다. 이제 가상현실은 우리 앞에 완전히 새로운 윤리 교육의 탄생 가능성을 제시하고 있는 것이다.

가상현실은 공감 능력이라는 감정만 교육하는 것이 아니다. 미국 서던 캘리포니아 대학교의 심리학자 스킵 리조Skip Rizzo가 이끄는 연구진은 가상현실을 활용해서 외상 후 스트레스 장애에 시달리는 군인들을 치료하는 데 성공을 거두었다.[17] 또 불안장애를 앓는 환자에게 가상현실 치료법을 적용하는 과학자도 늘어나는 추세다.[18] 이런 모든 상황을 종합해보면, 가상현실은(특히 인공지능과 결합하면) 전통적인 교육을 한 단계 끌어올릴 수 있는 능력을 지녔을 뿐만 아니라 과거의 교육에서 부족했던 공감 능력이나 감정적 기술을 가르치는 데도 탁월한 효과를 발휘하는 기술이라 할 수 있다.

요컨대 인공지능과 가상현실 그리고 5G 네트워크가 융합하면 교육의 사각지대에 놓인 아이들을 위해 수많은 교사를 채용하고 막대한 교육 예산을 마련해야 한다는 불가능해 보이는 과업이 상당 부분 관리 가능한 문제로 바뀌게 될 것이다. 앞으로 우리가 추구해야 할 목표는 헤드셋을 쓴 아이들에게 환상적인 가상교육 시스템을 무료로 제공할 수 있는 환경, 다시 말해 교육의 질적 목표와 양적 목표를 모두 충족할 수 있는 '주문형 학습 시스템'을 구축하는 일이다.

2030년의 학교는 어떤 모습일까

다시 2030년의 학교로 돌아가 보자. 그때가 되면 학교의 모습은 어떻게 바뀌어 있을까? 공상과학 작가 닐 스티븐슨Neal Stephenson은 1995년에 펴낸 소설 《다이아몬드 시대》The Diamond Age를 통해 미래의 모습을 엿볼 수 있는 기회를 주었다. 이 소설은 나노기술과 인공지능이 사람들의 일상에 스며들고 네오-빅토리안neo-Victorian(빅토리아 여왕 시대의 미학적 감수성을 현대적 기술을 바탕으로 되살리려는 심미적 운동—옮긴이) 문화가 사회를 지배하는 미래 시대를 배경으로 한다. 이 우아한 시대의 교육 담당자는 《젊은 여성을 위한 지침서》라는 책이다.[19]

이 지침서는 책으로 위장했지만 사실 인공지능 기반의 개인 맞춤형 학습 도우미다. 이 책은 학생들이 어떤 질문을 하든 문맥에 적절한 대답을 적극적으로 들려준다. 또한 시스템에 탑재된 수많은 센서가 학생들의 에너지 수준과 감정 상태를 관찰하고 이를 바탕으로 아이들에게 풍요로운 학습 환경을 제공함으로써 학생들로부터 구체적인 변화를 도출해낸다. 이 지침서는 단순히 사회적 요구에 따라 아이들을 교육하는 데 그치지 않고 보다 강하고, 독립적이고, 공감 능력이 뛰어나고, 창의적인 사고력을 지닌 인간을 키워낸다는 인본주의적 목적을 지향한다.

현재 매직 리프에서 수석 미래학자로 일하는 닐 스티븐슨은 증강현실 기술을 바탕으로 자신이 이 책에서 꿈꿨던 지침서의 버전 1.0을 제작하는 일에 몰두하고 있다.[20] 매직 리프는 사용자의 주변 세계에 홀로그램을 배치해서 2차원 스크린으로는 시각화가 어려운 개념(예를 들어 인간 신체 해부)을 3차원으로 구현해낸다. 이 기술을 사용해 가상 세계에서 해부를 하는 사람은 실제처럼 꾸며진 수술실에서 시체의 피부나 근육을 한 겹 한 겹 벗겨내는 생생한 경험을 할 수 있다. 이런 3차원 학습 환경은 학생들이 수업에서 익힌 내용을 단기적 기억에서 장기적 기억으로 전환하는 데 큰 도움을 준다고 한다. 하지만 증강현실의 진정한 마법은 현실 세계를 교실로 만들어내는 능력이다. 증강현실과 인공지능이 합쳐지면 거리를 걷는 한 걸음 한 걸음이 그대로 역사 교육이 된다. 가령 증강현실 안경을 쓰고 맨해튼의 거리를 걷는 당신은 100년 전에 이 거리를 가득 메웠던 빅토리아 시대 사람들과 그 시대 건물들의 홀로그램 이미지를 눈앞에 불러낼 수 있을 것이다.

물론 증강현실만으로는《젊은 여성을 위한 지침서》같은 교육 도구를 만들어내는 데 한계가 있다. 그러나 오늘날 기술의 융합이 지속됨에 따라 미래의 그림은 점점 뚜렷해진다. 현대의 인공지능 혁명은 이미 학생들에게 개인별로 맞춤화된 학습 환경을 제공한다. 여기에 인간의 신경생리학적 데이터를 포착하는 센서들을 활용한다면 학생들 스스로 성공 지향적인 마음가짐(학습의 필요성을 인지하는 심리)을 불러일으키거나, 몰입(학습을 강화하는 데 필요한 심리)의 상태를 창조할 수 있게 될 것이다. 이제 인류 앞에는 분산적이고 개인에게 맞춤형으로 제공되며 학습 효과를 극대화할 수 있는 새로운 교육 환경이 펼쳐지기 시작했다. 2030년의 학교 모습은 과연 어떻게 달라질까? 우리가 미래를 준비하기 위해서는 오늘 당장 무엇을 배워야 할까?

CHAPTER 09

질병의 정복으로
달라지는 인간의 삶

로스블랫의 혁신 프로젝트

이런 소식을 듣기 원한 사람은 아무도 없었을 것이다.

1992년, 마틴 로스블랫Martine Rothblatt은 자신의 딸이 길어야 5년밖에 살지 못한다는 이야기를 들었다.[1] 의사가 '폐고혈압'이라고 부른 딸의 병은 미국 내 환자의 수가 2,000명 정도인 희귀 폐질환이었다. 환자 수가 적다고 대수롭지 않게 생각하면 큰 오산이다. 이 병은 그 손길이 닿은 사람들을 대부분 죽음으로 몰고 가는 잔혹한 살인자이기 때문이다. 살아 있는 사람들도 이 질환의 낮은 발생 빈도보다는 그 가혹성을 증명하는 역할을 할 뿐이었다. 그녀의 딸은 죽어가고 있음이 분명했다. 그러나 로스블랫은 이 살인자에 맞서 싸우기로 결심했다.

그녀가 만난 수많은 의사는 그 시도가 불가능하다고 입을 모았다. 그럼에도 로스블랫은 이에 굴하지 않고 틈날 때마다 의학 도서관에서 시간을 보냈다. 그리고 나름대로 체계를 갖춰 조사를 진행했다. 의학 저널에서 폐고혈압 관련 기사를 발견하면 대학 교재를 뒤져 관련 용어를 찾아냈다. 그리고 고등학교 교과서를 통해 그 용어의 일반 개념을 익혔다. 이런 일을 계속 반복했다.

끊임없이 반복했다.

그녀는 자신이 이 불가능해 보이는 혁신에 도전하겠다고 결심한 순간, 그러니까 딸아이가 죽음에 이르기 전에 이 불치병을 치료하는 방법을 찾아내겠다고 마음먹은 순간이 언제였는지 정확히 기억하지 못한다. 하지만 그럴 만도 했다. 마틴 로스블랫이 폐고혈압이라는 질병에 관심을 두기 시작했을 때, 그녀는 이미 자신의 삶에서 두 차례의 혁신 프로젝트를 성공적으로 끝마친 상태였다. 현재 그녀의 인생 이력서에 기록된 혁신 프로젝트는 총 일곱 건에 달한다. 물론 이 숫자는 앞으로도 계속 늘어날 예정이다.

오늘날 마틴 로스블랫은 미국에서 가장 많은 보수를 받는 여성 CEO 중의 하나가 됐다. 어떻게 그런 위치에 오를 수 있었을까? 그건 꽤 흥미로운 이야기다.

로스블랫은 히스패닉 계열 사람들이 많이 거주하던 시카고의 어느 동네에서 태어난 유태인 '소년' 마틴Martin으로 자신의 삶을 시작했다. 어릴 때는 남들의 눈에 별로 띄지 않던 평범한 아이였던 그는 대학을 일찌감치 자퇴한 뒤 배낭을 메고 전 세계를 돌아다녔다. 그러다 인도양의 세이셸 섬에서 우연히 미항공우주국이 설치한 위성 추적 시스템을 목격하

고, 위성통신을 통해 세계를 하나로 묶는다는 기발한 아이디어를 생각
해냈다.

로스블랫은 그때도 지금처럼 열정에 넘치는 야심가였다. 세이셸 섬에
서 미래의 비전을 수립한 그는 UCLA에 입학해 법학과 경영학 두 개의
학위를 따냈다. 그리고 이 경력을 바탕으로 항공우주법의 전문가로 변신
하고 위성통신 관련 기업을 여러 개 창업했다. 그중에서도 그가 1990년
에 공동 설립한 세계 최초의 위성라디오 방송국 시리우스 XM Sirius XM은
오늘날에도 업계 최고의 위상을 차지하고 있는 기업이다.

그 사이에 로스블랫은 결혼해서 제네시스라는 딸을 두었다. 그리고 이
혼하고 다른 여자와 재혼해 두 명의 아이를 더 낳았다. 하지만 그는 자신
이 애초에 잘못된 몸을 가지고 태어났다는 결론을 내리고 과감하게 두
번째 혁신 프로젝트를 시작했다. 성전환수술을 통해 '여성' 마틴으로 재
탄생한 것이다. 그녀는 수술 이후에도 같은 여성과 결혼 생활을 이어나
갔다. 사실 두 사람은 꽤 행복하게 살았다고 한다.

딸 제네시스가 아프기 시작한 것이 그 무렵이었다.

로스블랫은 시리우스 XM을 매각해서 받은 돈 전부를 딸을 살리는 일
에 쏟아부었다. 그리고 우여곡절 끝에 폐고혈압 치료제로 쓰일 수 있는
희귀 의약품 하나를 발견하는 데 성공했다. 원래 이 약품의 특허권을 지
닌 회사는 글락소 스미스클라인Glaxo SmithKline이라는 영국의 제약 대기업
이었지만 그들은 이런저런 이유로 제품의 출시를 보류한 채 세월만 보내
던 중이었다. 로스블랫은 과학자들로 구성된 팀을 조직해서 결국 이 '약'
에 대한 라이선스를 따냈다. 말이 좋아 라이선스지, 그녀가 글락소에서
얻어낸 것은 작은 비닐봉지에 든 하얀 가루 몇 스푼이 전부였다. 게다가

그 가루가 쥐를 대상으로 한 실험에서 다소의 치료 가능성을 보인 것도 오래전의 일이었다.

어쨌든 이로 인해 유나이티드 테라퓨틱스United Therapeutics라는 회사가 탄생했다.[2] 당시 명망 높은 화학자들 대부분은 이 특허가 실제 약품으로 개발될 가능성이 거의 없다고 생각했다. 하지만 3년 후 로스블랫의 딸이 삶의 마지막 숨을 몰아쉬고 있던 시기에, 이 약은 보란 듯이 시장에 등장했다. 오늘날 제네시스는 30대 중반이 됐다. 그녀의 생명을 구한 약은 이제 유나이티드 테라퓨틱스에 연 15억 달러의 매출을 가져다준다. 생존해 있는 폐고혈압 환자 수도 2,000명에서 4만 명으로 늘었다.[3]

물론 여기까지만 해도 대단한 이야기다. 하지만 그녀가 개발한 약은 아직 절반의 성공에 불과하다. 이 약은 환자의 상태를 관리하는 역할을 할 뿐, 병 자체를 없애지는 못한다. 사실 폐고혈압(그리고 폐섬유증, 낭포성 섬유증, 폐기종, 만성 폐색성 폐질환 같은 폐 관련 질병)을 근본적으로 고칠 수 있는 유일한 길은 폐를 이식하는 것이다. 하지만 미국 내에서 이식수술을 위해 공급되는 폐의 수는 한 해 2,000개에 불과하다.[4] 반면 담배로 인한 폐 질환 사망자만 50만 명이 넘는다.[5] 로스블랫은 이런 현실 앞에서 또 다른 혁신 프로젝트를 가동하기 시작했다. 이식 가능한 신체 기관을 무한정 공급할 방법을 찾아 나선 것이다.

"우리는 자동차나 건물을 대상으로도 늘 똑같은 일을 하잖아요." 그녀의 설명이다. "오래된 부품을 떼어내고 새로운 부품으로 교체함으로써 시스템이 영구적으로 가동되도록 만드는 거죠. 나는 사람의 신체에도 이런 방식을 적용할 수 있는 길을 찾는 겁니다."

그녀는 이 문제를 해결하기 위해 세 가지 접근 방식을 택했다. 첫째, 다른 방법을 궁리하느라 시간을 낭비하기보다 먼저 환자의 폐를 다른 사람의 폐로 교체하는 문제를 해결하기로 했다. 사망한 사람에게서 추출된 폐는 유해 화학물질로 가득한 경우가 많기 때문에, 오늘날에도 기증된 장기의 80퍼센트는 결국 폐기되어버린다.[6] 로스블랫은 폐를 신선하게 살린 상태에서 몸 밖으로 추출해내는 '체외 폐관류'ex vivo lung perfusion라는 방법을 개발해냈다. 그동안 이 기술은 수천 명의 목숨을 구해냈다.[7, 8] 하지만 그녀는 여기서 만족하지 않았다.

다음으로 로스블랫은 동물의 장기를 사람에게 이식하는 방법을 통해 장기의 공급 부족이라는 문제를 해결하는 일에 뛰어들었다.[9] 동물의 신선한 장기를 사람의 망가진 장기와 교체한다는 아이디어는 어제오늘의 이야기가 아니었지만 예상치 못한 질병의 가능성, 인체의 거부반응, 동물학대 같은 문제 때문에 좀처럼 실현이 어려웠다. 로스블랫은 이 계획을 밀어붙이기로 했다.

그녀는 인간 장기와 유사한 돼지의 장기 이식 기술을 개발하는 일부터 시작했다. 먼저 인간 게놈의 염기서열을 최초로 해독한 과학자 크레이그 벤터 Craig Venter 및 그가 설립한 신세틱 게노믹스 Synthetic Genomics의 연구진과 함께 돼지의 유전자 지도를 거의 완벽하게 그려냈다.[10] 그리고 유전자 편집기술 크리스퍼를 이용해 바이러스나 기타 질병을 초래할 가능성이 있는 유전자가 모두 제거된 '깨끗한' 돼지를 만들어냈다. 이제 그들의 목표는 돼지의 장기를 사람에게 이식했을 때 인체의 거부반응을 불러오는 유전자를 제거하는 기술을 개발하는 것이다. 만약 이 시도가 성공한다면 이식수술에 필요한 장기를 무한정 공급할 수 있는 날이 찾아올지도 모른다. 물론 그 과정에서 많은 돼지가 고통을 받아야 한다는 문제가 남아 있기는 하다.

요즘 로스블랫은 동물학대 문제를 해결하기 위해 최첨단의 인체 조직 공학기술을 개발 중이다. 즉, 3D 프린터와 콜라겐을 이용해 인공 폐의 외부 틀을 찍어내고 그 내부에 줄기세포를 배양해서 이 틀을 살아 있는 폐로 만드는 기술을 실험하고 있다.[11]

마지막으로 이식에 사용될 장기를 수술 장소로 옮기는 데 긴 시간이 소요되는 문제가 남았다. 로스블랫은 베타 테크놀로지스Beta Technologies라는 비행자동차 개발 기업에 자금을 투자해서 이 회사의 환경 친화적 비행자동차가 이식수술이 필요한 환자에게 신선한 장기를 신속하게 전달하는 계획을 추진 중이다.[12] 그녀는 예순의 나이에도 불구하고 헬리콥터 조종사 자격증을 취득했다. 그리고 자기 회사가 설계한 전기 헬리콥터를 타고 세계에서 가장 빠른 속도로 헬리콥터를 비행한 기록을 세웠다. 로스블랫은 2028년 전후가 되면 인간이 장기 기능 손상으로 죽음에 이르는 일은 어쩔 수 없는 숙명이 아니라 충분히 관리 및 극복 가능한 문제로 바뀔 거라고 믿는다. 그동안 일곱 차례의 혁신을 달성한 그녀의 말은 충분히 믿음이 간다.

질병관리에서 건강관리로

의학 분야에 문외한이었던 마틴 로스블랫이 의료 산업을 석권할 수 있었던 비결은 두말할 나위 없이 유전자 편집기술, 유전체학, 줄기세포, 3D 프린팅, 전기자동차와 같은 융합기술의 기하급수적 발전 덕분이었다. 물론 로스블랫의 성공 스토리는 한 사람의 용기와 결단력이 기술과 결합했을 때 어떤 일이 가능한지 분명히 입증하는 역할을 했다. 하지만 그녀의 이야기는 수많은 사례 중 하나일 뿐이다. 로스블랫만큼 화려하게 세간의 이목을 끌지는 않았더라도 이 분야에서 세상에 지대한 영향을 끼친 사람은 무수히 많다.

미국의 의료 시스템은 종종 환자들보다 더욱 심각한 질병에 걸린 듯한 모습을 보인다. 일단 그 용어 자체부터 오해의 소지를 제공한다. 오늘날 우리가 병원에 가서 의사를 만나는 목적은 대개 건강관리healthcare보다는 질병관리sick care를 위해서다. 한마디로 상황 주도적이기보다 사후 대응적인 행위에 가깝다. 의사들은 질병이 발생한 이후에야 전투에 개입하기 시작해서 종종 비효율적이고, 값비싸고, 비현실적인 방식으로 승산 없는 싸움을 벌인다. 예를 들어 미국에서 의사의 법적 책임을 피하기 위해 실시되는 불필요한 의료행위에 낭비되는 돈은 연간 2,100억 달러가 넘는다고 한다.[13]

의학 연구 분야의 상황도 별반 다르지 않다. 새롭게 개발되는 5,000종의 약품 중에 인간을 대상으로 임상실험이 실시되는 제품은 평균 다섯 종에 불과하고 최종적으로 승인을 받는 약은 단 한 개뿐이다.[14] 약품 하나가 실험실에서 환자에게까지 전달되는 데 걸리는 시간은 약 12년에 달하고 비용은 25억 달러가 넘는다.[15] 미국인 한 명이 의료비로 소비하는 비용은 연평균 1만 739달러로 전 세계 어느 국민들보다도 많다.[16] 만일 이런 추세가 계속된다면, 2027년에 의료라는 단일 산업에 지출되는 비용은 미국 GDP의 20퍼센트에 가까울 거라고 한다.[17]

그러나 이제 상황이 급변하고 있다. 현재 의료계에서 벌어지는 엄청난 일에 관해 이야기를 다 하려면 이 주제만으로도 몇 권의 책을 쓸 수 있을 정도다. 하지만 여기서는 우선 최근에 진행 중인 여섯 가지 주요 변화에 초점을 맞춰보려고 한다. 그중 네 가지는 기술의 혁신 그리고 나머지 두 가지는 패러다임의 전환에 대한 이야기다.

일단 기술적 측면에서는 질병과의 전쟁을 위한 의료적 훈련의 모든 것이 새롭게 바뀌고 있다는 사실을 언급해야 할 것 같다. 최전방에서는 센서, 네트워크, 인공지능 기술이 과거의 의료 진단 체계를 뒤엎고 있으며, 중간 단계에서는 로봇공학과 3D 프린팅이 의료 시술 방법의 근본적인 개혁에 나섰다. 또한 후방에서는 인공지능, 게놈학, 양자 컴퓨팅 등이 의약품 개발에 혁신을 불러일으키는 중이다.

한편 이 모든 기술의 융합에 발맞추어 두 가지 주요한 패러다임의 전환이 대두되고 있다. 첫째는 질병관리에서 건강관리로의 이동이다. 즉 소급적이고, 사후 대응적이며, 획일적인 의료 체계가 미래지향적이고, 상황 주도적이고, 개인화된 시스템으로 바뀌어가는 것이다. 둘째는 관리 주체의 변화다. 지난 한 세기 동안 의료 산업은 대형 제약회사, 비대한 정부, 의사, 간호사 그리고 훈련된 의료 전문가들의 위태로운 협업관계에 의해 유지되어왔다. 하지만 이제 이 분야에도 외부의 거센 침략이 시작됐다. 여러 기술 대기업이 너도나도 게임에 뛰어들어 산업 전체에 엄청난 충격을 가하고 있는 것이다. 애플의 CEO 팀 쿡은 최근 〈인디펜던트〉와의 인터뷰(그가 증강현실의 잠재력에 대해 발언한 바로 그 인터뷰)에서 다음과 같이 말했다. "만약 미래의 어느 시점에 그동안 애플이 인류에 가장 크게 기여한 바가 무엇이냐는 질문을 받는다면, 우리는 의료 분야라고 말하게 될 겁니다."[18]

애플과 함께 경쟁에 합류한 대기업은 구글, 아마존, 페이스북, 삼성, 바이두, 텐센트 등이다.[19] 잠시 후에 살펴보겠지만 이들은 기존의 의료 기업들에 비해 세 가지 주요한 경쟁 우위 요소를 점하고 있다. 그들이 만든 인공지능 제품은 이미 일반인들의 가정에 파고들어 소비자의 신체 데이터를 수집하고 분석하는 데 전문적인 솜씨를 발휘한다. 물론 인류가 기술 대기업들의 손에 의료 산업을 완전히 넘겨줘야 하느냐의 문제에 대해서는 여전히 논란의 소지가 있지만, 앞으로 질병을 조기에 감지함으로써 의료 체계를 획기적으로 개선하는 데 이 세 가지 경쟁 우위가 핵심적인 역할을 할 거라는 사실만은 분명하다. 그리고 이는 질병관리를 건강관리로 바꾸는 첫걸음이 될 것이다.

이봐, 구글. 혹시 나 감기 걸렸어?

2026년 1월 추운 겨울의 수요일 아침, 누군가 당신을 주의 깊게 지켜본다. 사실 당신은 침대 위에서 아직 곤히 잠들어 있는 상태다. 하지만 걱정할 것 없다. 구글 인공지능 비서가 오늘의 스케줄을 정확히 파악하고 있으니까. 이 시스템은 오라링의 신호 덕분에 당신이 방금 렘수면을 마치고 1단계 수면에 돌입했다는 사실을 포착해낸다.[20] 주인을 깨우기에 매우 적당한 시간이다.

조명이 서서히 밝아지면서 마치 아침 해가 떠오르는 느낌이 든다. 최적화된 빛의 파장이 잠에서 깨기에 적당한 분위기를 조성한다. 하지만 자리에서 일어난 당신은 '욕실 의식'(용변, 양치질, 세수 등등)을 치르면서 지금은 분위기 따위가 문제가 아니라고 생각한다. 갑자기 관절이 뻐근해지고 뼈에 한기가 밀려오는 느낌을 받았기 때문이다. 어디가 아픈 건가?

몇 달 전, 미국 국립보건원NIH은 모든 종류의 독감에 효과를 발휘한다는 인플루엔자 백신을 내놓았다. 하지만 당신은 시간이 없어서 주사를 맞지 못했다. 아무래도 그게 문제였나 보다. 하지만 너무 궁금해 할 필요는 없다.

"이봐, 구글. 오늘 아침 내 건강 상태가 어때?"

"잠깐만요." 당신의 디지털 비서가 대답한다.

인공지능이 당신의 몸을 샅샅이 진단하는 데 걸리는 시간은 30초 정도다. 수십 개의 센서로부터 기가바이트 단위의 방대한 데이터를 포착해서 처리한다는 점을 감안하면 나쁘지 않은 속도다. 당신의 칫솔이나 변기에 장착된 스마트 센서, 수면 및 외출용 의복에 장착된 웨어러블 기기, 몸 안에 심어진 감지 장치 같은 모바일 헬스 장비들은 신체 시스템을 전방위로 구석구석 관찰한다.

"미생물 생태계는 아주 좋습니다." 구글이 말한다. "혈당 수치도 정상이고 비타민 수준도 괜찮습니다. 하지만 심부 체온이 높고 면역글로불린 E 수치가……."

"구글, 쉬운 말로 해줘."

"바이러스에 감염되셨습니다."

"뭐라고?"

"지난 48시간 동안 다른 사람들을 접촉한 이력을 추적해보니 아마 월요일에 있었던 조나의 생일파티에서 감염된 듯합니다. 추가적인 진단을 해보려고 하니, 괜찮으시다면……."

어떤 진단을 할지는 인공지능이 알아서 하겠지 뭐. 알파벳의 헬스케어 사업부문 베릴리 라이프 사이언스Verily Life Science는 사용자의 혈당부터 혈액 화학치까지 모든 것을 추적 및 관찰할 수 있는 신체 내부 및 외부용 센서들을 개발한다. 물론 알파벳뿐만이 아니다. 한때 수백만 달러를 호가했던 의료 장비가 지금은 무료화, 소멸화, 대중화되고 장소의 제한도 사라진(즉, 휴대가 간편해지고 심지어 몸에 착용할 수도 있는) 사례는 책 한 권을 써도 모자랄 정도다.

그 장비들이 제공하는 무한한 가능성을 생각해보라. 엑소이미징Exo Imaging이라는 기업이 개발한 인공지능 기반의 3D 초음파 이미지 진단 장비는 값이 저렴한 데다 쉽게 휴대가 가능하다.[21] 그 말은 가까운 미래에 당신이 집에 편히 앉아 이 장비로 상처의 회복 상황이나 태아의 성장 상태를 스스로 살펴볼 날이 올 거라는 의미다. 또 구글X 프로젝트의 리더였던 메리 루 젭슨Mary Lou Jepsen이 설립한 오픈워터Openwater는 적외선 레이저 홀로그래피를 이용한 휴대용 MRI 장비를 개발한다.[22] 그들의 계획이 실현되면 수백만 달러 가치의 의료 기계가 사용자의 신체에 착용 가능한 웨어러블 전자 기기로 바뀌면서, 그동안 전 인류의 4분의 3이 제대로 누리지 못했던 의료 영상 서비스의 혜택을 모든 사람이 골고루 나눠 갖는 세상이 올 것이다. 진정으로 혁명적인 발전은 거창한 장비를 단순하게 만드는 능력이다.

웨어러블 장비는 지난 20년 사이에 1세대 자가 추적 장비라고 할 수 있는 만보기부터 애플의 아이워치iWatch까지 발전했다. 아이워치 4세대는 실시간으로 사용자의 심장 상태를 관찰할 수 있는 심전도 측정 장비를 탑재했다(FDA의 승인도 받았다).[23] 또 파이널 프론티어 메디컬 디바이스Final Frontier Medical Devices라는 기업은 스마트폰의 앱을 통해 손쉽게 사용 가능한 의료 센서 및 진단용 인공지능 덱스터DxtER를 내놓았다.[24] 1,000만 달러의 상금이 걸린 퀄컴 트라이코더 엑스프라이즈Qualcomm Tricoder XPRIZE 공모전에서 우승한 이 제품은 50여 종의 질병들을 진단해낸다.

이 모든 기술이 지향하는 미래는 인간의 신체를 연중무휴 24시간 값싸고 쉽게 진단할 수 있는 시대일 것이다. 기술적 용어로 '모바일 헬스'mobile health라고 불리는 이 분야의 시장 규모는 2022년에 1,020억 달러에 달할 것으로 예상된다. 얼마 후에는 우리가 언제든 불러낼 수 있는 가상 의사를 뒷주머니에 넣고 다니는 시대가 열릴 것이다.[25]

이는 결코 까마득히 먼 미래의 이야기가 아니다. 오늘날 인공지능 기반의 챗봇은 네트워크, 센서, 컴퓨팅 같은 융합기술의 물결을 타고 거침없이 시장으로 몰려들고 있다. 이 앱들은 단순한 피부 발진부터 망막증 같은 심각한 질환까지 수많은 질병을 진단해낸다. 단지 물리적인 질병뿐만이 아니다. 미국의 스타트업 위봇Woebot은 정신건강 분야까지 진출해서 우울증에 시달리는 환자들에게 페이스북 메신저를 통해 인지행동 치료를 제공한다.[26]

그렇다면 이 모든 트렌드가 궁극적으로 지향하는 목표는 어디일까?

이 책의 저자 피터 디아만디스가 공동 설립한 휴먼 롱제비티Human Longevity Inc., HLI라는 기업을 예로 들어보자. HLI의 '헬스 뉴클리어스'Health Nucleus는 회사의 고객들에게 1년에 한 차례씩 약 세 시간에 걸쳐 완벽한 염기서열 분석, 전신 MRI, 심장 및 폐 CT, 심전도, 심장 초음파, 혈액 검사 등 현대 의학에서 활용 가능한 모든 검사를 제공하는 의료 서비스다.[27]

이런 접근 방식이 중요한 이유는 두 가지다. 첫째는 조기 진단의 필요성이다. 2018년, HLI는 자사의 첫 번째 고객 1,190명에 대한 헬스 뉴클리어스 검사 통계 자료를 공개했다. 그중 9퍼센트의 고객은 관상동맥질환(세계 사망률 1위 질병)을 진단받았고, 2.5퍼센트는 동맥류 질환(세계 사망률 2위 질병)을 보유한 사실이 드러났으며, 2퍼센트에서는 종양이 발견됐다. 전체적으로 14.4퍼센트의 고객은 즉각적인 치료가 필요한 심각한 질환의 소유자였고, 40퍼센트는 장기적 추적 관찰이 요구되는 환자였다.

그렇다면 두 번째 이유는 무엇일까? 오늘날 HLI가 고객들에게 반나절에 걸쳐 제공하는 진단 및 추적 서비스는 머지않은 미래에 당신이 언제라도 즉시 사용할 수 있는 온디맨드 서비스로 바뀔 것이다. 24시간 스위치가 켜진 상태로 당신을 모니터하는 센서들 덕분에 당신의 스마트폰은 언제나 훌륭한 개인 주치의가 되어줄 것이다.

생명의 코드를 읽고, 쓰고, 편집하다

지난 10년간 의학 전문가들은 개인 맞춤 유전체학personalized genomics을 가장 획기적인 의료적 혁명의 하나로 극찬해왔다. 우리가 특정인의 게놈을 파악했다는 말은 그 사람에게 가장 좋은 음식, 가장 좋은 약품, 가장 좋은 운동법 등을 포함해 그의 신체를 최적화할 수 있는 방법을 이해한다는 의미다. 또 그의 미생물 생태계에 가장 적합한 장내 세균이 무엇인지, 그의 생리학적 기능에 가장 도움이 되는 보충제가 어떤 것인지 그리고 그가 어떤 질병에 가장 취약하며 더 중요한 것은 그 질병들을 어떻게 예방해야 하는지 알고 있다는 뜻이다.

2017년, 브리검 여성병원 Brigham and Women's Hospital의 의학교수 제이슨 베시Jason Vassy는 이 이야기를 보다 상세히 검증해보기 위해 100여 명의 환자를 자신의 실험에 초청했다.[28] 그리고 그중 절반에게 DNA 검사를 실시했으며 나머지 절반은 환자의 '가족력'에 대한 설문지(유전적 위험을 파악하기 위한 표준 방법)를 작성하게 했다. 베시 교수는 이 실험을 통해 개인 맞춤 유전체학이 정말 현실적으로 유용한 방법인지, 아니면 우리의 건강에 대한 과장된 우려에 불과한지 판단하고 싶었다. 개인 유전체학을 반대하는 사람들은 개인별 DNA 진단이 의사에게 과도한 정보를 쏟아붓고, 환자에게는 건강에 대한 불필요한 염려를 불러일으키며, 값비싸고 효용성이 떨어지는 추적 검사를 하게 만든다고 비난했다. 하지만 베시가 실험을 통해 발견한 바는 정반대였다.

《내과학 회보》Annals of Internal Medicine에 게재된 베시 교수의 실험결과에서는 그런 비난의 타당성을 인정할 만한 근거가 발견되지 않았다.[29] 오히려 개인 DNA 검사를 받은 환자 중 20퍼센트는 즉시 조치를 취하지 않으면 생명이 위험할 정도의 희귀한 질병에 걸린 상태라는 사실이 밝혀졌다. 결과적으로 베시 교수 역시 헬스 뉴클리어스 서비스의 경우처럼 적지 않은 생명을 구할 수 있었던 것이다.

하지만 이 실험의 가장 중요한 의미는 환자에게서 특정한 질병을 발견한 것보다 피실험자의 게놈 데이터를 풍부하게 확보했다는 데 있었다. 유전자 데이터의 양이 많고 완성도가 높을수록 개인 유전체학 연구를 통한 질병 예방 능력은 강화된다. 2018년, 미 국립보건원은 올 오브 어스All of Us라는 프로젝트를 발표하고 2,700만 달러의 연구 보조금을 투입해 100만 개의 인간 게놈 염기서열을 분석한다는 목표를 세웠다.[30] 하버드 대학교의 유전학자 조지 처치Geroge Church 역시 네뷸라 게노믹스Nebula Genomics라는 스타트업을 설립하고 비슷한 작업에 뛰어들었다.[31]

처치 교수는 한 발 더 나아가 인간 게놈 정보를 처음부터 직접 작성해서 만들어내는 게놈 프로젝트 라이트Genome Project-Write라는 프로젝트에도 참여하고 있다. 만약 이 프로젝트가 성공한다면 인간에게 이식 가능한 장기를 아예 처음부터 배양해내는 일이 가능해지고 바이러스나 암과의 전쟁에 쓰일 강력한 무기도 개발할 수 있을 것이다. 또 치료제나 백신의 가격 역시 급격히 떨어질 것이다.

또 다른 선구자는 게놈을 편집하는 유전자 편집기술이다. 아직 초기 단계지만 이 분야의 빠른 발전 속도는 대단히 놀랍다. 최근 과학자들은 쥐의 유전자에 코카인 저항성을 심어넣는 데 성공했고, 개의 뒤셴형 근위축증을 유발하는 유전자를 제거했으며, 암에 걸린 사람에게 개인 맞춤형 치료법을 개발하기 시작했다.[32, 33, 34] 심지어 곤충의 유전자를 대상으로 한 연구도 진행 중이다. 런던 임페리얼 칼리지의 연구진은 유전자 편집기술을 이용해 번식이 불가능한 불임 모기를 만들어내는 데 성공했다. 이 유전자 변형 모기는 말라리아를 전염시키는 다른 모기에 비해 우월한 생존 능력을 발휘하도록 설계됐다. 특정한 종種 전체의 유전자를 편집하는 이 의료 혁명은 이미 현실에 적용되어 효력을 나타내기 시작했다. 2018년, 말라리아가 창궐한 서부 아프리카의 국가 부르키나파소Burkina Faso에서는 이 유전자변형 모기에 대한 현장 실험이 실시됐다.[35]

하지만 이 분야에서 가장 큰 뉴스는 특정 기업이나 기술에 대한 이야기가 아니다. 인간에게 가장 흔한 3만 2,000종의 유전병 중 절반은 단 한 쌍의 염기에 이상이 발생했기 때문에, 말하자면 유전자 코드의 글자 하나가 잘못됐기 때문에 생겨난다.[36] 이는 인류가 곧 극복 가능한 문제라고 생각된다. 아직 목적지에 도달하지는 못했지만, 우리는 머지않은 미래에 전통적인 유전자 치료와 유전자 편집기술로 1만 6,000여 종의 질병을 영원히 퇴치할 수 있는 능력을 갖게 될 것이다.[37] 생각해보라. 성경에 나오는 병자의 치유를 기적이라고 말한다면, 1만 6,000종의 병을 고치는 일은 뭐라고 불러야 할까?

절대 손을 떨지 않는 외과의사

화성에는 의료 서비스가 없다. 이 붉은 행성에 병원이나 보건소 같은 곳이 있을 리가 없다. 물론 오늘날에야 별 문제가 아니겠지만 2030년에 미 항공우주국이 예정대로 화성에 첫 번째 인간 탐사대를 보낼 계획이라면 얘기가 달라진다.[38] 일단 화성에 도착한 우주인들은 네트워크에서 벗어난 정도가 아니라 아예 세상에서 완전히 격리된 존재가 되어버린다. 가장 가까운 응급실까지도 우주선을 타고 9개월을 날아가야 한다.

우주인들은 머나먼 우주에서 부상을 당할지 모른다는 우려 때문에 늘 노심초사한다. 과거에 그런 일이 발생한 적이 없다는(즉, 인류가 우주에서 이 특수한 재난을 당한 경험이 전혀 없다는) 말은, 화성에서 언젠가 그런 사고가 꼭 생길 거라는 말과 다름없다. 연구에 따르면 어떤 사람이 우주에서 심각한 의료적 문제와 맞닥뜨릴 확률은 1년에 0.06퍼센트라고 한다.[39] 여러 해 동안 우주에서 임무를 수행하는 우주인에게는 만에 하나 응급상황을 당해도 문제가 없을 만한 환경을 조성해줄 필요가 있다. 일론 머스크는 이렇게 말한 바 있다. "만일 당신의 최우선 목표가 안전이라면, 나는 화성에 로켓을 보내지 않겠다."[40]

이 문제를 해결하는 일에 뛰어든 사람 중 하나가 피터 킴 Peter Kim이라는 의사다. 워싱턴 D.C.의 국립 어린이병원 Children's National Medical Center에서 외과전문의로 일하는 킴은 STAR Soft Tissue Autonomous Robot라는 로봇을 개발하는 연구팀의 일원으로 활약 중이다.[41] 이 로봇은 인체의 연조직을 봉합하는 능력에 있어 이미 인간 외과의사를 뛰어넘었다.

피투성이 상태의 연조직을 수술하는 일은 고도의 정밀함이 요구되는 어려운 작업이다. 치료에 임하는 의사들도 훈련의 수준과 숙련도가 각자 다르기 때문에, 30퍼센트 이상의 연조직 수술은 결국 합병증으로 이어진다. 만일 우주에서 이런 합병증이 발생한다면 치명적인 결과가 따를 가능성이 높다. 그러므로 다른 행성을 정복하기 전에 일단 연조직 수술을 제대로 하는 방법을 찾는 편이 더욱 중요한 일일 것이다.

그런 면에서 STAR는 현재 가장 장래가 촉망되는 해결사다. 이 로봇은 이미 높은 수준의 숙련도를 발휘하도록 설계되었으며 인공지능을 기반으로 움직이기 때문에 어떤 종류의 훈련을 받는 데도 문제가 없다. 오늘날 STAR는 인간에 비해 5~10배 빠르게 그리고 훨씬 정밀한 솜씨로 연조직을 봉합해낸다. 게다가 미래에 등장할 버전에는 보다 정교한 포스 피드백 force feedback(어떤 대상에 힘을 가했을 때 근육과 관절을 통해 느끼는 반발력을 디지털 정보로 변환시키는 입력 장치 —옮긴이) 장치와 연조직 내부를 투시할 수 있는 카메라가 탑재될 예정이다. 킴의 소망은 인류가 화성에 처음으로 미션을 수행하기 위해 떠날 때 이 미래 버전의 STAR 시스템을 싣고 가는 것이다. 그래야만 우주에서의 외과수술이 영화 〈에이리언〉처럼 끝나지 않을 테니까.

물론 외계에서의 수술도 중요하겠지만 우리가 STAR에게 가장 큰 기대를 거는 대목은 역시 이곳 지구에서의 활약이다. 오늘날 미국에서만 1년에 5,000만 건 이상의 외과수술이 이루어진다.[42] 그중 로봇이 진행하는 수술은 5퍼센트 미만이다.[43] 우리는 의사와 수술 전 인터뷰를 할 때 그 의사가 '이 수술을 몇 번이나 해봤는지', 더 구체적으로는 '오늘 그 수술을 몇 차례 집도했는지' 질문하기 마련이다. 다양한 상황에서 가장 풍부한 경험을 쌓은 외과의사가 가장 좋은 결과를 거둘 수밖에 없기 때문이다. 앞으로 10년 후가 되면 당신은 수술실에서 인간 의사를 봤을 때 이런 반응을 보일 것이다. "안 돼요. 로봇이 수술하도록 해주세요."

현재 시장에 출시된 수술 로봇은 이미 수십 종에 달한다. 정형외과 치료 도중 뼈를 분쇄하는 작업을 담당하는 로봇은 이미 현장에서 사용 중이며 다섯 종의 척추 수술 로봇이 곧 등장할 예정이다. 또 각 분야에 전문화된 로봇들도 다양하게 개발이 진행 중이다. 이 기계들은 대부분 코봇 cobot으로, 의사를 완전히 대체하는 것이 아니라 외과수술을 보조하는 역할을 한다. 하지만 미래에 발전의 가능성이 가장 무궁무진한 것은 역시 STAR와 같은 자율 로봇이다. 로봇 외과의사는 현재의 비용보다 훨씬 싼 가격으로 완벽하게 수술을 집도함으로써 수술실에 무료화의 혁신을 가져다줄 것이다.

스타트업에게만 의료용 로봇 시장을 맡겨놓을 수 없다는 듯이, 기술 대기업들도 이 분야에 뛰어들기 시작했다. 그중 하나가 알파벳과 존슨앤드존슨이 공동 설립한 수술용 로봇 회사 버브 서지컬Verb Surgical이다.[44] 값싸고 성능이 우수한 수술 로봇을 시장에 출시한 이 회사는 '외과수술의 대중화'라는 소박한 목표를 내세우고 있다. 쉽게 말해 앞으로 당신에게 발송될 의료비 청구서의 금액이 훨씬 낮아질 거라는 의미다.

현재 세간의 관심은 이 외과수술용 로봇들에게 집중되고 있지만 그보다 훨씬 더 중요한 발전이 진행 중인 분야는 그들의 사촌격인 초소형 로봇이다. 이스라엘의 스타트업 바이오나우트 랩스Bionaut Labs의 이야기를 해보자.[45] 오늘날 인류를 위협하는 수많은 질병은 대부분 국소 질환이다. 예를 들어 암에는 폐암이나 난소암 같은 다양한 종류의 국소 암이 존재한다. 하지만 우리는 이 국소 암들을 고치기 위해 항암 화학요법 같은 신체 시스템 전체를 상대로 하는 치료법에 의존한다. 이 전 시스템적 접근 방식은 종종 부정확하고 비효율적일뿐만 아니라 많은 부작용을 야기하기도 한다. 이런 이유로 인해 약품을 개발하는 데 엄청난 비용이 들어가고 개발에 돌입한 치료제 중 90퍼센트가 실험실을 벗어나는 데 실패하는 것이다.[46]

하지만 바이오나우트가 개발한 초소형 로봇은 신체의 절개를 최소화하고 조직 사이를 빠른 속도(한 시간에 60센티미터)로 이동하면서 정교한 솜씨로 환부를 치료한다. 약한 자기장을 통해 움직이는 이 원격조종 기반의 소형 로봇은 다양한 약물을 싣고 신체 내부를 돌아다니다가 언제라도 필요할 때 필요한 위치에 약물을 투여한다. 아직 이 기술이 본격적으로 시장에 등장하려면 몇 년 더 시간이 걸리겠지만 앞으로 이 로봇은 질병의 진단, 신체 목표 지점에 대한 약물 투여 그리고 절개가 최소화된 외과수술 등의 영역에 요긴하게 사용될 것으로 기대된다.

수술실을 점령한 커다란 로봇이나 우리 몸속을 누비고 다니는 소형 로봇은 모두 미래의 외과수술을 크게 바꿔놓을 기술이다. 하지만 이 융합의 세계에서는 어떤 일도 단일 기술만으로 이루어지지 않는다. 인공지능은 이미 외과수술의 영역에 진출해서 중환자실에 쏟아지는 수많은 생체 신호를 분석해내고, 인간 신체를 치료하는 자율 로봇을 돕고, 외과의사의 떨리는 손을 대신해(다 빈치 같은 코봇으로) 수술을 집도한다.[47] 물론 인공지능 또한 전부가 아니다.

3D 프린터 역시 수술실에 진입한 지 오래다. 우리 저자들은《어번던스》에서 이 기술이 인간의 의수나 의족을 만드는 데 사용되고, 신체 기관을 찍어내고, 생체공학에 도입되기 시작한 사실을 언급했다. 요즘 인터넷을 검색해보면 별다른 의학 교육을 받지 못한 사람들이 스테이플스 같은 문구 업체에서 구매한 장비를 사용해 저렴하면서도 기능이 뛰어난 의수나 의족을 3D 프린터로 출력해 판매하는 모습을 볼 수 있다.[48] 그런가하면 의료 전문가들은 3D 프린터를 사용해 신체 기관, 귀, 심장 션트, 척수, 두개골 판板, 고관절 그리고 개인 맞춤형 수술 도구들을 제작한다. 뿐만 아니라 3D 프린팅의 능력을 바탕으로 생체공학적인 신체 장기를 만들어내는 사람들도 적지 않다. 2018년, 미네소타 대학교의 연구팀은 빛을 패턴으로 변환하는 능력을 지닌 둥근 모양의 반도체 물질을 3D 프린트로 출력하는 데 성공함으로써 그동안 이 분야에서 절대 넘을 수 없으리라 여겨졌던 가장 큰 장애물을 뛰어넘었다.[49] 바로 프린트로 출력 가능한 생체공학적 눈眼이었다.

암과의 싸움에서 이기는 법

1990년대 줄기세포의 발견과 함께 새롭게 등장한 세포 치료의 개념은 간단했다.[50] 줄기세포를 질병에 대항하는 무기로 삼자는 것이었다. 그 후 시간이 지나면서 다양한 종류의 세포들이 세포 치료의 영역에 속속 포함 됐지만 어떤 세포가 됐든 이 분야의 전문가들이 추구하는 치료법은 동일 했다. 환자의 몸에 살아 있는 세포를 주입함으로써 신체의 기능에 영향 을 주거나 이를 활성화하는 방법이었다. 이 치료법을 통해 머리를 자라 게 만들고, 조직을 재생시키고, 암세포를 죽이고, 손상된 심장을 고치고, 자가 면역질환을 억제하고, 심지어 근육의 크기를 증가시킬 수도 있다는 것이다.

우리는 이 책의 앞부분에서 밥 하리리라는 신경외과의사 겸 기업가에 대해 잠시 언급한 바 있다. 그는 지난 2000년 인간의 태반에 수많은 질병 의 잠재적 치료제인 줄기세포가 풍부하게 들어 있다는 사실을 발견해낸 세포 치료의 선구자다.[51, 52]

하리리는 자신의 회사를 셀진Celgene이라는 제약 대기업에 매각한 뒤 100명이 넘는 과학자와 엔지니어를 이끌고 태반 줄기세포로 의약품을 개발하는 일에 뛰어들었다. 그의 연구팀은 이 과정에서 다음과 같은 두 가지 중요한 발견을 했다. 첫째, 사람은 나이가 들면 줄기세포의 공급이 급격히 감소하는 소위 '줄기세포 고갈'이라는 과정을 겪는다(다음 장에서 이에 대해 상세히 알아볼 예정이다). 둘째, 태반에는 줄기세포뿐만이 아니라 인간의 신체가 암에 맞서 싸우는 데 중요한 역할을 하는 자연살해세포 natural killer cell나 T세포T-cell 같은 면역세포들도 풍부하게 존재한다.

인간의 면역 체계는 암세포 발생 초기에 이를 곧잘 찾아내 파괴한다. 하지만 노화가 진행되면서 암세포의 수가 점차 증가한다. 그러다 면역 체계에 포착되지 않는 암세포가 늘어나면서 환자에게 위험한 상황이 찾아오는 것이다. 그런 위험에 대처하기 위해 고안된 새로운 치료 방식이 키메라 항원수용체 T세포chimeric antigen receptor T-cell, CAR-T 치료법이다.[53] 이는 환자의 백혈구와 T세포를 체외로 추출해서 특정한 암세포를 공격할 수 있도록 유전적 처리를 한 다음 이 면역 세포들을 환자의 몸에 다시 주입함으로써 암세포 공격용 유도탄을 만들어내는 방법이다.

유감스럽게도 이 치료법은 비용이 만만치 않다. 2017년 CAR-T 치료법이 처음 공개됐을 때 환자 한 명이 부담해야 할 비용은 50만 달러가 넘었다.[54] 환자의 CAR-T세포를 개인적으로 처리해서 암세포를 공격할 무기를 만들어야 하기 때문에 비용이 비쌀 수밖에 없었다. 그러므로 이제 남은 문제는 이 치료제를 대량생산할 방법을 찾는 것이다. 2018년, 셀진은 세포 치료 사업부문을 독립시켜 하리리를 대표로 하는 셀룰래리티를 새롭게 설립했다.[55] 이 회사는 태반에서 추출한 면역세포를 바탕으로 모든 사람에게 적용 가능한 범용 치료제를 만드는 데 특화된 기업이다. 앞으로 셀룰래리티는 CAR-T세포를 빠른 속도로 대량생산함으로써 환자가 암 진단을 받은 뒤 몇 시간 만에 바로 치료에 돌입할 수 있도록 해줄 것이다.

뿐만 아니라 이 회사의 과학자들은 태반 자연살해세포pNK cells에 유전자 처리를 가해 CAR-NK세포로 변형시킴으로써 종양 공격 능력을 현저하게 증가시키는 방법을 찾아냈다. 이렇게 만들어진 태반 CAR-NK세포는 태반 CAR-T세포처럼 누구에게나 적용 가능한 범용 약품으로 개발되어 수많은 사람에게 암과 싸울 수 있는 능력을 제공할 것이다. 사실 우리에게는 이 대목이 가장 중요하다. 오늘날 암은 세계에서 사람의 생명을 두 번째로 많이 앗아가는 살인자다. 하지만 우리에게 태반이 비교적 풍부하다는 것은 불행 중 다행스러운 소식이다. 지구상에서는 매년 1억 명의 아기가 태어나지만 출산 과정에서 추출된 태반의 99퍼센트는 폐기된다. 우리가 이 태반을 의료 현장에 효과적으로 공급할 수 있다면 소중한 약을 값싸고 풍족하게 생산할 가능성이 열리는 것이다.

빨라지고 안전해진 제약의 미래

전통적으로 제약회사들은 신약을 개발하기 위해 두 가지 방법 중 하나를 선택해왔다. 도서관에서 엄청난 양의 의학서적을 샅샅이 뒤져 잠재적인 신약 후보자를 찾아내거나, 아니면 머나먼 오지로 탐험을 떠나 자연에서 신약의 가능성을(예를 들어 항암효과를 지닌 희귀한 나무껍데기 따위를) 발견하는 것이다.[56] 하지만 둘 다 확실한 방법이 아니다. 어느 쪽을 택해도 개발에 착수하는 데만 수년의 시간이 걸린다. 요행히 새로운 후보 물질을 찾아낸다고 해도, 이를 분석하고 합성하는 데 몇 년이 훌쩍 지나간다. 그리고 그렇게 개발된 결과물을 처음에는 동물을 대상으로 실험을 하고 나중에는 소그룹의 피실험자들을 거쳐 결국 많은 사람에게 임상실험을 하는 과정을 밟아야 한다. 한마디로 신약을 개발하는 일은 길고 지루한 전쟁과도 같다.

그건 말 그대로 전쟁이다. 개발의 과정에서 많은 희생이 뒤따르기 때문이다. 신약을 개발하려는 시도의 90퍼센트는 실패로 이어진다. 개발에 성공한 약품이 시장에 나오는 데 걸리는 시간은 평균 10년이고, 비용도 25억 달러에서 120억 달러 정도가 든다.[57] 하지만 컴퓨터 공학자 출신의 생물물리학자 알렉스 자보론코프Alex Zhavoronkov는 자신이 지름길을 발견했다고 믿었다.[58]

자보론코프는 2012년을 전후해서 인공지능 기술의 이미지, 음성, 문자 인식 능력이 부쩍 강력해지고 있다는 사실을 깨닫기 시작했다. 이 세 가지 기능의 공통적 특징은 각각의 영역에 엄청난 양의 '데이터'가 존재한다는 것이다. 그는 이들 데이터와 약학 분야의 방대한 데이터를 함께 활용하면 인공지능을 쉽게 훈련시킬 수 있을 거라고 믿었다. 2014년, 그는 이 데이터를 기반으로 인공지능을 통해 신약 개발의 기간을 획기적으로 줄일 수 있는 방법을 구상하기 시작했다.[59]

그는 생성적 대립 네트워크generative adversarial network, GAN라는 인공지능 기술을 알고 있었다. 이는 두 개의 신경망을 경쟁적으로 서로 '대립'하게 해서 최소한의 명령어를 통해 새로운 결과물을 '생성'하는 시스템이다. 그때까지 과학자들은 주로 새로운 물체를 디자인하거나 인간의 얼굴을 실제와 가깝게 모방하는 데 GAN을 사용했지만 자보론코프는 이 기술을 약학 분야에 적용할 방법을 찾아 나섰다. 그는 GAN 기술을 활용하면 과학자들이 구상 중인 신약의 특성을 인공지능에게 일상적 언어로 설명할 수 있을 거라 생각했다. "그 화합물은 X 단백질의 Y 농도를 억제해야 하고, 신체에 대한 부작용을 최소화해야 해." 그러면 이 말을 들은 인공지능이 해당 물질의 분자를 처음부터 구성하기 시작하는 것이다.

자보론코프는 이 아이디어를 실현하기 위해 메릴랜드 주 볼티모어의 존스홉킨스 대학 캠퍼스에 인실리코 메디신Insilico Medicine이라는 회사를 세우고 이 기술을 본격적으로 개발하기 시작했다. "우리는 과학자들과 인공지능 시스템이 그런 방식으로 상호작용하게 만드는 데 3년이라는 시간을 쏟아부었습니다." 자보론코프의 설명이다. "그리고 결국 그 일을 이루어냈습니다. 이로써 신약 개발 과정을 재창조할 수 있게 됐지요."

인실리코의 '신약 발견 엔진'은 머나먼 오지로 탐험을 떠나는 대신 수백만 개의 데이터 샘플을 샅샅이 뒤져 특정한 질병에 관한 대표 생물학적 지표를 찾아낸다. 그리고 GAN을 바탕으로 이를 가장 잘 치료할 수 있는 목표 물질을 파악하고 그 물질과 완벽하게 일치하는 분자(즉 '아기 약')를 생성해내는 것이다. "그 결과 '약물 목표'(인간 신체 내에서 어떤 질병의 진행에 깊이 관련되어 특정한 약을 통해 치료 효과를 나타내는 물질―옮긴이)의 수가 급증했고 약품의 실험 과정이 획기적으로 효율화됐습니다." 자보론코프의 말이다. "인공지능 덕분에 기존의 제약회사에서 5,000명의 직원이 해야 할 일을 단 50명이 할 수 있게 됐죠."

그 결과 과거 10년이 걸리던 전쟁이 이제는 단 몇 개월로 줄어들었다. 2018년, 인실리코는 새로운 분자를 46일 만에 만들어내는 기록을 세웠다.[60] 새로운 물질을 발견하는 일뿐만 아니라 그 물질을 합성해 약품을 만들어내고 컴퓨터 시뮬레이션을 통해 그 약품에 대한 실험적 검증을 실시하기까지의 과정을 모두 포함한 시간이다.

최근 인실리코 메디신은 이 시스템을 사용해 암, 노화, 섬유증, 파킨슨병, 알츠하이머, 루게릭병, 당뇨병 같은 질환에 대한 치료제를 찾아내는 일에 몰두하고 있다. 또 아직 초기지만 인공지능으로 임상실험 결과를 실험 전에 미리 예측하는 기술도 개발 중이다. 만일 그들의 시도가 성공한다면, 제약 연구자들은 전통적인 실험 과정에 동반되던 엄청난 시간과 돈의 압박으로부터 벗어날 수 있게 될 것이다.

인공지능은 새로운 약을 발명하는 일뿐만 아니라 신약 개발 프로세스의 또 다른 핵심이라 할 수 있는 '약물 목표'를 찾는 일에도 폭넓게 사용된다. 1980년부터 2006년 사이에 전 세계적으로 새로운 약물 목표를 발견하기 위한 연구에 투자된 돈은 매년 300억 달러가 넘었지만 과학자들이 한 해에 찾아낸 약물 목표는 평균 다섯 개에 불과했다.[61]

문제는 복잡성이다. 약물 목표의 대부분을 차지하는 물질은 단백질이다. 그리고 단백질의 기능은 그 구조(즉 2차원 구조로 배열된 아미노산 염기가 3차원 구조의 단백질로 '중첩'되는 방식)에 따라 결정된다. 하지만 특정한 단백질에 포함된 아미노산이 100개 정도만 되더라도(이 정도면 '작은' 단백질이다), 그 단백질이 구성될 수 있는 잠재적 형태를 경우의 수로 따지면 1 뒤에 0이 300개 붙을 정도로 어마어마하다. 그동안 단백질 중첩 구조가 초대형 슈퍼컴퓨터로도 풀기 어려운 난문제로 여겨졌던 이유는 이 때문이다.

지난 1994년부터 단백질 중첩 구조를 슈퍼컴퓨터로 해결하는 경진대회가 격년제로 실시됐다.[62] 하지만 2018년까지 참가자들이 이를 성공적으로 풀어낸 경우는 극히 드물었다. 그러다 구글의 인공지능 자회사 딥마인드Deep Mind 개발팀이 자사의 인공 신경망을 이용해 이 문제를 푸는 일에 뛰어들었다. 그들은 데이터마이닝data mining(다량의 데이터 가운데 숨겨진 유용한 상관관계를 발견하여, 실행 가능한 정보를 추출해내고 이를 의사결정에 이용하는 기술―옮긴이) 기법을 바탕으로 단백질 기본 염기쌍 사이의 거리와 그 염기쌍들이 화학적으로 결합하는 각도를 예측해낼 수 있는 인공지능을 개발했다. 이 인공지능 시스템의 이름이 바로 알파폴드 AlphaFold 다.[63] 이 인공지능이 처음 출전한 대회에서 참가자들에게 제시된 단백질 중첩 문제는 43개였다. 알파폴드는 그중 25개를 정확하게 풀어냈다. 2위를 차지한 팀은 단 세 개를 맞추는 데 그쳤다.

앞으로 알파폴드의 능력과 인실리코의 GAN 기술이 합쳐지고 거기에 양자 컴퓨팅의 발전이 추가된다면 이제 약품을 개인에게 맞춤형으로 만들어내는 일은 더 이상 공상과학 소설에 나오는 이야기가 아니라 인류의 '표준화된 치료법'으로 자리 잡게 될 것이다. 하지만 아직 놀라기에는 이르다. 이것만 해도 이미 대단한 혁신이지만 의료 산업의 인접 분야인 수명 연장 영역에서 벌어지고 있는 엄청난 변화에 대해서는 아직 이야기도 시작하지 않았다.

CHAPTER 10

죽음을 거스르는
신인류의 탄생

죽음으로 인도하는 아홉 명의 마부

우리 저자들은 이 책의 앞부분에서 인간이 건강한 상태로 더욱 오래 살 수 있다면 혁신의 속도도 훨씬 빨라질 거라고 언급한 바 있다. 그 이유는 간단하다. 사람이 더 오랫동안 생존하면 생산성을 최고로 발휘하는 시간이 늘어나면서 혁신을 이룰 수 있는 기회가 더 많아지기 때문이다. 하지만 우리는 장수長壽를 현실화할 수 있는 방법에 대해서는 아직 자세히 이야기하지 않았다. 앞 장에서 의료 산업이라는 인접 영역을 탐구했으니 이제 수명 연장에 대한 문제를 생각해보자. 오늘날 걷잡을 수 없이 거세지는 융합의 위력은 기술과 죽음 사이에 벌어지는 치열한 경주의 규칙을 어떻게 다시 쓰고 있을까?

우리가 탐구를 시작할 출발점은 죽음과 동의어인 '노화'라는 이름의 삶의 시계다. "노화는 단순히 시스템의 쇠퇴를 의미하지 않습니다." 미국립보건원의 장수 연구원 겸 이사인 프랜시스 콜린스Francis Collins는 이렇게 말한다. "그건 미리 프로그램된 과정입니다. 진화의 법칙은 특정한 종의 생물이 영원한 수명을 누리지 못하게 만듭니다. 늙은 개체가 길을 비켜줘야 젊은 개체가 제한된 자원을 차지할 수 있으니까요."[1]

요컨대 진화의 법칙은 늙은 개체가 길을 비키도록 만들기 위해 노화라는 이름의 계획된 쇠퇴 과정을 만들어냈다. 회사로 치면 일종의 정리해고인 셈이다. 과학자들에 따르면 인간의 물리적 쇠퇴를 야기하는 주요 원인은 아홉 가지라고 한다. 즉, 우리를 종말의 세계로 안내하는 아홉 명의 마부馬夫가 있다는 뜻이다.[2] 이 장의 나머지 부분에서는 이 요인들에 맞서 싸우기 위한 인류의 전략을 자세히 살펴보기로 한다. 하지만 그 전에 이 아홉 명의 마부에 대해 먼저 알아보자. 인간이 죽는 이유는 정확히 무엇 때문인가?

1. 유전자의 불안정성: DNA가 항상 정해진 계획에 따라 복제를 하는 것은 아니지만 인간의 신체는 이런 유전적 오류를 대부분 포착하고 교정해낸다. 하지만 항상 그렇지는 않다. 시간이 지나면서 그 오류들이 점차 누적됨에 따라 우리의 몸은 쇠퇴하게 된다. 다시 말해 유전적 불안정으로 인해 유전적 손상이 초래되고 이에 따라 사람의 수명이 한계에 도달하는 것이다. 고장 난 복사기가 쓸모없는 종이를 출력하는 과정을 생각하면 이해가 빠를 것이다. 우리 몸의 고장 난 유전자 복사기는 암, 근위축증, 루게릭병 같은 질병을 생산해낸다.

2. **텔로미어의 마모**: 세포의 중심부에는 나선형 구조의 염색체 안에 DNA가 빽빽하게 들어차 있다. 그리고 염색체의 말단부에는 DNA 조각들이 수천 번 겹쳐서 만들어진 말단소체, 즉 텔로미어telomere가 존재한다. 이 반복된 DNA 구조가 자동차의 범퍼처럼 염색체를 보호하는 역할을 한다. 하지만 DNA가 복제를 거듭하면서 텔로미어의 길이가 짧아지기 시작한다. 그리고 그 길이가 어느 선 이하로 줄어들면 세포가 분화를 멈추고 인간의 신체가 쉽게 병에 걸릴 수 있는 조건이 만들어진다.

3. **후생적 변화**: 후천적 요소가 선천적 요소에 영향을 준다. 삶을 살아가면서 우리 주변의 환경적 요인이 유전자의 '표현 방식'에 변화를 주는 경우가 종종 발생한다. 일례로 환경적 영향으로 발암물질에 노출된 사람은 신체 내부에서 종양을 억제하는 유전자의 활동이 위축되기 쉽다. 그에 따라 종양 세포가 통제 불가능할 정도로 자라기 시작하면 결국 암으로 발전하게 된다.

4. **단백질 항상성의 손상**: 세포의 내부에서 활동을 주도하는 것은 단백질이다. 단백질은 물질을 운반하고, 신호를 보내고, 생체 프로세스의 스위치를 온오프하고, 세포를 구조적으로 지탱하는 역할을 한다. 단백질의 활동 효율성이 떨어질 때면 인체는 스스로 단백질을 재생해낸다. 하지만 늘 그렇지는 않다. 나이가 들면 이 재생 능력이 감소하는데 이때 알츠하이머 같은 질병을 유발하는 독성 단백질이 축적된다.

5. **영양소 감지 체계의 혼란**: 인간의 신체는 40여 종이 넘는 영양소를 바탕으로 건강을 유지한다. 세포의 임무는 각각의 영양소를 인지하

고 이를 완벽하게 처리하는 것이다. 하지만 나이가 들면 이 능력이 감퇴한다. 예를 들어 사람이 나이가 들수록 살이 찌는 이유는 세포가 지방을 적절히 분해하지 못하기 때문이다. 이로 인해 인슐린 및 인슐린 유사 성장인자IGF-1의 신호 체계에 문제가 생기고 당뇨병이 발생하면서 결국 죽음으로 이어지는 것이다.

6. **미토콘드리아의 기능장애**: 미토콘드리아는 산소와 음식을 에너지로 변환함으로써 세포에 연료를 제공하는 발전소의 역할을 한다. 하지만 세월이 흐르면서 이 기능 역시 떨어지기 시작한다. 그 결과 DNA와 단백질을 손상시키는 활성산소free radicals라는 해로운 산소가 발생하게 된다. 활성산소는 노화와 관련된 여러 만성적 질환의 원인으로 작용한다.

7. **세포 노화**: 세포가 스트레스를 받으면 분화의 능력을 상실하고도 잘 죽지 않는 '노화' 세포로 바뀌기 쉽다. 몸에서 떼어내기도 불가능한 이 '좀비 세포'들이 갈수록 축적되면서 인접한 세포들을 감염시키고, 급기야 몸 전체를 염증에 취약한 상태로 만드는 좀비의 묵시록을 연출하는 것이다.

8. **줄기세포 고갈**: 사람이 나이가 들면 줄기세포의 공급이 1만 배 가까이 급격히 줄어들기도 한다. 게다가 남아 있는 세포들의 움직임도 갈수록 위축된다. 다시 말해 인체 내부의 조직 및 기관을 수리하는 시스템이 본연의 임무를 수행할 수 있는 능력을 점점 상실해 간다는 뜻이다.

9. **세포 간 소통의 혼선**: 인간의 신체가 적절히 기능하기 위해서는 세포들 간의 소통이 원활해야 한다. 즉, 혈류, 면역 체계, 내분비계 사이

에 메시지가 지속적이고 원활하게 교환되어야 한다. 하지만 시간이 지나면서 이 신호 체계에 혼선이 발생하기 시작한다. 일부 세포는 반응성이 줄어들고 일부 세포는 염증을 유발하는 좀비 세포로 바뀐다. 바로 이 염증이 추가적인 소통을 차단하는 역할을 한다. 메시지가 적재적소에 전달되지 못하면서, 우리의 신체에 침입한 병원체를 면역 체계가 발견하지 못하게 되는 것이다.

우리를 죽음에 이르게 하는 요인은 대충 이 정도다. 그렇다면 우리를 살릴 수 있는 기술은 무엇일까?

죽음보다 한 발 앞서가다

노벨상을 받고 싶은 사람은 기생충을 연구해보라. 단순한 기생충이 아니라 과학자들이 예쁜꼬마선충Caenorhabditis elegans이라고 이름 붙인 벌레가 그 주인공이다.[3]

이 기생충 연구로 노벨상을 수상한 과학자는 벌써 여섯 명이나 된다. 예쁜꼬마선충은 인류가 게놈 전체의 염기서열을 사상 최초로 분석해낸 유기체다.[4] 또한 이 생물의 두뇌 신경망 배선도인 커넥톰connectome도 유기체 중에서 처음으로 완벽하게 작성됐다.[5] 하지만 예쁜꼬마선충의 화려한 경력에도 불구하고, 전문가들은 이 기생충의 가장 큰 공적이 아직 달성되지 않았다고 믿는다. 바로 죽음과의 정면 승부에서 최초로 승리한 동물이 되는 것이다.

예쁜꼬마선충은 실험실의 페트리 접시 위에서 약 20일 정도 생존한다. 2014년, 미 국립보건원에 소속된 몇몇 과학자는 버크 노화연구소Buck Institute for Research on Aging에서 진행된 실험에 참가해서 이 기생충의 수명을 증가시키는 일에 도전했다.[6] 이전의 연구 결과에 따르면 예쁜꼬마선충의 수명에 영향을 미칠 수 있는 방법은 두 가지였다. 첫째, rsks-1이라는 유전자를 제거하면 수명이 6일 정도 늘어났다. 둘째, daf-2라는 유전자를 제거하면 이 기생충이 20일 정도 더 생존했다. 버크 연구소의 실험에 참가한 과학자들은 이 두 가지 유전자를 동시에 제거했을 때 어떤 결과가 생길지 궁금했다.

"연구진은 이 이중二重 돌연변이의 수명이 45일 정도가 될 거라고 합리적으로 예상했다." 이 실험에 자금을 지원한 NIH의 이사 프랜시스 콜린스는 이런 기사를 썼다. "하지만 새롭게 탄생한 생물체는 100일이 넘어도 계속 살아서 꿈틀거렸다. 수명이 무려 5배나 증가한 것이다. 인간의 수명으로 치면 400년에 해당하는 시간이다."[7]

말하자면 이 프로세스를 인간에게 똑같이 적용하는 것이 장수 연구의 핵심이다. 그리고 그 과정에서 중심적인 역할을 수행하는 것이 유전학이다. 과학자들은 예쁜꼬마선충 연구에서 얻어진 결과를 바탕으로 인간 신체의 쇠퇴를 유발하는 50여 종의 노화 관련 유전자를 새롭게 파악해냈다.[8] 그중에서 가장 중요한 다섯 종의 유전자를 적절히 제거한다면 인간의 수명을 20퍼센트 늘릴 수 있을 것이다.

하지만 유전학이 전부는 아니다. 마틴 로스블랫의 사명 중 하나인 대체 장기의 무한 공급 역시 장수 연구의 중요한 과제다. 또 로봇 외과수술의 대중화와 인공지능 및 양자 컴퓨팅을 통한 신약 개발도 이 분야의 주요 현안이다. 하지만 여기서도 가장 중요한 사실은 특정한 기술의 발전보다 이 모든 접근 방식의 통합적 동력이 인류를 과거와 전혀 다른 세계로 이끌고 있다는 것이다.

인간의 수명은 구석기 시대부터 산업혁명의 여명기까지 줄곧 30세 정도에 머물렀다. 그러다 20세기 들어 항생제, 위생관리, 깨끗한 물 등이 등장하면서 1950년 기준으로 48세까지 수명이 증가했다. 그리고 2014년에는 72세로 늘었다.[9] 하지만 최근 레이 커즈와일과 장수 연구 전문가 오브리 드 그레이Aubrey de Grey는 '수명 탈출 속도'longevity escape velocity라는 개념을 이야기하기 시작했다. 우리가 생존해 있는 동안 과학의 발전 덕분에 인간의 수명이 매해 1년 이상 증가할 수 있다는 것이다.[10, 11] 다시 말해 수명이 연장되는 속도가 매해 1년이라는 임계치를 넘어서는 순간, 인류는 말 그대로 죽음보다 늘 한 발 앞설 수 있게 된다는 것이다.

커즈와일은 우리가 그 임계치에 도달할 시간이 12년 정도 남았다고 본다. 좀 더 보수적인 관점의 드 그레이는 앞으로 30년 정도를 예상한다. 우리가 그들을 믿어야 할 이유는 무엇일까? 한 가지 근본적인 진실을 생각해보자. 저승에는 돈을 가지고 갈 수 없다. 세상의 모든 돈을 다 소유하고 있다 해도 무덤에서는 아무 소용이 없다. 그러니 부자들이 10년에서 20년, 또는 30년을 더 살 수 있다면 얼마나 많은 돈을 내놓으려 할까? 당연히 전 재산도 아까워하지 않을 것이다. 최근 노화 방지 기술에 엄청난 투자가 집중되는 이유는 이 때문이기도 하다. 구글의 바이오 기업 칼리코('California Life Company'를 줄인 이름)는 그중 대표적인 사례일 것이다. 부자들만을 위한 장수 연구라면 사람들이 그다지 가치 있는 목표로 생각하지 않겠지만, 이 분야에서 가속화되고 있는 기술의 발전은 머지않은 미래에 무료화 및 대중화되어 그 혜택을 누구에게나 나누어줄 것이다. 그 말은 당신 또는 당신의 자녀가 현재 개발이 진행 중인 수많은 노화 방지 기술 덕분에 세월이 흐르면서 수십 년의 수명을 추가로 얻게 될 거라는 뜻이다.

그중 가장 전망이 밝은 몇몇 기술을 살펴보자.

'노화 예방약'의 발명

이스터 섬Easter Islands은 태평양 한가운데 위치한 머나먼 이국의 섬이다. 사람 머리 모양의 수많은 석상으로 유명한 이곳에는 그 석상들에 얽힌 갖가지 소문이 떠돌아다닌다. 이를테면 나이 많은 이곳의 원주민이 주문을 외우면 돌로 만든 사람들을 잠에서 깨워 군대처럼 부릴 수 있을 거라는 이야기도 있다. 어떤 사람들은 이 석상들이 사람의 수명을 줄이거나 늘리는 힘을 지녔기 때문에 선택된 소수에게 정력과 힘을 선사할 수 있다고 말하기도 한다. 1960년대 중반, 일단의 과학자들은 석상이 '정력과 힘'을 선사한다는 얘기가 전혀 근거 없는 소문만은 아닐지도 모른다고 생각했다.[12]

어느 날 이 섬에 거주하던 소수의 주민이 더 이상 몇몇 사람만으로 바깥세상과 고립된 삶을 이어가지 않겠다고 마음먹으면서 모든 이야기가 시작됐다. 그들이 마침내 이 섬에 공항을 만들기로 결정한 것이다. 과학자들은 소스라치게 놀랐다. 세계에서 가장 깨끗한 생태계를 보존한 지역 중 하나가 그 순수성을 상실할 위기에 처했기 때문이다. 이 때문에 국제적인 대책팀이 조직되어 이 섬의 식물군, 동물군, 미생물 샘플 등을 부랴부랴 수집하기 시작했다. 그중에는 (이 이야기에서 가장 중요한) 이 섬의 신비한 석상 밑에서 추출한 토양 샘플도 들어 있었다.

석상의 토양 샘플을 손에 넣은 사람은 캐나다의 미생물학자 수렌 세갈Suren Sehgal이었다. 그는 이 샘플 속에 고도의 항진균성을 지닌 마법의 가루가 존재한다는 사실을 발견했다. 세갈은 이 화합물을 정제한 후 라파마이신rapamycin이라는 이름을 붙였다. 이스터 섬의 고유 명칭인 '라파 누이'Rapa Nui에서 착안한 이름이었다.[13] 하지만 세갈의 연구비가 고갈되면서 이 화합물은 그 놀라운 잠재력에도 불구하고 더 이상 연구가 이루어지지 못한 채 실험실에 방치되어버렸다. 1970년대 후반 다시 자금을 확보해서 연구를 재개한 세갈은 이 흙덩이 속에 더욱 많은 마법이 숨어 있다는 사실을 밝혀냈다. 라파마이신에는 단순한 항균 기능뿐만 아니라 면역 체계를 억제하는 능력도 포함되어 있었다. 장기이식 수술을 받은 환자들에게는 희소식이 아닐 수 없었다.

그 희소식은 결국 막대한 돈을 벌어주는 산업으로 이어졌다. 그때부터 라파마이신은 심장 스텐트를 약물로 코팅하는 시술법부터 신장이식 수술을 받은 환자를 위한 거부반응 억제 치료제까지 다양한 용도로 사용되기 시작했다. 그러던 중 과학자들은 이 마법의 흙덩이로부터 더욱 놀라운 사실을 발견해냈다. 바로 라파마이신이 암세포의 성장을 억제한다는 것이었다.[14, 15, 16]

이 화합물은 세포분열을 관장하는 단백질을 차단하는 역할을 했다. 연구진이 벌레, 파리, 효모균 등을 대상으로 이 약품을 실험한 결과 단순한 항암효과뿐만이 아니라 수명 연장 능력까지 관찰됐다. 그렇다면 다음 질문은 뻔했다.

이 마법이 과연 포유동물에게도 통할 것인가?

2009년 NIH의 과학자들은 라파마이신으로 쥐의 수명을 16퍼센트 연장시키는 실험에 성공하면서 이 질문에 대한 답을 얻어냈다.[17] 2014년, 노바티스Novartis라는 다국적 제약기업은 이제까지의 모든 연구 결과물을 바탕으로 사람에게 이 실험을 실시하기로 결정했다.[18] 대형 제약기업이 인간을 대상으로 노화 방지 물질을 실험한 것은 이번이 처음이었다. 게다가 과학자들이 이스터 섬의 흙덩이에 숨겨진 마법을 발견한 후, 또 다른 노화 방지 물질을 찾아내려는 탐구도 전 세계에 걸쳐 활발하게 이루어지기 시작했다.

그중 하나가 우리에게 잘 알려진 메트포르민metformin이다.[19] 세계에서 가장 널리 사용되는 당뇨병 치료제 메트포르민은 당분의 생성을 차단하고 인슐린의 분비를 조절하는 역할을 한다. 뿐만 아니라 이 약은 세포의 '연료 연소 속도'를 지연시킴으로써 산화 스트레스로부터 세포를 보호하고, 암과 맞서 싸우고, 실험용 벌레나 쥐의 수명을 획기적으로 증가시킨다. 그렇다면 인간에게도 이 능력이 통할까? 아직까지 이 질문에 대한 답은 확실하게 나와 있지 않지만 많은 과학자가 이에 대한 답변을 찾아내기 위해 노력 중이다.

라파마이신이나 메트포르민은 모두 인간을 노년이라는 황폐한 시기로부터 보호하기 위한 물질이다. 하지만 아예 시간을 거꾸로 되돌릴 수 있는 물질을 찾아 나선 과학자들도 적지 않다. 세놀리틱senolytic 요법이라고 불리는 이 약물은 노화의 주된 원인인 '염증'을 유발하는 좀비 세포들을 파괴한다. 현재 세놀리틱 기술 개발에 뛰어든 5~6개의 기업은 좀비 세포를 제거하고 허약증, 골다공증, 심장 질환, 신경성 장애 등의 질환을 완화 및 지연시키는 데 도움을 주는 10여 종의 약품을 생산한다.

그중 가장 흥미로운 기업 중 하나가 제프 베이조스, 폴 앨런Paul Allen, 피터 틸 같은 투자자들의 지원을 받는 유니티 바이오테크놀로지다.[20] 노화 세포를 찾아내 제거하는 기술을 개발 중인 이 기업은 실험실의 쥐를 대상으로 실시한 실험에서 탁월한 효과를 입증해냈다. 사람으로 치면 중년의 나이에 해당하는 쥐에게 이 치료법을 시행하자 쥐가 건강한 상태로 평균수명보다 35퍼센트 이상 더 오래 살았다고 한다.[21] 또 에너지가 저하되는 현상부터 백내장이나 신장의 기능장애 같은 노화의 전형적인 증상이 완전히 사라지거나 발병 시기가 현저히 늦춰졌다. 현재 이 회사는 거의 모든 종류의 노화 관련 질병을 대상으로 10여 종의 약품을 개발 중이다. 일부 제품은 1단계 인체 임상실험을 마치고 다음 단계에 돌입하기도 했다. 유니티 테크놀로지는 노화 방지 영역에서 눈여겨볼 만한 기업 중 하나임에 틀림없다.

마지막으로 장수 연구 분야에서 가장 주목받는 기업 새뮤드Samumed의 이야기를 빼놓을 수 없다. 기업 가치가 120억 달러가 넘는 이 바이오 기업은 Wnt 신호전달경로Wnt signaling pathway라는 인체의 메시지 전송 체계를 집중적으로 연구한다. 이 메시지는 태아의 성장이나 노화에 관련된 일단의 유전자들을 관장하는 역할을 한다. Wnt 신호전달경로의 오류는 암을 포함한 20여 종의 질환에 직접적인 영향을 미친다고 알려져 있다. 대형 제약기업들이 오랜 시간에 걸쳐 이 신호 체계를 공략하기 위해 노력해온 이유는 바로 이 때문이다. 그런데 새뮤드는 이 비밀을 풀어낸 것으로 보인다.[22, 23, 24, 25]

그동안 이 회사는 성체 줄기세포의 움직임을 통제하는 특정한 Wnt 신호전달경로를 파악하는 작업에 전념해왔다. 그리고 이를 바탕으로 아홉 종의 '재생 약품'regenerative medicine을 개발해냈다.[26] 탈모 치료제와 알츠하이머 치료제를 포함한 이 다양한 신약들은 모두 FDA의 승인을 기다리는 중이다. 하지만 그중에서도 사람들이 가장 큰 관심을 쏟는 대목은 이 회사가 관절염 및 암과의 싸움에서 거둔 승리의 이야기다.

관절염은 전 세계 3억 5,000만 명의 환자들에게 엄청난 고통을 안겨주는 질환이지만 아직 이 병을 완전히 치료할 수 있다고 알려진 약은 없다. 2017년, 새뮤드는 자사가 소규모로 수행한 골禍관절염 실험의 결과를 공개했다. 실험에 참가한 61명의 환자는 모두 Wnt 신호전달경로의 오류를 교정하는 약물을 무릎에 직접 투여했다. 그러자 환자 전원이 뚜렷한 증상 개선 효과를 경험했다. 6개월 후, 회사의 연구진이 다시 이 약물의 영향을 측정하자 대부분의 환자에게서 통증이 줄고 활동성이 개선되는 현상이 관찰됐다. 뿐만 아니라 무릎 연골이 평균 2밀리미터 정도 새롭게 자라기도 했다.[27, 28]

"이 약물은 환자들의 무릎에 6개월 정도 머물러 있었습니다." 새뮤드의 CEO 오스만 키바Osman Kibar는 이렇게 말한다. "그곳에서 줄기세포를 자극해 새로운 연골을 생성해냈죠. 그 연골은 마치 10대의 그것 같았습니다. 이 실험에서 가장 중요한 발견은 사람이 80세가 돼도 무릎에 미분화progenitor 줄기세포가 남아 있기 때문에 그곳에 신호만 적절히 전달하면 줄기세포가 다시 자라게 만들 수 있다는 것입니다."[29]

물론 아직은 시작에 불과할지도 모른다.

"이 물질을 허리 디스크가 망가진 쥐에게 투여하자 새로운 디스크가 생겨났습니다." 키바의 말이다. "게다가 새롭게 생성된 세포의 질도 훨씬 젊고 강해졌더군요."

그러나 이 치료법을 사람에게 적용하는 것은 또 다른 이야기일 테다. 실험실 쥐를 대상으로 성공한 약이 사람에게 실시한 실험에서도 효과를 거두는 경우는 드물다. 하지만 새뭄드가 어깨의 회선건판이나 아킬레스건 부상을 치료하기 위해 개발한 신약들은 이미 1단계 임상실험에 돌입했으며 무릎관절 치료제는 3단계 실험을 눈앞에 두고 있다.[30, 31] 물론 아직 많은 숙제가 남아 있기는 하지만 이 약물들이 성공적으로 개발된다면 인간이 건강한 상태로 현재보다 수십 년을 더 살아가는 일이 가능해질 것이다.

새뭄드의 연구에서 가장 흥미로운 대목은 두말할 나위 없이 암 치료제의 개발이다. 암이란 본질적으로 줄기세포의 이상 증식 현상을 뜻한다. 새뭄드의 약품은 이런 무분별한 증식을 초래하는 신호전달경로를 억제하는 방법을 사용하기 때문에 거의 모든 종류의 종양을 치료하는 것을 목표로 삼는다. 현재 새뭄드가 개발 중인 여러 암 치료제는 대부분 임상 전前시험 또는 1단계 임상실험의 효능 및 안전성 검증 단계에 놓인 상태다.

이 회사는 그동안 동정적 사용 법compassionate use law(불치병에 걸렸거나 암 말기인 환자가 적절한 치료제가 없어 치료를 포기할 상황일 경우 의료당국이 시판승인 전의 신약을 무상으로 공급해 치료 기회를 주는 제도—옮긴이)을 근거로 말기 암환자들에게 이 약을 투여해왔다. 그리고 이 실험에서도 역시 놀라운 결과를 얻어냈다. 그들이 환자들에게 저용량 치료제를 3회 투여하는 치료법을 행한 결과, 80퍼센트의 실험 대상에서 종양의 성장이 멈추는 현상이 관찰됐다. 또 같은 성분의 화합물을 췌장암 환자들에게 조금 더 오래 투여했을 때도 이 치명적인 질병의 증세가 현저하게 개선되는 효과가 나타났다. "이 여성 환자에게는 과거 시행했던 모든 치료가 실패 했습니다." 키바는 실험에 참가했던 어떤 환자의 치료 경험을 이렇게 설명했다. "그 환자는 몸무게가 30킬로그램에 불과했습니다. 의사는 치료를 포기하고 그 여성을 집으로 돌려보냈죠. 하지만 그 환자에게 우리 약을 1년 정도 투여하자 모든 것이 정상으로 돌아왔어요. 이제 그녀는 여행을 하고 데이트도 합니다. 몸무게도 54킬로그램으로 늘었어요. 완전히 정상인의 삶으로 복귀한 거죠. 물론 우리가 개발한 물질이 완벽한 약품으로 탄생하려면 아직 좀 더 시간이 걸리겠지만, 적어도 출발점으로서는 조짐이 매우 좋습니다."[32]

시간을 거꾸로 돌릴 수는 없을까?

2000년대 초반, 스탠퍼드 대학교의 연구진은 뜻밖의 대상에서 젊음의 샘물을 탐구하기 시작했다. 바로 드라큘라의 전설이었다. 젊은이의 피를 마신 사람의 몸이 회춘하는 소재를 다룬 전설은 고대 그리스부터 시작해 로마의 시인 오비디우스Ovidius의 시에서 재현됐으며, 결국 중세 시대의 뱀파이어 이야기까지 이어졌다.[33, 34] 스탠퍼드의 과학자들은 쥐를 대상으로 실험을 실시해 이 이야기를 검증해보기로 했다.

그들은 병체결합(동물 2개체 이상을 체액적으로 결합시키는 실험─옮긴이)이라는 고대의 섬뜩한 기술을 현대식으로 개량해 젊은 쥐의 순환계를 늙은 쥐의 순환계와 연결시켰다. 그리고 늙은 쥐의 혈관에 젊은 쥐의 혈액을 투입했다. 효과는 누가 봐도 확연했다. 젊은 피를 수혈받은 늙은 쥐에게서 뚜렷한 회춘의 징후가 나타난 것이다.

하지만 늙은 쥐가 얻은 혜택은 단지 겉으로 드러난 모습이 전부가 아니었다. 늙은 쥐의 다양한 신체 조직은 훨씬 젊고 건강하게 바뀌었다. 이 실험의 뒤를 이은 여러 추적연구에서도 이론의 타당성이 검증됐으며, 특히 그 반대의 실험을 통해서도 분명히 확인됐다. 젊은 쥐에게 늙은 쥐의 혈액을 주입하자 마치 시계를 빠르게 돌린 것처럼 노화가 급속히 진행되는 현상이 관찰된 것이다.

이 연구는 수많은 사람들의 관심을 불러일으켰다. 그 후 10년 동안 과학자들 사이에서는 그런 젊음의 변신變身을 초래한 원인에 대해 의견이 분분했다. 하버드 대학교의 연구팀은 젊은 피가 두뇌의 신경 세포를 새롭게 형성하는 과정을 촉진하고 노화로 인해 심장 벽이 두꺼워지는 현상을 억제한다는 사실을 발견했다.[35, 36] 또한 이 현상을 더욱 깊이 파헤친 결과 GDF11growth differentiation factor 11이라는 이름의 물질을 발견하는 데 성공했다. 이 '회춘 단백질'은 젊은 피가 늙은 쥐에게 제공한 거의 모든 혜택에 관련된다고 알려졌다.

2014년 어느 연구팀이 의학 잡지 《셀》Cell에 기고한 논문에 따르면, GDF11을 쥐에게 투입한 것만으로 쥐의 체력과 기억력이 현저히 향상됐으며 두뇌로 공급되는 혈류가 증가했다고 한다.[37] 또 다른 과학자들 역시 GDF11이 노화와 관련된 심장 질환을 감소시키고, 근육의 재생을 촉진하고, 운동능력을 향상시키고, 두뇌의 기능을 개선한다는 사실을 밝혀냈다.

이 모든 연구는 사업가들의 흥미를 자극했다. 예를 들어 마크 앨런Mark Allen이라는 기업가와 하버드 대학교의 재생생물학 교수 4~5명이 공동 창업한 엘리비안Elevian이라는 스타트업은 GDF11 및 이와 비슷한 노화 방지 물질에서 장수의 열쇠를 찾는 연구를 전문으로 수행한다.[38, 39] 또 스탠퍼드 대학교 출신의 연구진이 설립한 알카헤스트Alkahest는 알츠하이머 치료에 최적화된 혼합 혈장血漿을 개발한다.[40]

온라인 기술 잡지《와이어드》는 이런 시도를 두고 '건초더미에서 바늘을 찾는' 접근 방식이라고 표현했다.[41] 인간의 혈장에 들어 있는 단백질은 1만 개가 넘기 때문이다. 하지만 이는 건초가 아니라 황금더미에서 바늘을 찾는 시도가 될 수도 있다. 젊은 피의 회춘 효과를 불러오는 단백질을 정확히 규명하는 순간 생명과학 영역에는 골드러시가 시작될 것이 분명하기 때문이다. 대형 제약회사는 물론이고, 수많은 스타트업도 앞다퉈 여기에 뛰어들고 있다. 2017년, 미국 국립노화연구소National Institute on Aging는 이 분야의 연구에 관심을 보이는 과학자들에게 235만 달러의 자금을 지원하겠다고 발표했다.[42] 이제 우리가 21세기를 살아가는 오늘날, 비행자동차나 개인 비서 로봇뿐만이 아니라 드라큘라 역시 현실화되는 세상이 열리고 있는 것이다.

지난 수천 년 동안 인류는 젊음의 샘물을 찾아 헤맸다. 하지만 이제 분명한 사실은 우리가 찾고 있는 대상이 장소가 아니라 '시간'이라는 것이다. 다시 말해 젊음의 샘물이 의미하는 바는 급속도로 발전하는 기술들의 융합으로 인해 우리가 죽음과의 싸움에서 승리하게 되는 '미래의 시점'을 가리키고 있는 것이다. "언젠가 인간이 영원히 사는 일이 가능할까?"라는 질문은 아직 대답할 수 없는 미해결의 영역에 속해 있지만 적어도 100년의 수명에 60년 정도를 보태는 일은(즉, 인간의 수명을 현저하게 증가시키는 일은) 이미 '만약'의 문제에서 '언제쯤'의 문제로 바뀐 지 오래다.

CHAPTER 11

중개인이
사라진 세상

완전한 미래

지금까지 우리는 교통, 의료, 소매산업, 광고, 엔터테인먼트, 교육 등 인간의 일상생활에 가장 큰 영향을 미치는 사회적 분야에 초점을 맞춰 미래의 모습을 진단했다. 앞으로 제3부에서는 좀 더 시야를 넓혀 에너지, 환경, 정부 같은 보다 거시적인 주제를 다루어보려고 한다. 그런데 그 외의 분야는 어떨까? 다시 말해 위에서 열거한 영역 이외의 세상에서 우리의 앞날은 어떻게 전개될까?

물론 그곳에서도 미래는 과거와 전혀 다를 것이다. 나날이 가속화되는 기술의 발전은 사회의 구석구석까지 영향을 미치지 않는 곳이 없기 때문이다. 건축 및 예술 등의 분야부터 항공이나 회계에 이르기까지 수많은 산업이 곧 급격한 변혁의 시대를 맞게 될 것이다. 우리는 제2부의 마지막 두 장에서 보험, 금융, 부동산, 식품 등의 네 영역을 구체적으로 파헤쳐보려고 한다.

이 분야를 선택한 데는 몇 가지 이유가 있다. 첫째, 금융, 보험, 부동산이 세 산업은 미국의 10대 산업에 속할 정도로 사회적 비중이 크다. 여기에 우리가 제2부에서 다룬 산업들(제3부에서 이야기할 정부와 보안을 제외하면)을 합하면, 미국인들이 생계를 해결하기 위해 종사하는 대부분의 산업 분야가 모두 망라되는 셈이다. 이 장에서는 앞의 세 가지 산업을 먼저 살펴보고 다음 장에서는 인간의 삶에 가장 중요한 식품의 미래를 전망해보려고 한다. 그럼 이야기 속으로 다시 뛰어들어보자.

커피와 리스크: 보험의 기원과 미래

1680년, 서른두 살의 에드워드 로이드Edward Lloyd는 성공의 기회를 찾아 런던에 도착했다.[1] 그가 발견한 성공의 실마리는 바로 커피였다. 당시 런던에서는 이 새로운 음료의 붐을 타고 커피숍이 폭발적으로 늘어나고 있었다. 도시 전역에 영업 중인 커피숍만 해도 3,000개가 넘었다. 새로운 경쟁자가 뛰어들기에는 너무 혼잡한 시장이었을까? 로이드는 그렇게 생각하지 않았다. 1686년, 그는 타워 스트리트 근처에 로이드 커피 하우스Lloyd Coffee House라는 커피숍을 열었다.

그 시기에 런던의 경제를 뒷받침하던 엔진은 해운업과 금융업이었다. 로이드의 커피숍은 이 두 산업의 중심지라 할 수 있는 런던탑과 템스 스트리트 사이의 좁은 구석에 자리 잡고 있었다. 덕분에 이곳은 개업 초기부터 무역상, 선원, 선주船主 같은 사람들로 들끓었다. 고객들이 커피숍을 자주 찾은 이유는 이곳에서 커피를 즐기고, 최신 뉴스와 정보를 얻고, 지식인들과의 대화에 참여할 수 있었기 때문이었다. 하지만 로이드의 커피숍은 그런 서비스로 만족하지 않았다. 그는 고객들에게 보다 정확한 해운업 관련 소식을 전달하기 위해 유럽의 주요 항구에 소식통을 심어두고 그들로부터 수집한 뉴스를 팁 시트tip sheet(특정 산업의 최신 정보, 팁, 예측 등을 제공하는 일종의 정보지 — 옮긴이)에 담아 배포했다. 고객들은 로이드 커피숍에서 시간을 보내기만 해도 선박, 화물, 외국의 상황 등에 관한 상세한 정보를 얻을 수 있었다.

커피와 정보를 조합한 이 비즈니스 모델은 결국 큰 성공으로 이어졌다. 1691년, 사업을 더 확장할 필요를 느낀 로이드는 런던 증권거래소 맞은편의 핵심 상권인 롬바르드 스트리트 16번지로 가게를 옮겼다. 전보다 훨씬 널찍한 공간에 자리 잡은 새로운 커피숍에는 칠판들이 사방의 벽을 뒤덮었고 연설용 연단이 매장 한가운데를 차지했다. 말하자면 칠판은 팁시트 대신이었고 중앙의 연단은 해상 경매의 낙찰가나 최신 해운 뉴스를 실시간으로 발표하는 용도였다. 로이드는 커피의 향기와 칠판에 적힌 수많은 정보가 어우러진 이곳에서, 그 옛날 바빌로니아인들이 처음 고안한 보험의 아이디어를 떠올렸다.

지금으로부터 4,000년 전, 바빌로니아 사람들은 지중해를 항해하는 상인들을 위해 독특한 전략을 개발했다. 예를 들어 어떤 상인이 화물을 운송하는 데 필요한 비용을 누군가로부터 빌려야 했을 때, 그 상인은 돈을 빌려줄 사람에게 화물에 대한 보증의 대가로 추가적인 돈을 지불했다. 만일 화물을 실은 배가 풍랑을 만나 전복되거나 물건을 도난당하면, 돈을 빌려준 사람은 대출금에 대한 책임을 면제해주었다. 기원전 4세기가 되면서 상인들이 지불하는 비용은 계절에 따라 달라지기 시작했다. 바다가 잔잔한 여름에는 가격이 내렸고, 반대로 위험도가 높은 겨울의 풍랑기에는 가격이 올랐다. 말하자면 바빌로니아인들은 근대 보험 산업의 바탕이 되는 리스크 기반의 보험료 정책과 비슷한 시스템을 만들어낸 것이다.

그로부터 2,000여 년이 흐른 뒤 리스크와 통계 데이터를 기반으로 하는 해상 보험은 런던의 한 커피숍에서 새롭게 절정기를 맞게 됐다. 로이드의 가게에 자주 들르던 은행가들은 해상 운송의 리스크를 부담하는 대가로 상인들에게 보험료를 받았다. 그들은 자신이 보험을 인수하는 과정을 '언더라이팅'underwriting이라고 불렀다. 칠판에 적힌 배의 이름 그리고 화물, 선원, 날씨, 목적지 같은 항해 세부사항의 '아래쪽'에 은행가들이 자신의 이름을 적어넣으며 보험 인수 의사를 밝혔기 때문이다.

그 후 320년이 지난 오늘날, 이 '언더라이팅' 비즈니스는 수조 달러 규모의 보험 산업으로 성장했다. 로이드의 초라한 커피숍은 2017년 기준 336억 파운드의 보험료 실적을 자랑하는 런던로이즈Lloyd's of London로 바뀌었다.[2] 하지만 이제 현대의 보험 산업에서도 그 옛날 로이드 보험회사의 설립을 이끌었던 혁신의 요소들(풍부한 정보와 광범위한 협업)과 매우 비슷한 양상의 기술적 발전이 진행되면서 산업 전체가 극적인 변화의 기류를 맞고 있다.

이 분야에서 진행 중인 변화는 크게 세 가지다. 첫째, 리스크의 주체가 소비자로부터 서비스 제공자로 옮겨가면서 수많은 보험 카테고리가 사라질 위기에 놓였다. 둘째, 크라우드슈어런스crowdsurance가 의료보험이나 생명보험 같은 전통적 보험 분야를 대체하기 시작했다. 셋째, 네트워크, 센서, 인공지능 등의 기술이 보험 상품 판매 방식과 보험료 결정 규칙을 새롭게 쓰면서 이 산업의 본질을 뿌리째 흔들어놓고 있다.

일단 간단한 질문부터 시작해보자. 당신이 지금 자율주행차를 타고 승차공유 서비스를 이용하는 중이라면 운전자도 없는 상태에서 과연 당신에게 보험이 필요할까?

보험의 전제가 바뀌다

보험은 '평균'의 게임이다. 이 산업의 기본적인 비즈니스 모델은 위험을 측정해서 그 위험에 합당한 보험료를 책정하는 행위, 즉 이 정도의 위험을 감수하기 위해서는 이만큼 돈을 받아야겠다고 결정하는 행위에 기반을 둔다. 그리고 가능한 많은 고객에게 해당 보험 상품을 판매하고 오랜 기간에 걸쳐 보험료를 받으면, 결국 보험을 인수한 사람 입장에서 평균적으로 이익이 남는 장사가 되는 것이다. 예를 들어 자동차 보험회사는 운전자의 연령과 운전 경력, 자동차의 특성, 운전자 및 자동차 소재지 등을 고려해서 보험료를 산정한다.[3] 그리고 많은 운전자를 보험에 가입시키고 장시간 비즈니스를 운영하면 일정 시간 후에는 수익이 발생하게 된다. 하지만 앞으로 10년 안에 자율주행차들이 도로를 점령해버리고 그런 보험료 계산 공식을 바꿔놓으면 어떻게 될까?

오늘날 자동차 보험의 핵심 보장 대상은 운전자의 과실이다. 1년에 발생하는 120만 건의 사망 사고 중 90퍼센트는 감정적이고 격앙되기 쉬우며 주의가 산만한 인간 운전자의 실수 때문에 일어난다.[4, 5] 이 말은 운전석에 사람이 존재하지 않으면 그 90퍼센트의 리스크가 사라질 거라는 뜻이다. 산업 자체가 리스크에 대한 평가와 분석을 기반으로 구축된 보험 업계에 있어서는 이것만으로도 엄청난 변화다.

한 걸음 더 나아가 생각해보자. 오늘날 소비자들은 자신이 '소유한' 사물에 대한 위험을 보장받기 위해 보험에 가입한다. 하지만 자율주행차가 누군가 소유한 물건이 아니라 다른 사람에게 서비스를 제공하기 위한 물건이 된다면 자동차 보험회사들이 자동차 소유주를 상대로 비즈니스를 해야 할 필요가 없어질 것이다. 다국적 회계법인 KPMG가 2040년이 되면 자동차 보험 시장이 60퍼센트 이상 축소될 거라고 내다보는 이유는 이 때문이다.[6] 그리고 이런 현상은 이미 시작됐다. 웨이모는 승객들이 자사의 자율주행차에 탑승할 때마다 손님에게 자동적으로 보험을 들어준다. 그동안 축적된 빅데이터를 통해 리스크의 측정이 충분히 이루어졌다는 자신감 때문이다.

웨이모의 자율주행차들은 2018년까지 공공 도로를 1,600만 킬로미터 이상 달렸으며 시뮬레이션 주행 실적도 80억 킬로미터가 넘었다.[7] 물론 이 주행의 목적은 수많은 데이터를 수집해서 웨이모의 인공지능을 훈련시키고, 이를 바탕으로 더욱 안전한 차량을 만들어냄으로써 시장에서의 경쟁 우위를 확보하는 데 있다. 그동안 웨이모가 축적한 방대한 데이터는 경쟁자들을 저 멀리 따돌릴 수 있는 무기가 됐다. 그 말은 자율주행차가 우리 옆에 본격적으로 도착하지도 않은 오늘날, 전통적인 보험회사들은 이미 시대의 흐름으로부터 몇 년 이상 뒤처져버렸다는 뜻이다.

자율주행차가 스마트 교통 시스템과 센서 내장형 도로(이 두 가지 기술도 이미 보급이 시작됐다)를 만난다면 리스크에 기반을 둔 보험 산업은 규모가 축소되는 정도로 그치지 않고 비즈니스의 형태 자체가 완전히 바뀌게 될 것이다. 예를 들어 자율주행 차량의 주행을 돕는 LIDAR 센서가 고장을 일으켜 교통사고가 발생했다면 누구에게 책임을 물어야 할까? 아마 승객은 아닐 것이다. 그렇다면 차량 제조사? 아니면 LIDAR 장비를 공급한 회사? 또는 당신이 탑승한 웨이모 자동차의 5G 네트워크에 이상이 생겨 갑자기 운행이 불가능한 상태가 됐다면 그건 누구의 잘못인가? 차량을 소유한 알파벳일까? 통신회사 버라이즌인가? 또는 인공위성을 소유한 원웹이 책임을 져야 하나? 만일 자율주행차가 해킹이나 도난을 당한다면 어떻게 해야 하나?

우리가 이 질문들에 답하려면 시간이 좀 더 필요하겠지만, 이렇듯 다소 위험해 보이는 미래의 시나리오들도 남성 호르몬으로 충만한 10대 소년들이 2톤이 넘는 차를 멋대로 몰고 다니는 오늘날의 상황에는 비할 바가 못 된다. 술이나 약물을 복용한 상태에서 차를 운전한 혐의로 체포되는 사람이 매년 100만 명이 넘는 현실과도 비교할 수 없다.[8] 언제나 그랬듯이 새로운 기술이 등장하면 그 혜택을 얻는 대가로 뭔가를 포기해야 하는 트레이드오프trade-off가 발생하는 법이다. 이 경우에는 그 트레이드오프가 자동차 보험의 종말일 뿐이다.

보험회사 없는 보험 가입

기술의 기하급수적 발전이 이루어지기 전에는 보험 산업의 경쟁 우위를 결정하는 요소가 결국 '규모'일 수밖에 없었다. 앞서 말한 대로 보험은 평균의 게임, 더 정확히 말하자면 평균을 계산해내는 게임이기 때문이다.

보험 상품의 손익을 통계적으로 정확히 분석하기 위해서는 엄청난 데이터가 필요하다. 그리고 그 데이터는 수많은 고객들로부터 나온다. 고객들을 확보하려면 수많은 영업사원이 있어야 하고 고객들과 영업사원들로부터 도출된 데이터를 분석하기 위해서는 통계학자들도 채용해야한다. 그리고 이 여러 집단을 관리하는 데는 또 다른 직원들이 필요하다. 보험은 이처럼 수많은 관련 집단이 반드시 존재해야 하는 비즈니스기 때문에 대기업이 아니면 좀처럼 이 산업에 진입할 엄두를 내지 못한다.

또한 보험은 통계의 게임이기도 하다. 의료보험 및 생명보험은 건강한 가입자가 지불하는 보험료로 건강하지 못한 가입자의 비용을 충당하는 게임이다. 다시 말해 이 게임에서 가장 큰 패배자는 고가의 보험료를 불필요하게 지불하는 건강한 사람들이다.

그런데 건강한 사람들이 이런 방식을 거부하고 소셜미디어로 다른 건강한 사람들을 모아 서로 데이터를 공유하고 그 사람들만으로 자체적인 보험 시스템을 운영한다면 어떨까? 복잡한 절차도 필요 없이, 몇 사람이 손을 들고 이렇게 말하면 그만일 것이다. "여러분. 내 유전자를 확인해보세요. 내가 얼마나 열심히 운동을 하는지 살펴보고 나의 오라링 데이터, 애플워치 데이터도 검토하세요. 나처럼 건강한 사람들이 있다면 함께 모여 우리만의 보험을 만들어봅시다."

보험이라는 게임에서 가장 리스크가 적은 고객이 빠져나가면 평균 수익을 계산하는 통계는 멈출 수밖에 없다. 고객 풀에서 건강한 사람들이 사라진다면 리스크 곡선의 형태는 급격하게 달라진다. 보험회사가 건강하지 못한 고객들로 인해 발생하는 비용을 충당하기 위해서는 모든 가입자의 보험요율을 인상하거나 아니면 파산을 선언하는 길밖에 없다. 하지만 모든 사람의 보험요율을 인상하면 가입자들이 빠져나가기 때문에 보험회사는 역시 파산을 선언해야 한다.

바로 오늘날 우리 눈앞에서 벌어지고 있는 정확한 현실이다.

'크라우드슈어런스'crowdsurance는 개인 대 개인 거래를 기반으로 하는 분산 형태의 보험이다. 그렇기 때문에 보험회사라는 '중개인' 없이 인공지능 로봇, 데이터베이스, 앱 등의 몇 가지 기술 요소만으로 모든 일을 처리한다. 네트워크에 소속된 가입자들은 이 기술들을 활용해 보험료를 납부하고 보험금을 청구한다. 청구된 보험금은 시스템이 자동으로 검토하고 지급한다. 앞서 이야기한 네 집단 중에 세 집단이 이 기술로 인해 영원히 사라지는 것이다. 유일하게 남는 건 가입자들이다. 고객들은 자신이 의료보험이나 건강보험에 가입해 적립한 돈으로 무엇을 할지 스스로 결정하기도 한다.

뉴욕에 소재한 레모네이드Lemonade라는 크라우드슈어런스 기업은 스마트폰 앱으로 소수의 가입자를 모아 그들이 납부한 보험료를 '보험금 풀'에 적립해놓는다. 그리고 나머지 일은 인공지능에게 맡긴다. 그 모든 과정은 모바일 기술을 통해 쉽고 빠르게 이루어진다. 90초면 보험에 가입하는 일이 가능하고, 3분 만에 보험금을 청구해서 받을 수 있다. 어떤 서류 작업도 필요 없다.[9]

스위스의 이더리스크Etherisc라는 회사는 여기에 몇 가지 기술을 추가해서 이더리움 블록체인 기반의 '개인 맞춤형 보험 상품'을 판매한다. 이 회사는 직원이나 서류 작업이 필요 없는 스마트 계약서를 바탕으로 운영되기 때문에 수많은 보험 상품을 새롭게 만들어낼 수 있다. 이더리스크가 고객들에게 최초로 내놓은 상품은 전통적 보험회사들이 생각지도 못한 비행기의 연착이나 운항 취소에 따른 보험이었다. 고객은 신용카드로 보험에 가입하고 만일 자신이 탑승 예정인 비행기가 45분 이상 연착되면 아무런 서류 작업 없이 시스템을 통해 즉시 보험금을 수령한다.[10, 11] 하지만 이는 하나의 사례일 뿐이다. 현재 크라우드슈어런스는 폭발적인 성장세에 놓여 있다. 예전에는 듣도 보도 못한 수많은 소액보험 상품(예를 들어 보트 수리를 위한 보험, 반려견을 위한 보험 등등)이 기획 단계를 벗어나 새롭게 모습을 드러내는 중이다. 우리가 역사 속으로 되돌아가 이 모습을 상상해본다면, 로이드의 커피숍을 자주 찾던 선원들이 칠판과 직접 보험료를 협상하고 다른 사람들은 자리에 앉아 조용히 커피를 즐기는 상황과 비슷할 것이다.

사후 관리가 아닌 사전 관리

1937년에 설립된 보험회사 프로그래시브 인슈어런스 Progress Insurance는 당시에는 누구도 생각지 못했던 고위험군 운전자 보험이라는 틈새시장을 공략하면서 사업을 시작했다.[12] 이 회사는 사명社名에서 잘 드러나듯 늘 첨단기술을 기반으로 조직의 경쟁력을 유지했다. 그들은 보험회사 최초로 웹사이트를 열었으며 고객들이 웹사이트를 통해 보험에 가입할 수 있게 만든 최초의 보험회사였다. 또 웹사이트에 고화질 동영상 콘텐츠와 인터넷 전화를 가장 먼저 도입했다. 또한 모바일 앱을 처음으로 개발해 고객이 모바일 환경에서 보험 상품을 구입하고 관리할 수 있게 만들었다.[13] 프로그래시브는 보험 산업의 현대화를 앞당긴 이 모든 발전 덕분에 미국에서 가장 수익성이 높은 기업 중 하나로 자리 잡았다. 그러던 2004년, 이 회사는 보험의 수익성에 관한 기존의 상식을 완전히 뒤엎는 혁명적인 보험 상품을 구상하기 시작했다.

물론 시작은 신중했다.

프로그래시브는 미네소타 주에 거주하는 고객들에게 '트립 센스'Trip Sense라는 연구 프로그램의 참가자로 지원해달라고 요청했다.[14] 비행기의 블랙박스와 비슷한 트립 센스 장비는 고객의 자동차에 설치되어 운행거리, 속도, 운행시간 등 세 가지 데이터를 수집했다. 프로그램에 참가한 고객들은 일정 기간 데이터 수집을 마친 장비를 프로그래시브에 반납하고 25달러의 수고비를 받았다.

2008년, 이 시범사업은 결국 회사의 주력 비즈니스로 자리 잡았다. '스냅샷'Snapshot이라는 이름으로 업그레이드된 새로운 블랙박스는 고객의 자동차에 설치되어 차량의 운행 속도를 1초 간격으로 측정했다. 그리고 이 정보를 바탕으로 두 개의 추가적인 데이터를 계산해냈다. 고객이 자동차를 운행한 총 거리와 '급브레이크 상황'의 빈도수, 즉 운전자가 길 위에 갑자기 나타난 고양이 따위를 피하기 위해 갑자기 브레이크를 밟은 횟수를 측정하는 데이터였다. 왜 이런 정보가 필요했을까? 스냅샷이라는 블랙박스에서 얻어진 데이터는 이 회사의 급진적인 아이디어를 실현시켜주는 역할을 했다. 가입자의 '운전 경력'이 아니라 '운전 습관'을 기반으로 자동차 보험의 요율을 결정하는 정책을 탄생시킨 것이다.

기술적 용어로 '가변적 가격전략'dynamic pricing이라 불리는 이 새로운 가격 정책은 소비자의 관점에 따라 블랙박스라는 '빅 브라더'의 감시하에 놓이는 일처럼 보일 수도 있을 것이다. 어쨌든 이 회사는 자동차 보험의 전통적인 가격 모델을 센서에서 측정된 데이터로 보험료를 결정하는 모델로 대체했다. 자동차의 속도, 브레이크 습관, 라디오 볼륨, 도로의 혼잡도 등 모든 요소가 요율에 영향을 미친다. 또 자동차 사용률(운행 시간이 줄면 보험료 인하), 운전 습관(제한속도 지속적 준수 여부), 자동차를 운행하는 시간대(밤 12시가 넘어 출퇴근을 하는지 여부)에 따라 보험료가 결정된다.

이런 트렌드는 최근 주택보험 분야에도 서서히 파급되는 추세다. 과거에는 주택보험의 요율이 보험 가입 시점에서 주택의 노후 상태에 따라 결정됐다. 하지만 주택 보험금 청구 요건의 30퍼센트 이상은 주택의 누수 피해로 인해 발생하고, 청구 시점도 가입 후 오랜 시간이 흐른 뒤가 대부분이다.[15] 요즘에는 보험회사가 가입자의 주택에 배관 내부의 온도를 측정하는 센서나 누수를 탐지하는 장비를 설치해서 사고가 터지기 한참 전부터 집주인에게 문제가 발생할 가능성을 미리 통보해준다.

최근에는 웨어러블 장비의 데이터에 힘입어 의료보험 업계에도 변화의 바람이 불고 있다. 이제 보험회사들은 가입자가 병에 걸린 후에 수선을 떨기보다는 사전에 예방할 방법을 찾을 수 있게 됐다. 건강한 생활습관을 지닌 고객은 보험료 절감 혜택을 받을 수 있겠지만, 이곳에서도 문제는 빅 브라더가 우리를 24시간 감시한다는 것이다. 담배 한 대만 몰래 피워도 보험료가 오를까? 채소를 더 먹으면 요율을 낮춰줄까?

맥킨지는 이런 인공지능 및 센서 기반의 보험을 표현하기 위해 '살아가는 방식대로 지불하기'pay-as-you-live라는 용어를 만들어냈다.[16] 전통적인 보험회사의 역할이 문제의 '탐지 및 복구'였다면, 요즘에는 '예측 및 예방'으로 바뀌고 있는 것이다. 보험료는 고객이 선택한 삶의 방식에 따라 자동으로 오르내린다. 2030년이 되면 고객의 보험금 청구를 처리하는 직원의 숫자가 70~90퍼센트 줄어들고 처리 시간도 현재의 몇 주에서 몇 분으로 단축될 것이 분명하다.[17] 그리고 미래의 보험회사는 사회의 건강을 최전선에서 지키는 보호자의 역할을 수행할 것이다. 그 옛날 로이드 커피숍과 칠판으로 대표되던 시대와는 사뭇 다른 모습이다.

'돈 비즈니스'에 부는 변화의 바람

상파울루, 홍콩, 뉴욕 같은 대도시의 스카이라인을 생각해보라. 그 수 많은 건물 중에서 가장 높고 으리으리한 빌딩들은 대개 보험회사나 금융 기관의 소유다. 왜 그럴까? 아마 미국의 유명한 은행 강도 윌리 서튼Willie Sutton이 은행을 턴 이유와 비슷할 것이다. "사람들이 돈을 보관하는 곳이 니까."

앞에서 보험 이야기를 했으니, 이제 은행과 금융 분야로 대화의 초점 을 옮겨보자. 소위 '돈의 비즈니스'를 기반으로 하는 이 두 산업 역시 기 술의 기하급수적 발전에 따라 엄청난 변화를 겪고 있다. 우리는 앞에서 크라우드펀딩, ICO, 벤처캐피털, 국부펀드 등을 살펴보며 이 혁신의 일 부를 조금 다룬 바 있다. 그 외에 이 분야에서 어떤 일이 일어나고 있는지 알아보기 전에, 간단한 질문을 하나 해보자.

우리는 돈으로 무슨 일을 하는가?

물론 은행에 저축을 한다. 그리고 돈을 여기저기 이동시키기도 한다. 기업 간에도 돈을 주고받고 개인들도 서로 돈을 빌리거나 빌려준다. 돈 을 더 불리기 위해 투자도 한다. 또 조개껍질이 화폐를 대신하던 시절부 터 돈의 가장 중요한 기능은 물건을 구입하는 것이었다. 하지만 이제 기 하급수적으로 발전하는 기술들의 융합에 따라 돈의 이 모든 역할이 새롭게 재창조되고 있다. 비트와 바이트가 달러와 센트를 대체하면서, 경제라는 게임과 우리 삶의 방식이 과거와는 전혀 다른 모습으로 변하고 있는 것이다.

굿머니: 정반대 방식의 은행 비즈니스

거나 러브레이스Gunnar Lovelace는 가난했다. 캘리포니아에 거주하는 미혼모의 손에서 자라난 그는 가족들이 '음식과 돈'이라는 삶의 기본적인 욕구를 채우기 위해 안간힘을 쓰던 어린 시절을 잊지 않았다.[18] 성인이 된 후 사업가로 변신한 러브레이스는 기술과 패션 분야의 몇몇 스타트업을 설립해 성공했으며, 여기서 얻은 수익을 스라이브 마켓 Thrive Market이라는 네 번째 벤처기업에 쏟아붓고 사람들의 음식 문제를 해결하는 일에 뛰어들었다.[19]

분명한 사회적 목표를 지향하는 기업 스라이브 마켓은 친환경 포장재, 쓰레기 없는 배송, 무독성 재료 등을 바탕으로 900만 명에 달하는 고객의 집집마다 저렴한 가격에 고품질 유기농 식품을 배송해준다. 하지만 스라이브는 어린 시절 러브레이스를 괴롭혔던 '음식'의 문제를 해결해주었을 뿐 아직 '돈'의 문제를 풀어내지는 못했다. 그래서 그가 설립한 다섯 번째 회사가 바로 굿머니Good Money였다. 스라이브처럼 철저한 사회적 가치에 기반을 둔 이 회사는 전통적인 은행들이 돈을 보관하던 방식에 혁신을 몰고 왔다.[20]

오늘날 사람들은 자신이 소유한 돈을 대부분 은행에 맡긴다. 하지만 이는 경제적 특권을 지닌 금융기관에게 착취를 당하는 일이나 다름없다. 우리가 1년 동안 은행에 지불하는 금융 수수료는 한 사람당 360달러가 넘는다. 대형 은행들은 당좌 계좌의 초과인출 수수료만으로 연평균 300억 달러를 벌어들인다.[21, 22] 하지만 진정한 문제는 은행들이 고객의 돈으로 무엇을 하느냐는 것이다.

은행은 우리가 맡긴 돈으로 투자를 한다. 많은 이익을 남길 수 있다면 어디든 가리지 않는다. 그중에는 고객이 추구하는 도덕적 가치와 상반된 프로젝트들도 종종 존재하기 마련이다. 예를 들어 웰스 파고Wells Fargo 은행은 환경 파괴 문제로 몸살을 앓았던 다코타 송유관 사업에 돈을 투자했다는 사실이 드러나면서 수많은 고객을 잃었다.[23] 요컨대 은행에 적립된 고객들의 돈은 우리에게 유익하지 않은 정도를 넘어 실제로 우리 자신에게 해롭게 사용될 수도 있다.

하지만 굿머니는 은행과 정반대 방식으로 비즈니스를 한다. 일종의 모바일 지갑인 굿머니는 사용자의 스마트폰을 통해 일반 화폐와 암호화폐를 모두 관리한다. 이 프로그램을 사용하면 어떤 현금인출기에서도 연회비 없이 돈을 찾을 수 있고 맡긴 돈에 대해서는 은행보다 수백 배 높은 이자율의 혜택을 얻을 수 있다. 또한 굿머니에 돈을 저축하고 회사의 지분을 대신 받음으로써 이 회사의 주인이 되는 일도 가능하다. 굿머니는 수익의 50퍼센트를 임팩트 투자impact investment(수익을 추구하는 동시에 사회나 환경문제 해결을 목적으로 하는 투자 방식—옮긴이)에 투입하거나 자선단체에 기부한다.

굿머니는 이런 전략을 바탕으로 가치 지향적 기업을 선호하는 사람들 그리고 초과인출 수수료를 지불할 형편이 되지 않거나 신용하락 때문에 전통적 은행 시스템에서 밀려난 4,000만 명의 미국인을 목표 고객으로 삼는다. 하지만 세계에서 가장 큰 모바일 금융 시장은 은행이 없어서 돈을 보관할 장소를 찾지 못하는 수많은 사람일 것이다.

가난한 나라에서는 은행을 짓고 관리하는 데 들어가는 돈이 은행이 창출하는 가치를 초과한다. 하지만 바로 이 대목에서 경제학의 원리가 거꾸로 된 듯한 모습이 나타난다. 오늘날 은행 계좌가 없는 사람들은 전 세계적으로 20억 명이 넘지만 그들 대부분이 휴대전화를 사용하고 있는 것이다.[24] 이동통신 회사 보더폰Vodafone의 임원 닉 휴즈Nick Hughes는 바로 이런 현실에 착안해 경제 역사상 가장 해결이 어려웠던 문제, 즉 서민을 위한 소액금융 문제를 해결하기 위해 나섰다.

엠페사: 21세기형 물물교환

지난 2002년, 보더폰의 닉 휴즈는 지속가능 개발을 위한 세계정상회의World Summit for Sustainable Development에서 인류의 위기에 대한 프레젠테이션을 했다.[25] 하지만 그가 발표 도중 참석자들에게 제안한 목표는 실현이 쉽지 않아 보였다. 대기업들을 설득해서 가난한 나라를 도울 수 있는 획기적 아이디어 개발에 필요한 연구 자금을 마련하자는 것이었다. 그런데 영국 정부의 국제개발부Department for International Development, DFID에서 참가한 관리 하나가 휴즈에게 다가와 예상치 못한 제안을 했다.

당시 아프리카 국가들의 휴대전화 사용률에 관심을 보이고 있던 DFID는 현지 주민들이 휴대전화 사용시간 쿠폰을 마치 현금처럼 물건을 사고파는 데 이용한다는 사실을 알게 됐다. 그들은 이런 현상에서 일말의 가능성을 발견하고, 아프리카 주민들을 위한 빈곤 탈출 프로젝트에 100만 달러를 투자할 의사를 밝혔다. 만일 보더폰이 비슷한 금액을 함께 투자한다면 DFID 역시 시범사업에 자금을 지원하겠다는 것이었다.

은행을 이용하지 못하는 사람들이 처하는 가장 큰 문제는 돈을 빌릴 곳이 없다는 것이다. DFID와 보더폰이 최초로 시행한 시범사업은 그런 사람들을 위한 소액금융 프로젝트였다. 현지 주민들에게 소, 오토바이, 재봉틀 등을 구입할 수 있는 소액의 대출금(즉, 소규모 자영업을 시작하는 데 필요한 돈)은 빈곤의 악순환에서 벗어날 출발점이 되기에 충분했다. DFID는 돈을 빌린 주민이 휴대전화 사용시간 쿠폰으로 대출금을 상환할 수 있도록 하는 방법을 고안해내고, 이런 프로그램이 절실한 여러 아프리카 국가에서 많은 사업가가 등장하기를 기대했다.

이 협업의 결과물이 바로 엠페사M-Pesa였다.[26] 2007년 케냐에서 첫선을 보인 이 모바일 금융 서비스는 은행이나 현금인출기가 아닌 '사람'이라는 전통적인 기술에 의존해서 금융거래를 처리하는 방식이다. 개별 에이전트는 각 지역의 시장에서 휴대전화의 사용시간 쿠폰을 주민들에게 판매하고 그 대가로 돈이나 기타 물건을 받는다. 고객이 자신의 SIM 카드에 쿠폰을 입력하고 전화기에 삽입하면 휴대전화 사용시간은 현금으로 바뀐다. 그러면 이 현금을 문자 메시지를 통해 다른 사람에게 보낼 수도 있다.

소액대출 프로그램이 사람들에게 가장 큰 도움을 준 대목은 바로 송금이었다. 이제 도시의 노동자는 은행 수수료 없이도 시골의 친척에게 돈을 보낼 수 있게 됐다. 웨스턴유니언 같은 대기업이 떼어가던 12퍼센트의 수수료를 절약하게 되었을 뿐만 아니라, 버스 운전사에게 돈이 든 봉투를 부탁하고 목적지에 잘 전달되기만 바라던 옛날 방식에서도 비로소 벗어날 수 있게 된 것이다.[27]

엠페사는 서비스 개시 8개월 만에 케냐에서 100만 명 이상의 사용자를 끌어 모았다. 오늘날에는 거의 전 국민이 이 서비스를 이용한다. MIT 의 연구에 따르면 현지 주민들에게 기초적인 금융 서비스를 제공한 엠페 사 덕분에 케냐의 인구 중 2퍼센트가 넘는 사람들이 극도의 빈곤 상태에 서 구제됐다고 한다.[28, 29]

케냐뿐만이 아니다. 오늘날 엠페사는 전 세계 10개국의 3,000만 명에 게 금융 서비스를 제공한다.[30] 부패가 만연한 국가에서는 부정한 돈이 오 가는 일을 방지하는 수단으로 이 서비스를 사용하기도 한다. 아프가니스 탄에서는 군인들에게 엠페사로 월급을 주고, 인도는 연금을 엠페사로 지 급한다. 이런 서비스는 세계 각지에 다양하게 존재한다.

방글라데시에서는 2,300만 명의 사용자가 비캐쉬bKash라는 모바일 금 융 서비스를 사용한다. 또 중국의 알리바바가 내놓은 알리페이Alipay는 사 용자가 무려 10억 명에 육박한다.[31, 32] 알리페이도 굿머니처럼 사회적 공 익을 선도하는 세력으로 바뀌는 중이다. 5억 명이 넘는 중국인이 이 회사 에서 출시한 '앤트 포레스트'Ant Forest라는 게임을 즐긴다. 이 게임 사용자 는 자신이 생활 속에서 환경친화적 결정(운전하는 대신 걷고, 온라인으로 공 공요금을 지불하고, 대중교통을 이용하고 등등)을 내릴 때마다 점수를 얻는다. 그리고 그렇게 쌓인 점수는 실제 세계에서 나무를 심는 데 이용된다. 현 재 중국 전역에서 폭발적인 인기를 끌고 있는 이 게임 덕분에 이미 100 만 그루의 나무가 심어졌다고 한다.[33]

한 가지 중요한 사실은 개발도상국에서 시작된 발전으로 인해 전 세계 의 기술적 흐름이 역행하는 현상이 발생하고 있다는 점이다. 그동안 최 첨단 아이디어들은 대부분 미국 서해안의 실리콘밸리에서 탄생해 동쪽 해안으로 이동했다. 그리고 다시 유럽으로 건너간 뒤 나머지 세계로 퍼져나갔다. 하지만 이제 이 과정이 역전되고 있다. 개발도상국에서 발생한 파괴적 혁신의 물결이 오히려 선진국으로 밀려들고 있는 것이다.

그리고 그 물결은 갈수록 거세진다. 경제라는 생태계에서 가장 중요한 요충지를 차지한 조직은 바로 은행이다. 돈의 흐름과 관련된 기반시설은 모두 은행의 소유다. 돈을 한 푼이라도 이동시키려는(빌려주고, 송금하고, 기부하려는) 모든 사람은 은행이 수행하는 믿을 만한 중앙 저장소의 역할을 반드시 필요로 한다. 하지만 블록체인은 이 등식을 바꿔놓았다.

블록체인은 신뢰성을 보장할 수 있는 기능이 내장된 시스템이기 때문에 중개인을 필요로 하지 않는다. 주식 거래를 예로 들어보자. 오늘날 주식을 사고파는 과정에는 매수자, 매입자, 그들의 돈을 보관하는 은행, 주식거래소, 어음교환소를 포함해 적게 잡아도 10여 개의 중간 단계가 개입된다. 하지만 블록체인은 매수자와 매입자를 제외한 모든 것을 없애버리고 나머지는 기술의 손에 맡긴다.

이제 대부분의 대형 은행도 블록체인 사업에 뛰어들어 마지막 한 조각의 파이를 차지하기 위해 애쓰는 모양새다. 하지만 그들보다 훨씬 빠른 행보를 보이는 수천 개의 블록체인 기반 스타트업은 은행의 미래에 악몽을 선사한다. 개발도상국에서 벌어진 기술적 혁신이 선진국의 경제구조에 영향을 미치는 대표적 사례는 R3와 리플Ripple이라는 두 스타트업에서 찾아볼 수 있다. 두 회사는 모두 국제적 은행 거래의 표준 규약인 스위프트SWIFT 네트워크를 블록체인으로 대체하는 서비스를 제공한다.[34, 35, 36]

이렇듯 파괴적 혁신의 진행 방향이 역전되는 현상은 쉽게 멈출 것 같지 않다. 지구상에서는 향후 10년 동안 40억 명의 인구가 새롭게 인터넷을 사용하리라 예상된다.[37] 그들 모두에게 기초적인 금융 서비스가 필요하다는 점에서, 우리 앞에 놓인 기회는 실로 어마어마하다고 할 수 있다. 한때 불가능해 보였던 닉 휴즈의 꿈은 융합기술 덕분에 현실화의 가능성을 나날이 높이는 중이다. 은행을 제외한 세상의 모든 사람이 새로운 금융 서비스의 혜택을 마음껏 누릴 날도 머지않았다.

핀테크: 인공지능의 습격

'핀테크'Fintech는 기술의 융합을 의미하는 용어이자 새로운 금융 서비스의 이름이기도 하다. 네트워크와 모바일 앱에서 시작된 이 기술은 인공지능과 블록체인을 통해 급격히 발전하면서 전 세계의 부를 재분배하는 역할을 수행 중이다. 말하자면 스마트폰으로 무장한 의적 로빈 후드가 은행들로부터 현금을 빼앗아 고객들에게 돌려주고 있는 셈이다.

수많은 고객이 돈 앞에서 고민에 빠져 있는 세상의 모든 곳에 핀테크의 기회가 존재한다. 트랜스퍼와이즈TransferWise라는 스타트업은 그런 시류를 타고 설립된 기업이다.[38] 이 회사는 요즘 유행하는 데이트 앱을 외화 환전 시장에 도입해서, 일례로 페소를 달러로 바꾸고 싶어 하는 고객과 달러를 페소로 환전하고자 하는 고객을 연결하는 매칭 서비스를 제공한다. 데이트 상대를 연결하는 일보다 환전 고객을 주선하는 일이 훨씬 쉽다는 점을 고려하면 이 회사가 설립 5년 만에 10억 달러의 기업 가치를 인정받은 것도 무리가 아니다.

네트워크와 모바일 앱에 기반을 둔 트랜스퍼와이즈는 최근 무서운 기세로 금융 시장을 강타하는 핀테크 기술의 대표적 사례 중 하나다. 혁신의 물결이 더욱 거세지는 이유는 무엇보다 인공지능의 역할 때문이다. 예전에는 "친구, 내게 1달러만 빌려주지 않겠어?"라고 말하는 것이 개인과 개인 사이에 발생하는 대출 계약의 전부였다. 하지만 친구가 돈을 갚는 경우가 거의 없다는 사실을 감안하면, 전통적으로 이는 매우 위험도가 높은 거래 방식이었다. 그리고 금액이 커질수록 문제는 더욱 심각해진다. 마을이 읍내가 되고, 읍내가 도시가 되고, 도시가 점점 팽창하면서 이웃 간의 신뢰는 추락한다. 그러면서 은행 같은 중개인이 들어설 자리가 생기는 것이다. 그들은 사람들 사이의 신뢰도를 수치화해서 대출 여부를 결정하는 방정식에 적용한다.

하지만 충분한 데이터가 존재한다면 굳이 신뢰도를 계산할 필요가 있을까?

수많은 사람이 인공지능을 기반으로 금융 정보를 공유하고 공동으로 위험을 부담하는 개인 대 개인 금융 시장을 '크라우드랜딩'crowdlending이라고 부른다. 프로스퍼 Prosper, 펀딩서클Funding Circle, 랜딩트리Lending Tree 같은 기업으로 대표되는 이 시장의 규모는 2015년의 261억 6,000만 달러에서 2024년에는 8,978억 5,000만 달러로 급증하리라 예상된다.[39, 40, 41, 42]

스마트 파이낸스 그룹Smart Finance Group은 또 다른 사례다. 지난 2013년 중국에서 은행 계좌가 없거나 은행 서비스를 제대로 받지 못하는 엄청난 인구를 대상으로 시작된 이 금융 서비스는, 사용자의 개인정보(소셜미디어 데이터, 스마트폰 데이터, 교육 및 직장 경력 등)를 인공지능으로 검토해 실시간으로 신용 점수를 계산해낸다. 그리고 이 데이터를 바탕으로 사용자들의 개인 간 금전 거래나 은행 계좌가 없는 사람들을 위한 소액대출을 8초 만에 승인한다. 이 서비스의 성과는 그 엄청난 사용률을 보면 바로 알 수 있다. 현재 스마트 파이낸스를 통해 이루어지는 대출은 월평균 150만 건에서 200만 건에 달한다.[43]

인공지능은 투자의 영역에서도 막강한 영향력을 발휘한다. 전통적으로 투자라는 게임이 부자들의 전유물이었던 이유는 이 게임의 승패를 좌우하는 요인이 바로 데이터였기 때문이다. 그동안 최고의 투자 데이터는 주로 자산관리 전문가들의 몫이었다. 하지만 그들을 통해 데이터에 접근할 수 있는 사람은 오직 부자들뿐이다. 입맛 까다로운 자산관리 전문가들은 수십만 달러 규모 이상의 투자만 취급한다. 대형 투자자보다 소규모 투자자를 상대하는 데 오히려 더 많은 시간이 소요되기 때문이다.

그러나 인공지능은 이 분야에서도 우리에게 공평한 경쟁의 기회를 제공한다. 웰스프런트Wealthfront나 베터먼트Betterment 같은 로봇 재무상담 기업은 수많은 일반인을 대상으로 자산관리 서비스를 제공한다.[44, 45] 고객이 앱을 통해 투자위험 감수도, 투자 목표, 은퇴 후의 계획과 같은 기본적인 질문에 답하면 컴퓨터 알고리즘이 나머지 일을 알아서 처리한다.

사실 알고리즘이 이 분야의 일을 시작한 지는 꽤 오래됐다. 현재 시장에서 이루어지는 투자 거래 중 60퍼센트는 컴퓨터를 통해 이루어진다. 시장 변동성이 커지면 이 비율이 90퍼센트까지 치솟기도 한다.[46, 47] 로봇 상담사의 임무는 모든 고객을 대상으로 자산관리 프로세스를 제공하고 고객의 돈을 절약해주는 것이다. 중간에 사람들이 끼어들지 않으니 상담 수수료는 저렴할 수밖에 없다. 인간 자산관리 전문가가 투자 금액의 2퍼센트 정도를 받는 데 비해 컴퓨터 상담사에게 지불되는 돈은 0.25퍼센트를 넘지 않기 때문이다.[48] 이 서비스에 대한 투자자들의 반응은 폭발적이다. 2019년 1월 현재 웰스프런트가 운용 중인 자산의 규모는 110억 달러에 달하며, 베터먼트도 140억 달러가 넘는 돈을 움직인다.[49, 50] 현재 로봇 상담사들이 담당하는 거래는 미국에서 발생하는 전체 투자의 1퍼센트에 불과하지만, 시장 조사기관 비즈니스 인사이더Business Insider에 따르면 2022년에는 이 금액이 4조 6,000억 달러까지 치솟을 거라고 한다.[51]

이제 돈의 역할 중 물건을 구매하는 기능에 대해 살펴볼 차례다. 하지만 이 분야에서 벌어지고 있는 변화는 이미 우리에게 익숙하다. 도로의 톨게이트에서 마지막으로 동전을 떨어뜨려본 적이 언제인가? 택시를 타고 현금으로 계산을 해본 적은? 요즘에는 우버나 리프트 같은 차량공유 서비스를 이용하면 지갑 없이도 도시를 돌아다닐 수 있다. 거기에 아마존 고 같은 무인매장과 우버 이츠 등의 음식 배달 서비스가 속속 등장하면서 이제 현금 없이 세상을 살아가는 일이 새로운 표준으로 바뀌는 추세다.[52]

덴마크는 2017년 이후로 신규 화폐를 발행하지 않는다. 인도는 2016년 자국의 모바일 금융 시장을 확대하고 비정규 유통 시장을 억제하기 위해 86퍼센트의 현금을 회수했다. 베트남은 2020년까지 국내 소매업 거래의 90퍼센트를 무현금 기반으로 만들겠다는 계획을 추진 중이다. 스웨덴에서는 이미 모든 상거래의 80퍼센트가 디지털 기반으로 이루어지기 때문에 이 나라가 완전한 무현금 경제에 돌입하는 것은 시간문제다.[53, 54, 55, 56]

경제학자들은 경제적 성장을 견인하는 두 가지 동력이 '돈의 가용성'(쓸 돈을 충분히 쌓아놓은 경제력)과 '돈의 이동 속도'(돈을 쉽고 빠르게 이동시킬 수 있는 능력)라고 말한다. 오늘날 이 두 가지 동력은 기하급수적으로 발전하는 기술들로 인해 갈수록 힘을 얻고 있다. 그리고 이로 인해 도시의 스카이라인을 지배하는 대형 부동산의 주인이 급속도로 바뀌는 결과가 빚어지고 있다. 이왕 부동산 얘기가 나왔으니 말이지만, 도시의 스카이라인이 달라지는 일은 이 시장에 밀어닥치고 있는 변화의 시작에 불과하다.

중개인 없는 부동산 중개

부동산 이야기를 시작하기 위해서는 지난 2008년의 금융 위기를 언급하지 않을 수 없다.[57] 당시 대형 은행과 보험사라는 두 참가자의 방만한 경영으로 인해 온 나라가 극도의 혼란에 빠졌다. 그중에서도 부동산 산업은 특히 큰 타격을 받았다. 시장에서 밀려난 저소득층 시민들은 끝없는 추락을 계속했다. 주택 시장이 붕괴되면서 경제 상황은 악화일로를 걸었으며 모든 사람이 극도의 경제적 곤경 속에 신음했다. 그런 판국에 글렌 샌포드Glenn Sanford가 부동산 회사를 설립하겠다고 나선 것은 미친 짓이나 다름없었다.[58]

하지만 이 회사는 가장 적절한 시기에 설립됐는지도 모른다. 샌포드는 모든 기업이 간접비 상승과 급격한 매출 하락에 시달리는 상황 속에서 부동산 회사 입장에서는 너무나 당연한 과정을 생략해버렸다. 바로 사무실을 내는 일이었다. 그는 물리적인 사무실을 갖추지 않은 세계 최초의 클라우드 기반 부동산 중개 회사 이엑스피 리얼티eXp Realty를 설립했다.[59]

샌포드는 버벨라VirBELA라는 가상 세계 플랫폼을 바탕으로 사용자들에게 완벽한 몰입감을 제공하는 대규모의 가상 캠퍼스를 구축했다. 오늘날 이엑스피 리얼티에는 미국의 50개 주, 캐나다의 세 개 주 그리고 전 세계 400여 부동산 시장에 존재하는 1만 6,000개의 부동산 중개 회사들이 입

주해 있다. 물론 물리적 사무실은 단 한 개도 없다.[60, 61]

부동산 중개업자와 관리자는 사무실에 일하러 나가는 대신 집에 앉아 업무를 본다. 그리고 가상현실 헤드셋이나 랩톱 컴퓨터를 이용해 로비, 도서관, 회의실, 운동장 등이 다양하게 갖춰진 이엑스피 리얼티의 가상 캠퍼스에 모여 일한다. 샌포드는 6억 5,000만 달러에 달하는 이엑스피 리얼티의 시가총액 중 최소 1억 달러 이상은 시설투자 비용이나 간접비 절약 효과에 대한 시장의 평가가 반영된 금액이라고 믿는다.[62]

샌포드가 부동산 산업의 재창조라는 획기적인 성과를 거둘 수 있었던 비결은 컴퓨팅, 네트워크, 가상현실 같은 다양한 융합기술 덕분이었다. 거기에 인공지능, 3D 프린팅, 자율주행차, 비행 택시, 해상 도시 같은 기술들이 가세하면서 과거 부동산 산업에 존재하던 모든 요소는 걷잡을 수 없이 급속한 변화를 겪고 있다. 그중 하나가 샌포드조차 손대지 못했던 이 산업의 필수 요소, 바로 부동산 중개인이다.

잘 가요, 중개인들

우리는 살아가면서 한 번쯤 자신의 집을 구매할 기회를 얻기 마련이다. 이는 인생 전체를 통틀어 가장 크고 중요한 의사결정일 것이다. 그 정도로 큰돈을 치르는 일도 생전 처음일 테고, 그 과정에서 많은 두려움이나 우려의 감정도 느낄 것이다. 그런데 미래에는 인공지능이 이 어렵고 긴장감 넘치는 의사결정의 과정을 어떻게 도울 수 있을까?

사실 인공지능이 부동산 구매의 의사결정을 지원한 지는 꽤 오래됐다. 질로우Zillow, 트룰리아Trulia, 무브Move, 레드핀Redfin을 포함한 많은 부동산 기업은 이미 이 기술을 도입하는 데 수백만 달러를 투자했다.[63, 64, 65, 66, 67]

그 결과 이 회사들은 과거 어느 때보다 쉽고, 빠르고, 정확하게 부동산 검색, 평가, 컨설팅, 관리 등의 업무를 수행한다. 투자자들 역시 부동산 매물에 대한 정보, 월세, 입주율, 지역 학교 현황 같은 일반적인 데이터뿐만 아니라 사용자 클릭 통계, 인공위성 이미지, 지리 위치 추적 자료 같은 첨단 정보를 바탕으로 전문가 못지않은 분석 능력을 발휘할 수 있게 됐다. 오늘날 부동산 산업에서도 다른 산업과 마찬가지로 치열한 인공지능 군비경쟁이 벌어지는 이유는 이곳에서도 더 좋은 데이터를 확보한 기업이 시장을 지배할 수 있기 때문이다.

만일 인공지능이 부동산 조사를 대신할 수 있다면 이 기계가 부동산 중개 업무를 해내지 못할 이유가 무엇일까? 더 구체적으로는 인공지능, 가상현실, 센서 등의 융합기술이 중개인의 역할을 대체할 수 없을까?

미래의 개인 인공지능 비서가 수행할 임무 중 하나는 특정 분야에 대한 주인의 선호도를 24시간 추적하는 일일 것이다. 이런 비서가 있는데도 굳이 낯선 중개인에게 부동산 구매를 맡길 필요가 있을까? 인공지능은 그동안 수집한 데이터를 바탕으로 당신 자신보다 당신을 더 정확하게 파악하고 있을 것이다. 당신이 소파에 편히 앉아 가상현실 헤드셋을 쓰고 부동산 매물을 검색하고 인공지능 비서의 도움을 받아 물건의 구입을 결정하는 것은 결코 까마득히 먼 미래의 일이 아니다. 당신이 애플의 시리에게 원하는 부동산 매물의 요건을 이렇게 말하는 모습을 상상해보라. "현대식 상업용 건물의 높은 층. 콘크리트 바닥재. 홀푸드Whole Foods 슈퍼마켓과 가까운 곳." 부동산 전용 인공지능 프로그램이 이 기준에 맞는 다양한 매물을 골라 당신에게 제시하면 당신은 가상현실 헤드셋을 쓰고 연중무휴 아무 때나 원하는 장소를 둘러볼 수 있을 것이다.

부동산을 파는 사람은 인근 지역뿐 아니라 지구 반대편의 구매자와 거래를 할 수도 있게 될 것이다. 반면 부동산 구매자에게는 가상현실 헤드셋을 착용하고 매물을 돌아보는 일 자체가 인공지능을 훈련시키는 과정이다. 첨단의 안구 추적 소프트웨어는 당신의 시선을 놓치지 않고 관찰하고, 음성 인식 알고리즘은 당신의 대화에서 특정 대상에 대한 호감과 혐오의 감정을 분석해낸다. 당신의 선호도 목록에 이런 개인 데이터가 추가된다면 주인에게 적합한 물건을 추천할 수 있는 인공지능 비서의 능력은 갈수록 강화될 것이다.

이 집의 거실에 파란색 페인트를 칠하면 어떤 모습일까? 문제없다. 가상현실 프로그램은 바닥재, 벽지, 채광 같은 변수를 반영해 즉석에서 다양한 환경을 만들어낸다. 가상현실 속의 집에 내가 현재 사용 중인 가구들을 배치해보고 싶다면? 최첨단의 인공지능 기술은 당신이 이미 소유한 가구, 미술품, 책 등의 데이터를 수집해 이 물건들을 가상 공간에 즉시 배치해볼 수 있게 해줌으로써 과거에는 상상도 하지 못했던 생생한 시뮬레이션을 가능하게 만들어준다. 요컨대 인공지능 기반의 가상현실 부동산 플랫폼은 시장에 존재하는 모든 매물을 탐색하고 마음껏 리모델링할 수 있는 기능을 통해 당신이 꿈꿔왔던 집을 눈앞에 현실화시켜줄 것이다.

무용지물이 되는 노른자 땅

부동산 종사자들의 오래된 주문 중 하나는 "입지, 입지, 입지"일 것이다. 하지만 그에 못지않은 또 하나의 핵심 좌우명은 "근접성, 근접성, 근접성"이다. 일례로 당신이 거주하는 집의 가치는 그곳이 쇼핑 중심가, 학교, 일터, 식당, 친지들의 거주지 등과 같은 장소에서 얼마나 가까운가에 따라 결정된다. 하지만 향후 10년 안에 교통수단의 획기적 혁신이 이루어진다면 '여기'에서 '저기' 사이의 거리를 평가하는 기준은 과거와 전혀 달라질 것이다. 다시 말해 자율주행차, 비행자동차, 하이퍼루프 같은 교통수단이 현실화됐을 때, 세상에는 어떤 일이 벌어질까?

예컨대 당신이 라스베이거스에서 로스앤젤레스까지 하이퍼루프로 30분 만에 통근이 가능하고, 버몬트에서 보스턴까지 비행자동차로 단숨에 날아갈 수 있고, 버지니아 주의 외딴 지역에서 워싱턴 D.C.까지 우버의 자율주행 택시로 한 시간에 주파가 가능하다면, 도시에 비해 반값에 불과한 돈으로 저 멀리 떨어진 시골에 2배 정도 큰 집을 사지 않을 이유가 무엇일까? 게다가 통근 시간은 수면, 명상, 대화 등등 자신이 원하는 어떤 용도로도 활용이 가능할 것이다. 다시 말해 예전에는 인기가 없었던 지리적 위치가 누구나 쉽게 오갈 수 있는 장소로 바뀜에 따라 모든 사람이 근접성의 혜택을 누릴 수 있게 될 것이다.

이런 추세에 따라 향후 10년 안에는 소위 '노른자위 부동산'에 대한 정의 역시 완전히 달라질 것이다. 하지만 이는 단지 여기와 저기 사이의 거리에 대한 개념이 바뀌는 정도가 아니라 아예 새로운 '여기'를 더 많이 만들어내는 일을 의미할 수도 있다. 그런 시도 중 하나가 바로 해상 도시다.

해상 도시는 해수면 상승, 인구 폭발, 생태계 파괴 같은 현대인들의 문제에 하나의 대안으로 제시되고 있는 해결책이다. 지구온난화의 위협 앞에 놓인 전 세계 500여 개 해안 도시의 시민들은 홍수, 쓰나미, 태풍 같은 자연재해로부터 안전한 삶을 절실히 원한다. 사실 세계 인구의 40퍼센트는 이미 바다에서 멀리 떨어지지 않은 곳에 거주한다.[68, 69] 그러므로 해상 도시의 건설이 본격적으로 이루어진다면 예전에는 존재하지 않았던 새로운 형태의 '노른자위 부동산'이 수없이 생겨날 것이다.

해상 도시의 개념은 처음에 사람들의 거센 저항을 불러일으켰다. 그러나 기후변화에 대한 위기감이 고조되던 2019년, 국제연합UN은 이 기술을 다시 검토해볼 필요가 있다고 결론 내렸다. 현재 그들이 고려하고 있는 아이디어 중 하나는 타히티 출신의 기업가 마크 콜린스Marc Collins와 이타이 마다몸베Itai Madamombe가 설계한 오셔닉스 시티Oceanix City라는 무無폐기물 및 고효율 에너지 기반의 해상 도시다. 커다란 원 안에 육각형의 섬들이 여러 개 밀집된 구조로 디자인된 이 도시는 1만 8,000제곱미터의 섬 하나에 300명 정도가 거주할 수 있다. 만약 30만 제곱미터 넓이의 도시 전체가 완성되면 1만 명 이상을 수용하는 일이 가능하다.[70]

두 번째는 샌프란시스코에 소재한 시스테딩 연구소Seasteading Institute가 프랑스령 폴리네시아 해안에서 실험 중인 해상 도시다. 떠 있는 섬Floating Island 프로젝트라고 불리는 이 사업은 미래의 해상 도시를 만들기 위한 일종의 시범 플랫폼이다. 40만 제곱미터 넓이의 해안 지역에 거주자들을 위한 특별 경제 지구를 건설하는 이 프로젝트에서는 2021년경까지 10여 개의 구조물이 세워질 예정이다.[71, 72]

해상 도시를 어디에 건설하든 문제의 핵심은 그곳에 지속가능한 환경을 조성하는 일이다. 이곳에서는 바닷물을 정제해서 식수를 공급하고, 온실이나 수직농장vertical farm(도심의 고층건물을 농경지로 활용하는 농경 시스템—옮긴이), 양식장 등에서 먹거리를 얻고, 태양광, 풍력 및 조력발전 등을 통해 생산된 에너지를 활용하게 될 것이다. 또한 전기보트나 비행자동차가 거주자들을 육지로 통근시켜줄 것이며 보다 먼 미래에는 아예 그럴 필요조차 없는 날이 올 것이다. 드론이 필요한 물품들을 배달해주고 아바타를 이용해 업무 회의에 참석할 수 있다면 섬을 떠나지 않아도 될 테니까.

융합기술은 부동산 산업의 거의 모든 요소를 소멸화, 무료화 그리고 대중화하고 있다. 부동산 대기업들의 기반시설은 점점 가상화되는 추세며, 부동산 중개인이 사라질 날도 머지않았다. 게다가 위치와 근접성이라는 이 산업의 두 기둥조차 향후 10년이 가기 전에 거침없는 무료화의 흐름 위에 놓이리라 예상된다. 오늘날 극히 일부의 특권층에게만 허락된 노른자위 부동산도 미래에는 대다수가 저렴한 가격에 구입할 수 있게 될 것이다.

이렇듯 부동산에서 이루어지는 변화와 금융 및 보험 산업의 혁신이 합쳐지면서, 우리는 도시의 스카이라인과 비즈니스의 본질이 급변하는 모습을 목격하고 있다. 이런 과정이 가속화되고 저렴해지고 중개인마저 사라지면서 모든 사람이 이 발전의 혜택을 누릴 수 있게 된다면 어떨까? 역사상 가장 큰 부를 창출해냈던 세 가지 엔진이 전면적인 재창조의 국면으로 돌입하게 될 것이다. 이것 역시 미래가 당신의 생각보다 훨씬 빨리 들이닥치게 될 이유 중의 하나이기도 하다.

CHAPTER 12

음식을
프로그래밍하다

음식과 만난 과학

2030년, 문득 시장기를 느낀 당신은 최근 폭발적인 인기를 끌고 있는 하이브리드 요리에 마음이 끌린다. 인공지능 비서는 당신의 음식 취향, 필요한 영양소, 일정 등을 모두 감안해 몇 가지 요리를 제안한다. 내일은 당신이 서핑을 나가기로 한 날이기 때문에 여분의 칼로리를 조금 축적해 두는 일도 그리 나쁜 생각은 아닐 듯하다. 오늘의 선택은 아시아 스타일과 이디시Yiddish(중부 및 동부유럽 출신 유대인들을 뜻함―옮긴이) 스타일이 합쳐진 퓨전 요리다. 하지만 이런 하이브리드 음식을 시도해본 적이 없는 당신은 나중에 후회할 일을 만들지 않기 위해 그냥 인공지능에게 메뉴 선택을 맡기기로 한다.

8분 후, 아마존의 배달 드론이 식재료 두 봉지를 문 앞에 떨어뜨려준다. 그런데 재료들을 3D 음식 프린터의 용기에 담다 보니 낯선 채소 하나가 눈에 띈다.[1] 바코드를 스캔하자 블록체인 기반의 앱이 열리면서 식품의 이력이 상세히 표시된다. 원래 베트남이 원산지인 이 새로운 품종의 호박은 길 아래편에 위치한 수직농장에서 재배됐다고 한다.

이제 로봇 요리사에게 식재료를 넘겨준다. 로봇이라기보다는 한 쌍의 관절형 팔과 터치스크린으로 구성된 기계다. 하지만 스크린을 터치할 일은 별로 없다. 식재료를 처음 주문할 때 이미 레시피를 입력해놓았기 때문이다. 이제 나머지 일은 시스템이 다 알아서 할 것이므로, 더 이상 기계 주변에 머물지 않아도 된다.

주방을 나오다 보니 로봇 팔이 신선한 참치를 부드러운 동작으로 얇게 저미는 모습이 눈에 들어온다.[2] 20개의 모터, 24개의 관절, 129개의 센서를 탑재한 이 주방용 로봇은 인간의 손과 팔 동작을 정교하게 흉내 낸다. 사실 이 로봇은 5성급 식당의 최고 주방장의 요리 동영상을 통해 기계학습으로 요리법을 익혔다.

게다가 더 긍정적인 사실은 당신이 실험실에서 배양한 친환경 재료를 선택했다는 점이다.[3] 다시 말해 지금 로봇이 요리 중인 참치는 저인망이나 다이너마이트 어업 같은 반反생태계적 포획 방식을 거치지 않고 오직 줄기세포를 키워 만들었다. 한마디로 이 재료가 식탁 위에 도착하기까지 어떤 동물도 고통받지 않았으며 아무런 환경적 피해도 발생하지 않았다. 뿐만 아니라 요리 자체도 당신의 개인적 요구사항에 맞춰 자동으로 이루어지므로 그 과정에서 음식 쓰레기가 전혀 생기지 않는다. 당신은 접시 위에 놓인 모든 음식을 깨끗이 먹어치우고 나중에는 3D 프린터로 만들어진 초콜릿 접시까지 먹는다.

이 이야기에 등장하는 기술의 대부분은 2020년 현재 개발이 끝난 상태다. 물론 아직 당신의 주방까지 도착하지는 않았지만 그렇게 되기까지 오랜 시간이 필요하지는 않을 것이다. 새로운 시대를 대비해 당신의 아파트를 어떻게 개조할지 고민하기에 앞서 일단 우리 앞에 어떤 식품의 미래가 펼쳐질지 살펴보기로 하자. 그 탐구의 출발점은 하늘에 떠 있는 거대한 원자력 발전소, 바로 태양이다.

식품의 비효율성을 줄이는 방법

식품의 이야기는 바로 낭비의 이야기와 다름없다. 식품이 만들어지고 소비되는 모든 단계에 비효율성의 문제가 내포되어 있기 때문이다. 당신의 접시 위에 놓인 음식의 출처를 생각해보라. "모든 동물은 식물을 먹거나, 아니면 식물을 먹고사는 동물을 잡아먹는다." 환경주의 작가 겸 언론인 리처드 매닝Richard Manning은 《하퍼스》Harpers 잡지에 기고한 글에서 이렇게 썼다. "이 먹이사슬이 가능한 이유는 태양빛을 탄수화물이라는 저장용 에너지로 변환시키는 식물의 독특한 능력 덕분이다. 태양광 기반의 광합성은 모든 동물의 기초 연료라고 할 수 있는 탄수화물의 유일한 원천이다. 식물이 생성해내는 이 에너지를 대체할 수 있는 물질은 존재하지 않는다. 마치 산소의 대체재가 존재하지 않는 것처럼."[16]

우리의 저녁식사 테이블 위에 놓인 음식은 1억 5,000만 킬로미터 떨어진 태양에서부터 여행을 시작한다. 바로 광합성이라는 과정이다. 태양은 1초에 수억 톤의 산소를 융합하며 어마어마한 에너지를 생성하지만, 그중 지구에 도달하는 에너지는 전체의 10억분의 1도 되지 않는다. 게다가 지구 표면에 도착한 빛에너지 중 실제 광합성에 이용되는 양은 그중에서도 1퍼센트에 불과하다.

하지만 에너지의 낭비는 거기에 그치지 않는다. 식재료가 될 식물이 생장을 마치면 소비자들에게 운송되는 과정이 뒤따른다. 하지만 이 과정 자체가 환경에는 전혀 도움이 되지 않는다. 명절을 맞아 고향집으로 돌아간 가족들이 저녁식사 테이블에 둘러앉은 모습을 상상해보라. 아마 식탁 주변의 가족들보다 테이블 위에 놓인 음식이 더 먼 거리를 여행했을 가능성이 크다. 미국인이 즐겨 먹는 식품들의 평균 이동거리는 2,400킬로미터에서 4,000킬로미터다.[5] 아이오와 주에서 생산된 감자, 프랑스에서 수입한 와인, 아르헨티나산 소고기 등을 생각하면 이 식품들이 식탁 위에 도착하는 데 얼마나 많은 에너지가 소비됐는지 짐작이 갈 것이다.

게다가 그 음식이 도착하는 과정에서 발생하는 눈에 보이지 않는 낭비는 더 심각하다. 미국인 여덟 명 중 한 명이 음식을 구하는 데 어려움을 겪을 정도로 빈곤한 삶을 살아가지만, 미국에서 생산되는 식품의 80퍼센트는 소비의 기회조차 없이 들판에서 썩거나 쓰레기장에 버려진다. 미국자원보호 협의회National Resources Defense Council에 따르면 그렇게 버려지는 음식의 15퍼센트만 '구제'할 수 있다면 음식 때문에 곤란을 겪는 2,500만 명에서 4,200만 명의 미국인을 충분히 먹일 수 있을 거라고 한다.[6]

하지만 이 문제의 해결도 눈앞에 다가왔다. 기술의 발전으로 인해 먹이사슬의 모든 단계에 혁신이 이루어지고 있기 때문이다. 과학자들은 태양빛을 음식으로 바꾸는 식물의 능력을 증가시키는 방법을 찾아 나섰다.

식물학 분야에서 실험실의 생쥐 역할을 하는 존재는 바로 담배다. UCLA의 연구진은 태양광으로부터 포도당을 합성해내는 식물의 능력을 개선함으로써 담배 소출을 14퍼센트에서 20퍼센트까지 늘리는 데 성공했다. 빌 게이츠가 자금을 지원하는 일리노이 대학교의 RIPE 프로젝트 참가자들은 이 숫자를 더욱 끌어올렸다.[7, 8] 또 영국 에식스 대학교의 과학자들은 한 단계 더 나아가 광호흡光呼吸에 관여하는 단백질의 양을 늘리는 방법으로 담배 생산량을 27퍼센트에서 47퍼센트까지 증가시켰다. UN의 예상에 따르면 2050년에 전 세계의 인구는 90억 명에 달할 예정이고 그 인구를 먹이기 위해서는 현재 식량 생산량의 2배가 필요할 거라고 한다.[9] 앞서 언급한 연구의 사례에서 볼 수 있듯이 우리가 식물의 광합성을 효율적으로 개선하는 기술에 성공하기만 해도 이미 그 목표의 절반쯤은 달성할 수 있을 것이다.

물론 이런 발전이 실험실을 벗어나 우리의 식탁에 도착하려면 다소의 시간이 필요하다. 하지만 이미 수많은 기업이 식품의 운송과정에서 발생하는 문제를 해결하는 일에 뛰어들었다. 그 기업들은 교통수단의 에너지 효율성을 증가시키는 기술뿐만 아니라 식품 자체의 신선도를 더욱 오래 유지하는 기술도 개발하고 있다.

산타바바라에 소재한 어필 사이언스Apeel Science라는 스타트업은 '생체 모방'과 재료과학 기술을 이용해 음식물 낭비의 문제를 해결하는 일에 나섰다.[10] 자연 속에서 자라나는 채소나 과일은 천연의 항抗부패 매커니즘을 갖추고 있다. 바로 껍질이다. '큐틴'cutin이라 불리는 이 식물 겉면의 각질층은 내부의 수분을 보존하기 위해 지방산으로 이루어진 반들반들한 표피 구조로 되어 있다. 어필 사이언스는 순수하게 식물에서 채취한 재료만을 이용해 식품에 뿌리거나 용액에 담가 도포할 수 있는 완벽한 큐틴을 인공적으로 만들어냈다. 무색, 무미, 무취의 이 인공껍질을 코팅한 식품은 유기농 재료로 인정받는다. 이 방법을 통해 생산된 아보카도는 과육의 부드러움이 60퍼센트 더 오래 지속된다고 하며, 이미 미국의 주요 식품매장에서 소비자들에게 제공되고 있다.[11]

물론 채소나 과일의 부패를 늦추는 일도 어느 정도 도움은 되겠지만 운송의 문제를 완전히 해결해주지는 못한다. 그동안 많은 기업이 운송이라는 과정 자체를 생략할 방법을 찾아 나섰다. 그들은 식품을 농장에서 식탁까지 더 효율적으로 운송할 길을 모색하던 끝에, 아예 농장 자체를 옮겨버렸다. '수직농장'이라고 불리는 이 새로운 농장은 야외의 들판이 아니라 고층건물에서 작물을 재배한다.[12] 2025년이 오면 전 세계 인구의 70퍼센트가 도시에서 거주하리라 예상되는 상황에서 시골의 농장에서 자란 채소를 3,000킬로미터가 넘는 도시의 가정까지 운송하는 일은 에너지 낭비일 뿐만 아니라 건강하지 못한 방법이기도 하다. 모든 식물은 땅을 떠나는 순간 영양학적 가치가 하락하기 시작한다. 농장을 떠나 당신의 식탁에 2주 만에 도착한(요즘 이 정도의 운송시간은 예사다) 채소는 이미 영양소의 45퍼센트가 감소한 상태다.[13] 하지만 수직농장의 작물들은 소비자들의 거주 지역 근처에서 재배되어 바로 공급되기 때문에 그럴 염려가 없다. 이케아는 자사의 수직농장에서 직접 재배한 채소를 매장을 방문한 고객들에게 제공한다.

수직농장은 운송시간뿐만이 아니라 다른 많은 문제를 해결해준다. 일단 완벽한 폐쇄형 공간 속에서 작물을 재배하기 때문에 병충해 방지를 위해 살충제를 뿌릴 필요가 없다. 또 물 공급 문제도 생기지 않는다. 수경 재배나 공중재배(식물을 땅에 심지 않고 그물에 뿌리를 내리게 한 다음 공중에 매달아 재배하는 방법—옮긴이)를 이용하는 수직농장은 전통적인 농업 시스템에 비해 90퍼센트 적은 물로도 작물 재배가 가능하다.[14] 지구상의 물이 점점 부족해지는 상황에서 이는 매우 중요한 혁신이 아닐 수 없다.

수직농장도 급격한 확산세를 보이고 있다. 우리가《어번던스》에서 이 개념을 처음 소개한 2012년만 해도 이 새로운 농경 시스템의 시범사업에 뛰어든 사람은 손에 꼽을 정도였다. 그러나 이제 수직농장은 하나의 산업으로 자리 잡았다. 이 분야에서 가장 규모가 큰 기업 중 하나는 캘리포니아 베이에리어에 소재한 플랜티 언리미티드Plenty Unlimited Inc.라는 회사다. 지금까지 2억 달러가 넘는 투자를 유치한 이 회사는 스마트 기술을 기반으로 실내 농장 사업을 운영한다.[15, 16] 그들은 24층짜리 건물에 수많은 카메라와 센서를 설치하고 빅데이터와 기계학습 기술을 활용해 다양한 작물을 재배한다. 이 회사는 식물 한 그루가 차지할 공간에 40그루를 심고 야외 농장에 비해 1퍼센트도 안 되는 물을 사용하면서 350배가 넘는 소출을 올린다. 플랜티는 전통적인 식품 매장에 비해 20퍼센트에서 35퍼센트 더 저렴한 값으로 채소를 제공함으로써 소수의 부자가 아니라 모든 사람에게 이 혜택을 나누어준다. 사우스 샌프란시스코에 본사를 둔 플랜티 언리미티드는 워싱턴 주 켄트시에 9,300제곱미터 규모의 농장과 아랍에미리트에 실내 농장을 운영 중이다. 최근에는 중국 전역에 걸쳐 300개가 넘는 농장을 건설하는 사업에 착수하기도 했다.

한편 뉴저지 주의 뉴어크에 소재한 기업 에어로팜스Aero Farms는 6,500제곱미터 규모의 낡은 공장을 농장으로 개조해 태양빛이나 흙 없이도 신선한 채소를 연 900톤이나 생산하는 데 성공했다.[17, 18] 이 회사는 인공지능 기술을 기반으로 태양과 비슷한 파장을 지닌 LED 조명을 작물에 비춤으로써 높은 소출을 얻는다. 또 작물을 그물에 담아 허공에 매달아두고 뿌리에 영양소를 직접 분무하는 공중재배 방식을 활용하기 때문에 흙이 필요 없다. 이곳에서도 센서, 카메라, 기계학습 같은 기술이 작물 재배 과정 전체를 관장한다.

물론 수직농장은 아직 인류의 음식 문제를 해결할 정도로 규모가 크지는 않다. 하지만 융합기술이 발전을 거듭하면 언젠가 그런 날이 찾아올지도 모른다. 플랜티 언리미티드의 CEO 매트 버나드Matt Bernard는 최근 어느 언론사와의 인터뷰에서 융합기술의 혜택을 가장 톡톡히 누리는 산업 중 하나가 농업이라고 말했다. "구글이 알고리즘 기술의 발달과 방대한 데이터의 혜택을 입은 것처럼 우리도 수직농장 사업에서 똑같은 혜택을 즐기고 있습니다."[19]

또한 로봇의 역할을 빼놓고 넘어갈 수 없다. 현재 수직농장 운영비용의 50~80퍼센트는 인건비로 들어간다.[20] 실리콘밸리의 스타트업 아이언 옥스Iron Ox는 무게 300킬로그램의 작물 컨테이너를 싣고 실내 농장을 누비는 농업용 로봇을 개발해냈다. 기술 전문 매체 〈엔가젯〉Engadget은 이를 두고 "맥도널드 할아버지(미국의 동요에 나오는 농장주—옮긴이)가 로봇으로 변했다."고 썼다.[21, 22]

이제 농업은 더 높은 곳에서 더 강하고 더 스마트하게 이루어진다. 게다가 효율성도 나날이 증가하는 추세다.

더 이상 소의 희생은 필요 없다

서기 2050년 세계 인구가 90억 명이 되면 인류는 2009년에 비해 70퍼센트 더 많은 식량을 생산해야 한다.[23] 그중 상당 부분이 육류다. 그때가 되면 중국과 인도 같은 인구 대국들이 본격적으로 현대화되면서 전 세계의 육류 소비량이 76퍼센트 이상 증가할 것이다.[24] 아무리 생각해도 이건 간단한 문제가 아니다.

오늘날 인간이 거주 가능한 토지 중 50퍼센트는 농경지다.[25] 그중 80퍼센트가 가축을 기르는 데 관련된 땅이다. 지구상에서 사람이 살 수 있는 땅덩어리의 4분의 1은 200억 마리의 닭, 15억 마리의 소, 10억 마리의 양들이 차지하고 있다.[26] 물론 동물들이 그곳에 살아가는 것은 인간에게 잡아먹히기 전까지의 일이다. 가축의 숫자가 느는 만큼 그들의 고통도 커진다. 게다가 이는 큰 낭비를 유발하는 일이기도 하다. 오늘날 미국인 여덟 명 중 한 명이 배고픈 채로 잠자리에 들지만 우리가 농장에서 기르는 가축들은 전 세계에서 생산되는 식량 작물의 30퍼센트를 먹어치운다.

물의 낭비도 심각하다. 전 세계 물 소비량의 70퍼센트가 육류 생산에 투입된다.[27] 밀을 1킬로그램 생산하는 데 필요한 물은 1,500리터에 불과한 반면, 소고기를 1킬로그램 생산하려면 1만 5,000리터의 물이 들어간다.[28] 소 한 마리를 성체로 키우는 데 소비되는 물을 한데 모으면 미 해군의 구축함을 띄우고도 남는다.

또 지구에서 방출되는 온실가스의 14.5퍼센트는 육류 생산과정에서 발생한다.[29] 축산업은 삼림 황폐화의 주된 원인이기도 하다. 제13장에서 다시 이야기하겠지만, 오늘날 인류는 사상 최악의 대량 멸종 시대에 살고 있다. 생물들이 사라지는 가장 큰 이유 중 하나는 인간의 식량 생산으로 인한 서식지 상실 때문이다.[30]

이 문제의 핵심 역시 한마디로 요약이 가능하다. 바로 비효율성이다.

사람들은 스테이크 한 조각을 얻기 위해 소 한 마리를 통째로 키운다. 그러다 보니 그 과정에서 배출되는 폐기물, 가축들이 방출하는 온실가스 그리고 가축들의 사체를 처리해야 하는 문제 등이 지속적으로 우리의 발목을 잡는다. 그런데 최근 눈부신 발전을 거듭하고 있는 생명공학이 첨단의 농업기술과 융합하면서 우리는 가축을 키우는 과정을 생략하고 줄기세포에서 스테이크를 얻을 수 있는 능력을 개발해냈다. 더 이상 소는 필요 없다.

바로 '배양육'cultured meat이라는 개념이다. 이는 살아 있는 동물에서 줄기세포를 채취해 실험실에서 고기로 배양하는 일을 의미한다.[31] 세포 추출 과정은 조직검사와 비슷한 방식으로 이루어지기 때문에 동물을 해칠 필요가 없다. 그리고 이 줄기세포에 영양분이 가득한 배양액을 공급하고, 생물 반응장치bioreactor라는 기계에 넣어 배양한다. 앞으로 몇 년 뒤에 이 기술이 성숙 단계에 이르고 생산비용도 더욱 저렴해지면, 인류는 원하는 만큼의 스테이크를 무한정 생산할 수 있게 될 것이다.

하지만 그 목표를 이루기 위해서는 몇 가지 장애물을 넘어야 한다. 배양육 제조과정에서 영양분을 공급하기 위해 사용되는 배양액은 동물에서 추출되며 가격이 매우 비싸다. 동물을 도살하지 않고 고기를 얻는 것이 이 기술의 목적이라면, 배양액 자체도 순수하게 식물에서 얻을 수 있어야 한다. 물론 과학자들과 기업들은 이미 그런 방향으로 연구를 진행 중이다. 아직 시간 및 공간적 한계로 인해 우리가 완전한 스테이크를 배양해내려면 시간이 좀 걸리겠지만, 대신 햄버거 패티나 소시지 같은 분야에서 이미 몇몇 성공 사례가 보고되고 있다. 또한 과학자들은 식품 산업과 에너지 산업의 협업을 통해 배양 시스템을 보다 효율화하는 방법도 모색 중이다. 그들의 궁극적인 목표는 생물 반응장치가 소모하는 전력량을 최소한으로 줄이고 이 기계를 완전히 신재생에너지 기반으로 가동하는 것이다. 하지만 아직은 좀 더 시간이 필요하다.

그럼에도 불구하고 이 시스템의 환경적 이점은 엄청나다. 배양육을 만드는 데 필요한 토지는 기존의 축산업에 비해 99퍼센트 줄어들고 물의 양도 82~96퍼센트 절약된다. 온실가스도 78~96퍼센트 더 적게 발생한다. 에너지 소비량도 배양하는 육류에 따라(기존의 양계장은 소 농장에 비해 더 많은 에너지가 든다) 7~45퍼센트 절감된다. 우리가 지구상의 땅 4분의 1을 가축들에게서 되찾을 수 있다면, 그곳에 다시 나무를 심어 멸종 위기의 동식물에게 서식지를 돌려주고 나아가 드넓은 삼림지대를 조성해서 지구온난화를 늦출 수 있을 것이다. 물론 그 목표를 이루기 위해서는 아직 수많은 난관을 거쳐야 하겠지만 이 기술이 지향하는 바는 분명하다. 인류의 기아 문제를 윤리적이고 환경 친화적으로 해결하는 것이다.[32]

배양육은 또한 건강에도 좋다. 줄기세포로부터 스테이크를 만드는 과정에서 유익한 단백질의 양을 늘리고, 포화지방을 줄이고, 비타민 같은 영양소를 추가할 수 있기 때문이다.[33] 그렇게 만들어진 고기는 항생제가 필요 없고, 광우병 같은 질병에 노출될 우려도 없으므로 인간에게 매우 안전하다. 요컨대 인류가 배양육을 본격적으로 즐기는 날이 찾아오면 우리는 세계를 위협하는 수많은 질병의 공포로부터 상당 부분 자유로워질 수 있을 것이다. 지구상에 새롭게 등장하는 질병의 70퍼센트가 가축으로 부터 발생한다는 사실을 감안할 때, 배양육은 인류를 감염성 질환의 대 유행으로부터 구원해줄 기술 중의 하나가 될 것이다.[34] 게다가 요리사나 소비자를 대상으로 한 실험에 따르면, 배양육은 기존의 고기에 비해 맛 도 별로 차이가 나지 않는다고 한다.

문제는 배양육이 대량생산하기에 값이 너무 비싸다는 것이다. 지난 2013년 최초로 개발된 배양육 햄버거의 값은 무려 33만 달러였다.[35] 2018년, 멤피스 미트Memphis Meats라는 회사는 배양육의 가격을 1파운드 (450그램)에 2,400달러로 낮추는 데 성공했다. 그리고 알레프 팜Aleph Farm 이라는 기업은 이를 다시 파운드당 50달러로 떨어뜨렸다.[36, 37] 물론 이 분 야에서도 융합기술은 어김없이 맹활약 중이다. 멤피스 미트의 관계자에 따르면 앞으로 몇 년 안에 배양육의 가격이 1파운드에 5달러까지 하락 할 거라고 한다. 아시아의 몇몇 고급 레스토랑에서는 이미 배양육으로 만든 요리를 손님들에게 내놓고 있다.

기술의 발전이 계속된다면 배양육은 기존의 육류에 비해 가격 효율성 이 훨씬 높은 상품이 될 가능성이 크다.[38] 자동화된 생산과정을 거치기 때문에 땅이나 인력도 크게 필요치 않다. 소 한 마리를 키우는 데는 보통 몇 년이 걸리지만 배양육으로 스테이크를 만드는 시간은 몇 주면 충분하 다. 그리고 스테이크뿐만이 아니라 어떤 세포로 배양을 시작했는지에 따 라 돼지고기 소시지부터 치킨 너겟 그리고 푸아그라에서 필레미뇽까지 다양한 상품을 만들어낼 수 있다. 2018년 말, 미국의 식품기업 '저스트' Just Inc.는 일본의 와규 소고기 생산업체 토리야마Toriyama와 협력관계를 체결하고, 그동안 지구상에서 가장 귀하고 비싼 스테이크의 명성을 누려

온 이 소고기의 줄기세포로 배양육을 만드는 사업에 착수했다.[39]

육류를 대상으로 이런 일이 가능하다면 우유가 불가능할 이유가 없다. 캘리포니아 버클리에 소재한 기업 퍼펙트 데이 푸드Perfect Day Foods는 우유 없이도 치즈를 만들어내는 데 성공했다. 그들은 유전자 염기서열 분석, 3D 프린팅, 발효 과학 등을 조합하여 동물이 필요 없는 유제품을 다양하게 개발해냈다.[40]

이 모든 일이 실현된다면, 우리 앞에는 과거와 전혀 다른 식품의 미래가 펼쳐질 것이다. 앞으로 몇 년 안에 인간은 어떤 동물도 해치지 않고 다른 동물로부터 단백질을 얻어내는 최초의 동물이 될 가능성이 크다. 도살장은 손자들에게 들려줄 무서운 옛날이야기에나 나오는 장소가 될 것이다. 오늘날 우리가 살고 있는 지구는 80억에 육박하는 인구를 떠받치느라 힘겨워하지만, 인구가 90억 명이 될 때쯤이면 오히려 더욱 살기 좋은 별로 바뀌게 될 것이 분명하다.

PART 3

이미 시작된 22세기

CHAPTER 13

다가올 위협과
그 해결책

100년을 내다보기

이제 사고의 범위를 조금 넓혀보자. 지금까지 이 책은 크게 두 가지 주제를 다뤘다. 제1부에서는 기하급수적으로 발전하는 기술의 힘을 탐구했으며, 그 기술들의 융합으로 인해 사상 유례없이 거대한 변화의 파도가 발생하는 모습을 함께 지켜봤다. 제2부에서는 사회로 밀려든 혁신의 파도가 개개인의 일상에 미치는 영향을 집중적으로 추적했다. 제1부와 제2부에서는 모두 논의의 폭을 향후 10년 정도에 맞춰 미래를 진단했다.

제3부에서는 다음 두 방향으로 사고의 지평을 넓혀볼 생각이다. 첫 번째 장에서는 우리가 이루어낸 파괴적 혁신을 무참히 붕괴시킬 수 있는 위기 요소들, 즉 인류의 진보를 위협하는 환경적, 경제적, 실존적 위험에

대해 집중적으로 고찰한다. 물론 각 분야는 그것만으로도 책 한 권을 쓸 수 있을 정도로 중대하고 심각한 주제이지만, 이 책에서는 지나치게 상세한 내용을 다루기보다는 현재까지 밝혀진 문제점들의 개요를 진단해보고 가속적으로 발전하는 융합기술이 그 문제를 어떻게 해결할 수 있을지에 초점을 맞춰보려고 한다.

그리고 다음 장에서는 향후 10년이 아니라 다음 한 세기까지 주제를 확장해 이미 윤곽을 드러내기 시작한 인류의 다섯 가지 거대한 기술적 이주를 탐구한다. 요컨대 경제적 동기로 인한 이동, 기후변화에 따르는 탈출, 가상 세계의 탐구, 우주의 식민지화, 하이브 마인드를 통한 지적 협업 등에 따라 그다음 수백 년에 걸쳐 지구의 인구학적 구성과 인간 사회의 본질은 완전히 새롭게 바뀔 것이다.

이 장에서는 우선 물 부족에 따른 위기를 시작으로 기후변화와 동식물의 멸종, 기술 발전에 따르는 실업, 인공지능의 위험 같은 주요 위협 요소들을 알아볼 예정이다. 인류가 기하급수적으로 발전하는 기술을 바탕으로 그 위기를 어떻게 극복해나가고 있는지 탐구해보도록 하자.

수자원 고갈: 인류의 절반을 살리는 기술

유엔 정부 간 기후변화위원회UNIPCC는 2018년에 펴낸 '지구온난화 특별 보고서'Special Report on Global Warming에서 명백한 결론에 도달했다.[1] 우리 인간이 지구를 망가뜨렸다는 것이다. 그동안 산업화와 기술 발전에만 정신이 팔려 환경 파괴의 문제를 도외시해온 인류는 지구를(칼 세이건이 '우리에게 알려진 유일한 거주지'라 부른 이 별을) 스스로 재난 상태로 몰아넣었다. 세계의 유수한 기후 학자들에 따르면 우리가 이 문제를 해결할 시간은 앞으로 12년밖에 남지 않았다고 한다. 이제 인류는 지구온난화에 따른 기온 상승폭을 산업화 이전 대비 1.5도 이하로 낮출 것이냐, 아니면 대규모의 파국을 맞을 것이냐의 기로에 서 있다는 것이다.

그로부터 몇 개월 뒤, 세계경제포럼WEF 역시 '글로벌 위험 보고서'Global Risk Report 최신판에서 향후 10년 동안 인류에게 닥칠 다섯 가지 주요 위협을 조명하며 그 견해에 동참했다.[2] 전통적으로 WEF의 관심사는 석유 위기나 금융 시장의 붕괴 같은 경제적 문제가 대부분이었다. 하지만 2018년의 보고서에서는 처음으로 경제적 위험 요소가 5위 바깥으로 밀려나고 수자원 부족, 생물 다양성 훼손, 극한의 기후, 지구온난화, 환경오염 같은 자연 생태계 문제가 최악의 위험 요소로 떠올랐다.

이 장의 나머지 부분에서는 WEF가 선정한 다섯 가지 위기를 극복하는 데 기술적 발전이 어떤 역할을 하고 있는지 고찰해본다. 하지만 그 일은 저절로 이루어지지 않는다. 우리는 테크노 유토피안techno-utopian(기술의 발전이 인류에게 유토피아를 가져다줄 거라고 믿는 사람들—옮긴이)들의 낙관적 주장을 그대로 반복하고 싶지 않다. 지구의 환경 문제를 해결하는 데 기술이 필요한 것은 분명한 일이지만, 인류 역사상 가장 긴밀한 협업과 각고의 노력 없이는 절대 목표를 달성할 수 없다. 지구상의 모든 사람이 같은 배에 올라 공동의 목표를 향해 나아가는 순간, 위기는 오히려 기회로 바뀔 수 있는 것이다. 최근에 공개되는 각종 보고서를 보면 우리에게 그리 많은 시간이 남아 있지는 않은 듯하다.

그런 면에서 딘 카멘Dean Kamen은 눈여겨볼 만한 사람이다.

항상 데님 작업복 차림으로 사람들 앞에 나타나는 딘 카멘은 마치 배트맨을 연상케 하는 일종의 괴짜 슈퍼히어로다. 그는 여러 개의 숨겨진 방과 헬리콥터 이착륙장까지 갖춘 천연의 요새 같은 외딴 섬에서 미국이라는 나라로부터 평화롭게 독립해 자신만의 헌법에 따라 은둔의 삶을 살아간다. 그의 이력서를 장식한 440여 개의 특허 중에는 인슐린 펌프, 로봇 의수, 계단 이동이 가능한 만능 휠체어 같은 놀라운 발명품이 수두룩하다.[3] 지난 2000년, 빌 클린턴 대통령은 발명가에게 최고의 명예인 국가기술훈장을 케이먼에게 수여함으로써 그의 발명품이 사회에 끼친 공적에 존경을 표했다.

우리 저자들은 《어번던스》에서 '슬링샷'Slingshot이라는 카멘의 발명품에 대해 이야기한 바 있다.[4] 다윗이 골리앗을 물리친 무기에서 이름을 따온 이 기계는 말 그대로 '수자원 부족'이라는 괴물에 대항하기 위해 설계된 일종의 정수기다. 오늘날 지구상에서는 9억 명 이상이 깨끗한 식수가 부족한 상태에서 살아간다. 수인성 질환은 매년 340만 명의 생명을 앗아가는 최악의 재난이다.[5, 6] 게다가 사망자 대부분은 어린아이다. 기후변화, 인구 증가 그리고 인간의 열악한 자원 관리가 수자원의 상황을 날로 악화시키고 있는 것이다. UN에 따르면 2025년에는 지구 인구의 절반 이상이 물 부족에 시달릴 거라고 한다.[7]

카멘은 이런 시대적 상황 속에서 스털링 엔진sterling engine(엔진 내부의 온도차를 이용하여 작동하는 밀폐식 외연기관―옮긴이)으로 가동되는 증기 압축형 증류 시스템을 고안해냈다. 작은 냉장고 크기의 이 정수기는 말린 소똥을 포함해 어떤 가연성 재료로도 물을 생산할 수 있다. 헤어드라이어를 가동할 정도의 전력이면 충분히 구동이 가능한 슬링샷은 오염된

지하수, 바닷물, 하수, 오줌 등을 가리지 않고 모두 깨끗한 물로 정수해낸다. 기계 한 대가 생산하는 물이면 하루 300명이 충분히 식수로 사용할 수 있다. 이 기계가 10만 대쯤 보급된다면 어떨까. 그게 바로 오늘날 우리가 협력을 논하고 있는 이유일 것이다.

카멘은 2012년 슬링샷 개발을 마치고 아프리카 오지 마을의 주민들을 상대로 몇 달 동안 깨끗한 물을 공급하는 테스트에 성공했다. 이와 동시에 이 기계의 보급을 촉진할 목적으로 코카콜라와 협력관계를 맺었다.[8] 그는 이 음료 업계의 거인에게 성능이 개선된 소다수 공급기를 만들어주는 대신, 코카콜라의 글로벌 네트워크를 이용해 물 부족에 시달리는 국가들을 상대로 슬링샷을 보급하는 일을 돕겠다는 약속을 받아냈다.

그리고 양측 모두 약속을 지켰다. 카멘은 '미세 투여micro-dose 기법'을 바탕으로 150개 종류의 음료를 소비자의 취향에 따라 자유자재로 혼합해낼 수 있는 '즉석 음료수 공급기'를 설계해주었다.[9] 한편 코카콜라는 2013년부터 10여 개의 국제기구와 손잡고 자사의 이동식 매점인 '에코센터'Ekocenter 키오스크에 슬링샷을 설치해 이 기계를 전 세계에 보급하기 시작했다. 소규모 잡화점이면서 공동체의 중심지 역할을 하는 에코센터는 태양광발전 설비를 갖추고 오지의 저소득층 주민들에게 안전한 식수, 인터넷, 상하지 않는 식품, 살충제, 구급약 등을 제공했으며 물론 코카콜라 제품도 팔았다.[10] 2017년에는 에코센터의 수가 8개국에 걸쳐 150개에 달했고 대부분 순조롭게 운영이 됐다.[11] 지역의 여성 자영업자가 주로 운영을 맡은 에코센터는 1년 평균 7,810만 리터의 안전한 식수를 지역 주민들에게 공급했다.[12] 시작치고는 나쁘지 않은 숫자였다.

물론 슬링샷이 전부는 아니었다.

수천 개의 기업이 갖가지 방식으로 물 부족 문제를 해결하는 일에 뛰어들면서 이 영역에서도 기술의 융합이 발생하기 시작했다. 그 결과 안개에서 물을 얻어내는 기초적 기술부터 태양광으로 작동하는 지하수 펌프 그리고 첨단 나노기술 기반의 담수처리 공장까지 다양한 해결책이 모습을 드러냈다. 또 빌 게이츠가 투자한 옴니 프로세서Omni Processor라는 연구 프로젝트는 인간의 배설물을 정화해 식수를 만들어내고 나머지로 전기와 비료를 생산하는 기술을 개발해냈다.

워터 어번던스 엑스프라이즈Water Abundance XPRIZE 대회에서 우승해 150만 달러의 상금을 획득한 캘리포니아의 스타트업 스카이소스Skysource는 대기 중에서 하루 2,000리터의 물을 추출해내는 기술을 개발했다.[13, 14] 이 정도면 200명이 마시기에 충분한 양이다. 이 기계는 신재생에너지 기반으로 가동되기 때문에 1리터의 물을 생산하는 데 0.2센트밖에 들지 않는다. 지구상의 70억 인구가 필요로 하는 물의 양은 하루에 1조 3,000억 리터에서 1조 5,000억 리터 사이다.[15] 그런 점에서 대기 중에 함유된 4경 5,000조 리터의 수분으로부터 언제라도 물을 얻어내는 기술은 인류의 목마름을 해결하기 위한 유일한 방법일지도 모른다.

기하급수적으로 발전하는 융합기술이 농장에 가져다준 또 하나의 혁명은 '수자원 스마트 그리드'smart grid for water 시스템이다. 정확한 토양 관찰 및 농작물 급수 그리고 병충해 조기 탐지 등을 가능하게 해주는 이 스마트 그리드를 활용하면 1년에 수조 리터의 물을 절약할 수 있다고 한다.[16, 17]

그러고 보면 인류에게 수자원 개발의 기술적 노하우가 부족하지는 않은 것 같다. 물을 만들어내는 방법은 알고 있으나 지구 전체 생물계의 운명이 걸린 사안을 단편적 기술로 공략할 수밖에 없는 실행 능력의 한계가 문제다. 하지만 이는 기하급수적 발전 곡선의 전형적 특징이기도 하다. 수자원 개발 기술이 잠복기를 벗어나 파괴적 혁신기로 접어들게 되면, 이런 단편적 노력이 합쳐져 전 세계적 해결책으로 점점 통합되어 갈 것이다. 우리가 이런 예측을 자신 있게 하는 이유는 에너지 기술이 수자원 기술에 비해 5년 이상 앞서 있기 때문이다. 앞으로 에너지 기술은 다음으로 우리가 살펴볼 지구온난화 문제에 대처할 수 있는 세계적 동력으로 자리 잡을 것이다.

기후변화: 값싸고 풍부한 태양과 바람

400억 톤의 이산화탄소.[18] 인류가 화석연료를 마구잡이로 태워 얻은 대가다. 이 정도의 이산화탄소가 매년 대기 중에 방출된다니, 도대체 얼마나 되는 양일까? 2017년, 과학 잡지 《사이언티픽 아메리칸》Scientific American의 편집장 칼렙 샤프Caleb Scharf는 삼림을 불태우는 상황을 예로 들어 이 숫자를 설명했다. 나무는 탄소를 저장한다. 침엽수 숲 1에이커를 불태우면 4.81톤의 탄소가 발생한다. 그러므로 400억 톤은 1년에 100억 에이커(4,200만 제곱킬로미터)의 숲을 태울 때 방출되는 탄소의 양에 해당한다. "아프리카 대륙의 넓이는 3,000만 제곱킬로미터다. 인류는 매년 아프리카 전체에 이 대륙의 3분의 1을 더한 넓이의 숲을 추가로 태워버리고 있는 셈이다."[19]

석탄, 석유, 천연가스 등을 연소시키는 과정에서 방출되는 이산화탄소는 지구온난화의 주범이다. 기후책임연구소Climate Accountability Institute라는 미국의 비영리기관에서 운영하는 '탄소 대량 방출 기업 데이터베이스' Carbon Majors Database에 따르면 1988년 이래로 100여 개의 화석 연료 기업이 지구상에서 발생하는 온실가스의 71퍼센트를 배출해왔다고 한다.[20] 이 때문에 기후변화가 더 이상 악화되는 일을 막으려면 무엇보다 연료를 청정에너지로 바꾸는 일이 급선무라는 것이다. 전문가들은 청정에너지 전환 작업이 에너지 생산, 에너지 저장, 환경 친화적 에너지 전송 등 세 부분으로 구성된다고 말한다. 그런 점에서 먼저 에너지 생산을 시작으로 인류에게 닥친 가장 큰 위협을 탐구해보자. 다행히 이 분야의 앞날은 밝은 편이다.

풍력발전과 태양광발전은 지난 수십 년 동안 기하급수적인 성장을 거듭하면서 전력 생산 능력 향상 및 가격 하락을 지속적으로 이끌어왔다. 그동안 가장 저렴한 에너지의 자리를 지켜왔던 석탄을 이용해 1킬로와트시의 전력을 생산하는 데 소요되는 비용은 오늘날 6센트 정도다.[21, 22] 하지만 풍력 및 태양광발전은 이미 타의 추종을 불허하는 가격 효율성을 달성했다.

1980년대에 새롭게 도입된 풍력발전은 당시 1킬로와트시의 전력을 생산하는 데 57센트의 비용이 들었다.[23] 오늘날에는 바람이 충분히 부는 장소라면 킬로와트시당 2.1센트(보조금 등을 제외하면 4센트)에 불과하다. 이것만 해도 이미 94퍼센트가 줄어든 금액이다.[24, 25] 전문가들은 이 비용조차 향후 10년 안에 절반으로 줄어들 거라고 예상한다. 말하자면 2030년대에는 '1센트짜리 바람'이 등장하리라는 것이다.[26]

태양광발전은 더욱 잠재력이 크다. 지난 40년 동안 태양 전지판 가격은 이미 300배 넘게 하락했다. 킬로와트시는 그만두고라도, 지난 1977년에는 태양 전지판을 이용해 1와트의 전력을 생산하는 데 무려 77달러가 들었다. 하지만 오늘날에는 250배 하락한 30센트까지 떨어졌다. "이런 가격 대비 성능 곡선은 에너지 분야에서 관찰된 적이 없습니다."[27] 싱귤래리티 대학의 에너지 및 기후 혁신 연구소를 이끄는 라메즈 남Ramez Naam의 말이다. "태양광발전의 폭발적 성장은 마치 가장 기초적인 기반시설 영역에서 디지털 혁신이 발생한 것과 같은 현상입니다."

청정에너지의 눈부신 발전은 최근 세계에서 가장 큰 석탄 회사 피바디 콜Peabody Coal이 파산을 선언한 이유를 잘 설명해준다. 어찌 보면 당연한 일이다. 지난 10년 동안 석탄 산업 관련 주가는 75퍼센트에서 90퍼센트 하락했으며, 미국에서 가장 큰 규모의 석탄 회사 여덟 곳이 문을 닫았다.[28] 아시아도 예외는 아니다. 중국은 2016년 한 해 동안 160개의 석탄 화력발전소 건설을 취소했다. 그다음 해에는 인도 역시 90억 달러 규모의 발전소 건설 프로젝트를 불과 한 달 사이에 전부 중단했다.[29, 30]

석탄이 사라진 자리를 메우고 있는 것은 신재생에너지다. 캐나다 온타리오 주의 난티코크 제너레이팅 스테이션Nanticoke Generating Station은 한때 북미 지역에서 가장 큰 석탄발전소였지만 최근에 태양광발전소로 변신했다.[31] 영국은 이미 전력 생산과정에서 석탄보다 청정에너지 활용 비율이 더 높다.[32] 이 사실이 특별한 이유는 과거 영국이라는 왕국을 결속시킨 요소 중 하나가 바로 석탄이기 때문이다. 탄소공개 프로젝트 Carbon Disclosure Project라는 국제기구의 조사에 따르면 2017년 세계 100여 개의 주요 도시가 70퍼센트 이상의 에너지를 신재생에너지로부터 얻었다고 한다.[33] 같은 해 코스타리카에서는 국민들이 300일 이상을 신재생에너지만으로 삶을 영위했다. 다른 국가들도 크게 뒤처진 상황은 아니다. 현재 전 세계 에너지의 8퍼센트가 태양광 및 풍력발전을 통해 생산되고 있으며, 이 분야의 발전소를 새로 건설하는 비용은 석탄발전소를 유지하는 비용에 비해 훨씬 적게 든다.[34, 35]

그 결과는? 당연히 에너지의 가격이 엄청나게 저렴해지는 것이다.

이런 현상은 세계 어디서나 마찬가지다. 미국 내의 일조량이 풍부한 지역에서는 태양광발전으로 1킬로와트시의 전력을 생산하는 데 4.5센트가 든다.[36] 과거 석탄 연료가 나라 전체를 지배했던 인도에서도 이 비용은 3.8센트에 불과하다.[37] 아부다비는 이를 2.4센트까지 내리면서 역사상 가장 낮은 비용을 기록했다.[38] 그리고 칠레는 2.1센트로 이 기록을 다시 깼으며 브라질은 무려 1.75센트까지 떨어뜨렸다.[39, 40] 많은 수의 주민이 전기 없이 살아가는 적도 근처의 여러 국가에서 태양광은 가장 저렴한 형태의 에너지다. 더욱이 세계에서 가장 가난한 국가들은 대부분 일조량이 풍부하다. 이제 전통적인 전력의 패러다임에 극적인 역전 현상이 발생하고 있는 것이다.

이뿐만이 아니다. 태양광발전에 재료과학이 융합해 들어오면서 전지판의 제작방식과 성능이 획기적으로 개선되고 있다. 일례로 최근 태양전지 분야에 도입되기 시작한 퀀텀닷quantum dot은 나노미터 크기의 반도체 입자로 놀라운 에너지 변환 효율을 자랑하는 물질이다.[41] 보통의 태양전지는 태양 광자 한 개를 에너지 전자 한 개로 바꾼다. 그 말은 오늘날 가장 성능이 뛰어난 태양 전지판이라고 해도 수집한 태양광을 에너지로 전환하는 능력이 21퍼센트 정도라는 뜻이다. 그러나 퀀텀닷은 단일 광자를 전자 세 개로 바꿈으로써 에너지 변환 효율을 66퍼센트까지 끌어올

렸다.[42, 43]

기술의 발전은 태양광발전의 전력 생산 능력을 향상시켰을 뿐 아니라 더욱 저렴하게 만들었다. 오늘날 태양광발전 비용의 3분의 2는 태양 전지판 이외에 토지, 시설 유지보수, 태양광 추적 등에 들어가는 이른바 '연성 비용'이다.[44] 그러나 기업들은 이미 드론을 띄워 태양광 및 풍력발전 시설을 감시하고 센서를 통해 태양 전지판의 이상을 미리 감지하는 기술을 도입하기 시작했다. 게다가 로봇 기술자를 동원해 태양광 및 풍력발전 시설을 설치 및 보수하고 인공지능으로 로봇을 통제하는 기술도 머지않아 현실화될 전망이다.

우리가 태양광발전과 풍력발전을 함께 묶어 이야기하는 이유는 이 분야에서도 인류에게 막대한 혜택을 안겨주는 기술적 융합이 발생하고 있기 때문이다. "바람이 불 때는 주로 태양이 비추지 않습니다. 그리고 해가 나오면 대개 바람이 잠잠하지요" 라메즈 남의 말이다. "이런 현상은 시간별·계절별로 일관되게 발생합니다. 그러므로 태양광발전과 풍력발전을 같은 에너지 생산시설 내에 통합하는 것은 하나에 하나를 더해 셋을 만드는 일과 같습니다. 만일 이 시설이 미국 내에 존재한다면 오늘날 이 나라에서 필요한 전력의 80퍼센트를 생산해낼 수 있을 겁니다."

하지만 가장 확실하면서 중요한 사실은 태양빛이 공짜일 뿐만 아니라 풍부하다는 것이다. 지구의 표면에는 88분마다 470엑사줄exajoule(에너지 측정 단위—옮긴이)의 태양에너지가 내려앉는다.[45] 이는 인류 전체가 1년간 사용하는 에너지의 양과 비슷하다. 112시간(5일이 약간 안 되는 시간) 동안 지구에 도달하는 에너지는 36제타줄zettajoule에 달하며 이는 지구상에 매장된 원유, 석탄, 천연가스를 모두 합한 만큼의 에너지다. 만일 우리가 이 엄청난 노다지의 1,000분의 1이라도 건질 수 있다면 지구 전체에 필요한 에너지의 6배가 넘는 양을 확보할 수 있을 것이다. 숫자는 다르지만 풍력발전에 있어서도 상황은 비슷하다. 에너지에 있어 중요한 것은 희소성이 아니라 '접근성'이다. 바로 융합기술이 과거 성공적으로 해결해냈던 바로 그 문제다.

에너지 저장: 통합형 스마트 그리드

신재생에너지를 본격적으로 생산 및 활용하려면 에너지 저장장치가 필요하다. 비상시를 대비해서, 또 바람이 충분히 불지 않거나 흐린 날이 계속될 때를 위해서, 아니면 심리적 안도감을 얻기 위해서 배터리에 충분한 전력을 저장해두는 일은 대단히 중요하다. 물론 배터리 한두 개로 해결될 문제는 아니겠지만.

최근 캘리포니아는 2045년 이후 이 주州에서 사용되는 모든 전기를 신재생에너지를 이용해 생산하겠다고 선언했다.[46] 청정공기 특별위원회 Clean Air Task Force라는 미국의 비영리 기관에 따르면 캘리포니아가 이 목표를 달성하기 위해서는 3,630만 메가와트시의 전력을 저장할 수 있는 에너지 저장장치가 필요하다고 한다. 하지만 현재 확보한 배터리 용량은 목표의 0.4퍼센트인 15만 메가와트시에 불과하다는 게 문제다.

그동안 인류의 에너지 저장 문제를 푸는 데 첫 번째 해결책의 역할을 해온 물질은 리튬 이온 배터리였다. 기술의 기하급수적 발전 덕분에 이 배터리의 가격도 지난 30년 동안 급격하게 하락했다. 1990년대부터

2010년 사이에는 90퍼센트가 떨어졌으며, 그 이후에도 다시 80퍼센트 이상 내렸다.[47] 반면 같은 기간 동안 성능은 11배 이상 향상됐다.[48] 하지만 인류의 전기 수요를 만족시키기 위해 이 배터리를 충분하게 생산해내는 일은 아직도 풀지 못한 숙제로 남아 있다.

기가팩토리Gigafactory는 테슬라가 리튬 이온 배터리 생산을 지금의 2배로 늘리겠다는 목표로 건설한 배터리 제조 시설이다.[49] 네바다 주 리노Reno 외곽 지역에 자리 잡은 최초의 기가팩토리는 1년에 20기가와트 용량의 에너지 저장장치를 만들어내면서 사상 처음으로 리튬 이온 배터리의 대량생산에 성공했다. 두 번째 기가팩토리는 뉴욕 주 버팔로에 그리고 세 번째는 상하이에 건설됐으며 네 번째는 독일 베를린에 지어질 예정이다.[50, 51, 52] 아직 프로젝트의 성공 여부는 좀 더 지켜봐야겠지만, 머스크의 계산에 따르면 기가팩토리를 100개 정도 건설하면 인류의 에너지 수요를 충족시키기에 충분한 저장장치를 생산해낼 수 있을 거라고 한다.[53]

테슬라는 또 자사가 만든 배터리의 대량 저장 능력을 현장에서 입증하는 데도 성공했다. 이 회사는 2018년 호주의 태양광발전 및 풍력발전 시설을 개선하는 프로젝트에 참여해 사상 최대 용량의 배터리(100메가와트의 에너지 저장장치)를 단 100일 만에 만들어냈다.[54] 그 의의는 무엇일까? 첫째, 우리가 태양광발전, 풍력발전, 배터리 생산 시설을 통합해 석탄보다 저렴한 가격에 에너지를 생산할 수 있는 능력을 얻었다는 것이고 둘째, 이 일을 단 몇 달 만에 해낼 수 있게 됐다는 뜻이다.

다른 자동차 기업들도 배터리의 발전에 관심을 기울이기 시작했다. 르노는 자사의 전기자동차 조에Zoe의 배터리를 생산하는 공장에서 가정용

에너지 저장장치를 만들기 시작했으며, BMW의 i3 모델 전기자동차에 탑재된 배터리 제품은 영국의 국가 에너지 전략의 일부로 통합되기도 했다.[55, 56] 도요타, 닛산, 아우디 같은 기업들도 비슷한 시범사업을 시작했다. 하지만 리튬 이온 배터리가 에너지 저장장치 이야기의 전부는 아니다.

그 뒤를 이어 등장한 기술이 바로 플로우 배터리flow battery다.[57] 리튬 이온 배터리는 금속 등의 고체에 에너지를 저장하는 반면 플로우 배터리는 용융염溶融鹽 같은 액체를 이용해 에너지를 축적한다. 리튬은 기후가 건조한 지역에서만 구할 수 있는 희귀한 자원(1톤의 리튬을 채굴해내는 데 50만 톤의 물이 필요하다)이기 때문에 값싸고 풍부한 소금은 이 금속의 매우 유용한 대체재라 할 수 있다.

또 플로우 배터리는 다양한 용도로 활용이 가능하다. 가볍고 휴대성이 뛰어난 리튬 배터리는 모바일 제품에 널리 쓰이지만 내구성이 떨어진다. 보통의 리튬 배터리는 1,000회 정도 충전하면 수명이 다한다.[58] 반면 플로우 배터리는 크고 무겁다는 단점은 있지만 5,000회에서 1만 회의 충전을 끄떡없이 견디기 때문에 수명이 수십 년 지속되기도 한다.[59] 때문에 대형 공공시설, 데이터 센터, 마이크로 그리드microgrid(소규모 지역에서 전력을 자급자족할 수 있는 스마트 그리드 시스템—옮긴이) 등에 안성맞춤이다. 최근 샌디에이고 시는 캘리포니아의 신재생에너지 보급 노력의 일환으로 2메가와트의 전력(1,000 가구가 네 시간 사용 가능한 양)을 저장할 수 있는 플로우 배터리를 설치했다.[60]

문제는 가격이다. 플로우 배터리는 리튬 이온 배터리에 비해 여전히 값이 비싼 편이다.[61] 하지만 이 비용도 머지않아 급격히 하락하리라 예상된다. 빌 게이츠의 BEV Breakthrough Energy Ventures 투자펀드가 자금을 지원한 폼 에너지Form Energy라는 스타트업은 동일한 성능의 리튬 배터리에 비해 제조비용이 5분의 1에 불과한 수성 아황산 플로우 배터리를 개발 중이다.[62]

그 외에도 다양한 에너지 저장장치가 시장에 진출하고 있는 중이다. 하이드로스토어Hydrostor 같은 업체들은 지하에 저장된 탱크 속에 압축 공기를 불어넣어 에너지를 저장하는 기술을 개발하고 있다. 이 배터리는 기존의 제품에 비해 비용은 절반에 불과한 반면 수명은 30년 이상 지속된다고 한다. 또 플라이휠flywheel, 열에너지, 양수발전 등을 이용한 에너지 저장 시스템도 모습을 드러내고 있다. 재료과학도 이 분야의 발전에 합류하기 시작했다. MIT의 연구진은 탄소 나노튜브를 활용해 배터리 용량을 50퍼센트 이상 늘릴 수 있는 '초고성능 축전지'를 만들어냈으며 다른 과학자들도 다양한 혁신적 제품을 속속 개발하고 있다.[63]

그러므로 이제 남은 숙제는 신재생에너지로 전기를 생산하고 생산된 에너지를 저장하는 일을 전 세계적 노력으로 확대하는 일이다. 말하자면 라메즈 남이 구상 중인 통합형 스마트 그리드를 각 대륙별로 하나씩 건설해서 인류의 에너지 문제를 해결하는 것이다. 자원의 관리가 전 세계적인 노력으로 이어져야 하는 이유는, 환경과 에너지 문제에 관한 한 지구상에 살고 있는 모든 사람이 좋든 싫든 한 배를 탄 운명공동체기 때문이다.

교통: 속도를 내는 전기자동차

에너지라는 퍼즐의 마지막 조각은 교통이다. 미국인들이 소비하는 에너지의 5분의 1은 승용차와 트럭을 움직이는 데 사용된다.[64] 여기에 비행기, 기차, 배 등을 합한 모든 운송수단이 내뿜는 온실가스의 양은 미국 전체 방출량의 30퍼센트를 차지하며 지구 전체적으로도 20퍼센트에 육박한다.[65, 66] 물론 자율주행차(대부분 전기자동차)가 상용화되면 상황이 훨씬 나아지겠지만 전문가들은 지구온난화 문제의 신속한 해결에 도움이 될 만큼 친환경 교통수단으로의 전환이 빨리 이루어지지는 않을 거라고 본다.

이 때문에 각국의 규제기관은 교통수단으로 인한 환경오염과 에너지 소비를 줄이기 위해 자동차 기업들에 대한 압박을 한층 강화하는 추세다. 대표적인 정책이 휘발유나 디젤 엔진을 장착한 차량의 판매를 금지하는 것이다. 2016년, 세계에서 네 번째로 큰 자동차 생산국인 독일은 2030년 이후 내연기관을 장착한 자동차 생산을 전면 중지하겠다고 선언하며 이 일에 앞장섰다.[67] 노르웨이는 이 시기를 2025년으로 앞당기면서 독일을 한걸음 추월했다. 이 나라 국민들은 2017년 전체 자동차 구매량의 52퍼센트를 전기자동차로 바꾸면서 그 말을 실천에 옮겼다.[68] 반면 미국의 2018년 전기자동차 판매 비율은 전체 판매량의 2.1퍼센트에 불과했다.[69]

인도 역시 2030년까지 화석연료를 사용하지 않겠다고 발표하며 이 대열에 합류했다.[70] 세계 최대의 자동차 시장인 중국도 비슷한 정책을 고려 중인 가운데, 중국의 볼보 공장은 이미 전기자동차를 제외한 기타 자동차 생산을 중단하는 결정을 내렸다.[71] 프랑스, 독일, 덴마크, 스웨덴, 일본, 네덜란드, 포르투갈, 한국, 코스타리카, 스페인 등도 전기자동차 판매 목표치를 공식적으로 내걸었다.[72]

그 결과 시장이 친환경 제품으로 급격히 선회하면서 대부분의 주요 자동차 기업이 전기자동차를 생산 및 판매하기에 이르렀다. 2010년에 단 두 가지에 불과했던 전기자동차 모델은 2019년에 41개로 증가하면서 소비자들에게 다양한 선택지를 제공하고 있다. 포드는 2022년까지 110억 달러를 투자해 40종의 전기자동차를 생산할 계획이다.[73] 다임러는 10종의 순수 전기자동차와 40종의 하이브리드 모델을 개발하는 데 117억 달러를 투입하겠다고 발표했다. 이 중 가장 큰 투자 계획을 밝힌 기업은 폭스바겐이다. 그들은 2030년까지 400억 달러를 투입해서 40종류의 전기자동차를 내놓을 예정이다.[74] 전 세계 자동차 기업이 투자하겠다고 밝힌 금액을 합하면 3,000억 달러가 넘는다.[75]

그중 가장 많은 돈이 투입되는 분야 중 하나가 배터리다. 최근 테슬라와 기가팩토리 관련 협력관계를 체결한 파나소닉은 도요타와도 손잡고 새로운 배터리 기술 개발에 나섰다.[76] 포르쉐와 BMW 역시 초고속 충전소를 개발하기 위해 협력 중이다.[77] 폭스바겐이 자금을 투자한 퀀텀스케이프Quantum Scape라는 스타트업은 저렴하고 가볍고, 리튬 배터리와 달리 폭발이나 발화의 염려가 없는 차세대 전고체 배터리solid state battery를 개발하고 있다. 이 배터리는 기존 제품에 비해 3배 이상의 축전 용량을 갖췄기 때문에 전기자동차의 운행 능력을 휘발유 자동차 수준까지 끌어올릴 수 있다고 한다.[78]

하지만 전기자동차의 주행 거리는 여전히 해결이 필요한 숙제다. 오늘날 일반적인 전기자동차는 한 번 충전으로 320킬로미터 정도를 달릴 수 있다. 이 숫자는 지난 10년 동안 매년 15퍼센트 정도 지속적으로 증가했다. 2022년이 되면 중간급 모델의 전기자동차도 완전 충전 후 440킬로미터를 주행할 수 있으며, 상위 모델은 560킬로미터에서 640킬로미터를 달릴 수 있을 것이다. 이 정도면 휘발유 자동차와 거의 차이가 없다. 전고체 배터리가 시장에 본격적으로 등장할 2025년쯤에는 누구나 1회 충전으로 800킬로미터를 운행할 수 있는 시대가 열릴 것이다.[79, 80, 81, 82]

다음 문제는 충전 시간이다. 우리가 주유소에서 휘발유 자동차에 기름을 넣는 데 소요되는 시간은 길게 잡아야 10분 내외다. 반면 전기자동차는 충전기의 종류에 따라 다르지만 길게는 네 시간 가까운 충전 시간이 필요하다. 하지만 이 분야에서도 시장의 요구와 융합기술의 활약 덕분에 급속한 기술 발전이 진행 중이다. 예를 들어 포르쉐와 BMW는 앞서 말한 두 회사 간의 협력관계를 통해 일반 스마트폰 충전기에 비해 충전 속도가 2만 5,000배 빠른 400메가 용량의 충전기를 개발해냈다. 이 제품을 사용하면 전기자동차로 100킬로미터를 주행할 수 있을 만큼 배터리를 충전하는 데 3분밖에 걸리지 않으며, 배터리 충전 용량을 10퍼센트에서 80퍼센트까지 끌어올리는 데도 15분이면 충분하다.

또 텔아비브에 소재한 스타트업 스토어닷StoreDot은 신소재를 활용해 초고속 축전지 이상의 빠르기로 충전할 수 있고 반면 전기가 소진되는 속도는 보통의 배터리와 비슷한 리튬 이온 기반의 '플래시 배터리'를 개발해냈다. 이 배터리로 5분만 충전하면 480킬로미터를 주행할 수 있기 때문에 구형 주유기로 차에 휘발유를 넣는 시간과 큰 차이가 없다.[83, 84, 85]

마지막으로 충전소를 확보하는 문제가 남아 있다. 매체에 따라 통계가 조금씩 다르지만, 미국 전역의 주유소 수는 대략 15만 개라고 한다.[86] 주유소 한 개에 비치된 주유기 수는 평균 여덟 개 정도이기 때문에, 나라 전체로 보면 대략 120만 개의 주유기가 사용 가능한 셈이다. 반면 오늘날 미국의 전기자동차 충전소에서 보유한 충전기의 수를 모두 합해도 6만 8,000개에 불과하다.[87] 그런데 이 숫자에는 조금 오해의 소지가 있다.

그 이유는 일반 가정집이 보유한 충전기의 수를 계산에 넣지 않았기 때문이다. 미국인들이 전기자동차를 가장 많이 충전하는 장소는 본인의 집이다.[88] 게다가 미국 최대 전기자동차 충전소 기업 차지포인트Charge Point의 활약도 염두에 두어야 한다.[89] 이미 5억 달러의 자금을 투자받은 이 스타트업은 2025년까지 250만 개의 충전 시설을 공급할 예정이다. 사업 대상 지역의 절반은 유럽이고 나머지는 미국이다. 만일 그 꿈이 실현된다면, 이 회사는 휘발유 자동차의 주유기 수보다 더 많은 전기자동차 충전기를 미국에 보급하게 되는 셈이다.

이런 현실은 세계경제포럼이 지적한 인류의 다섯 가지 위협 중 극한의 기후에 대한 논의로 우리를 이끈다. 2017년 기준으로 미국의 일반 가정집은 하루 평균 29.5킬로와트의 전력을 사용한다.[90] 반면 테슬라의 모델-S 전기자동차의 배터리팩 용량은 85킬로와트다.[91] 그 말은 만에 하나 전력 공급이 안 되는 비상상황이 발생한다면 완전히 충전된 모델-S의 배터리로 미국의 세 가정이 24시간 전기를 사용할 수 있다는 뜻이다. 만일 허리케인이 남부 플로리다 지역을 휩쓴다면 테슬라의 전기자동차 군단이 예비 전력 시스템의 역할을 할지도 모른다. 인공지능 기반의 스마트 그리드에서는 전기자동차가 네트워크의 한 교점으로서 극한의 기후에 대비할 수 있는 이동식 발전소가 되어줄 것이다.

생태계 파괴: 온난화와의 끝없는 싸움

인류에게 닥친 심각한 환경적 위협을 이해하기 위해서는 무엇보다 생물의 멸종과 생태계 파괴를 탐구해봐야 한다. 오늘날 기후변화, 삼림 파괴, 공해, 어류 남획 등으로 인해 수많은 생물이 멸종 위기를 맞고 있다. UN의 통계에 따르면 어떤 날에는 하루에 200여 종의 생물이 사라질 때도 있다고 한다. 전체 곤충 종種의 40퍼센트 이상이 개체 감소를 보이고 있으며, 인간의 가장 가까운 친척인 침팬지나 원숭이 같은 영장류도 생존이 위험한 상태다. 이런 추세가 계속 된다면 21세기가 끝나기 전에 대형 포유동물의 50퍼센트 이상이 지구에서 자취를 감출 것이다.

바다 생물의 경우는 더욱 심각하다. 대양 전체에 서식하는 산호초의 4분의 3이 이미 심각한 위험에 빠진 상태다.[92] 산호초는 다양한 해양 생물 중 25퍼센트가 서식하는 장소이며, 5억 명이 넘는 인간의 생계가 걸려 있고, 대기 중 산소 70퍼센트가 방출되는 곳이다.[93, 94] 그러나 우리가 아무런 조치를 취하지 않는다면 2050년경 모든 산호초의 90퍼센트가 사라질 게 분명하다. 비단 산호초뿐만이 아니다. 서기 2100년이 되면 바다 생물 전체의 50퍼센트가 이미 멸종된 상태일 것이다.[95]

생물 다양성은 생태계 그 자체는 물론이고 자연이 인간에게 제공하는 수많은 혜택을 의미하는 '생태계 서비스'ecosystem service를 건강하게 유지하는 데도 필수적이다. 산소를 생산하고, 음식을 만들어내고, 나무를 기르고, 식물을 수분受粉하고, 기후를 안정적으로 유지하는 등 36가지가 넘는 주요 생태계 서비스는 인간의 능력으로 스스로 해내기가 절대 불가능한 일이다. 하지만 생물 다양성 훼손으로 인해 이 서비스 중 60퍼센트 이상이 이미 심각한 기능 저하를 나타내고 있으며 장기적으로 지속 불가능한 상태에 빠져 있다.

우리가 생물 다양성을 유지하고 생태계 서비스를 보호하려면 어떻게 해야 할까? 물론 간단한 해결책은 존재하지 않는다. 하지만 다음에 소개할 다섯 가지 기술을 활용한다면 적어도 상황이 최악으로 흐르는 일은 방지할 수 있을 것이다.

1. **드론을 이용한 삼림 복구:** 육지에서 생물 다양성의 중심지는 숲이다. 이 때문에 삼림의 파괴는 생물 멸종의 가장 큰 원인으로 작용한다. 파괴의 규모는 우리의 상상을 초월한다. 지구상에서는 해마다 7만 5,000제곱킬로미터(파나마와 비슷한 넓이)에 달하는 숲이 자취를 감춘다.[96] 나무는 대표적인 이산화탄소 흡수계의 역할을 담당하기 때문에 매년 대기 중에 방출되는 온실가스의 15퍼센트는 숲이 사라지는 일과 직접적인 관련이 있다. 이런 대규모의 삼림 파괴에 대처할 수 있는 방법은 대규모의 삼림 복구밖에 없다.

   미국 항공우주국 출신의 영국인 기업가가 설립한 스타트업 바이오 카본 엔지니어링Bio Carbon Engineering은 인공지능으로 가동되는 나무 심는 드론을 개발했다.[97] 이 드론은 나무를 심을 목표 지역의 지도를 시스템에 입력한 다음, 나무 씨앗이 담긴 자연분해 성분의 캡슐을 땅으로 미사일처럼 발사한다. 캡슐 안에 포함된 젤리 모양의 증식배지增殖培地는 땅에 떨어질 때 충격을 완화하는 완충제의 역할과 나무가 잘 자랄 수 있도록 영양을 공급하는 배양액의 역할을 동시에 수행한다. 한 명의 조종사가 한 번에 여섯 대의 드론을 띄워 하루

10만 그루의 나무를 심을 수 있다. 만일 바이오카본의 계획대로 우리가 전 세계에 1만 개의 드론을 날려 보낼 수 있다면 1년에 10억 그루의 나무를 심는 일이 가능할 것이다.

2. **산호초 복구**: 바다의 숲은 산호초다. 따라서 해양 생태계를 건강하게 만들려면 일단 산호초를 살리는 일이 급선무다. 현재 산호초 재생과 관련해서 개발되고 있는 기술은 4~5개 정도다. 그중 모트 열대 연구소Mote Tropical Research Laboratory의 해양 생물학자 데이비드 본David Vaughan 박사는 가장 흥미로운 연구를 진행 중이다. 그는 조직 공학 기술을 기반으로 생장에 100년이 넘게 걸리는 산호를 2년 안에 키워내는 법을 개발했다. 산호는 성체가 되어야(보통 25년에서 100년이 걸린다) 산란을 하지만, 본 박사가 개발한 산호는 2년이면 알을 낳는다.[98] 멸종의 위험에 빠진 산호초를 빠른 시간 내에 복구할 수 있는 길이 사상 최초로 열린 것이다.

3. **양식업의 재창조**: 바다 생물 멸종의 가장 큰 원인 중 하나는 어업이다. 오늘날 지구상에서 이루어지는 어업의 3분의 1 이상은 적절한 생산 한도를 넘어선 남획에 해당한다. 따라서 바다 생태계 보호를 위해 무엇보다 중요한 것은 어업을 적절히 관리하는 일이다. 하지만 실험실에서 물고기를 배양할 수 있다면 굳이 어획량을 관리할 필요가 있을까? 앞서 말한 조직 공학을 이용한 스테이크 배양기술은 만새기나 참다랑어 같은 바다 생물에도 적용이 가능하다.[99] 현재 이 목표를 지향하는 여섯 개의 기업이 이미 실험실에서 배양해낸 연어나 새우를 우리의 저녁 메뉴에 추가하고 있다.

4. **농업 혁신**: 식물이나 동물은 충분한 공간을 필요로 한다. 즉, 육지든

바다든 넓게 펼쳐진 자연 그대로의 순수한 서식지가 있어야 살아갈 수 있다. 하지만 오늘날 지구상에서 순수한 야생의 땅은 15퍼센트에 불과하다. 하버드 대학의 E. O. 윌슨E. O. Wilson을 포함한 여러 전문가는 적어도 지구 면적의 50퍼센트가 야생의 동식물에게 주어져야 인류가 '여섯 번째 대멸종'의 위기에서 벗어날 수 있다고 주장한다.[100] 이는 우리에게 심각한 물음표를 제시한다. 그 땅을 어떻게 마련할 것인가? 해결책은 단 두 가지, 삼림 녹화와 농업 혁신을 통한 생태계 복구밖에 없다. 지구상에 존재하는 토지의 37퍼센트 그리고 담수 자원의 75퍼센트가 농업에 사용된다.[101] 그중 11퍼센트가 작물 재배에, 나머지는 육류 및 유제품 생산에 쓰인다. 하지만 최근 이 숫자가 점점 줄어드는 추세다. 농사를 포기하고 땅을 떠나는 농부의 수가 기록적인 속도로 증가하는 것도 이유 중 하나지만, 앞서 '식품의 미래'에서 살펴본 갖가지 혁신적 기술(배양육, 수직농장, 유전공학 작물 등등) 덕분에 우리가 더 작은 공간에서도 더 많은 소출을 올리게 됐기 때문이다. 이제 남는 땅을 자연에게 돌려줄 때가 됐다.

5. 폐쇄형 재활용 경제: 환경오염은 인류 앞에 닥친 다섯 가지 주요 위협 요소 중 하나다. 의학 저널 《란셋》Lancet이 2017년 공개한 연구 결과에 따르면 해마다 900만 명의 인간이 환경오염으로 사망하며 이로 인한 경제적 손실도 5조 달러가 넘는다고 한다.[102] 자연계에 가해지는 충격은 더 심각하다. 가장 위험한 온실가스를 비롯해 강물에 버려진 화학물질, 바다의 플라스틱, 공기 중의 미세먼지 등이 지구에 존재하는 모든 생물의 숨통을 조이고 있는 것이다. 그렇다

면 어떻게 해야 하나? 물론 화석연료 기반의 경제를 신재생에너지 기반으로 바꾸는 일도 어느 정도 도움이 되겠지만 그것만으로는 충분치 않다. 현재로서 가장 획기적인 발전은 무無폐기물 제조 프로세스의 도입이다. 다시 말해 폐기물을 쓰레기 처리장에 가져다 버릴 필요 없이, 아예 제조과정에서 쓰레기가 발생하지 않도록 만드는 것이다. 현재 도요타, 구글, 마이크로소프트, 프록터앤드갬블 같은 기업을 포함해 많은 회사가 이 방법론을 생산과정에 적용하고 있다. 이는 환경에 도움이 될 뿐만 아니라 기업의 수익성에도 긍정적인 요소로 작용한다. GM이 최근 발표한 자료에 따르면 그들이 지난 몇 년 동안 152개의 무폐기물 생산시설을 가동한 결과, 10억 달러 이상의 비용을 절약했다고 한다.

우리는 이 장을 시작하면서 세계경제포럼이 선정한 다섯 가지 위협, 즉 수자원 부족, 기후변화, 생물 다양성 훼손, 극한의 기후, 환경오염 등을 언급했다. 그리고 각각의 위협 요소에 대해 살펴봤다. 하지만 이들을 독립적인 문제로 생각하면 안 된다.

극한적인 기후가 발생하는 이유는 기후변화 때문이다. 하지만 기후변화 또한 다른 요인들로 인해 효과가 증폭된다. 미얀마의 이라와디Irrawaddy 강 유역 삼각주는 한때 수많은 생물이 서식하던 생태계의 보고였다. 지구상에서 가장 넓은 맹그로브mangrove(아열대 및 열대의 해변이나 하구의 습지에서 자라는 관목이나 교목을 통틀어 이르는 말—옮긴이) 숲이 이 지역에 자리 잡고 있었기 때문이다. 하지만 지난 수십 년 동안 삼각주 면적의 75퍼센트에 해당하는 숲이 사라지면서 홍수 보호 작용을 포함한 기본적인 생태계 서비스의 작동이 멈춰버렸다. 지난 2008년 거대한 사이클론이 이 지역을 휩쓸어 13만 8,000명의 생명을 앗아갔다. 그토록 처참한 피해가 발생한 주된 이유 중 하나는 맹그로브 숲이 방파제 역할을 해주지 못했기 때문이다.[103]

하지만 최근 이 복잡한 문제를 풀기 위해 복잡한 기술이 동원되고 있다. 바이오카본 엔지니어링이 제작한 드론 군단이 이라와디 삼각주 일부(뉴욕의 센트럴파크 넓이의 2배)에 나무 씨를 뿌리고 있는 것이다.[104] 숲이 되살아나면 야생의 동식물에게 서식지가 되돌아갈 뿐만 아니라 홍수 방어 같은 생태계 서비스도 재개될 수 있다. 특히 맹그로브 숲은 보통의 삼림에 비해 3배 이상 탄소를 흡수하기 때문에, 이 삼각주에 복구된 삼림은 인류가 지구온난화에 맞서 싸울 수 있는 소중한 무기가 되어줄 것이다.

요컨대 생명의 그물web of life이라는 말은 단순한 은유적 표현이 아니다. 세상의 모든 것은 다른 모든 것에 영향을 미친다. 앞에서 인류에게 닥친 여러 문제에 대한 해결책을 살펴봤지만, 우리가 당장 이 일에 뛰어들어 전력을 기울이지 않으면 그 수많은 해결책은 아무런 의미가 없다. 스탠퍼드 대학교의 한 연구진은 우리가 더 이상 생물이 사라지는 일을 막아 생태계 서비스의 완전한 중단을 막을 수 있는 시간이 향후 90년 정도라고 경고한다. 또 앞서 말한 대로 유엔 정부 간 기후변화위원회는 인류가 기온 상승폭을 산업화 이전 대비 1.5도 이하로 낮춰 지구온난화를 멈출 수 있는 시간이 앞으로 12년밖에 남지 않았다고 선언했다. 불행 중 다행인 것은 우리가 이 도전에 맞서는 일을 돕는 다양한 기술이 속속 개발되고 있으며 그 기술들이 융합을 통해 나날이 발전하고 있다는 것이다. 인류가 이 문제를 해결할 만한 기술적 혁신을 이미 성취했을지도 모른다. 하지만 이 퍼즐에서 빠진 조각은 바로 '협업'이다. 우리가 신속한 변화를 통해 지속가능한 환경을 이루어낸다면, 지구의 수많은 생물에게 인간이라는 존재는 장애물이면서 동시에 기회가 될 수 있을 것이다.

경제적 위험: 기술 발전에 따른 실업

인류가 직면한 가장 중차대한 위험 요소는 역시 환경 파괴일 것이다. 하지만 최근에는 자동화에 따른 대량 실업 문제에도 대중의 관심이 부쩍 높아졌다. 로봇과 인공지능이 인간의 일자리를 빼앗을 거라는 기사가 신문의 헤드라인을 장식한 것은 어제오늘의 이야기가 아니다. 맥킨지, 가트너, 딜로이트 같은 주력 컨설팅 기업들도 앞으로 기술 발전에 따른 실업의 문제가 불가피하다는 내용의 보고서를 여러 차례 내놓은 바 있다. 또 옥스퍼드 대학교의 연구진은 향후 수십 년 안에 미국의 직업 중 47퍼센트가 사라질 것이며 나머지 국가에서는 이 비율이 85퍼센트에 달할 거라는 논문을 발표하기도 했다.[105]

하지만 현실의 모습은 그 이론들이 주장하는 바와 사뭇 다르다. 일단 로봇으로 인한 직업의 종말을 가장 처음 목격할 수 있는 고용 시장을 들여다보자. 작가 겸 언론인 제임스 수로위키James Surowiecki는 2017년 《와이어드》에 기고한 기사에서 이렇게 썼다.

현재 실업률은 5퍼센트 미만이다. 오늘날 기업들은 노동력 과잉이 아니라 오히려 노동력 부족을 호소하고 있는 실정이다. 금융 위기의 여파로 직업을 잃었던 수백만의 미국인은 다시 돌아와 일자리를 찾았다. 더욱 놀라운 사실은 고용 시장이 활기를 띠면서 일반 노동자의 임금 역시 상승했다는 것이다. 과거의 기준으로는 임금 인상이 당연하게 여겨질 수도 있겠지만, 최근의 임금 상승률은 생산성 향상 속도나 인플레이션 비율을 뛰어넘고 있다. 만일 인간의 노동력이 빠른 속도로 쓸모없어지는 것이 사실이라면 이런 일은 절대 일어날 수 없다.[106]

과거에도 요즘과 비슷한 상황이 발생한 적이 있었다. 1800년대 초반, 러다이트가 해머를 들어 기계를 부수기 시작했을 때만 해도 인간의 노동력이 순식간에 쓸모없어질 거라는 공포가 온 세상을 휩쓸었다. 1790년대에는 90퍼센트의 미국인이 농업에 종사했다.[107] 오늘날은 농업 인구가 전체의 2퍼센트에 불과하다. 그럼에도 불구하고 농업이라는 직업은 사라지지 않았다. 농업이 주도하던 경제는 제조 기반의 경제로 변신했고, 곧이어 서비스 경제로 넘어갔으며, 이제는 정보가 경제를 지배하는 시대로 바뀌었다.[108] 자동화는 사라진 직업보다 더 많은 새로운 직업을 만들어냈다.

게다가 자동화가 진행되는 상황에서도 꼭 우리의 예측대로 결과가 나오지는 않는다. 현금자동인출기ATM를 생각해보라. 1970년대 말 이 기계가 처음 도입됐을 때, 수많은 은행 창구 직원이 일자리를 잃을 거라는 우려의 목소리가 높았다. 1995년에서 2010년 사이 미국 전역에 설치된 ATM의 수는 10만 대에서 40만 대로 늘었다. 하지만 창구 직원의 대량 실업 사태는 초래되지 않았다. 가장 큰 이유는 ATM 덕분에 은행 운영비용이 하락하면서 은행의 수가 40퍼센트 이상 증가했기 때문이다.[109] 은행이 늘었다는 말은 더 많은 창구 직원이 일자리를 얻었다는 뜻이다. 실제로 이 기간 동안 은행 창구 직원의 수는 과거에 비해 상승했다.

섬유 산업의 상황도 비슷했다. 언론인 T. L. 앤드류스T. L. Andrews는 온라인 경제 전문 매체 〈쿼츠〉Quartz에 이런 글을 썼다. "19세기 이래로 섬유 소재를 제작하는 공정의 98퍼센트가 자동화됐음에도 불구하고 직물을 직조하는 데 관련된 일자리 수는 계속 증가했다."[110] 또 1990년대부터 법률 회사에 도입되기 시작한 인공지능 때문에 법률 사무 보조원이나 법원 서기 같은 직업이 사라질 거라고 예상한 사람이 많았지만 실제로는 반대의 현상이 나타났다. 인공지능은 정보를 찾아내는 데 탁월한 능력을 발휘하지만 그 수많은 정보 속에서 필요한 내용만 꼼꼼히 추려낼 수 있는 인간 직원의 역할이 더 많이 필요해졌기 때문이다. 법률 사무원의 고용 역시 실제로는 더 늘었다.

기업이 자동화를 추구하는 이유는 생산성 향상을 위해서다. 하지만 기계의 능력을 사람의 힘으로 보강하지 않고 단순히 인간을 기계로 대체해 버리는 것으로는 생산성을 극대화할 수 없다. 액센츄어의 제임스 윌슨James Wilson과 폴 도허티Paul Daugherty는 《하버드 비즈니스 리뷰》에 기고한 글에서 이렇게 논평했다. "그동안 많은 기업이 인공지능으로 업무 프로세스를 자동화했다. 하지만 그 목적이 단순히 인간 노동력의 대체에 있다면 단기적인 생산성 향상 효과밖에 기대할 수 없다. 우리가 조사한 1,500여 개의 기업 중에 실적이 가장 현저하게 개선된 곳은 인간과 기계가 더불어 일한 조직이었다."[111] 일례로 BMW는 자사의 전통적인(즉, 자동화된) 조립 라인을 인간과 로봇이 한 팀이 되어 협업하는 모델로 대체해 85퍼센트의 생산성 향상 실적을 올렸다.[112]

게다가 기하급수적으로 발전하는 모든 기술에는 인터넷이 우리 사회에 미친 충격만큼의 기회가 내재되어 있다는 사실도 기억해야 한다. 물론 그 기회를 활용하기 위해서는 구성원들의 적응(즉, 노동력 재훈련) 과정이 필요하지만 기술의 발전이 일자리의 증가로 이어진다는 사실만은 분명하다. 인터넷이라는 산업 자체를 생각해보라. 맥킨지의 연구에 따르면 중국, 러시아, 미국을 포함한 13개국에서는 인터넷으로 인해 사라진 직업 1개 당 2.6개의 새로운 직업이 생겨났다고 한다.[113] 게다가 인터넷의 발전에 힘입어 GDP 역시 10퍼센트 이상 증가했으며 현재도 점점 늘어나고 있다는 것이다.

하지만 오해는 없었으면 한다. 어떤 직업이 사라지고 있는 것은 틀림없는 사실이다. 전문가들은 기술 발전에 따른 실업으로 인해 우리 사회가 가장 큰 충격에 빠질 시기를 2030년 전후로 내다본다. 향후 10년 안에 다수의 직업이 기억 속으로 사라지게 될 거라는 뜻이다. 로봇은 트럭 운전사, 택시 기사, 창고 노동자, 소매점 직원 등 수많은 사람의 일자리를 빼앗아 갈 것이다. 아마존 고 매장이 모든 계산원의 종말을 불러오지는 않겠지만 식품 매장, 편의점, 주유소 등에 근무하는 사람의 수가 지금보다 줄어들 것은 불을 보듯 뻔하다. 그러므로 우리에게 던져진 질문은 이런 현상이 걷잡을 수 없이 확산되기 전에 인간 노동력을 재훈련시킬 시간이 충분한가 하는 것이다.

다행히 대답은 긍정적이다. 최근 골드만삭스는 자율주행차가 1년에 30만 명의 일자리를 사라지게 만들 거라는 연구 보고서를 발표했다.[114] 하지만 그들은 그런 혁신이 발생하기 전 우리에게 아직 25년이라는 시간이 남아 있다는 사실을 간과하고 있다. 게다가 교육 기술의 진보(가상현실 기반의 학습 환경부터 인공지능 주도로 제작된 커리큘럼까지)로 인해 노동력 재훈련은 더욱 쉽고, 빠르고, 효과적으로 이루어질 것이다. 뿐만 아니라 인공지능의 사용자 친화적 인터페이스 덕분에 노동자들의 재훈련이 필요한 기술의 내용도 과거와 많이 달라질 것으로 예상된다. 다시 말해 미래에는 고도로 숙련된 기술 자체보다는 업무적 기민함과 능숙함이 더 중요한 능력으로 받아들여질 것이다.

이 분야에 있어서도 가장 중요한 것은 역시 우리의 협업이다. 2018년 7월, 미국에서는 670만 개의 일자리가 주인을 찾지 못한 노동력 부족 현상이 나타났다.[115] 단지 일자리가 존재한 정도가 아니라 기록적인 규모로 남아돈 것이다. 그러므로 우리에게 주어진 숙제는 이 일자리를 메우기 위해 노동력을 신속하게 재훈련시킬 수 있는 능력을 개발하는 일이다.

실존적 위험: 비전, 예방, 거버넌스

옥스퍼드 대학교의 철학과 교수 닉 보스트롬Nick Bostrom은 인류가 영화 〈매트릭스〉 같은 시뮬레이션 세계에 살고 있다는 '모의실험 가설'Simulation Hypothesis을 주장해 괴짜 학자로 명성을 얻은 인물이다.[116] 그가 사람들 사이에서 처음 논란의 대상으로 떠오른 것은 2002년《진화와 기술에 관한 저널》Journal of Evolution and Technology이라는 학술지에 논문 한 편을 게재하면서부터였다. 논문을 읽은 사람들 모두를 공포에 빠뜨렸기 때문이다.

보스트롬은 이 논문에서 인류가 맞닥뜨리게 될 새로운 종류의 위협에 대해 기술했다. 그가 '실존적 위험'existential risk이라고 부른 위협 요소들은 조금 달리 표현하면 '전全세계적 대재난의 위험'과 비슷한 말이었다. 이는 기존에 우리가 알고 있던 내용과는 조금 달랐다. 과거에는 세계적 재앙이라면 소행성이 지구에 충돌하는 사건이나 전면적인 핵전쟁 발발 같은 인류의 종말을 야기하는 시나리오를 의미했다. 하지만 보스트롬은 우리에게 새로운 종류의 공포가 다가온다는 사실을 알리고 싶었던 듯하다. 그는 인류의 실존을 위협하는 또 다른 위험 요소가 바로 기하급수적으로 발전하는 기술이라고 주장했다.

일례로 나노기술의 걷잡을 수 없는 발전으로 야기되는 에릭 드렉슬러의 그레이 구grey goo(자기 복제가 가능한 나노기계가 무한히 증식하여 지구를 점령하는 가상의 종말 상황─옮긴이)는 이미 우리에게 친숙한 이야기다. 기능 장애를 일으킨 인공지능이 북미 대공방위 사령부NORAD를 해킹해서 전 세계를 전쟁으로 몰아넣는 상황도 꼭 불가능한 시나리오만은 아니다. 또 유전적 변이를 일으킨 생물체가 생태계를 교란하고, 사이버 테러리스트들이 전력망을 해킹해서 뉴욕시를 암흑에 빠뜨리고, 바이오 해커들이 에볼라 바이러스라는 무기로 샌프란시스코를 공격할지도 모른다는 공포는 기하급수적으로 발전하는 기술로 인해 언젠가 현실의 상황이 될 수도 있다. 보스트롬이 이토록 비관적인 견해를 밝힌 이유는 인류가 걷고 있는 위험한 여정에 대해 경종을 울리고자 했기 때문이었을 것이다.

우리는 과연 그런 일이 없으리라 확신할 수 있을까?

이는 논란의 여지가 많은 질문이다. 그동안 일론 머스크나 고故 스티븐 호킹 박사를 포함한 많은 선구자는 인류가 처한 실존적 위험에 대해 끊임없이 경고의 목소리를 높여왔다. 뿐만 아니라 옥스퍼드나 MIT처럼 명망 높은 교육기관들도 이 분야를 연구하는 학과를 따로 설치했을 정도로 인류의 미래에 대한 깊은 우려를 나타냈다. 하지만 전체적으로 이 문제에 대한 전문가들의 의견은 크게 엇갈린다. 이런 상황에서 인류가 생존을 이어나갈 수 있는 확률을 정확히 계산해낸다는 것은 의미 없는 시도에 불과할 것이다. 그러나 이런 혼선 속에서도 소수의 의견이 힘을 얻으며 서서히 표면에 떠오르기 시작했다. 그들이 이야기하는 비전, 예방, 거버넌스 등 세 가지 요소는 인류의 문제에 대한 해결책이라기보다 해결책의 '범주'에 가까운 듯하다.

멀리 내다볼 수 있는 비전

비전이란 우리가 얼마나 먼 미래를 내다보는지 상징하는 시간의 지평을 의미한다. 인간의 두뇌는 즉시성과 신속성이 생존의 필수조건인 시대에 만들어졌기 때문에 우리는 본질적으로 근시안적인 존재일 수밖에 없었다. 어떻게 하면 '오늘 당장' 호랑이에게 잡아먹히는 일을 피할 수 있을까. 어떻게 하면 '오늘 당장' 식구들에게 먹일 음식을 구할 수 있을까. 인간의 장기적 사고란 기껏해야 '어떻게 하면 올 겨울을 따뜻하게 보낼 곳을 마련할까' 같은 범위를 벗어나지 못했다. 다시 말해 진화의 법칙이 인간에게 허락한 시간의 지평은 6개월 정도에 불과했다.

물론 인류는 사고의 범위를 계속 확장해왔다. '지연된 만족'delayed gratification이라는 심리학 용어도 있지만 우리가 동물과 다른 점은 수명이라는 한계점을 넘어서까지 현재의 보상을 희생하고 내세의 만족을 추구할 수 있는 능력을 갖췄다는 것이다. 종교가 현생에서의 인간 행동을 규제함으로써 사후의 행복을 약속할 수 있는 것은 모두 이런 메커니즘 덕분이다. 이는 다른 어떤 동물에서도 찾아볼 수 없는 능력이다.

안타깝게도 우리는 이런 재능을 점점 잃어버리고 있는 듯하다. 미국의 작가 스튜어트 브랜드Stewart Brand는 롱나우 재단Long Now Foundation을 위해 쓴 에세이에서 이렇게 역설했다. "현대 문명의 특징은 사고의 시간적 범위가 병적일 정도로 짧다는 것이다. 이런 경향은 기술 발전의 가속화, 시장 주도 경제로 인한 단기적 시야, 다음 선거에 매달릴 수밖에 없는 민주주의 제도 그리고 다중 작업으로 인한 개인의 산만한 주의력 등에 원인이 있을 것이다. 문제는 이 모든 요소가 갈수록 악화되어간다는 사실이다. 이런 단기적 시야를 교정할 수 있는 균형 잡힌 대책이 필요하다."[117]

브랜드는 이를 교정하기 위한 대책을 실천에 옮겼다. 그가 이사회 의장으로 있는 롱나우 재단은 네바다 주 그레이트 베이슨 국립공원Great Basin National Park의 어느 깊은 동굴 속에 커다란 시계를 하나 숨겨두었다. 앞으로 1만 년 동안 시간을 기록하게 될 이 시계의 진정한 용도는 사람들에게 심리적 효과를 제공하는 데 있다. 이 시계의 존재로 인해 우리가 항상 1만 년 후의 미래를 염두에 둘 수 있기 때문이다. 이 단체의 궁극적인 목표는 인류를 위협하는 실존적 위험에 대비하기 위해 미래를 장기적으로 내다봐야 한다는 경각심을 모든 사람에게 불어넣는 데 있다.

미래의 재난에 대비하는 예방 기술

그렇다면 미래를 장기적으로 생각한다는 것은 현실 세계에서 결국 무엇을 의미할까? 바로 우리가 이야기할 두 번째 해결책인 예방이다. 네덜란드를 예로 들어보자. 국토의 대부분이 해수면보다 낮은 이 나라는 유럽에서도 기후변화의 위협을 가장 민감하게 느끼는 지역이다. 그러나 이곳 사람들은 상승하는 해수면 문제에 대해 임시적인 해결책(예를 들어 거대한 제방을 구축하면 단기적 수리와 보수가 필요하고 결국 또 다른 제방으로 대체할 수밖에 없게 된다)을 지양하고 장기적이고 순리적인 방식을 선택했다. 미국의 작가 겸 평론가 마이클 키멜만Michael Kimmelman은 〈뉴욕 타임스〉와의 인터뷰에서 이렇게 말했다. "네덜란드 사람들의 사고방식에 따르면 기후변화는 단순한 가설이나 경제적 악재가 아닌 일종의 기회입니다. (…) 그들은 이 상황을 타개할 방법이 오직 하나라는 사실을 알고 있습니다. 말하자면 바닷물이 들어오도록 그냥 놔두는 거죠. 자연의 법칙에 저항하거나 자연을 극복하기 위해 애쓰기보다는 할 수 있는 만큼 물과 더불어 살아가겠다는 겁니다. 네덜란드인들은 자신들의 일상생활에 필요한 호수, 주차장, 공원, 광장 등도 만들었지만 바다나 강이 넘칠 때를 대비해 거대한 저수지도 과거에 비해 2배나 많이 건설했습니다."[118]

또 다른 예방의 사례는 미래의 재난에 대비하기 위해 인공지능, 네트워크, 센서, 인공위성 등의 기술 융합을 활용하는 것이다. 오늘날 우리는 이 첨단기술 덕분에 지구를 위협하는 각종 위험 요소를 그 어느 때보다 신속하고 정교하게 감지할 수 있게 됐다. 이 분야에서 과학자들이 제안하고 있는 기술은 매우 다양하다. 파국적인 기근이나 테러리스트의 공격으로부터 인류를 보호하는 지구 식량 모니터링 네트워크, 대규모 역병이나 핵물질을 대기 중에서 포착해내는 장치, 기능 장애를 일으켜 난동을 부리는 인공지능을 탐지해내는 또 다른 인공지능 등등.

만약 이런 일들이 딴 세상 이야기처럼 생소하게 느껴진다면 외계의 소행성을 탐지하는 기술을 생각해보라. 우주에서 날아온 소행성이 지구를 파멸시킬지도 모른다는 아이디어는 20년 전만 해도 음모론에 불과했거나 할리우드 공포영화의 소재로 쓰였다. 하지만 NASA의 제트 추진 연구소Jet Propulsion Laboratory는 이미 '지구 충돌 외계 물체 모니터링'을 통한 감시 시스템Sentry System을 설계했다.[119] 또 NASA의 '더블 소행성 재방향 실험'Double Asteroid Redirection Test 프로젝트는 지구와 충돌이 예상되는 소행성에 물리적 충격을 가해 궤도를 바꾸는 기술을 사상 최초로 개발 중이다.[120]

뿐만 아니라 우리가 인공위성에서 보내온 이미지를 바탕으로 지구에서 발생한 산불을 추적한 지는 꽤 오래됐다. NASA는 지난 2018년부터 인공지능이 이 이미지 데이터를 해독할 수 있도록 기계를 훈련시키기 시작했으며, 덕분에 1년 뒤에는 인공 신경망을 통해 지구의 삼림 화재를 우주에서 98퍼센트의 정확도로 탐지할 수 있게 됐다.[121] 또 다른 과학자들은 그렇게 탐지된 화재에 대처하는 방법도 연구 중이다. 그중 하나가 소방 드론이다. 머지않은 미래에는 우주에서 전송되는 이미지를 통해 지구의 삼림 화재를 발견한 인공지능이 자율비행 소방 드론과 통신을 주고받으며 자동으로 불을 진화하는 일이 가능해질지도 모른다. 이를테면 응급 재난 서비스의 초기 소멸화 단계라고 할까.

이렇게 만일의 경우에 대비하는 사고방식은 우리의 생존에 필수적인 요소다. 기술의 발전과 상관없이, 지구는 이 순간에도 끊임없이 변화가 지속되는 살아 있는 시스템이다. 원래 지구는 메탄과 유황이 사이좋게 공존하던 별이었다. 그러다가 산소라는 이름의 독성 가스가 발생하면서 모든 것을 망쳐버렸다. 한때 지구의 모든 곳을 지배했던 공룡들은 이제 박물관의 한구석에서 옛날의 영화를 그리워하고 있다. 인류도 이 격동하는 세상 속에서 공룡의 전철을 밟지 않으려면 예방의 기술을 익혀야 할 것이다.

느린 정부에서 신속한 정부로의 전환

급변하는 세계에서 인류의 실존적 위험에 대처할 수 있는 가장 중요한 방법은 역시 예방이겠지만, 그중에서도 가장 궁극적인 예방의 수단은 환경에 대한 적응성과 신속성을 기르는 일일 것이다. 그러나 문제는 우리 사회가 그런 식으로 구축되어 있지 않다는 데 있다. 오늘날 존재하는 대부분의 조직과 제도는 규모와 안정성으로 성공을 측정하던 구시대의 유물이다. 예를 들어 우리는 지난 세기 내내 직원 수나 자산 규모 같은 가시적 수치만으로 기업의 성공을 평가했다.

하지만 기하급수적으로 발전하는 세계에서 안정성의 가치는 신속성에 자리를 내어줄 수밖에 없다. 소비자들은 대여할 수 있는 물건을 왜 굳이 구입해야 할까? 또 크라우드소싱을 할 수 있는데도 남에게 빌릴 필요가 있을까? 에어비앤비는 세계에서 가장 큰 호텔 체인을 운영하면서도 방 한 칸도 소유하고 있지 않다. 우버와 리프트는 전 세계의 주요 대도시에서 택시 회사들을 몰아내버렸지만 택시를 한 대도 보유하지 않는다. 이제 모든 기업의 필수 요건이 되어버린 이런 고도의 유연성은 우리가 살펴볼 마지막 해결책인 정부의 역할, 즉 거버넌스governance(국가의 여러 업무를 관리하기 위해 정치·경제 및 행정적 권한을 행사하는 국정관리 체계를 의미함—옮긴이)에 있어서도 핵심적인 요소다.

정부에 대한 근대적 개념은 약 300년 전, 전제군주의 폭정에서 벗어나 자유를 갈망하는 시민의 요구와 사회적 안정성의 욕구가 공존하던 시기에 처음으로 등장했다. 근대의 민주주의가 양원제라는 중복적 장치를 도입한 이유는 권력에 대한 견제와 균형이 필요했기 때문이다. 요컨대 독재와 정치적 불안정성에 맞서 싸우기 위해 설계된 이 시스템은 모든 의

사결정이 민주적 절차에 따라 이루어지기 때문에 변화의 속도가 느릴 수밖에 없다. 하지만 이 기하급수적 기술 발전의 시대에서는 훨씬 신속한 대응이 요구된다.

발트 해 연안에 위치한 작은 나라 에스토니아는 1997년 이래로 전자정부e-governance의 선구자로 떠올랐다.[122] 세상에서 가장 다루기 어렵고 움직임이 느린 '정부'라는 영역을 성공적으로 디지털화한 나라가 된 것이다. 그들의 최우선 목표는 정부의 대응 시간을 줄이는 일이었다. 당신에게 정부가 해결해줘야 할 문제가 생겼다면? 전 세계 대부분의 국가에서 이는 긴 줄에 서서 하염없이 기다리고 불필요한 서류 절차를 수없이 밟아야 하는 골칫덩어리 업무를 의미한다. 하지만 에스토니아에서는 99퍼센트의 공공서비스가 사용자 친화적 인터페이스 기반의 온라인 시스템으로 처리된다. 시민들은 5분 안에 세금을 납부하고, 세계 어디에서나 투표를 하고, 블록체인으로 보호된 분산형 데이터베이스에서 자신의 건강정보를 확인할 수 있다. 에스토니아는 자국 정부가 관료주의를 획기적으로 줄인 덕분에 그동안 약 '800년' 분의 노동력을 절감했다고 추산한다.

에스토니아의 사례에서 자극을 받은 전 세계 많은 국가의 정부도 디지털화에 나섰다. 그리고 여기에 스타트업들도 가세했다. 오픈고브OpenGov는 정부의 수수께끼 같은 재무 데이터를 누구나 이해하기 쉽게 바꿔주는 소프트웨어를 내놓았으며, 트랜짓믹스Transitmix는 데이터 기반의 실시간 교통시스템 기획 도구를 제작 중이다.[123] 아폴리셔스Appallicious라는 기업은 비상 상황 대응작업을 효과적으로 체계화해주는 재난 지원 상황판을 개발해냈다. 또 소셜글라스Social Glass는 정부의 조달 업무를 쉽고, 합법적이고, 무無서류 기반으로 처리하게 해주는 소프트웨어를 제공한다.[124]

기술 대기업들도 이 분야에 뛰어들었다. 알파벳의 도시개발 사업 자회사 사이드워크 랩스Sidewalk Labs는 캐나다 정부와 협약을 맺고 온타리오 호숫가에 위치한 키사이드Quayside라는 지역을 개발하는 프로젝트에 착수했다.[125] 토론토의 최첨단 산업단지가 될 이 스마트 도시에서는 로봇이 우편물을 배달하고, 인공지능이 센서에서 포착된 데이터를 통해 대기 질부터 교통의 흐름까지 모든 것을 관리하게 된다. 즉, 도시 전체가 친환경 기준과 지속가능성에 바탕을 둔 '긍정적 기후'의 도시가 되는 것이다. 이 사업이 단지 흥미로운 부동산 뉴스에 그치지 않는 이유는 키사이드 프로젝트를 위해 개발된 모든 소프트웨어가 오픈소스 기반이기 때문이다. 한 마디로 전 세계 그 누구라도 스마트 도시 개발에 이 소프트웨어들을 마음껏 사용할 수 있다.

그렇다면 이 모든 해결책(NASA의 소행성 탐지 계획, 네덜란드의 자연 순응적 도시 재설계, 에스토니아의 전자정부 시스템 등)은 인류의 실존적 위협을 극복하기 위한 수단으로 충분할까? 아마 그 질문에 대한 대답은 '아직 멀었음'과 '얼마 남지 않았음' 사이의 어디쯤 존재할 것이다. 하지만 우리가 낙관적인 견해를 갖는 데는 다음의 세 가지 이유가 있다.

첫째, 기술 발전에 따른 권력 이동 현상이다. 500년 전에는 오직 왕족들만이 이런 세계적이고 중대한 문제를 다룰 수 있었다. 30년 전에는 그 문제가 대기업과 큰 나라 정부의 손으로 넘어갔다. 하지만 오늘날 세계의 문제는 모든 사람의 문제가 됐다. 기하급수적으로 발전하는 기술로 인해 작은 규모의 조직도 큰 문제를 푸는 일에 도전할 수 있게 됐기 때문이다. 두 번째 이유는 바로 기회다. 우리 저자들은 앞서 펴낸 책《볼드》에서 세계 최대의 문제는 세계 최대의 비즈니스 기회로 바뀔 수 있다고 이야기했다. 다시 말해 인류의 모든 환경적, 경제적, 실존적 위기는 기업가 정신과 혁신의 바탕이 될 수 있는 것이다. 세 번째 이유는 융합이다. 인간은 자신에게 닥친 위험을 선형적 관점에서 바라보는 경향이 있다. 즉, 과거의 도구를 이용해서 미래의 문제를 해결하려는 것이다. 하지만 앞서 말한 대로 인류는 향후 10년 동안 100년에 해당하는 기술적 진보를 겪게 될 것이 분명하다. 그런 점에서 오늘날 활용 가능한 기술(인공지능, 나노기술, 생명공학 등)은 이제 막 발전을 시작한 것이나 다름없다. 인류에게 닥친 위협이 아무리 심각하다 할지라도, 우리가 이미 소유한 해결책 역시 지속적으로 강화될 것이기 때문이다.

CHAPTER 14

거대한 기술적 이주를
준비하라

아이디어의 이동과 혁신

인간은 이동성이 강한 동물이다. 7만 년 전 아프리카를 떠난 인류는 온 세상을 끊임없이 돌아다녔다. 산을 넘고, 숲을 헤치고, 강을 건너고, 대륙을 가로지르고, 대양을 항해해서 지구의 모든 구석구석까지 진출했다. 사람들이 쏟아져 들어간 곳에는 혁신도 함께 밀려들었다. 낡은 것을 등지고 새로운 땅과 문물을 찾아 떠난 인간은 도달하는 곳마다 새로운 아이디어, 기술, 문화를 전달해주었다. 이는 〈할렘 셰이크〉Harlem Shake 같은 대중가요가 홍콩에 전파된 일처럼 단순한 과정이 아니라 우리 모두의 오늘이 있게 만들어준 위대한 이동이었다.

물론 그 여정은 순조롭지 않았다. 과거 사람들이 대규모 이주에 나선 이유는 대부분 위험, 재난, 공포(우리에게 '역사'라고 알려진 그 사건들)를 피할 목적에서였다. 그러나 갈등과 비극에서 비롯된 인류의 대이동은 결과적으로 문화에 긍정적인 영향을 미쳤다. 옥스퍼드 대학교의 이안 골딘Ian Goldin과 제프리 카메론Geoffrey Cameron은 함께 펴낸 책《비범한 사람들》Exceptional People에서 그 이유를 다음과 같이 설명한다.

> 인간 공동체의 역사와 세계 발전의 과정에는 인간의 이주가 사회적 진보를 이끄는 데 얼마나 중요한 엔진 역할을 했는지 잘 드러난다. 인간의 이동이라는 렌즈를 통해 우리의 집단적 과거를 들여다보면 오늘날의 국제적이고 통합적인 세계가 구축될 수 있었던 배경에는 문화적 경계를 넘어 이루어진 인류의 이주가 존재한다는 사실을 깨닫게 된다. (…) 이주자들은 낯선 곳에서 맞닥뜨린 새로운 환경과 문화에 적응해서 일을 하고 삶을 살아가는 방식을 새롭게 혁신해 나갔다. 새로운 신념 체계와 기술의 발전, 농작물과 생산 방식의 전파 등은 이주자들의 경험을 통해, 또는 그들과의 접촉 과정에서 탄생했다.[1]

골딘과 카메론에 따르면 인류의 이주는 단지 사람들이 낯선 곳으로 몰려드는 일을 넘어서 '아이디어의 이동'을 의미했다. 이는 그동안 인류의 진보를 이끈 가장 위대한 동력이었으며 혁신의 촉진제였다.

몇 년 전 스탠퍼드 대학교의 경제학자 페트라 모서Petra Moser 교수는 인류의 이주가 인간 사회에 미친 충격을 수치화하는 개인 연구 프로젝트를 시작했다. "스탠퍼드에 근무하는 저의 동료 중 절반 이상이 이민자입니다." 그녀는 기자와의 인터뷰에서 이렇게 말했다. "저는 그런 고숙련 이

민자들의 흐름을 좌우하는 국가적 정책이 과학과 혁신에 어떤 영향을 주는지 알고 싶었습니다."[2, 3]

모서 교수와 연구팀은 그 궁금증에 대한 대답을 찾는 과정에서 오래된 루머 하나에 주목했다. 과거 나치 독일의 탄압을 피해 미국으로 이주한 독일계 유태인들이 미국의 혁신에 막대한 영향력을 미쳤다는 소문이었다. 만일 이 말이 사실이라면 인간의 대규모 이주가 대규모의 사회적 충격을 불러온다는 가설을 입증하는 증거가 될 수 있었다.

유태인들의 미국 이주가 시작된 시기는 1933년 4월이었다.[4] 당시 아돌프 히틀러가 비非아리아인들의 공무원 취업을 금지하는 '전문 공무직 회복 법안' Law for the Restoration of the Professional Civil Service 을 통과시키자 소방관, 경찰, 교사 그리고 이 이야기에서 가장 중요한 학자를 포함해 수만 명의 유태인이 하루아침에 일자리를 잃었다. 재앙이 시작된 것은 히틀러가 수상으로 취임한 지 불과 2개월 만의 일이었다. 그리고 그 후 10년 동안 13만 3,000명의 독일계 유태인이 미국으로 탈출했다. 말하자면 사우스캐롤라이나 주의 찰스턴 시에 거주하는 모든 사람이 텍사스로 집단 이주했고, 그들 중에 앨버트 아인슈타인과 다섯 명의 노벨상 수상자가 포함되어 있었다는 얘기다.[5]

페트라 모서는 유태인들의 이주가 미국 사회에 미친 충격을 측정하기 위해 먼저 화학 분야의 특허 통계를 살펴보기 시작했다. 그리고 나중에는 모든 기술 분야로 범위를 확장해 1920년부터 1970년까지 특허가 출원되고 등록된 50만 건 이상의 발명품을 대상으로 유태인 이민자들의 영향력을 추적했다.

그녀는 어떤 연구결과를 얻었을까? 유태인들의 이주는 우리가 지금까지 이 책에서 이야기한 모든 분야에서 혁신의 촉매제로 작용했다는 사실이 밝혀졌다. 독일계 유태인들이 진입한 영역 전체에서 특허 숫자가 31퍼센트 증가한 것이다. 그때는 미국에서도 반유대주의가 기승을 부리던 시기라 자신이 선택한 분야에서 직업을 얻지 못한 유태인도 많았다. 모서 교수와 연구팀이 이 상황을 감안해 데이터를 조정하자, 전체 특허 증가분에서 유태인 망명자들이 기여한 비율은 무려 70퍼센트로 뛰었다.

모서 교수는 자신의 연구를 통해 오래된 루머를 입증해냈을 뿐만 아니라, 역사적으로 특수했던 시기에 인간의 이동이 어떤 힘을 발휘했는지 색다른 관점에서 생각해볼 수 있는 기회를 제공했다. 하지만 꼭 특수한 시기가 아니더라도 인간의 이주는 언제나 혁신을 이끄는 동력으로 작용해왔다. 오늘날에도 이와 똑같은 패턴이 반복되고 있기 때문이다. '새로운 미국 경제를 위한 파트너십'Partnership for a New American Economy이라는 비영리 연구단체가 2012년 발표한 조사결과에 따르면, 미국에서 가장 많은 특허를 생산하는 10개 대학이 출원한 특허 네 건 중 세 건에는 해외 출신 발명가가 적어도 한 명 이상 관여되어 있다고 한다.[6]

어떤 사람들은 소위 '제품 재분배'product reallocation라는 기준을 통해 이 트렌드를 조금 다른 각도에서 분석하기도 한다. 이는 새로운 상품이나 서비스가 시장에 진입해서 기존의 경쟁자를 몰아낸 비율을 의미하는 말로, 경제학자 조지프 슘페터Joseph Schumpeter가 '창조적 파괴'creative destruction라고 부른 개념이다. 전문가들은 혁신이 사회에 미친 충격을 측정하는 데 있어 특허 숫자보다 제품 재분배 비율을 더 정확한 기준으로 인정하는 경우가 많다.[7, 8, 9]

몇 년 전 캘리포니아 대학교 샌디에이고 캠퍼스의 과학자들은 이민과

제품 재분배 비율 사이에 존재하는 직접적인 연관성을 규명해냈다. 그들은 2001년부터 2014년 사이에 해외 출신의 고숙련 직원을 고용한 미국 기업들이 달성한 제품 재분배 비율을 추적한 결과, 매우 뚜렷한 신호를 발견했다. 고숙련 엔지니어가 일하는 기업들은 혁신을 달성한 비율 그리고 그 혁신이 시장에 미친 영향력이 함께 증가한 것이다. 고숙련 외국인 채용을 10퍼센트 늘린 회사는 제품 재분배 비율이 평균 2퍼센트 증가했다. 이 현상은 그 회사가 연구 개발에 얼마나 많은 돈을 썼는지에 상관없이 동일하게 나타났다.

이민자들은 새로운 제품의 발명에 영향을 미친 만큼이나 기업을 설립하는 데도 크게 기여했다. 많은 사람이 이민자로 인해 자신의 일자리가 줄어든다고 우려하지만 데이터를 들여다보면 현실은 정반대다. 이민자들은 일자리를 빼앗는 것이 아니라 오히려 새롭게 만들어내고 있는 것이다. 미국으로 건너온 이민자는 기존 거주자에 비해 사업을 시작하는 비율이 2배나 높다.[10] 그리고 이를 통해 새롭게 만들어지는 일자리는 전체 일자리 증가분의 25퍼센트에 달한다. 2006년부터 2012년 사이에 주식 시장에 상장된 벤처 기업 중 33퍼센트에는 적어도 한 명의 외국 출신 설립자가 있었다.[11] 《포춘》 500대 기업 중 40퍼센트는 이민자 또는 이민자의 후손이 설립한 회사다. 2016년에는 유니콘 기업 중 절반 이상이 이민자가 세운 기업이었으며 한 회사당 새롭게 창출된 일자리는 평균 760개였다.[12]

그렇다면 이 모든 사실이 우리에게 왜 중요한 걸까?

무엇보다 앞에서 살펴본 인류의 실존적 위험을 극복하기 위해서는 대규모의 혁신이 요구되기 때문이다. 우리에게는 환경적·실존적 위기에 대처하기 위한 새로운 아이디어와 로봇과 인공지능으로 인해 쓸모없어질 직업을 대신할 새로운 일자리가 필요하다. 그 혁신적 아이디어를 현실화하기 위해서는 국경, 문화, 대륙의 경계를 뛰어넘는 깊은 공감 능력을 바탕으로 전 세계적 협업과 노력이 선행되어야 한다. 그리고 이 모든일은 인류가 아직 겪어보지 못한 다섯 갈래의 거대한 이주를 통해 머지않은 미래에 실현될 것이다.

이 장에서 논의의 범위를 향후 10년이 아니라 한 세기 뒤로 확장한 우리 눈앞에는 사상 유례없이 엄청난 규모로 전개될 인류의 대대적 이동이 윤곽을 드러내기 시작했다. 어떤 사람들은 가족과 관련된 이유(환경적 재난을 피하거나 경제적 기회를 추구하기 위해)로 단기간 내에 사상 최대 규모로 이동에 나설 것이다. 또 우리가 한 번도 경험한 적 없는 경계를 넘어 전혀 다른 세상으로 이동하는 사람들도 생겨날 것이다. 지구를 떠나 우주로 진출하고, 현실 세계에서 가상 세계로 이주하고, 두뇌와 컴퓨터를 연결하는 인터페이스 기술을 바탕으로 하이브 마인드라는 집단의식으로 향하는 사람들까지.

그러므로 독자 여러분은 이 여정이 진행되는 도중 안전벨트를 단단히 메고 손과 발을 밖으로 내밀지 않도록 주의하기를 바란다. 인간의 이주는 혁신을 이끄는 강력한 촉진제다. 우리는 다음 100년 동안 진행될 다섯 갈래의 위대한 이주를 통해 숨 막히게 펼쳐지는 변화무쌍한 세계를 경험하게 될 것이다.

기후변화가 불러올 이주

앞 장에서 기후변화를 완화할 수 있는 여러 기술적 방법을 탐구해봤지만 아직 우리에게는 이 해결책을 총체적으로 구현할 수 있는 역량이 턱없이 부족하다. 그러므로 기후가 변하면 사람들도 따라서 움직일 수밖에 없다.

기후변화가 우리 사회에 미치는 영향은 참으로 엄청나다. 게다가 시간이 지날수록 악화되는 추세다. 유엔 정부 간 기후변화위원회는 1990년에 처음 내놓은 보고서에서 해수면이 조금만 상승해도 '수천만 명의 환경 난민'이 발생할 수 있다고 경고한 바 있다.[13] 1993년 옥스퍼드 대학교의 과학자 노만 마이어스Norman Myers는 이 예측에서 한발 더 나아가 2025년까지 기후변화로 인해 보금자리를 잃는 사람이 2억 명에 달할 거라고 주장했다.[14] 또《아웃사이드》 잡지의 객원 편집자였던 마크 레빈Mark Levine은 1998년 이 매체에 기고한 기사에서 이렇게 예고했다. "날씨는 우리의 집단적 불안감, 기술에 대한 환상, 자연의 필연적 응징 등을 불러왔다. 그동안 인류는 과도하게 날씨를 바꿔버렸다. 이제 날씨가 우리를 바꿀 차례다."[15]

그렇다면 얼마나 바꿀 거라는 말인가? 2015년 세계 유수의 과학자와 언론인으로 구성된 기후 연구기관 클라이메이트 센트럴Climate Central은 인류가 기온 상승을 산업화 이전 대비 2도 이하로 떨어뜨리는 데 성공한다고 해도 1억 3,000만 명의 난민이 발생하는 일을 막지 못할 거라는 보고서를 내놓았다.[16] 그렇다면 만일 기온 상승을 저지하지 못할 때는? 이 연구기관의 예상은 결코 긍정적이지 못하다. "탄소 배출로 인해 지구 온도가 4도 상승하면 현재 4억 7,000만 명에서 7억 6,000만 명이 거주하는 땅이 바다 속으로 가라앉을 것이다."

클라이메이트 센트럴은 이로 인해 야기될 인간의 이주가 어떤 모습이 될지 설명하기 위해, 바다에 인접한 나라들과 국제적 대도시들을 하나하나 언급하며 지구온난화의 충격을 묘사했다.[17] 당신이 물고기가 아니라면 결코 좋은 소식이 아닐 것이다.

지구의 평균 기온이 4도 상승하면 런던, 홍콩, 리우데자네이루, 뭄바이, 상하이, 자카르타, 캘커타 등을 포함한 세계의 거대도시들에서는 수영을 하는 게 가장 빠른 이동 방법이 될 것이다. 섬나라들은 나라 전체가 영원히 사라지게 된다. 미국에서는 2,000만 명 이상이 물속에 수장될 것이며 워싱턴 D.C.에서는 바닷물이 펜타곤 꼭대기까지 들어찰 것이다. 뉴욕의 부동산이 너무 비싸다고 생각하는 사람들은 월스트리트 남쪽 구역이 물에 잠길 때까지 기다려보는 편이 좋을지도 모르겠다.[18]

지구온난화는 홍수뿐만 아니라 사상 유례없는 가뭄을 초래할 것이다. 7만 년 전 인류가 아프리카를 떠난 이유는 바로 가뭄 때문이었다. 그리고 오늘날에도 가뭄은 여전히 우리를 고향에서 몰아내고 있다. 시리아가 세계에서 가장 많은 난민을 만들어내고 있는 이유 중에는 가뭄도 한몫을 한다. 유럽의 여러 나라가 지구의 기온 상승을 2도에서 저지한다 해도 지중해 지역의 가뭄이 지속적으로 악화되면서 이탈리아, 스페인, 그리스 같은 국가들이 특히 큰 타격을 입게 될 것이다. 언론인 엘리 메이 오헤이건Ellie Mae O'Hagan은 〈가디언〉에 기고한 기사에서 이렇게 썼다. "현재 다른 나라에서 밀려드는 이민자들로 골치를 썩고 있는 지중해 국가의 국민들은 언젠가 자신들이 다른 곳으로 이민을 떠나야 할 위기에 처할지도 모른다. 자신의 고국이 너무 뜨겁고 가물어 도저히 살 수 없게 된 이탈리아나 그리스 사람들이 칼레(도버해협에 면해 있는 프랑스의 항구 도시 — 옮긴이)로 몰려들 가능성도 배제할 수 없다."[19]

역사적으로 인류가 경험한 가장 대규모의 강제적 이주는 1947년 인도와 파키스탄의 분리로 인해 1,800만 명의 주민이 고향을 등진 사건이었다.[20] 만일 기후변화에 따른 인류의 이주가 가장 온건한 수준(2도 미만의 기온 상승과 1억 3,000만 명의 이동)으로 발생한다고 해도, 우리는 인류 역사상 가장 큰 규모로 발생한 이동보다 7배나 큰 이주의 현장을 목격하게 될 것이다.

기후변화로 인한 인간의 이동은 매우 특수한 종류의 강제적 이주다. 우리 스스로 그 강제적 조건을 만들어내고 있기 때문이다. 어쨌든 그런 상황이 발생한다면 그로 인한 비용과 인간의 고통은 상상을 초월할 것이다. 도시권 전체 인구가 3,800만 명에 달하는 도쿄는 지구상에서 가장 큰 대도시다.[21] 그런데 15개의 도쿄가 한꺼번에 다른 곳으로 옮겨가는 상황을 상상해보라. 그것도 시민들이 비용 전체를 부담하면서.

앞 장에서 살펴본 바와 같이 기후변화에 대처할 수 있는 전략과 기술은 우리에게 충분히 확보되어 있다. 이 해결책을 실제로 구현하는 데 아무리 큰 비용이 든다 해도, 7억 명이 넘는 사람들에게 새로운 거주지를 찾아주는 비용보다는 훨씬 저렴할 것이다. 날씨가 아무리 우리를 이리저리 내몰아도, 언제나 그랬듯이 인류의 혁신은 계속될 테니까.

도시로 향하는 사람들

기후변화를 피해 이루어질 대이주(7억 명의 이동)는 인류 역사상 지구의 인구학적 구성이 가장 큰 규모로 재편되는 사건이 될 것이다. 하지만 우리가 살펴볼 두 번째 이주의 거대함에 비하면 상대가 되지 않는다. 향후 수십 년 동안 지구상의 거의 모든 사람이 도시로 향할 것이기 때문이다.

300년 전만 해도 세계 인구 중 도시에 거주하는 사람의 비율은 2퍼센트에 불과했다.[22] 200년 전에는 10퍼센트로 증가했다. 하지만 산업혁명의 강력한 위력은 이 숫자의 단위 자체를 영원히 바꿔놓았다. 1870년에서 1920년 사이 1,100만 명의 미국인이 농촌을 떠나 도시로 거주지를 옮겼다.[23] 또 2,500만 명의 유럽인이 대양을 건너 다른 곳(주로 미국)의 도시에 정착했다. 1900년이 되자 미국의 도시 인구는 전체의 40퍼센트로 늘었으며 1950년에는 50퍼센트가 됐다. 그리고 밀레니엄이 시작된 2000년에는 80퍼센트를 기록했다.

세계의 다른 곳에서도 사정은 별반 다르지 않았다. 지난 50년 동안 저소득 및 중간 소득 국가에서는 도시화 현상이 2배(때로는 3배) 증가했다. 나이지리아나 케냐 같은 나라를 생각해보라. 2007년에 인류는 이미 임계점을 돌파했다.[24] 지구의 인구 중 도시에 거주하는 사람이 전체의 절반을 넘어선 것이다. 이에 따라 도시의 규모도 마치 스테로이드를 맞은 듯 급속도로 불어나는 추세다. 1950년에는 세계에서 1,000만 이상의 인구를 보유한 도시, 즉 '메가시티'의 기준을 충족하는 곳이 뉴욕과 도쿄뿐이었다. 2000년에 전 세계의 메가시티는 18개를 넘었다. 오늘날에는 33개에 달한다. 앞으로는 어떻게 될까?

물론 미래에는 이 숫자가 더욱 엄청난 속도로 늘어날 것이 분명하다. 오늘날 우리는 인구가 2,000만 명이 넘는 도시에 '하이퍼시티'hyper-city라는 새로운 이름을 붙였다.[25] 과거와 비교해보자면, 프랑스혁명이 벌어지던 시대에는 전 세계의 도시 거주자들을 모두 합해도 2,000만 명을 넘지 못했다. 2025년이 되면 아시아에서만 10개 내지 11개의 하이퍼시티가 생겨나리라 예상된다.

하지만 우리에게는 그런 대도시가 필요하다.

2050년이 되면 세계 인구의 66퍼센트에서 75퍼센트가 도시에서 살게 될 것이다.[26] 그때가 되면 지구상의 전체 인구가 90억 명에 달하리라 예상되는 상황에서, 이는 참으로 어마어마한 이동이 아닐 수 없다. 기후변화로 인해 벌어질 이주보다 3배 이상 큰 규모로 펼쳐질 이 대탈출은 참가자의 수가 25억 명에 달하는 역사상 최대 규모의 거주지 이전 프로젝트가 될 것이다.

대규모의 이동은 또 다른 이동을 낳는다. 2050년이 되면 델리가 도쿄를 밀어내고 세계에서 가장 인구가 많은 도시가 될 것으로 예상된다. 게다가 중국은 도시화 비율에서 이미 인도를 능가해서 인구 100만이 넘는 도시 300개와 두 개의 메가시티를 보유하고 있다. 아프리카 역시 폭발을 시작했다. 이 대륙의 도시 인구 비율은 2050년이 되면 90퍼센트 증가할 것이다. 21세기가 끝나기 전 나이지리아 라고스Lagos의 인구는 1억 명을 돌파할 수도 있다.

이런 추세라면 지금부터 2050년까지 매주 100만 명 넘는 사람이 도시로 몰려들게 될 것이다. 토론토 대학교의 도시학과 교수 리처드 플로리다Richard Florida는 이 현상을 두고 '이 시대의 중대한 위기'라고 표현했다.[27]

하지만 다른 많은 위기와 마찬가지로 여기에도 위험과 기회가 함께 공존한다. 먼저 긍정적인 측면을 살펴보자.

경제적 측면에서 도시는 비즈니스에 더없이 유리한 장소다. 2016년 미국의 브루킹스 연구소Brookings Institute가 세계 최대의 메가시티 123개의 경제 현황을 조사한 바에 따르면, 이들 도시에서 거주하는 사람들은 세계 인구의 13퍼센트에 불과했지만 전 세계 경제 산출물의 3분의 1을 생산해냈다고 한다.[28] 또 전미 경제조사회National Bureau of Economic Research도 생산성과 인구 사이의 상관관계에 대한 연구를 통해 비슷한 결론에 도달했다.[29] 더 많은 사람이 사는 곳에서 더 높은 생산성이 달성된다는 것이다. 예를 들어 런던과 파리는 영국과 프랑스의 다른 지역에 비해 훨씬 생산성이 높다.[30] 미국에서 가장 큰 도시 100개 역시 다른 모든 곳보다 20퍼센트 이상 높은 생산성을 올린다. 우간다의 도시에서 일하는 노동자의 생산성은 농촌 사람들을 60퍼센트 이상 능가한다. 또 중국 선전深圳의 GDP는 나머지 지방의 3배에 달한다.

인구 밀집도 역시 혁신을 이끄는 동력이다. 산타 페 연구소의 물리학자 제프리 웨스트에 따르면 도시 인구가 2배 늘어날 때마다 혁신의 양(특허의 수를 측정 기준으로 했을 때)이 15퍼센트 증가한다고 한다.[31] 또 전 세계 어떤 도시든 인구 밀집도가 상승함에 따라 영화관이나 식당 수가 늘어나는 것 못지않게 임금, GDP, 삶의 질과 같은 요인이 동반 상승한다.

게다가 도시의 규모가 커질수록 필요한 자원이 늘어나는 것이 아니라 오히려 줄어든다. 대도시의 크기가 2배로 늘어났을 때 주유소 숫자나 겨울을 나는 데 필요한 난방의 수요는 85퍼센트 상승하는 데 그친다. 요컨대 규모가 크고 인구 밀집도가 높은 대도시는 작은 도시, 읍내, 교외 지역에 비해 지속가능성이 더 높다. 왜 그럴까? 물리적인 이동에 소요되는 비용이 더 적게 들고, 교통수단을 공유할 수 있고, 기반시설(병원, 학교, 주차장 등)도 상대적으로 적게 필요하기 때문이다. 그 결과 도시는 더욱 깨끗해지고, 에너지 효율화되고, 이산화탄소를 적게 배출하게 된다.

여기서 한 걸음 더 나아간 개념이 스마트시티smart city다. 2018년 맥킨지가 공개한 보고서에 따르면 스마트시티는 온실가스를 15퍼센트 더 적게 방출하고, 쓰레기 배출량도 주민 한 사람당 매년 30킬로그램에서 130킬로그램까지 줄일 수 있다고 한다. 게다가 물 소비량도 1인당 25리터에서 80리터까지 매일 절약할 수 있다는 것이다.[32] 사실 모든 도시가 오늘날 이미 개발이 완료된 기술을 바탕으로 스마트시티로 전환하기만 해도 UN이 제시한 '지속가능 발전목표'Sustainable Development Goals의 70퍼센트는 쉽게 달성할 수 있을 것이다.

그렇다면 사람들이 도시로 밀려드는 현상의 부정적인 측면은 무엇일까. 가장 큰 문제는 도시화에 따르는 사회적 혼란의 가능성이다. 무분별한 도시화는 범죄, 질병, 빈곤, 환경 파괴 등을 불러오기에 최적의 조건이다. 하지만 이 책에서 분명히 밝힌 대로, 인류가 개발한 도구들은 그런 문제점을 충분히 극복해낼 수 있다. 가장 어려운 대목은 미래지향적인 첨단기술들을 효과적인 거버넌스 및 시민들의 협조 같은 전통적인 덕목과 조화시키는 일이다. 만일 우리가 이 문제를 성공적으로 극복한다면, 도시화는 인류를 위협하는 많은 문제와 맞서 싸우는 데 가장 효과적인 전략이 될 수 있을 것이다. 만일 그렇지 못했을 때는? 역사상 가장 거대한 인류의 대이동은 역사상 최악의 대도시를 수없이 탄생시키는 것으로 마무리될 가능성이 크다.

가상 세계 속에서 살다

숫자만 놓고 본다면 역사상 가장 큰 규모로 강제 이주를 당한 세 그룹은 노예무역으로 희생된 1,200만 명의 아프리카인, 인도와 파키스탄의 분리로 인해 삶의 터전을 잃은 1,800만 명의 이주민 그리고 제2차 세계대전 이후 유럽이라는 체스판이 지각변동하면서 고향을 떠나야 했던 2,000만 명의 난민일 것이다. 각각 경제적, 종교적, 정치적 이유로 발생한 이 대규모의 이주는 온 세상에 엄청난 파장을 불러일으켰다. 하지만 이 세 차례의 이주를 모두 합해도 기술의 발전으로 인해 촉발될 새로운 종류의 이주에는 그 규모에서 비교의 대상이 되지 못한다.

게다가 그 이주는 스위치만 켜면 곧바로 시작된다.

앞으로 몇 년 후에는 수많은 사람이 영화 〈매트릭스〉와 같은 가상의 세계에서 살아가게 될 것이다. 현실을 벗어나 가상현실 속으로 향하는 대규모의 이동은 우리 인류가 지금껏 경험했던 것 중에 가장 낯선 형태의 이주다.

게다가 길을 떠날 준비는 이미 끝났다. 전 세계인들이 비디오게임에 투입하는 시간은 1주일에 30억 시간에 달한다.[33] 미국인 한 사람은 하루 평균 11시간을 디지털 미디어를 사용하는 데 쏟아 붓는다. 인터넷 게임 중독은 이미 누구나 인정하는 심리적 질환의 하나로, 과도한 게임이 불러온 수많은 사건에 관한 이야기는 세계 곳곳에 차고 넘친다. 지난 2005년, BBC 방송국은 연속해서 50시간 온라인 게임을 한 뒤 사망한 한국의 남성에 대해 보도했다.[34] 하지만 그의 죽음은 그 후 수없이 일어난 비슷한 사건들의 서막에 불과했다. 2014년 〈가디언〉은 태어난 지 3개월밖에 안

된 아기를 집에 방치해 굶어 죽게 만든 어느 철없는 커플에 대한 뉴스를 실었다. 두 사람은 아기가 죽음에 이르는 동안 인터넷 카페에서 가상 아기를 온라인으로 기르는 게임에 열중했다고 한다.[35] 일본인들은 하루 종일 방안에 틀어박혀 외부 세계와 단절한 채 온라인 게임만 하는 젊은이를 히키코모리引き籠り, 즉 은둔형 외톨이라고 부른다. 현재 일본 전역에는 이런 청소년의 숫자가 100만 명이 넘는다고 한다.[36]

하지만 조금 다른 시각에서 보면 이런 사람들은 인류가 미래에 경험할 새로운 이주의 선구자 같은 이들이다. 그들은 우리가 가상 세계를 탐구하는 데 있어 일종의 교두보 역할을 하고 있는지도 모른다. 게다가 향후 수십 년에 걸쳐 또 다른 두 가지 요인이 가상 세계로의 이주를 더욱 부채질할 것이다. 그 요인들을 '심리'와 '기회'라고 부르기로 하자.

먼저 심리에 대한 이야기를 해보자. 우리가 앞에서 살펴본 인류의 이주는 모두 외적인 요인, 즉 세계 곳곳에서 발생한 여러 가지 사건 때문에 촉발됐다. 하지만 가상 세계로의 이주를 이끄는 것은 철저히 내적이고 심리적인 동기, 즉 우리의 두뇌에서 벌어지는 일 때문이다. 다시 말해 이 새로운 형태의 이주는 인간의 심리적 중독을 유발하는 두뇌의 신경 화학적 작용에 그 원인이 있기 때문에, 아무도 이를 막을 수 없다.

비디오게임이 제공하는 강력한 중독성의 뿌리를 파고들면 인간에게 쾌락을 느끼게 해주는 두뇌 신경물질 중 하나인 도파민dopamine을 만나게 된다.[37] 인간은 뭔가에 몰입했을 때, 흥분했을 때, 탐구에 대한 욕구가 생길 때, 삶에서 어떤 의미를 찾았을 때 도파민의 작용을 경험한다. 또한 위기를 경험할 때, 보상을 기대할 때, 새로운 뭔가를 접했을 때도 뇌에서 도파민이 분비된다. 우리의 두뇌가 특정 행위와 도파민 분비 사이에 연관성을 인지하는 '보상의 고리'를 맺는 순간, 우리는 이 화학물질을 더욱 많이 소유하기 위해 모든 것을 쏟아 붓게 된다. 지구상에서 가장 중독성이 강한 물질로 알려진 코카인이 주로 하는 일도 두뇌에서 도파민이 홍수처럼 흘러넘치게 하는 것이다.[38]

비디오게임은 위험, 보상, 새로움 등으로 가득한 놀이다. 말하자면 조이스틱의 탈을 쓴 도파민 분배기와 다름없다.[39] 하지만 비디오게임만 도파민을 분비시키는 것은 아니다. 스마트폰에서 메시지 도착을 알리는 소리가 났을 때, 그 메시지를 확인하고 싶은 욕구도 도파민의 작용이다. 그 메시지를 확인하고 느끼는 작은 기쁨 역시 도파민 때문이다. 그러고 보면 인터넷이 우리에게 제공하는 기능(게임, 서핑, 소셜미디어, 문자메시지, 섹스팅, 포르노 등)은 모두 도파민을 이끌어내는 동력이라 할 수 있다.[40] 하지만 그 어느 것도 가상현실만큼 도파민을 샘솟게 하지는 못한다.

조사에 따르면 사용자들에게 극도의 몰입감을 제공하는 가상현실은 도파민 분비량을 최고도로 상승시킨다.[41] 이는 비디오게임을 포함해 다른 어떤 종류의 디지털 매체와도 비교가 되지 않는다. 연구자에 따라 숫자는 다소 다르지만 비디오게임에 심각한 중독성을 보이는 사람들은 전체의 10퍼센트 정도라고 한다. 하지만 가상현실은 이 숫자를 더욱 크게 끌어올린다. "페이스북은 중독성이 강한 일종의 '기술적 마약'이다. 사람들에게 순간적인 쾌락을 제공하다가 결국 정신적 질병을 불러오는 과정이 보통의 마약과 다를 바가 없기 때문이다." 키스 애블로우Keith Ablow라는 정신과 의사는 최근 〈폭스 뉴스〉Fox News에 기고한 기사에서 이렇게 설명했다. "게다가 오큘러스 리프트는 상황을 더욱 악화시킬 것이다."[42]

하지만 도파민은 두뇌에서 분비되는 주요 화학물질의 하나일 뿐이다.

노르에피네프린norepinephrine, 엔도르핀endorphin, 세로토닌serotonin, 아난다미드anandamide, 옥시토신oxytocin 등도 모두 인간에게 강력한 쾌락을 선사하는 물질이다. 디지털 매체는 도파민 이외의 다른 화학물질의 생성을 촉진하는 데 그리 효과적인 도구가 아닌 반면에, 가상현실이 제공하는 몰입감은 이 여섯 가지의 물질을 모두 분비하게 만든다.[43] 말하자면 인간에게 쾌락의 감정을 선사하는 신경화학 물질의 칵테일이자 헤드셋을 통해 주입되는 마약인 셈이다. 하지만 아직은 이야기의 일부에 불과하다.

연구자들이 주목하는 또 하나의 심리 상태는 바로 '몰입'flow이다. 기술적으로 정의하자면 '인간이 무언가에 최선을 다해 열중했을 때 느끼는 최상의 심리 상태'를 이르는 말이다.[44] 사람이 자신의 능력을 최고로 발휘했을 때 얻을 수 있는 이 높은 수준의 행복감은 두뇌에서 앞서 말한 여섯 가지 쾌락 물질을 모두 분비하게 만든다고 한다. 이 때문에 과학자들은 세상에서 가장 강력한 중독성을 지녔으면서도 동시에 삶에 가장 큰 의미를 제공하는 경험은 바로 몰입이라고 생각한다. 지난 50여 년 동안 진행된 수많은 연구를 통해, 삶을 가장 만족스럽고 의미 있게 살아가는 사람들은 모두 몰입의 경험을 가장 풍부하게 소유한 이들이었다는 사실이 밝혀진 것이다.

물론 비디오게임도 사람을 몰입으로 이끄는 효과를 발휘한다. 그러나 날로 발전하는 가상현실 기술만큼 인간에게 극도의 몰입감을 선사하는 것은 없다. 그 말은 인류가 몰입의 과학과 가상현실의 융합을 바탕으로 현실 세계보다 훨씬 즐겁고 의미 있는 대체 세계를 창조할 수 있는 날이 머지않았다는 뜻이다. 그렇다면 이 기술은 궁극적으로 인간 사회에 어떤 혜택과 기회를 가져다줄까? 일단 생각할 수 있는 분야는 일자리, 교육 그리고 섹스다.

먼저 일자리에 대해 생각해보자. 우리는 가상현실 기술 속에 경제를 성장시킬 수 있는 잠재력이 존재한다는 사실을 잘 알고 있다. 그리고 그 선봉에 섰던 것이 최초의 가상 세계로 세상에 등장했던 세컨드라이프다. 지난 2006년, 《비즈니스 위크》는 세컨드라이프에 '거주'하며 부동산 거래를 통해 수백만 달러를 벌어들인 안시 청 Anshe Chung이라는 부동산 갑부를 표지에 실었다.[45] 그녀는 가상의 세계에서 축적한 재산으로 현실 세계에서 백만장자의 반열에 오른 첫 번째 인물이 됐다. 그 후 우리는 비디오 게임, 소셜미디어, 가상현실 등을 통해 엄청난 돈을 벌어들인 사람들의 사례를 수없이 목격했다. 향후 수십 년 동안 로봇과 인공지능이 인간의 일자리를 대규모로 빼앗아가리라 예상되는 상황에서 가상현실에 잠재된 폭발적인 고용 기회는 새로운 세계로의 이주를 견인하는 강력한 동력으로 작용할 것이다.

두 번째 기회는 교육의 영역이다. 가상현실은 분산적이고, 사용자에 따라 유연하게 조정 가능하고, 신속한 교육 효과를 발휘하는 학습 환경을 조성해준다. 인구의 증가로 인한 교육 수요가 나날이 증가하고 기술에게 일자리를 빼앗긴 사람들에 대한 재훈련이 시급한 과제로 대두되고 있는 오늘의 현실을 감안하면 이는 놀라운 기회가 아닐 수 없다. 사용자를 몰입으로 인도하는 가상현실의 능력 역시 교육 효과를 배가시켜주는 요소다. 몰입이라는 심리 상태는 새로운 정보를 받아들이고 유지하는 능력을 한층 강화해주기 때문이다. 일례로 미국 국방부가 실시한 실험에서는 몰입 상태에서 수업에 임한 군인들이 동료들에 비해 학습 속도가 230퍼센트 빨랐다는 결과가 나왔다. 어니스트 클라인 Earnest Cline의 소설 《레디 플레이어 원》(현실 세계의 대부분이 가상현실 속으로 옮겨간 시대가 배경이다)에서 인간의 가상 세계 이주를 이끄는 가장 중요한 동력을 교육으로 인식하는 것도 비슷한 맥락이다.[46]

마지막으로 살펴볼 혜택은 섹스다. 그동안 포르노는 VCR에서 인터넷에 이르기까지 주요 통신 기술의 발달에 중요한 역할을 했다. 그런 면에서 가상현실은 이 분야에서 이루어질 차세대 혁신의 하나라고 할 수 있다. 가상현실의 몰입감에 촉각 센서가 가세함에 따라 이제 포르노는 다중 감각의 경험으로 진화해간다. 사상 처음으로 가상적인 대상을 보고 만질 수 있게 된 사용자들은 그 무엇과도 비교할 수 없이 강력한 중독성을 발휘하는 화학물질의 칵테일을 경험하게 될 것이다.

게다가 이 기술은 단순한 포르노가 아닌 일종의 소셜미디어로 기능이 확장될 수도 있다. 예를 들어 가상현실 버전의 틴더Tinder(세계 최대의 데이팅 앱―옮긴이)를 상상해보라. 당신은 섹스팅 파트너와 문자나 사진만이 아니라 실제적인 감각을 교환할 수 있게 되는 것이다. 스탠퍼드 대학교의 명예교수인 정신의학자 알 쿠퍼Al Cooper는 역사상 가장 큰 규모로 진행된 사이버섹스 연구를 통해 인터넷을 '강력한 성적 강박감을 이끌어내는 코카인 같은 마약'으로 결론 내렸다. 그의 연구에 따르면 미국인 중 20만 명은 이미 디지털 섹스 중독자라고 한다.[47] 세계 전체로 보면 이 숫자는 수백만을 훌쩍 넘어간다. 가상현실에서 이루어지는 섹스가 보통의 디지털 섹스에 비해 훨씬 많은 도파민을 생성한다는 점을 감안하면, 이는 수많은 사람이 가상 세계로 이주하도록 만드는 또 하나의 동력으로 작용할 것이다. 말하자면 종족보존이라는 원초적 욕구에 편승한 이주인 셈이다.

인류 역사상 가장 큰 규모로 벌어진 세 차례의 이주(노예무역, 인도와 파키스탄의 분리, 제2차 세계대전으로 인한 이동)로 인해 4,450만 명의 망명자가 생겨났다. 하지만 3억 2,100만 명의 미국인은 이미 하루 11시간을 온라인 세상에서 보내고 있으며 가상현실이 만들어내는 신경화학 물질 칵테일로 인해 이 시간은 더욱 증가할 것이다.[48] 여기에 삶의 의미, 정복욕, 돈, 섹스 같은 인간적 동기부여 요소들이 더해지면 우리를 가상 세계로 이끄는 힘은 한결 강력해질 것이 분명하다. 바야흐로 인간 의식으로부터의 탈주라는 또 하나의 거대한 이주가 시작되고 있는 것이다.

인류의 마지막 개척지, 우주

"지구는 인류의 요람 같은 곳이다. 하지만 사람이 언제까지 요람에만 갇혀 있을 수는 없다."[49] 콘스탄틴 치올콥스키Konstantin Tsiolkovsky가 1800년대 후반에 남긴 말이다. 치올콥스키는 진정으로 선견지명을 지닌 인물이었다. 우주 로켓의 아버지라고 불리는 그는 에어 로크, 조향 추진기, 다단계 추진 로켓, 우주정거장 그리고 우주 식민지에 음식과 산소를 공급하는 폐쇄형 생물학적 시스템 등 수많은 아이디어를 최초로 내놓은 러시아 출신 과학자였다.[50] 생애 전체에 걸쳐 이 주제에 관한 논문을 90편 이상 발표한 그는, 인류가 마지막 개척지인 우주를 정복하는 데 필요한 거의 모든 요소를 자신의 학설 속에 포함시켰다. 하지만 그가 미처 생각하지 못했던 우주 정복의 동력 중 하나는 바로 경쟁이었다.

인류를 처음 지구 바깥으로 밀어낸 것은 1960년대 '미국 대 소련' 사이에서 이념과 체제를 두고 벌어진 난장판 같은 대결이었다. 그리고 경쟁은 오늘날에도 우리의 등을 떠밀고 있다. 현재 정부 차원에서 이 게임에 참가하고 있는 나라는 미국이나 중국 같은 몇몇 국가에 불과하지만, 우리가 살펴볼 진정한 경쟁 이야기는 기술 업계의 거인 제프 베이조스와 일론 머스크 사이에서 벌어지고 있는 우주 정복을 위한 한판 승부다.

이 두 사람은 인류를 지구라는 요람으로부터 다른 별로 이주시켜 우주 개척의 시대를 열고자 하는 욕구로 가득한 인물들이다. 다시 말해 인간이 지구에서 더 이상 살 수 없는 상황이 됐을 때 우주에 '예비 생물계'를 창조해서 그곳에 두 번째 인간 문명을 건설하겠다는 것이다.[51] 인류를 지구 밖으로 이주시키고자 하는 욕구를 탄생시킨 동력은 그들의 꿈과 경쟁심이었다. 그리고 그 경쟁은 어느 날 트위터에서 벌어진 두 사람 사이의 작은 설전에서 비롯됐다.

> @JeffBezos - 2015년 11월 24일: 로켓 재활용은 거의 불가능함. 기체를 손상시키지 않고 통제된 상태에서 착륙시키기가 쉽지 않기 때문. 만일 그럴 수만 있다면 재활용도 간단할 듯. 이 동영상을 확인해보길: bit.ly/OpyW5N [52]
> @elonmusk - 2015년 11월 24일: 꼭 '불가능'하지만은 않음. 스페이스X의 그래스호퍼는 3년 전 여섯 차례의 준궤도 비행에 성공했지만 여전히 건재함.[53]

베이조스가 우주를 향한 열정을 품게 된 것은 고등학교 시절의 일이었다. 아폴로 계획이 진행되던 시대에 태어나 〈스타트랙〉의 열렬한 팬으로 어린 시절을 보낸 베이조스는, 고등학교 졸업식에서 학생 대표로 연설을 하며 '수백만의 사람이 다른 별에서 일하고 살아가는' 세계를 힘주어 강조했다. 그리고 이런 말로 연설을 마무리 했다. "우주는 인류의 마지막 개척지입니다. 그곳에서 뵙겠습니다."[54] 프린스턴 대학교에 진학한 베이조스는 '우주탐사 및 개발을 위한 학생 연합'이라는 모임의 회장을 맡았다. 당시 이 대학에는 우주 연구소Space Studies Institute라는 비영리 연구조직의 창설자인 물리학자 제럴드 오닐Gerald O'Neill이 교수로 있었다. 1980년대 초, 오닐 교수는 사람들에게 이런 질문을 던졌다. "인류가 태양계를 향해 뻗어나가고 있는 상황에서, 과연 지구의 표면만이 사람이 살기에 최적의 장소라고 할 수 있는가?" 이 질문에 대한 대답이 '노'라고 결론 내린 오닐은 나중에 '오닐 콜로니'O'Neill Colony라고 불리게 된 거대한 회전식 원통형 우주 거주지를 세상에 제안했다. 그리고 이 원통을 건설하는 데 필요한 자재를 지구나 화성처럼 강한 중력을 지닌 행성의 외계, 특히 달 표면에서 채취한다는 아이디어를 내놓았다.

제프 베이조스는 오닐 교수의 우주 수업에서 배운 내용을 잊지 않았다. 대학을 졸업한 후 월스트리트에 취직한 그가 직장을 떠나 아마존을 설립한 것은 자신이 농담처럼 이야기했던 두 단계의 간단한 계획, 즉 '먼저 억만장자가 된 후 우주 개척에 나서겠다는 계획'을 실현하기 위한 첫걸음이었다.[55] 베이조스는 그 말대로 자신이 벌어들인 수십억 달러를 우주 계획에 쏟아 붓기 시작했다. 그는 2000년에 블루오리진Blue Origin이라는 기업을 설립하고 매해 10억 달러를 우주 개척 프로젝트에 투자하겠다고 약속했다. 베이조스가 처음 선언한 목표는 로켓에 사람들과 각종 페이로드payload(화물, 승무원, 과학 장비 또는 실험 장치 등 우주선 안에 실리는 물건—옮긴이)를 탑재하고 지구를 떠나 자신이 우주 식민지 건설의 가장 이상적인 장소로 생각하는 달에 도달하겠다는 것이었다.[56]

그는 2019년 워싱턴 D.C.에서 개최된 어느 행사에서 이렇게 연설했다. "인류는 좋은 선물을 받은 겁니다. 달이라고 불리는 우주 세계가 가까이 있지 않습니까. 그곳의 약한 중력은 우주 건설을 시작하기에 최적의 조건입니다. 달에서 자원을 얻는 데 들어가는 에너지는 지구 표면에 비해 24배나 적습니다. 이것은 엄청난 장점입니다."[57]

베이조스는 다음 단계로 블루 문Blue Moon 달착륙선 계획을 발표했다. 이는 뉴 글렌New Glenn이라는 재사용 가능 로켓에 3.6톤에 달하는 월면月面 작업차, 화물 그리고 사람들을 태우고 달 표면에 착륙하는 프로젝트였다.[58] 그는 우리에게 더 이상 선택의 여지가 없다고 주장한다. "이제 대안은 없습니다. 우리가 살고 있는 이 별을 지켜야 합니다. 또 우리 자손들에게 생기 있고 발전하는 세계를 물려주려면 절대 미래를 포기해서는 안 됩니다. 우리가 우주로 진출하면 이 두 가지 목표를 모두 성취할 수 있습니다."

또 베이조스는 과거 오닐 교수가 제안했던 아이디어를 현실화시키는 일에도 뛰어들었다. 그는 블루오리진이 달 착륙 프로젝트에 성공하면, 그다음 단계로 한 곳에 100만 명이 거주 가능한 오닐 콜로니를 개발해서 이를 인류의 차세대 이주 동력으로 삼겠다는 비전을 선포했다. "지구는 태양계의 보물과 같은 행성입니다." 그는 이렇게 말한다. "이곳은 인간의 거주지로 이용하거나 경공업만 유치하는 장소로 삼아야 합니다. 중공업은 모두 우주로 내보내는 것이 좋습니다. 우주는 상상을 초월할 정도로 넓으니까요. (…) 태양계는 1조가 넘는 인구를 수용할 수 있습니다. 그러

면 인류는 모차르트나 아인슈타인 같은 천재를 수천 명 보유하게 될지도
모릅니다. 그렇게 된다면 우리의 문명이 얼마나 놀랍고 역동적인 모습으
로 변할지 생각해보세요."[59]

베이조스와 선의의 경쟁을 벌이고 있는 일론 머스크 역시 그 의견에
반대하지 않는다. "앞으로 인류의 역사는 두 갈래 중 하나로 전개될 겁니
다. 하나는 우리가 지구에 영원히 머물다 결국 멸종의 순간을 맞는 겁니
다. 또 다른 대안은 우주로 진출해서 다른 행성을 개척하는 종족이 되는
거죠. 저는 가만히 앉아 종말을 맞는 것보다 우주로 진출하는 편이 훨씬
흥미로운 미래를 약속할 수 있는 길이라고 믿습니다."[60]

남아프리카공화국의 프레토리아Pretoria에서 태어난 머스크는 열두 살
이 되던 해에 이미 자신이 만든 게임을 다른 사람에게 판매할 정도로 선
천적인 사업 수완을 보였다. 그는 와튼 스쿨에서 학위를 받은 뒤에 스탠
퍼드 대학교의 박사과정에 들어갔으나 얼마 되지 않아 그만두었다. 그리
고 소프트웨어 기업인 집투Zip2를 창업해 3억 700만 달러에 매각하고 뒤
이어 페이팔을 설립한 후 15억 달러에 팔아넘기는 등 사업에서 승승장
구했다. 이제 자신의 꿈을 이루기에 충분한 자원을 축적했다고 판단한
머스크는 인류를 생존시키는 데 필수적인 두 가지 임무를 추구하기 시작
했다. 태양광발전을 통해 화석연료에 대한 인류의 집착을 멈추게 하는
일(즉, 그가 테슬라와 솔라시티를 통해 하고 있는 일)과 인류를 다행성적 존
재로 만드는 일이었다. 그러나 베이조스가 달을 향한 이주 계획에 열중
한 데 반해 머스크가 집착한 대상은 언제나 화성이었다.

페이팔을 매각하기 1년 전인 2001년, 머스크는 화성에 식물의 종자를
보낸다는 아이디어를 생각해냈다. 그가 구상한 '화성 오아시스'Mars Oasis

프로젝트는 지구와 비슷한 대기환경을 지닌 밀폐된 방에 각종 식물의 씨와 그 씨앗들을 잘 자라게 만들어주는 영양소 용액을 담아 이 모든 것을 우주선에 싣고 화성으로 날려 보낸다는 계획이었다. "일단 화성에 착륙해서 그 용액에 물을 공급하면 화성에 작은 온실이 하나 생기게 되는 거죠."[61]

머스크는 화성 표면에서 식물이 자라는 사진을 찍고 싶어 했다. 이 충격적인 사진을 미국 정부에 제시하면 화성에 식민지를 건설하는 데 필요한 자금을 지원받을 수 있다는 생각에서였다. 하지만 그는 자신의 온실을 머나먼 우주로 날라줄 로켓의 구입비용을 조사하는 과정에서, 장차 우주에 인류의 식민지를 건설하는 일을 맡기에는 현재의 로켓 발사 기술이 너무 원시적이고 비싸다고 결론 내렸다.

2002년 머스크가 스페이스X를 설립한 것은 바로 이 문제를 해결하기 위해서였다.[62] 2008년 6월, 여러 차례 거듭된 발사 실패와 파산 직전까지 몰렸던 회사의 상황을 뒤로하고, 스페이스X의 팔콘1 로켓이 지구를 떠나 궤도에 돌입했다. 그리고 많은 로켓이 뒤이어 우주로 향하는 대열에 합류했다. 발사 성공이 이어질 때마다 비용은 계속 저렴해졌다. 또 머스크는 로켓 재사용 기술 개발에도 성공했다. 로켓 발사 및 지구 귀환 과정에서 기체가 손상되지 않도록 만드는 일은 우주 산업에 종사하던 사람들이 오랫동안 품어왔던 꿈이었다. 2018년 2월, 그는 지구상에서 가장 거대한 로켓 팔콘 헤비에 테슬라가 제작한 빨간색 로드스터 전기자동차를 싣고 화성을 지나 소행성대까지 날려 보냈다. 최근 스페이스X는 팔콘 로켓 생산을 중단하고(인간을 화성으로 보내는 데 사용하기에는 성능이 부족하다는 판단에서) '스타십' 로켓으로 대체하겠다는 계획을 발표했다.[63]

머스크는 화성을 식민지로 만드는 일이 일종의 긴급 대책이기 때문에 2030년이 오기 전에 반드시 해결해야 한다고 생각한다.[64] 이미 스타쉽의 시험비행에 착수한 그의 목표는 2030년까지 화성 표면에 사람을 착륙시키고 2050년에는 이 별에 완전한 도시를 건설하는 것이다. 스페이스X는 이를 위해 2027년부터 2050년까지 22개월에서 24개월 간격으로 10차례의 대규모 발사를 계획하고 있다. 이제 지구와 화성 간의 거리는 점점 가까워지고 있는 듯하다.

현재 그는 다음과 같은 아이디어를 구상 중이다. 먼저 스타쉽 로켓을 지구 궤도를 향해 발사함과 동시에 여러 대의 스타쉽 급유 우주선을 함께 쏘아 올린다. 100여 명의 승객과 승무원을 태운 스타쉽 로켓은 궤도를 돌다 처음 만나는 급유 우주선을 통해 연료를 보급받은 후 화성을 향해 곧바로 날아간다. 1인당 편도 비행 비용은? 머스크가 생각하는 가격은 50만 달러 정도다.[65] "이 정도면 대부분의 선진국 국민이 지구에 있는 자신의 집을 팔고 화성으로 이주하기에 충분히 저렴한 비용일 겁니다."

머스크와 베이조스 중 누가 이 우주 경쟁의 승자가 될지는 모르지만 한 가지만은 확실하다. 콘스탄틴 치올콥스키의 말대로 인류가 지구에서 힘겹게 쟁취하고 있는 많은 것들(금속, 미네랄, 에너지, 깨끗한 물, 노른자위 부동산, 끝없는 모험, 욕망, 사랑, 삶의 의미 등등)은 우주에 거의 무한정으로 존재한다는 사실이다. 그리고 이 무한한 보물을 향한 탐구, 그러니까 두 억만장자 사이에 벌어지는 경쟁 덕분에 우리에게는 지구라는 요람을 떠나 밤하늘에 빛나는 별들을 향해 날아갈 수 있는 기회가 생겼다. 이는 이 시대에 시작되고 있는 또 다른 위대한 이주이자, 인류의 마지막 개척지를 향한 최초의 발돋움이 될 것이다.

클라우드에 의식을 업로드하다

2015년, 하버드 대학교의 화학자 찰스 리버Charles Lieber는 뇌신경 조절 neuro-modulation 분야의 난문제 하나를 해결하느라 여념이 없었다. 지난 수십 년간 파킨슨병 환자를 위해 개발된 치료법 중 하나는 뇌심부자극술 deep brain stimulation이었다. 이는 환자의 두개골에 구멍을 뚫고 장비를 삽입해서 사람의 행동을 관장하는 두뇌 부위에 직접 전기 충격을 가하는 요법으로, 지금도 파킨슨병의 보편적인 치료 방법의 하나로 처방되고 있다. 그동안 뇌심부자극술을 통해 두뇌에 장비를 이식한 환자는 수십만 명이 넘는다. 이 수술 요법은 더 이상 다른 대안이 없는 환자들의 운동능력을 개선하고 떨림 증세를 완화할 수 있는 유일한 길이다.[66]

하지만 이 치료법에는 부작용이 따른다. 그것도 특이한 부작용이. 가장 흔한 문제는 환자에게 도박 충동이 생기는 것이다. 또 일밖에 모르던 사람이 갑자기 하루 종일 소파에서 TV만 보는 게으름쟁이로 바뀐다든가, 환자가 만성적인 우울증에 빠지는 증상도 자주 나타난다. 원인이 무엇일까? 장비의 크기 때문이다.

신경외과 의사들은 가능하다면 두뇌의 특정 신경세포에만 자극을 가하는 것이 가장 이상적인 치료법이라고 입을 모은다. 그러나 현대의 뇌심부자극 요법은 이런 정밀한 치료를 실시하기에는 장비가 너무 크다. MIT의 재료과학과 교수 폴리나 아니키바Polina Anikeeva는 2015년 테드 토크에 출연해 이렇게 말했다. "현대의 뇌 임플란트 기술로 특정 신경세포에 자극을 가하는 방법은 마치 픽업트럭만 한 손가락으로 차이코프스키의 피아노 협주곡을 연주하려 애쓰는 일과 다름없습니다."[67]

게다가 더 복잡한 문제는 외과의사가 이 장비를 삽입하는 순간 환자의 두뇌가 이를 외부의 침입자로 인식하기 때문에 수술 후에도 강력한 약물요법이 병행되어야 한다는 것이다. 또한 장비의 디자인도 문제다. 인간의 신체는 신축성이 좋은 3차원 환경으로 이루어져 있다. 그러나 현대의 두뇌 임플란트 요법(뇌심부자극술 및 기타 치료법을 통틀어)을 통해 환자의 뇌에 삽입되는 장비는 실리콘칩과 비슷하게 생긴 2차원 형태의 딱딱한 소재라, 사람의 몸속에 자연적으로 존재하는 물질과는 거리가 멀다. 물렁물렁하고, 온도가 높고, 축축한 인간의 두뇌에 그런 물건이 들어오면 신호에 혼선이 발생하고 부작용이 생길 수밖에 없다.

하지만 찰스 리버 교수는 기존의 치료법과는 전혀 다른 접근방법을 고안해냈다. 그는 의사들이 뼈 재생이 필요한 환자들을 치료할 때 '생체재료 비계'bioscaffold라는 3차원 인공 지지대를 손상된 부위에 이식해 새로운 조직이 자랄 수 있도록 돕는 치료법에서 힌트를 얻었다. 리버는 전자공학 기술의 도움을 얻어 초소형 생체재료 비계를 개발하는 일에 착수했다. 그는 광 리소그래피photolithography(반도체 기판 위에 자외선을 비춰 웨이퍼 상에 회로패턴을 그리는 기술—옮긴이) 기술을 활용해서 네 겹의 프로브probe(생체 내 특정물질을 감지할 수 있는 의학 도구—옮긴이)를 하나씩 그려 쌓아 올리는 방식으로 나노 크기의 금속 그물망과 두뇌의 활동을 기록할 수 있는 센서를 제작했다.

리버는 이 그물망을 초소형 원통 속으로 말아넣은 후에 주사기로 빨아들여 쥐의 해마에 주입했다. 한 시간쯤 후에 그물망은 원 상태로 다시 펴졌지만 그 과정에서 두뇌의 어떤 조직도 손상되지 않았다. 그 결과 리버는 살아 있는 쥐의 두뇌 활동을 실시간으로 측정할 수 있게 됐다. 쥐의 면역 체계는 두뇌에 이식된 물질을 적으로 인식하지 않고 친구로 여겼다. 두뇌의 신경세포들은 그물망을 외부의 침입자로 대하는 대신 오히려 장비에 달라붙어 증식하기 시작했다.

리버는 또 이 그물망을 쥐의 망막에 주입하는 실험도 실시했다. 마찬가지로 그물망은 쥐의 눈에 어떤 손상도 가하지 않고 망막 속에서 원래의 모양으로 복구됐다. 그리고 연구진은 쥐의 시력에 영향을 주거나 빛을 차단하는 부작용 없이 쥐의 시각 작용을 몇 년에 걸쳐 생생하게 측정할 수 있었다.[68] 연이은 실험의 성공으로 세간의 찬사를 한 몸에 받은 리버 그룹Lieber Group은 세상에 이 기술을 확산시키는 일에 나섰다. 그러자 이번에는 일론 머스크가 이 아이디어를 다음 단계로 진화시키는 작업에 뛰어들었다. 그는 이 신체주입식 두뇌-컴퓨터 인터페이스 기술에 '뉴럴 레이스'neural lace라는 이름을 붙이고 '인간과 컴퓨터를 연결하는 초고도 대역폭 기반의 두뇌-기계 인터페이스'라는 설명을 달았다.[69]

두뇌-컴퓨터 인터페이스BCI는 융합기술의 궁극적 지향점이다. 생명공학, 나노공학, 재료과학 등을 포함해 이 책에서 언급된 수많은 기술이 교차하는 곳에 자리 잡고 있기 때문이다. 또 인간의 두뇌처럼 복잡한 환경을 모델링할 수 있는 양자 컴퓨팅과 모델링된 대상을 해독해내는 인공지능도 여기에 한몫을 한다. 그리고 두뇌의 신호를 클라우드에 업로드하는 일을 돕는 고대역폭 네트워크도 필수적인 요소다. 사실 BCI라는 단일 분야에는 인류가 지금까지 이루어낸 모든 기술적 발전이 내포되어 있다고 해도 과언이 아니다.

우리가 기하급수적 기술 발전을 인간 지성이 성취해낸 대표적인 성과로 여긴다면, 그중에서도 최고의 영예는 BCI에게 돌아가야 할 것이다.

또 이 기술은 인류가 창조한 고도의 문명 속에서 우리 자신이 생존할 수 있는 방법이기도 하다. BCI를 통해 업그레이드된 두뇌가 아니면 인공지능이 지배할 미래 세계에서 기계와 경쟁하며 살아가기가 쉽지 않을 것이기 때문이다.

BCI의 대표적 지지자인 일론 머스크와 브라이언 존슨은 각자 뉴럴링크와 커널이라는 회사를 설립해서 이 기술의 개발에 박차를 가하고 있다. 또 페이스북과 미국 고등연구기획국도 이 대열에 동참했다. 페이스북은 사용자들이 키보드를 두드리는 대신 '생각'으로 컴퓨터를 조작할 수 있는 뉴로테크 기술을 개발 중이며, DARPA는 BCI를 차세대 전투 기술의 하나로 판단해 한번에 100만 개의 신경세포 신호를 측정할 수 있고 동시에 10만 개의 신경세포에 자극을 가하는 기술을 구축하고 있다. 그리고 많은 스타트업도 앞다퉈 이 분야에 뛰어들어 의료, 건강, 교육, 엔터테인먼트 같은 산업에 저마다 BCI 기술을 적용하느라 바쁘다.

그 결과 놀라운 진보가 이루어졌다.

지난 10년 동안 과학자들은 뇌전도 기반의 두뇌-컴퓨터 인터페이스(장비를 몸속에 이식하는 대신 수많은 전극이 박힌 왕관 같은 형태의 장비를 머리 위에 쓰는 방식)를 활용해서 마법과 같은 성과를 거두었다. 그들은 하반신 마비 환자를 걷게 만들었고, 중풍으로 몇 년 동안 온몸이 마비됐던 사람이 손발을 움직일 수 있도록 해주었다. 또 간질 환자의 발작을 멈추었으며, 사지마비 환자에게 생각으로 컴퓨터의 커서를 움직일 수 있는 능력을 제공했다.[70, 71, 72] 드라큘라 이야기, 날아다니는 자동차, 로봇 같은 어린 시절의 환상이 하나씩 현실로 바뀌고 있는 상황에서, 어느덧 텔레파시도 그 목록에 끼어들어 한몫을 하고 있는 것이다.

지난 2014년 하버드 대학교의 연구진은 인터넷을 통해 생각만으로 단어를 주고받는 실험에 성공했다. 이는 '두뇌 대 두뇌 소통'이라고 알려진 텔레파시 기술의 장거리 버전으로, 실험 대상자 두 사람은 각각 프랑스와 인도에서 실험에 참가했다. 연구진은 인터넷에 연결된 무선 뇌전도 헤드셋을 송신기로 그리고 경두개 자기자극기(약한 자기 펄스를 두뇌에 전달하는 기계)를 수신기로 사용했다. 실험 대상자들은 상대방의 생각 자체를 읽어내지는 못했지만, 상대방이 전달하고자 하는 메시지에 대응하는 불빛의 깜박거림을 또렷하게 포착할 수 있었다.[73]

그리고 시간이 흘러 2016년이 되자 인류는 뇌전도 헤드셋을 쓰고 텔레파시를 이용해 비디오게임을 했으며, 2018년에는 생각만으로 드론을 날려 보냈다.[74] 이제 다음 단계는 우리의 두뇌를 클라우드를 통해 인터넷에 연결하는 것이다. 리버 교수가 개발한 신체 주입식 그물망이 중요한 역할을 하게 되는 부분이 바로 이 대목에서다. 사용자 머리 위에 쓰는 형태의 뉴로테크 장비는 두뇌의 신호를 정확히 포착해내는 기능이 떨어진다는 인식이 많다. 그렇다고 외과적 수술로 사람에게 장비를 이식하는 방법은 아무리 시술이 단순하다고 해도 대중을 상대로 보급하기는 위험하다. 하지만 주사를 통해 신체에 주입하는 뉴럴 레이스는 이 문제에 대한 해결책이 될 수 있다.

그리고 이 기술은 우리가 논의할 마지막 이주, 즉 개인의 두뇌를 기반으로 하는 단일의식의 세계에서 클라우드 기반의 집단의식으로 향하는 이주를 가능하게 해주었다. 이 하이브 마인드 기술은 인류의 가장 위대한 여정이 지구로부터 우주를 향하는 이주가 아니라 바로 인간 정신세계의 내부와 외부를 탐구하는 것이라는 사실을 우리에게 상기시켜준다. 게다가 일론 머스크와 브라이언 존슨이 주장하는 것처럼 사람들에게 집단의식으로의 이주를 독려할 당위성은 경제적 측면만으로도 충분하다. 인간이 인공지능과 경쟁을 하고 있는 세상에서, 이 기술을 바탕으로 경제적 문제를 해결하는 일은 우리에게 여전히 중요한 동기이기 때문이다.

물론 동기는 그뿐만이 아니다. 우리의 두뇌를 클라우드에 연결하면 정보 처리 능력과 기억력이 엄청나게 향상된다. 뿐만 아니라 (적어도 이론적으로는) 온라인에 연결된 다른 사람들의 생각에도 접근할 수 있다. 이렇게 생각해보자. 컴퓨터는 독립적으로도 뛰어난 능력을 갖춘 기계다. 하지만 과학자들이 이 수많은 컴퓨터를 한데 묶어 네트워크를 만들면서, 오늘날 우리가 사용하는 월드와이드웹World Wide Web이 탄생했다. 이제 그 각각의 컴퓨터가 우주에서 가장 복잡하고 정교한 기계라 여겨지는 인간의 두뇌라고 상상해보자. 게다가 우리가 네트워크에 연결된 다른 사람들에게 생각뿐만이 아니라 감정, 경험, 삶의 의미 등을 전달할 수 있다면 세상에는 어떤 일이 벌어질까? 만일 이런 일이 가능하다면 인간은 자신만의 단일의식 세계에 머무르려 할까, 아니면 온라인을 통해 지속적으로 진화하는 집단의식의 세계로 이주를 원하게 될까?

그 질문에 대답하기 위해서는 다음의 세 가지 사항을 먼저 고려해봐야 할 것 같다. 먼저 인간은 극도로 사회적인 동물이라는 사실이다. 수많은 연구를 통해 입증됐다시피 현대 사회에서 가장 크고 두려운 공포 중 하나는 바로 외로움이다.[75] 다른 사람들과 연결되고자 하는 욕구는 인간의 행동을 유발하는 기본적 동력, 즉 심리학적 용어로 '내재적 동기'다. 물론 우리가 집단의식을 추구하게 될 동기는 이것만이 아닐 것이다.

가까운 사람들이 함께 모여 하이브 마인드를 형성하면 이른바 '그룹 몰입'이라는 집단적 몰입 상태를 경험할 수 있다.[76] 그룹 몰입은 팀의 성과를 최대한으로 끌어올려준다. 탁월한 아이디어를 도출하는 회의, 눈부신 4분기 영업 실적, 우레와 같은 관객의 환호를 이끌어내는 밴드의 공연 등이 그룹 몰입을 통해 가능해지는 것이다. 이는 지구상에서 가장 극도의 쾌락을 안겨주는 심리 상태라고 해도 과언이 아니다. 심리학자가 사람들에게 자신이 가장 선호하는 심리적 경험에 대해 질문하면 그룹 몰입은 항상 순위의 맨 윗자리를 차지한다. 따라서 자신이 원할 때 언제라도 이 경험을 얻을 수 있다면 집단의식으로 이주를 감행할 동기로는 충분할 것이다.

마지막으로 고려할 점은 바로 진화다. 지구라는 별에 생명이 탄생한 순간부터 진화는 항상 단수에서 복수의 방향으로 이루어졌다.[77] 인류는 처음에 단세포 생명체에서 다세포적 유기체로 그리고 수없이 많은 세포로 구성된 인간이라는 생물로 진화했다. 이는 자연선택 법칙에 따른 전형적인 수순이었다. 그런데 오늘날의 자연선택 과정이 왜 달라야 할까? 인류가 지성, 진보, 가능성 등에서 이미 절정의 단계에 도달했다고 믿어야 할 이유는 어디에도 없다. 리얼리티 TV나 철근과 아스팔트로 뒤덮인 메가시티가 지구상의 생명체가 창조할 수 있는 최고의 문명이라고 주장할 근거는 어디에도 존재하지 않는다. 우리는 인류 진보의 스펙트럼에서 '현재 당신의 위치'라고 쓰인 화살표가 가리키는 지점에 서 있을 뿐이다.

게다가 우리가 이 지점에 오래 머물지 않을 거라는 증거도 한둘이 아니다. 일론 머스크가 설립한 뉴럴링크는 초당 2기가비트를 전송할 수 있는 무선 네트워크를 통해 인간의 두뇌를 클라우드에 연결하는 기술을 개발 중이며, 2021년 말에는 사람을 대상으로 실제 실험에 돌입할 예정이다.[78] 과거에는 느리고 수동적이었던 자연선택의 과정이 날이 갈수록 더욱 빠르고 상황 주도적인 형태로 변화하고 있다. 다음 세기가 되면 기술 발전의 가속화에 따라 산업이나 제도만 영향을 받는 것이 아니라 지구상에 존재하는 생물학적 지능의 진보 자체가 변혁의 물결에 휩싸일 것이다. 즉, 이 파괴적 혁신으로 말미암아 기하급수적 기술 발전, 메타 지능, 대이주 등으로 상징되는 전혀 새로운 종류의 인간이 탄생하리라는 것이다. 그리고 우리는 이런 전망을 바탕으로, 이 책의 마지막에 다다른 이 대목에서 미래가 생각보다 훨씬 일찍 닥쳐올 거라고 재차 단언할 수 있다.

메타 지능은 기술의 혁신을 획기적으로 앞당기는 촉진제의 역할을 한다. 그동안 개별적인 인간이 집단적 조직(회사, 문화, 사회 등)으로 진입해서 인류 역사상 가장 급속한 혁신인 기하급수적 기술 발전과 융합을 이끌어냈다면, 미래에 하이브 마인드로 연결된 지구인들, 말하자면 친절하고 점잖은 보그Borg(영화 〈스타트랙〉에 등장하는 반 기계, 반 유기체 종족—옮긴이) 같은 사람들은 얼마나 엄청난 것을 창조할 수 있을까. 다시 말해 우리가 다른 사람들과 생각을 공유할 수 있다면 미래는 얼마나 단축될까?

이런 모든 아이디어에 대해 불편한 생각이나 느낌을 받는 사람들도 있을 것이다. 그들이 생각해봐야 할 용어 중 하나가 바로 손실 혐오loss aversion다. 인간의 가장 강력한 인지적 편견 중 하나인 손실 혐오는 누군가 지금 내가 소유한 것을 가져가고 대신 내일 다른 것을 주겠다고 약속할 때, 그게 무엇이든 현재 내가 가진 것보다 훨씬 못할 거라고 믿는 심리를 말한다. 진화의 과정에서 인간 유전자에 자연스럽게 프로그래밍된 이 심리 현상은 우리를 타성에서 헤어나지 못하게 하고, 기업의 혁신을 어렵게 만들고, 문화의 진화 속도를 늦추는 가장 큰 요인 중 하나다.

물론 하이브 마인드는 우리에게 이 약점을 극복할 수 있는 능력을 줄지도 모른다. 하지만 그런 일이 실현되기 전까지 당신이 기하급수적 기술 발전이나 다섯 가지 거대한 이주 같은 이야기를 듣고 현기증을 느끼거나 공포와 흥분에 사로잡히는 것은 지극히 자연스러운 현상이다. 그건 우리 저자들도 마찬가지다. 그러므로 우리가 여러분에게 말할 수 있는 단 한 가지는 그동안 줄곧 이야기한 대로 심호흡을 하고 눈을 부릅뜨라는 것이다. 당신이 준비가 됐든 안 됐든 미래는 이미 우리 옆에 와 있으니 말이다.

세상은 소리 없이 좋아진다

이 책에서 논의된 기술 발전의 가속화 현상을 살펴볼 수 있는 방법 중 하나는 인류가 풍요로운 미래를 향해 지속적으로 나아가고 있는 모습을 관찰하는 것이다. 우리 저자들이 2012년에 펴낸 책 《어번던스》에서 말하고 싶었던 주제도 바로 이것이었다. 그리고 이 풍요로움의 트렌드는 책의 출간 이후부터 지금까지도 계속 이어지고 있다. 상품과 서비스의 공급이 계속 증가하다 보면 언젠가 그 자원들에 대한 가격 자체가 사라지고, 무료화가 가져다주는 긍정적 효과가 사회 곳곳에 파급될 거라는 사실은 분명하다. 풍부하고 값싼 에너지는 풍부한 물을 가져다준다. 자율주행 전기자동차라는 저렴하고 환경 친화적인 교통수단은 저렴한 비용으로 주택을 구입할 수 있는 기회를 선사한다. 또 인공지능, 5G 네트워크, 가상현실, 증강현실 같은 첨단기술은 지구상에 살아가는 모든 사람에게 지리적 위치나 사회·경제적 여건에 관계없이 교육, 엔터테인먼트, 의료 등의 서비스를 저렴한 가격에 제공해줄 것이다.

물론 우리의 견해에 동의하지 못하는 사람도 적지 않으리라 생각한다. 오늘날 부자와 빈곤층의 격차가 그 어느 때보다 극심하게 벌어져 있는데다 인류의 문제를 기술로 쉽게 해결한다는 아이디어가 테크노 유토피안들의 순진무구한 발상에 불과하다는 비난도 만만치 않은 것이 현실이다. 그럼에도 불구하고 기하급수적 기술 발전에 따라 기술이 무료화 및 대중화되는 현상이 가속화될 거라는 사실만큼은 분명하다.

일례로 2019년 1월 〈월스트리트 저널〉은 '세상은 소리 없이 좋아진다'라는 제하의 기사에서 최근 세계은행 World Bank이 발표한 통계를 인용해 하루 2달러 미만으로 살아가는 극빈 계층이 꾸준히 줄어들고 있다고 보도했다. 비록 세계 각지의 부자들은 날이 갈수록 더욱 큰 부자가 되고 있지만 가난한 사람들도 다양한 도구와 기술에 접근할 수 있는 여건을 갖추면서 예전에 비해 훨씬 많은 일을 할 수 있게 됐다는 것이다.

이 두 가지 시나리오는 항상 서로가 서로를 따라가는 형태로 전개됐다. 1980년대 처음 세상에 나온 휴대전화는 느리고 성능도 좋지 않았음에도 불구하고 오직 부자들만 손에 넣을 수 있는 물건이었다. 하지만 현대의 스마트폰은 빠르고, 성능이 뛰어나고, 기능도 다양하지만 세상에서 가장 가난한 사람들도 사용할 수 있다. 또 미래에는 선택된 소수의 부자들만이 화성에서 살아가거나 수명 연장 치료를 받게 될지 모르지만 동시에 지구상의 모든 사람도 더 저렴한 비용으로 음식, 에너지, 물, 교육, 의료, 엔터테인먼트 등의 혜택을 즐길 수 있을 것이다.

우리가 주장하는 요점은 《어번던스》의 출간 10주년(2022년)이 될 무렵이면 이 책에서 제시된 개념이 더 이상 단순한 개념에 머물지 않는 세상이 되리라는 것이다. 물론 그러기 위해서는 아직 갈 길이 멀다. 인류가 이미 개발한 훌륭한 기술들조차 지구 곳곳에 충분히 보급되지 못하고 있는 데다 물 부족, 기후변화, 기아 문제 같은 심각한 사안들에 대한 국제사회의 대처도 잘못된 방향으로 흘러가고 있기 때문이다. 그러나 〈월스트리트 저널〉의 기사처럼 세상이 점점 좋아진다는 사실을 입증하는 지표는 적지 않다. 예를 들어 하버드 대학교의 스티븐 핑커Steven Pinker 교수는 《우리 본성의 선한 천사》라는 저서에서 지구상에서 전쟁과 갈등이 그 어느 때보다 적게 발생하고 있는 현대야말로 인류 역사상 가장 평화롭고 건강한 시대라고 주장했다. 유아 사망률과 10대 출산율이 줄어들고, 말라리아로 인한 사망자나 기근 때문에 목숨을 잃은 사람이 어느 때보다 적고, 인류의 수명이 갈수록 증가하는 현상은 모두 인류가 성취한 놀라운 진보의 증거가 될 수 있을 것이다. 뿐만 아니라 신재생에너지 사용 비용이 계속 떨어지고, 고속으로 인터넷에 접속할 수 있는 기술이 보급되고, 성능 좋은 디지털 장비의 가격 하락이 급격히 확산되는 현 상황에서 이제 지구상의 모든 사람이 이 장비들을 이용해 인터넷에 접속할 수 있게 된다면 인류의 눈앞에는 무한한 가능성의 세계가 펼쳐질 것이다.

요즘에는 탄자니아에 사는 어린이도 인공지능 교육기술을 활용하거나 구글이나 바이두를 통해 세상의 모든 정보에 접근하는 일이 가능하다. 앞으로 그 아이가 전 세계에 폭발적으로 보급될 고대역폭의 네트워크를 활용할 수 있게 된다면 수천 개의 프로세서를 탑재한 고성능 컴퓨터 기반의 클라우드 서비스에 접속해 유튜브의 무료 엔터테인먼트를 즐기거나 최근 나날이 번창하는 임시직 경제에 편입되어 소득을 올릴 수 있을 것이다. 지구상에서 가장 가난한 나라들은 대개 가장 일조량이 많은 곳이다. 때문에 그 국가들은 태양광발전 기술을 통해 에너지를 생산하기에 매우 유리한 조건을 갖추고 있다. 풍부한 에너지는 깨끗한 물을 만들어낼 수 있는 동력을 제공하고, 깨끗한 물은 건강하고 행복한 삶을 가져다준다. 그리고 이로 인해 교육 수준이 향상되고 출산율이 감소하면 인구 과잉 현상도 억제될 수 있을 것이다.

물론 미래에도 테러, 전쟁, 살인 같은 인간의 어리석은 행위는 계속 이어질 것이고 독재나 질병도 사라지지 않을 것이다. 하지만 세상이 소리 없이 점점 좋아진다는 사실만큼은 분명하다. 《어번던스》에서도 말했다시피 우리의 목표는 호화로운 삶을 창조하는 것이 아니라 가능성을 제시하는 데 있다. 현대의 기술 융합 덕분에 풍요로움의 세계를 구축하는 데 필요한 기술적 진보는 그 어느 때보다 빠른 속도로 이루어지고 있다. 물론 그 세계는 거저 주어지지 않는다. 인류 역사상 가장 거대한 노력과 협업이 선행되지 않는다면 그 목표는 절대 달성될 수 없을 것이다.

그런 의미에서, 이제 우리 스스로에게 마지막 질문을 던져야 한다. 도대체 우리는 무엇을 기다리고 있나? 왜 당장 행동에 돌입하지 않는가?

이 책은 수많은 사람의 관대함과 지혜를 바탕으로 탄생한 책이다. 먼저 저자들은 제트Jet, 닥스Dax, 크리스틴 디아만디스Kristen Diamandis, 조이 니콜슨Joy Nicholson 등을 포함한 우리 두 사람의 가족이 보여준 사랑과 인내 그리고 지원에 깊이 감사한다. 또한 출판 에이전트 존 브록만John Brockman과 편집자 스테파니 프레리히Stephanie Frerich 그리고 이 책을 내는 데 지속적으로 커다란 도움을 제공한 사이먼 앤드 슈스터Simon & Schuster 출판사의 모든 임직원에게 심심한 감사의 말씀을 전한다.

또한 놀라운 통찰력과 피드백, 믿기지 않는 체력을 바탕으로 편집의 모든 단계를 이끈 마이클 워튼Michael Wharton에게도 큰 감사를 표한다. 그리고 수많은 참고문헌을 찾아내고 정리하는 일을 도운 맥스 골드버그Max Goldberg와 이 책의 마케팅을 완벽하게 해낸 제롬 롱허스트Jerom Longhurst에게도 고맙다는 인사를 하고 싶다.

플로우 리서치 콜렉티브에 근무하는 스티븐의 팀원들과 PHD벤처스에서 일하는 피터의 직원들, 그중에서도 에스더 카운트Esther Count, 클레어 아데어Claire Adaire, 맥스 골드버그, 데렉 돌린Derek Dolin, 켈리 루잔Kelly Lujan, 제롬 롱허스트, 브리 렘페시스Bri Lempesis, 그렉 오브라이언Greg O'Brien, 톰 콤페어Tom Compere, 수 글렌즈록Sue Glanzrock, 조 모슬리Joe Mosely, 코니 폭스Connie Fox 등이 조사, 콘텐츠 수집, 블로그 제작을 포함해 제공해준 놀라운 지원에 깊은 감사의 말씀을 올린다. 또 피터 디아만디스의 업무 일정과 개인 생활을 잘 조정해준 에스더 카운트와 코니 폭스에게 특별히 고맙다는 인사를 전한다.

싱귤래리티 대학의 설립자 겸 총장 레이 커즈와일과 부副설립자 롭 네일Rob Nail, 최고 성장 책임자 카린 왓슨Carin Watson, 이사장 에릭 엔더슨Erik Anderson과 이 학교의 동문, 교수진 그리고 직원들에게도 감사드린다. 또한 우리가 이 책을 쓰는 과정에서 사무실을 제공하고 책에 등장하는 많은 혁신의 이야기를 나누어준 엑스프라이즈 재단의 아누셰흐 안사리Anousheh Ansari 대표 이하 모든 가족 여러분께 깊은 사의를 표한다.

마지막으로 피터는 댄 설리번Dan Sullivan과 스트레티직 코치Strategic Coach 팀이 이 세상에 가할 10배의 충격을 창조해내기 위해 보여준 용기와 지혜 그리고 지원에 대해 무한한 감사의 말씀을 올린다.

CHAPTER 01_기하급수 기술의 융합이 시작됐다

1   Inrix, "Global Traffic Scorecard," available here: http://inrix.com/scorecard/.

2   https://www.uber.com/us/en/elevate/summit/2018/.

3   You can find Holden's original speech at https://www.youtube.com/watch?v=fmW2 Y2nEW1U&feature=youtu.be.

4   Sarah Perez, "Groupon Product Chief Jess Holden to Depart, Is Heading to a Bay Area Tech Company," TechCrunch, February 11, 2014. https://techcrunch. com/2014/02/11/groupon-product-chief-jeff-holden-departs-is-headed-to-a-bay-area-tech-company/.

5   Dennis Green, "A Survey Found That Amazon Prime Membership Is Soaring to New Heights—But One Trend Should Worry the Company," Business Insider, January 18, 2019, p. 1.

6   For Holden's full bio, check out his Linkedin: https://www.linkedin.com/in/ jeffholden/.

7   Tim Fernholz, "Are There Bubbles in Space," Quartz, July 30, 2018. https:// qz.com/1343920/investors-have-pumped-nearly-1-billion-into-aerospace-start-ups-this-year/.

8   Mark Harris, "Larry Page Is Quietly Amassing a 'Flying Car' Empire," Verge, July 19, 2018. https://www.theverge.com/2018/7/19/17586878/larry-page-flying-car-opener-kitty-hawk-cora.

9   AAA, "AAA Reveals True Cost of Vehicle Ownership," August 23, 2017. https:// newsroom.aaa.com/tag/driving-cost-per-mile/.

10   이 비교는 우버가 내부 타당성 연구의 일환으로 조사한 것이다. https://www.cnet.com/ roadshow/news/will-you-be-able-to-afford-uberairs-flying-car-service/.

11   Ibid.

12   Ibid.

13   For a full breakdown of Uber's partners, https://www.uber.com/us/en/elevate/

partners/.

14 "Vimana" is the name of the mythological flying chariots describe in early Hindu texts. https://en.wikipedia.org/wiki/Vimana.

15 Steven Kotler, Tomorrowland (New Harvest, 2015), pp. 97 – 105.

16 https://www.intel.com/content/www/us/en/silicon-innovations/moores-law-technology.html.

17 Ray Kurzweil, How to Create a Mind (Viking, 2012), pp. 179 – 198.

18 Ray Kurzweil, "The Law of Accelerating Returns," March 7, 2001. https://www.kurzweilai.net/the-law-of-accelerating-returns.

19 Clayton Christensen, The Innovator's Dilemma (HarperBusiness, 2000), pp. 15 – 19.

20 Mark Moore, "Distributed Electric Propulsion Aircraft," Nasa Langley Research Center. https://aero.larc.nasa.gov/files/2012/11/Distributed-Electric-Propulsion-Aircraft.pdf.

21 기술적으로 말하자면 90퍼센트에서 98퍼센트의 범위에 놓여 있다. 가솔린엔진과의 상세한 비교자료를 보고 싶으면 카림 나이스(Karim Nice)와 조나단 스트릭랜드(Jonathon Strickland)의 다음 자료를 참조하라. "Gasoline and Battery Power Efficiency," How Stuff Works, https://auto.howstuffworks.com/fuel-efficiency/alternative-fuels/fuel-cell4.htm.

22 Holden interview, Ibid.

23 Staff at Henry Ford, "Willow Run Bomber Plant." https://www.thehenryford.org/collections-and-research/digital-collections/expert-sets/101765/.

24 ibid.

25 History.com editors, "Ford Motor Company Unveils the Model T," History, August 27, 2009. https://www.history.com/this-day-in-history/ford-motor-company-unveils-the-model-t.

26 Elizabeth Kolbert, "Hosed," New Yorker, November 8, 2009.

27 Fabian Kroger, "Automated Driving in Its Social, Historical and Cultural Contexts," Autonomous Driving, May 22, 2016, pp. 41 – 68.

28 DARPA's website for the full breakdown of events: https://www.darpa.mil/about-us/timeline/-grand-challenge-for-autonomous-vehicles.

29 Alexis Madrigal, "Waymo's Robots Drove More Miles Than Everyone Else Combined," Atlantic, February 14, 2009, https://www.theatlantic.com/technology/archive/2019/02/the-latest-self-driving-car-statistics-from-california/582763/.

30 Andrew Hawkins, "Waymo and Jaguar Will Build Up to 20,000 Self-Driving Electric SUVs," Verge, March 27, 2018. https://www.theverge.com/2018/3/27/17165992/waymo-jaguar-i-pace-self-driving-ny-auto-show-2018.

31   GM's original press release: https://media.gm.com/media/us/en/gm/news.detail. html/content/Pages/news/us/en/2018/may/0531-gm-cruise.html.

32   Author interview, 2019.

33   Ibid.

34   U.S. Census Bureau, "Average One-Way Commuting Time by Metropolitan Areas," December 7, 2017. https://www.census.gov/library/visualizations/interactive/travel-time.html.

35   현재 판매 중이거나 단종된 자동차 브랜드의 전체 목록을 보려면 이 위키피디아 문서를 참조하라. https://en.wikipedia.org/wiki/List_of_car_brands.

36   Donald Shoup, The High Cost of Free Parking (Routledge, 2011), p. 624.

37   Richard Florida, "Parking Has Eaten American Cities," CityLab, July 24, 2018.

38   Eran Ben-Joseph, ReThinking a Lot (MIT Press, 2012), pp. xi – xix.

39   For the original whitepaper: https://www.spacex.com/sites/spacex/files/hyperloop_alpha.pdf.

40   Malcolm Browne, "New Funds Fuel Magnet Power for Trains," New York Times, March 3, 1992.

41   Robert Salter, "The Very High Speed Transit," Rand Corporation, 1972. https://www.rand.org/pubs/papers/P4874.html.

42   For the full story of Hyperloop One development, https://hyperloop-one.com/our-story#partner-program. (Author note: Peter's VC firm is an investor.)

43   Author interview, 2019.

44   https://twitter.com/elonmusk.

45   Dana Hull, "Musk's Boring Co. Raises $113 Million for Tunnels, Hyperloop," Bloomberg, April 16, 2018, https://www.bloomberg.com/news/articles/2018-04-16/musk-s-boring-co-raises-113-million-for-tunnels-and-hyperloop.

46   Aarian Marshall, "Las Vegas Orders Up a Boring Company Loop," Wired, May 22, 2019.

47   Ed Oswald, "Here's Everything You Need to Know About the Boring Company," Digital Trends, February 26, 2019.

48   For the full address, check out: https://www.youtube.com/watch?v=tdUX3ypDVwI.

49   Darrell Etherington, "SpaceX aims to Replace Falcon 9, Falcon Heavy and Dragon with One Spaceship," Techcrunch, September 28. 2017. https://techcrunch.com/2017/09/28/spacex-aims-to-replace-falcon-9-falcon-heavy-and-dragon-with-one-spaceship/.

50   https://twitter.com/mayorofla.

51 https://spacenews.com/spacex-begins-starship-hopper-testing/.

52 Each of the data points (company, year, and market cap) was taken from https://www.macrotrends.net. (해당 연도의 가장 높은 수치를 사용했다.)

53 Ibid.

54 Ibid.

55 Ibid.

56 Ibid.

57 Arnaud D'Argembeau, "Modulation of Medial Prefrontal and Inferior Parietal Cortices When Thinking About Past, Present and Future Selves," Social Neuroscience, May 2, 2010, pp. 187–200.

58 For an overview of most of the major studies, Jill Lepore, "Are Robots Competing for Your Job?," New Yorker, March 4, 2019. For a different overview: Marguerite Ward, "AI and Robots Could Threaten Your Career Within 5 Years," CNBC, October 5, 2017, https://www.cnbc.com/2017/10/05/report-ai-and-robots-could-change-your-career-within-5-years.html.

59 Matthieu Pelissie due Rausas, "Internet Matters: The Net's Sweeping Impact on Growth, Jobs, and Prosperity," McKinsey Global Institute, May 2011.

60 Richard Foster and Sarah Kaplan, Creative Destruction (Crown Business, 2001). As this original research was conducted with Innosight, see their executive summary for a quick overview: https://www.innosight.com/insight/creative-destruction/.

61 For the official announcement, https://avatar.xprize.org/prizes/avatar.

CHAPTER 02_기술 발전이 빛의 속도를 뛰어넘다

1 Author interview with Chad Rigetti, 2018.

2 Public Information Office, Jet Propulsion Laboratory, "Boomerang Nebula Boasts Coolest Spot in the Universe," June 20, 1997. For the official NASA/JPL release, https://www.jpl.nasa.gov/news/releases/97/coldspot.html.

3 Luke Harding and Leonard Barden, "Deep Blue Win a Giant Step for Computerkind," Guardian, May 12, 2011.

4 Erik Brynjolfsson and Andrew McAfee, The Second Machine Age (W.W. Norton and Co., 2014), p. 49.

5 Lieven Eeckhout, "Is Moore's Law Slowing Down? What Next?, IEEE Micro 37, no. 4: 4–5.

6 Kurzweil, "Law of Accelerating Returns."

7   https://www.apple.com/iphone-xs/a12-bionic/.

8   Tim Ferriss does a good job overviewing this idea and its history here: https://tim.
     blog/2018/05/31/steve-jurvetson/.

9   Rigetti, author interview.

10   This came from a talk he gave at the Oxford Martin School, February 2016. https://
     www.oxfordmartin.ox.ac.uk/videos/the-dawn-of-quantum-technology-with-prof-
     simon-benjamin/.

11   Rigetti, author interview.

12   https://www.internetlivestats.com/total-number-of -websites/.

13   Geoff Spencer, "Much More Than a Chat: China's Xiaoice Mixes AI with Emotions
     and Wins Over Millions of Fans," news.microsoft.com, November 1, 2018. https://
     news.microsoft.com/apac/features/much-more-than-a-chatbot-chinas-xiaoice-
     mixes-ai-with-emotions-and-wins-over-millions-of-fans/. See also: https://blogs.
     microsoft.com/ai/xiaoice-full-duplex/.

14   This and the below example about my girlfriend being mad at me are taken from
     author interviews with Zo, the American version of Xiaoice that was released on
     Twitter in 2018.

15   Matt McFarland, "What Happened When a Chinese TV Station Replaced Its
     Meteorologist with a Chatbot," Washington Post, January 12, 2016.

16   John Ward, "The Services Sector: How Best to Measure It?," International Trade
     Organization, October 2010.

17   To track the progress in machine learning, Wikipedia has a useful chart here: https://
     en.wikipedia.org/wiki/Timeline_of_machine_learning. See also: Andrew McAfee and
     Erik Brynjolfsson, Machine Platform Crowd (Norton, 2017), pp. 66 – 86.

18   For a demo, https://www.youtube.com/watch?v=gsfkGlSajHQ.

19   https://ai.googleblog.com/2018/05/duplex-ai-system-for-natural-conversation.
     html.

20   https://experiments.withgoogle.com/talk-to-books.

21   Chloe Olewitz, "A Japanese AI Program Just Wrote a Short Novel, and It Almost Won
     a Literary Prize," Digital Trends, March 23, 2016.

22   체스와 바둑의 가장 큰 차이점에 대해서는 다음의 자료를 참고하라. Danielle Muoio,
     "Why Go Is So Much Harder for AI to Beat Than Chess," Business Insider, March 10,
     2016. For information on Lee Sodol's defeat, see also: Jon Russell, "Google AI Beat
     Go World Champion Again to Complete Historic 4 – 1 Series," Techcrunch, March 15,
     2016.

23 Aatif Sulleyman, "Google AI Creates Its Own Child AI That's More Advanced Than Systems Built by Humans," Independent, December 5, 2017.

24 Megan Dickey, "Facebook Brings Suicide Prevention Tools to Live and Messenger," TechCrunch, March 1, 2017.

25 Steven Kotler and Jamie Wheal, Stealing Fire (Harper Collins, 2018), pp. 100 – 102.

26 AI ran for mayor: Paul Withers, "Robots Take Over," Express, April 17, 2018. We choose this references because it has the best video. https://www.express.co.uk/news/world/947448/robots-japan-tokyo-mayor-artificial-intelligence –ai-news.

27 Library of Congress staff, "Invention of the Telegraph," Samuel F. B. Morse Papers at the Library of Congress, 1793 – 1919. https://www.loc.gov/collections/samuel-morse-papers/articles-and-essays/invention-of-the-telegraph/.

28 https://www.loc.gov/item/today-in-history/march-10/.

29 In 1919, less than 10 percent of U.S. households: For a great history of mass communications development, https://www.elon.edu/e-web/predictions/150/1870.xhtml.

30 https://www.verizon.com/personal/info/international-calling/.

31 The World Bank keeps good numbers here: https://data.worldbank.org/indicator/SP.POP.TOTL.

32 Ibid.

33 G. Smilarubavathy, "The Survey on Evolution of Wireless Network Generations," International Journal of Science, Technology and Engineering 3, no. 5 (November 2016).

34 https://loon.com/.

35 Sarah Scoles, "Maybe Nobody Wants Your Space Internet," Wired, March 15, 2018.

36 Alan Boyle, "Amazon to Offer Broadband Access from Orbit," GeekWire, April 4, 2019. https://www.geekwire.com/2019/amazon-project-kuiper-broadband-satellite/.

37 For the FCC's original press release, https://www.fcc.gov/document/fcc-authorizes-spacex-provide-broadband-satellite-services.

38 Author interview with Oura CEO Harpreet Singh, 2018. (Author note: Peter's VC firm is an investor.)

39 http://ouraring.com. (Author note: Peter's VC firm is an investor.)

40 Ryan Nagelhout, Smart Machines and the Internet of Things (Rosen Publishing, 2016).

41 Neil Gross, "The Earth Will Don an Electronic Skin," BusinessWeek, August 29, 1999.

42 Dave Evans, "The Internet of Things," Cisco.com, April 2011. https://www.cisco.com/

c/dam/en_us/about/ac79/docs/innov/IoT_IBSG_0411FINAL.pdf.

43 Louis Columbus, "Roundup of Internet of Things Forecasts and Market Estimates, 2016," Forbes.com, no. 27 (2016). https://www.forbes.com/sites/louiscolumbus/2016/ 11/27/roundup-of-internet-of-things-forecasts-and-market-estimates-2016/ #32a1a5ba292d.

44 For a full breakdown of the Accenture report, https://newsroom.accenture.com/ subjects/management-consulting/industrial-internet-of-things-will-boost- economic-growth-but-greater-government-and-business-action-needed-to- fulfill-its-potential-finds-accenture.htm.

45 Steven Kotler and Peter Diamandis, BOLD (Simon & Schuster, 2015), pp 4 – 6.

46 Sean Higgins, "Livox Announces $600 Lidar for Autonomous Vehicles," Spar3-D. com, January 23, 2019. https://www.spar3-D.com/news/lidar/livox-announces-600- lidar-for-autonomous-vehicles-uav-mapping-and-more-an-its-shipping-now/.

47 For a great graphic breakdown of the full history of GPS, https://onlinemasters.ohio. edu/blog/the-evolution-of-portable-gps/. See also: https://web.mit.edu/ digitalapollo/Documents/Chapter6/hoagprogreport.pdf.

48 Brendan Koerner, "What Is Smart Dust Anyway," Wired, June 1, 2003. See also: https://news.berkeley.edu/2018/04/10/berkeley-engineers-build-smallest-volume- most-efficient-wireless-nerve-stimulator/.

49 For a great overview, https://newsroom.intel.com/news/2018-ces-keynote-intel- brian-krzanich/#gs.yzs68u.

50 후쿠시마 사고에 관한 국제원자력위원회의 보고서 전체를 확인하고 싶으면 다음 웹사이 트를 참조하라. https://www-pub.iaea.org/MTCD/Publications/PDF/Pub1710- ReportByTheDG-Web.pdf.

51 Evan Ackerman, "Honda Halts Asimo Development in Favor of More Useful Humanoid Robots," IEEE Spectrum, June 28, 2018. Also try: https://blogs.wsj.com/ japanrealtime/2011/04/20/the-little-robot-that-couldnt/.

52 Katie Drummond and Noah Shachtman, "Darpa's Next Grand Challenge," Wired, April 5, 2012.

53 For Gill Pratt's quote on the Challenge, https://spectrum.ieee.org/automaton/ robotics/humanoids/darpa-robotics-challenge-amazing-moments-lessons- learned-whats-next.

54 https://www.bostondynamics.com/atlas.

55 Evan Ackerman, "Honda Unveils Prototype E2-D2 Disaster Response Robot," IEEE Spectrum, October 2, 2017.

56 Ingrid Lunden, "Softbank Is Buying Robotics Firm Boston Dynamics and Schaft from Alphabet," TechCrunch, June 8, 2017.

57 https://www.economist.com/graphic-detail/2019/07/09/japans-pension-problems-are-a-harbinger-of-challenges-elsewhere. See also: this article in the Japan Times: https://www.japantimes.co.jp/news/2019/06/04/business/financial-markets/japans-pension-system-inadequate-aging-society-council-warns/#.XWayvi2ZOWY.

58 Check out the video: https://www.youtube.com/watch?v=HiOkXKb1DBk.

59 https://www.universal-robots.com/products/ur3-robot/.

60 https://www.amazon.com/Amazon-Prime-Air.

61 Edward Baig, "Cell Service Can Mean Life or Death After a Disaster. Can Drones Help?," USA Today, March 16, 2018. See also: https://www.nytimes.com/2018/04/06/nyregion/drone-cellphone-disaster-service.html.

62 Alex Davies, "Boeing's Experimental Cargo Drone Is a Heavy Lifter," Wired, January 14, 2018.

63 https://flyzipline.com.

64 https://www.biocarbonengineering.com.

CHAPTER 03_터보 부스트를 단 미래

1 Author interview, 2019.

2 Patent- US2955156A,"Stereoscopic-Television Apparatus for Individual Use."

3 Simon Parkin, "Virtual Reality Startups Look Back to the Future,"March 7, 2014, Technology Review. https://www.technologyreview.com/s/525301/virtual-reality-startups-look-back-to-the-future. See also: "A Whole New Universe," New York, August 6, 1990, p. 32.

4 "Facebook to Acquire Oculus," March 25, 2015,Facebook Newsroom, https://newsroom.fb.com/news/2014/03/facebook-to-acquire-oculus/.

5 Dean Takahashi, "The Landscape of VR Is Complicated—with 234 Companies Valued at $13B," Venture Beat, October 12, 2015.

6 Shanhong Liu, "Worldwide Virtual Reality (VR) Headset Unit Sales by Brand in 2016 and 2017 (In Millions)," Statista, August 9, 2019. https://www.statista.com/statistics/752110/global-vr-headset-sales-by-brand/.

7 Jeremy Horwitz, "Apple Lists AR/VR Jobs, Reportedly Taps Executive Who Finalizes Products," Venture Beat, August 1, 2019.

8 https://vr.google.com/.

9   Jens Meggers, "Virtual Reality, Meet Cisco Spark," September 18, 2017, Cisco.com. https://blogs.cisco.com/collaboration/cisco-spark-in-virtual-reality.

10 Adi Robertson, "Microsoft Says It's No Longer Planning VR Support on Xbox," Verge, June 20, 2018. https://www.theverge.com/2018/6/20/17485852/microsoft-xbox-one-no-vr-headset-support-windows-mixed-reality-e3-2018.

11 Google Cardboard. https://vr.google.com/cardboard/.

12 "Introducing Oculus Quest, Our First 6DOF All-In-One VR System, Launching Spring 2019," September 28, 2018,Oculus.com, See https://www.oculus.com/blog/introducing-oculus-quest-our-first-6dof-all-in-one-vr-system-launching-spring-2019/?locale=en_US. See also: "HTC VIVE Unveils VIVE Focus Plus Pricing, Availability, Improved Connectivity, and Enhanced Lenses," March 25, 2019, HTC.com, https://www.htc.com/us/newsroom/2019-03-25/.

13 Carlin Vieri, "An 18 Megapixel 4.3,A≥ 1443 Ppi 120 Hz OLED Display for Wide Field of View High Acuity Head Mounted Displays," Society for Information Display, May 9, 2018, pp. 314 – 324. See also: Stefan Etienne, "Google and LG Show Off Their High-Res VR Display for Future Headsets," Circuit Breaker, May 23, 2018, https://www.theverge.com/circuitbreaker/2018/5/23/17383990/google-lg-vr-display-high-res-headsets.

14 Hear360. https://hear360.io/#8ball.

15 Sarah Needleman, "Virtual Reality, Now with the Sense of Touch," Wall Street Journal, April 3, 2018.

16 For example, the Feelreal sensory mask: https://feelreal.com/.

17 For example, Neurable: http://www.neurable.com/.

18 Victoria Petrook, "Virtual and Augmented Reality Users 2019," eMarketer, March 27, 2019. https://www.emarketer.com/content/virtual-and-augmented-reality-users-2019. See also: "Forecast for the Number of Active Virtual Reality Users Worldwide from 2014 to 2018 (in Millions)," Statista, https://www.statista.com/statistics/426469/active-virtual-reality-users-worldwide/.

19 "Profiles in Innovation: Virtual and Augmented Reality," January 13, 2016. GoldmanSachs.com, https://www.goldmansachs.com/insights/pages/technology-driving-innovation-folder/virtual-and-augmented-reality/report.pdf.

20 Author interview with Bailenson. See also: Jeremy Bailenson, Experience on Demand: What Virtual Reality Is, How It Works, and What It Can Do (W. W. Norton & Company, 2018).

21 "The Virtues of Virtual Reality: How Immersive Technology Can Reduce Bias," April

26, 2019 (video). https://www.youtube.com/watch?v=vXxfkkINq8M.

22   Lauren Musni, "Pokemon GO Surpasses the 1 Billion Downloads Milestone," Nintendo Wire, July 31, 2019.

23   You can find details about Apple's AR development suite here: https://developer.apple.com/augmented-reality/.

24   Lucas Matney, "Apple Buys Denver Startup Building Waveguide Lenses for AR Glasses," TechCrunch, August 29, 2018.

25   You can run your own search with this URL: https://angel.co/companies?markets[]=Augmented+Reality.

26   "Global Augmented Reality (Ar) Market Will Reach USD 133.78 Billion by 2021," Zion Market Research, November 24, 2016.

27   Jeremy Horwitz, "Leap Motion Shows Crazy-Looking $100 North Star AR Headset with Hand Tracking," Venture Beat, April 9, 2018.

28   Mariella Moon, "Microsoft HoloLens 2 Will Go On Sale in September (Update)," Engadget, August 29, 2019. Learn more about the Hololens here: https://www.microsoft.com/en-us/hololens.

29   Remy Melina, "International Space Station: By the Numbers," Space.com, August 4, 2017. https://www.space.com/8876-international-space-station-numbers.html.

30   Paving the Highway to Space," National Aeronautics and Space Administration (NASA), April 12, 2018. https://www.nasa.gov/centers/marshall/news/background/facts/astp.html. See also: Robert Dempsey, "The International Space Station Operating an Outpost in the New Frontier," National Aeronautics and Space Administration (NASA), April 13, 2018, https://www.nasa.gov/sites/default/files/atoms/files/iss-operating_an_outpost-tagged.pdf.

31   Ibid.

32   https://madeinspace.us/.

33   Quincy Bean, "3-D Printing in Zero-G Technology Demonstration," National Aeronautics and Space Administration (NASA). https://www.nasa.gov/mission_pages/station/research/experiments/explorer/Investigation.html?#id=1039.

34   JY Wong, "On-Site 3-D Printing of Functional Custom Mallet Splints for Mars Analogue Crewmembers," Aerospace Medicine and Human Performance, October 2015, doi: 10.3357/AMHP.4259.2015, pp. 911-914. See also: "3-D Printing the First Medical Supplies on the Space Station," January 12, 2017, http://www.3-D4md.com/blog/2017/1/12/3-D-printing-the-first-medical-supplies-on-the-space-station.

35 Dana Goldberg, Autodesk.com, "History of 3-D Printing: It's Older Than You Are (That Is, If You're Under 30)," April 13, 2013. https://www.autodesk.com/redshift/history-of-3-D-printing/.

36 Author interview with Avi Reichental, CEO of Exponential Works, 2018.

37 Matthew Van Dusen, "GE's 3-D-Printed Airplane Engine Will Run This Year. General Electric," June 19, 2017. https://www.ge.com/reports/mad-props-3-D-printed-airplane-engine-will-run-year/.

38 Brittney Sevenson, "Shanghai-Based WinSun 3 −D Prints 6-Story Apartment Building and an Incredible Home," 3-DPrint.com, January 8, 2015. https://3-Dprint.com/38144/3-D-printed-apartment-building/.

39 Nano Dimension Inc., https://www.nano-di.com/.

40 For a database with examples of 3-D printed prosthetics, "3-D-Printable Prosthetic Devices," National Institutes of Health, https://3-Dprint.nih.gov/collections/prosthetics.

41 Eric Gjovik, "Additive Manufacturing and Its Impact on a $12 Trillion Industry," May 14, 2019. https://www.manufacturing.net/2019/05/additive-manufacturing-and-its-impact-12-trillion-industry.

42 Blake Griffin, "New Report Shows Manufacturing Output Hit $35 Trillion in 2017," Interact Analysis. https://www.interactanalysis.com/new-report-shows-manufacturing-output-hit-35-trillion-in-2017-growth-forecast-to-continue/.

43 B.T. Wittbrodta, "Life-Cycle Economic Analysis of Distributed Manufacturing with Open-Source 3-D Printers," Mechatronics, September 2013, 713 −726. https://www.sciencedirect.com/science/article/pii/S0957415813001153.

44 Avi Reichental, author interview.

45 Lucas Mearin, "3-D Printer Presages the Future of Multi-Layer Circuit Board Design," ComputerWorld. https://www.computerworld.com/article/3195839/desktop-3-D-printer-presages-the-future-of-multi-layer-circuit-board-design.html.

46 "3-D-Printed Lithium-Ion Batteries," American Chemical Society, October 17, 2018. https://www.acs.org/content/acs/en/pressroom/presspacs/2018/acs-presspac-october-17-2018/3-D-printed-lithium-ion-batteries.html.

47 Jon Fingas, "3-D-Printed Wind Turbine Puts 300W of Power in Your Backpack," Engadget, August 17, 2014. https://www.engadget.com/2014/08/17/airenergy-3-D-wind-turbine/. See also: "Transforming Wind Turbine Blade Mold Manufacturing with 3-D Printing," https://www.energy.gov/eere/wind/videos/transforming-wind-turbine-blade-mold-manufacturing-3-D-printing.

48   Santanu Bag, "Aerosol-Jet-Assisted Thin-Film Growth of CH3NH3PbI3 Perovskites—A Means to Achieve High Quality, Defect-Free Films for Efficient Solar Cells," Advanced Energy Materials, July 14, 2017. See also: Corey Clark, "Air Force Research Laboratory Creates 3-D Printed Solar Cells," 3-D Printing Industry, July 19, 2017.

49   Tomas Kellner, "Fired Up: GE Successfully Tested Its Advanced Turboprop Engine with 3-D-Printed Parts," General Electric, January 2, 2018. https://www.ge.com/reports/ge-fired-its-3-D-printed-advanced-turboprop-engine/.

50   See this history of 3-D printing: https://3-Dinsider.com/3-D-printing-history/.

51   Hanna Watkin, "Doctors Without Borders Hospital in Jordan 3-D Print Prostheses for War Victims," All About 3-D Printing, December 10, 2018. https://all3-Dp.com/4/doctors-without-borders-hospital-jordan-3-D-print-prostheses-war-victims/.

52   https://www.unlimitedtomorrow.com/product/.

53   Retrieved from https://openbionics.com/.

54   Jelle ten Kate, "3-D-Printed Upper Limb Prostheses: A Review," Assistive Technology, February 2, 2017, pp. 300–314.

55   Anthony Atala, "Printing a Human Kidney," TED, 2018. https://www.ted.com/talks/anthony_atala_printing_a_human_kidney?language=en. See also: Kate Yandell, "Organs on Demand," Scientist, September 1, 2013, https://www.the-scientist.com/features/organs-on-demand-38787. See also: Patent-US6673339B1, "Prosthetic Kidney and Its Use for Treating Kidney Disease."

56   Vanesa Listek, "Organovo: Bioprinting Could Be the New Solution to Organ Transplantation," 3-DPrint.com, August 27, 2019. See also: Kena Hudson, "First Fully Bioprinted Blood Vessels," Business Wire, December 8, 2010, https://www.businesswire.com/news/home/20101208006587/en/Fully-Bioprinted-Blood-Vessels. See also: Karoly Jakab, "Tissue Engineering by Self-Assembly and Bio-Printing of Living Cells," IOP Science, June 2, 2010, https://iopscience.iop.org/article/10.1088/1758-5082/2/2/022001.

57   https://www.prellisbio.com/. See also: Scott Claire, "Prellis Biologics Reaches Record Speed and Resolution in Viable 3-D Printed Human Tissue," 3-DPrint.com, https://3-Dprint.com/217267/prellis-biologics-record-speed/.

58   Author conversation with Iviva Medical CEO Dr. Brock Reeve. See also: https://ivivamedical.com/. (Author note: Peter's VC firm is an investor.)

59   Ibid.

60   "3-D Printers Print Ten Houses in 24 Hours" (video), April 16, 2014. https://www.youtube.com/watch?v=SObzNdyRTBs. See also: "China: Firm 3-D Prints 10 Full-

Sized Houses in a Day," BBC News, April 25, 2014, https://www.bbc.com/news/
blogs-news-from-elsewhere-27156775.

61 Leo Greguric, "How Much Does a 3-D Printed House Cost in 2019?," February 12,
    2019. https://all3-Dp.com/2/3-D-printed-house-cost/.

62 "Chinese Construction Firm Erects 57-Storey Skyscraper in 19 Days," Guardian, April
    30, 2015.

63 Author interview, 2019.(Author note: Peter's VC firm is an investor.)

64 Author interview, 2018. For more background on Brett Hagler's company, New Story,
    Adele Peters, "There Will Soon Be a Whole Community of Ultra-Low-Cost
    3-D-Printed Homes," Fast Company, March 11, 2019, https://www.fastcompany.
    com/90317441/there-will-soon-be-a-whole-community-made-of-these-ultra-
    low-cost-3-D-printed-homes.

65 Ibid.

66 David Chaum, "Blind Signatures for Untraceable Payments," Advances in
    Cryptography (Springer 1998), pp. 199-203 http://blog.koehntopp.de/uploads/
    Chaum.BlindSigForPayment.1982.PDF.

67 Satoshi Nakamotoe, "Bitcoin: A Peer-to-Peer Electronic Cash System." https://
    bitcoin.org/bitcoin.pdf.

68 Nick Bilton, "Disruptions: Betting on a Coin with no Realm," New York Times,
    December 22, 2013.

69 Data retreived from: https://coinmarketcap.com/currencies/bitcoin/.

70 "Billion Reasons to Bank Inclusively." https://www.accenture.com/us-en/_
    acnmedia/accenture/conversion-assets/dotcom/documents/global/pdf/
    dualpub_22/accenture-billion-reasons-bank-inclusively.pdf#zoom=50.

71 "Mitigation and Remittances," World Bank Group, 2018. https://www.knomad.org/
    sites/default/files/2018-04/Migration%20and%20Development%20Brief%2029.pdf.

72 Katie Lobosco, "Walmart Offers Less Costly Money Wire Service," CNN, April 17,
    2014.
    https://money.cnn.com/2014/04/17/news/companies/walmart-money-transfers/
    index.html. You can also find Western Union's Fee Table here:
    https://www.westernunion.com/content/dam/wu/EU/EN/feeTableRetailEN-ES.PDF.

73 Desai Vyjayanti, "The Global Identification Challenge: Who Are the 1 Billion People
    Without Proof of Identity?" World Bank, April 25, 2018. https://blogs.worldbank.org/
    voices/global-identification-challenge-who-are-1-billion-people-without-proof-
    identity.

74 Paul Vigna, The Truth Machine: The Blockchain and the Future of Everything (Macmillan Publishing Group, 2018), p. 7.

75 Elizabeth Paton, "Will Blockchain Be a Boon to the Jewelry Industry?," New York Times, November 30, 2018.

76 Gerald Fenech, "Blockchain in Gambling and Betting: Are There Real Advantages?," Forbes, January 30, 2019.

77 Goldman: Alastair Marsh, "Goldman Sachs Explores Creating a Digital Coin like JPMorgan's," Bloomberg, June 28, 2019. J.P. Morgan: Hugh Son, "JP Morgan Is Rolling Out the First US Bank-Backed Cryptocurrency to Transform Payments Business," CNBC, February 14, 2019. Bank of America: Hugh Son, "Bank of America Tech Chief Is Skeptical on Blockchain Even Though BofA Has the Most Patents for It, CNBC, March 26, 2019.

78 "Funds Raised in 2018." See https://www.icodata.io/stats/2018.

79 "Gartner Predicts 90% of Current Enterprise Blockchain Platform Implementations Will Require Replacement by 2021." https://www.gartner.com/en/newsroom/press-releases/2019-07-03-gartner-predicts-90--of-current-enterprise-blockchain.

80 https://www.crunchbase.com/organization/vatomic.

81 "History of the Light Bulb," Department of Energy, November 22, 2013. https://www.energy.gov/articles/history-light-bulb.

82 Joyce Bedi, "Thomas Edison's Inventive Life. Lemelson Center," April 18, 2004. See https://invention.si.edu/thomas-edisons-inventive-life.

83 "Edison Files," http://edisonmuseum.org/content3399.html.

84 "Incandescent Lamp with Ductile Tungsten Filament." Americanhistory.edu, https://americanhistory.si.edu/collections/search/object/nmah_704238.

85 President Barack Obama, "Remarks by the President at Carnegie Mellon University's National Robotics Engineering Center," Office of the Press Secretary: The White House, June 24, 2011. See also: "The First Five Years of the Materials Genome Initiative: Accomplishments and Technical Highlights," https://mgi.gov/sites/default/files/documents/mgi-accomplishments-at-5-years-august-2016.pdf.

86 Author interview, 2018.

87 Adrian P. Mouritz, "Introduction to Aerospace Materials," Introduction to Aerospace Materials (Woodhead Publishing Limited, 2012), pp. 1–14.

88 Kalpana S Katti, "Biomaterials in Total Joint Replacement," Colloids and Surfaces B: Biointerfaces, 2004, pp. 133–142.

89 Yayuan Liu, "Design of Complex Nanomaterials for Energy Storage: Past Success and

Future Opportunity," Accounts of Chemical Research, December 5, 2017, pp. 2895 – 2905,

90 "Nanotechnology for Quantum Computers, Industry Skills for Physics Students, Technologies That Make Physics Happen," Physics World, August 1, 2019. https://physicsworld.com/a/nanotechnology-for-quantum-computers-industry-skills-for-physics-students-technologies-that-make-physics-happen/.

91 Author interview, 2019.

92 Ran Fu, "U.S. Solar Photovoltaic System Cost Benchmark: Q1 2018," National Renewable Energy Laboratory, 2018. https://www.nrel.gov/docs/fy19osti/72399.pdf.

93 Brian Wang, "First Commercial Perovskite Solar Late in 2019 and the Road to Moving the Energy Needle," Next Big Future, February 3, 2019. https://www.nextbigfuture.com/2019/02/first-commercial-perovskite-solar-late-in-2019-and-the-road-to-moving-the-energy-needle.html.

94 Richard P. Feynman, "There's Plenty of Room at the Bottom," Engineering and Science, 1960.

95 Eric Drexler, Engines of Creation: The Coming Era of Nanotechnology (Anchor Library of Science) (Anchor Books, 1987).

96 Dan Ferber, "Printing Tiny Batteries, Wyss Institute," June 18, 2013. https://www.seas.harvard.edu/news/2013/06/printing-tiny-batteries.

97 Author conversation with Steve Sinclair, SVP, Mojo Vision, 2018. (Author note: Peter's VC firm is an investor.)

98 Suping Li, "A DNA Nanorobot Functions as a Cancer Therapeutic in Response to a Molecular Trigger in Vivo," Nature Biotechnology, 2018, pp. 258 – 264.

99 Megan Molteni, "The Rise of DNA Data Storage," Wire, 2018. https://www.wired.com/story/the-rise-of-dna-data-storage/. More recently, "Catalog Successfully Stores All 16GB of Wikipedia Text on DNA," Verdict, July 9, 2019. https://www.verdict.co.uk/dna-data-storage-2019/.

100 Author conversation with Bill Gross, CEO, Idealab, 2018. Biotechnology

101 "John Travolta," IMDb. https://www.imdb.com/name/nm0000237/.

102 "Welcome Back, Kotter," IMDb. https://www.imdb.com/title/tt0072582/.

103 "The Boy in the Plastic Bubble," IMDb. https://www.imdb.com/title/tt0074236/.

104 Theodore Friedmann, "Gene Therapy for Human Genetic Disease?," Science, March 1972, pp. 949 – 955. https://science.sciencemag.org/content/175/4025/949.long.

105 Sheryl Gay Stolberg, "The Biotech Death of Jesse Gelsinger," New York Times Managzine, November 28, 1999. https://www.nytimes.com/1999/11/28/magazine/

the-biotech-death-of-jesse-gelsinger.html.

106 "Why Gene Therapy Caused Leukemia in Some 'Boy in the Bubble Syndrome' Patients," Journal of Clinical Investigation, August 10, 2008. https://www.sciencedaily.com/releases/2008/08/080807175438.htm.

107 "Gene Therapy Cures Babies with 'Bubble Boy' Disease," Genetic Engineering & Biotechnoogy News, August 19, 2019. https://www.genengnews.com/topics/gene-therapy-cures-babies-with-bubble-boy-disease/.

108 "Gene Therapy Phase 4." https://clinicaltrials.gov/ct2/results?term=gene+therapy&age_v=&gndr=&type=&rslt=&phase=3&Search=Apply.

109 Rose Eveleth, "There Are 37.2 Trillion Cells in Your Body," Smithsonian Magazine, October 24, 2013. https://www.smithsonianmag.com/smart-news/there-are-372-trillion-cells-in-your-body-4941473/.

110 "Humane Genome Results." https://www.genome.gov/human-genome-project/results.

111 "DNA Sequencing Costs: Data." Genome.gov, https://www.genome.gov/about-genomics/fact-sheets/DNA-Sequencing-Costs-Data.

112 Ibid.

113 "CRISPR 2.0: Genome Engineering Made Easy as A-B-C," November 5, 2017. Hardvard.edu, http://sitn.hms.harvard.edu/flash/2017/crispr-2-0-genome-engineering-made-easy-b-c/.

114 Eric S. Lander, "The Heroes of CRISPR," Cell, January 14, 2016, pp. 18-28. https://www.cell.com/cell/fulltext/S0092-8674(15)01705-5?_returnURL=https%3A%2F%2Fli nkinghub.elsevier.com%2Fretrieve%2Fpii%2FS0092867415017055%3Fshowall%3-Dtrue.

115 Deborah Netburn, "New Gene-Editing Technique May Lead to Treatment for Thousands of Diseases," LA Times, October 25, 2017. https://www.latimes.com/science/sciencenow/la-sci-sn-dna-gene-editing-20171025-story.html.

116 Antonion Regalado, "EXCLUSIVE: Chinese Scientists Are Creating CRISPR Babies," MIT Review, November 25, 2018. https://www.technologyreview.com/s/612458/exclusive-chinese-scientists-are-creating-crispr-babies/. See also: Heidi Ledford, "CRISPR Babies: When Will the World Be Ready?," Nature, June 19, 2019, https://www.nature.com/articles/d41586-019-01906-z.

117 "Stem Cell Information," National Institutes of Health. https://stemcells.nih.gov/info/basics/1.htm.

1   Andy Hertzfeld, "Saving Lives," Folklore.com, August 1983. https://www.folklore.org/
     StoryView.py?story=Saving_Lives.txt.

2   Yan Chen, "A Day Without a Search Engine: An Experimental Study of Online and
     Offline Searches," Experimental Economics 17, no. 4 (December 2014): 512–536.
     https://link.springer.com/article/10.1007/s10683-013-9381-9.

3   University of Montreal, "Fridges and Washing Machines Liberated Women, Study
     Suggests," Science Daily, March 13, 2009. https://www.sciencedaily.com/
     releases/2009/03/090312150735.htm. Original paper can be found here: https://pdfs.
     semanticscholar.org/423-D/28062802774c5687bd2545c4024a4961085e.pdf.

4   New York to Chicago was four weeks by stagecoach: "Maps of the Day: Travel Times
     from NYC in 1800, 1830, 1857 and 1930." AEI.org, http://www.aei.org/publication/
     maps-of-the-day-travel-times-from-nyc-in-1800-1830-1857-and-1930.

5   Tim Wallace, "How Sputnik 1 Launched the Space Age," Cosmos Magazine, October 4,
     2017. https://cosmosmagazine.com/space/how-sputnik-1-launched-the-space-
     age.

6   Ibid.

7   Paul Dickson, Sputnik (Walker, 2001), p. 116.

8   Ibid., p. 215.

9   Deborah D. Stine, "The Manhattan Project, the Apollo Program, and Federal Energy
     Technology R&D Programs: A Comparative Analysis," Congressional Research
     Service, June 30, 2009. https://fas.org/sgp/crs/misc/RL34645.pdf.

10   Mike Mettler, "Prog Legends Marillion Have Mastered Crowdfunding, High-Res
     Rock," Digital Trends, December 2, 2016. https://www.digitaltrends.com/music/
     interview-mark-kelley-of-marillion/.

11   Ben Paynter, "How Will the Rise of Crowdfunding Reshape How We Give to
     Charity?" Fast Company, March 3, 2017, https://www.fastcompany.com/3068534/
     how-will-the-rise-of-crowdfunding-reshape-how-we-give-to-charity-2.

12   https://www.kickstarter.com/help/stats.

13   John McDermott, "Pebble 'Smartwatch' Funding Soars on Kickstarter," Inc., April 20,
     2012. https://www.inc.com/john-mcdermott/pebble-smartwatch-funding-sets-
     kickstarter-record.html.

14   Massolution/Crowdsourcing.org, 2015 CF Crowdfunding Industry Report. http://
     reports.crowdsourcing.org/index.php?route=product/product&product_id=54.

15   The Future of Finance, the Socialization of Finance (Goldman Sachs Report, March 2015). https://www.planet-fintech.com/downloads/The-future-of-Finance-the-Socialization-of-Finance-Golman-Sachs −march-2015_t18796.html.

16   https://www.nsf.gov/statistics/issuebrf/sib99303.htm#nsb.

17   PwC | CB Insights MoneyTreeTM Report Q4 2018, p. 6, https://www.pwc.com/us/en/moneytree-report/moneytree-report-q4-2018.pdf.

18   Ibid, p. 10.

19   Ibid, p. 85.

20   Ibid, p. 82.

21   Ibid, p. 20.

22   3Q 2018 PitchBook-NVCA Venture Monitor Report, found here: https://files.pitchbook.com/website/files/pdf/3Q_2018_PitchBook_NVCA_Venture_Monitor.pdf.

23   For this and all below references to biggest ICOs, please see Oscar Williams-Grut, "The 11 Biggest ICO Fundraises of 2017," Business Insider, January 1, 2018. https://www.businessinsider.com/the-10-biggest-ico-fundraises-of-2017-2017-12.

24   Data aggregated from this wikipedia article: https://en.wikipedia.org/wiki/Sovereign_wealth_fund, by way of the Sovereign Wealth Fund Institute database at https://www.swfinstitute.org.

25   Claire Milhench, "Sovereign Investors Hunt for 'Unicorns' in Silicon Valley," Reuters, May 11, 2017.

26   Sam Shead, "The Japanese Tech Billionaire Behind Softbank Thinks the 'Singularity' Will Occur Within 30 Years," Business Insider, February 27, 2017. https://www.businessinsider.com/softbank-ceo-masayoshi-son-thinks-singularity-will-occur-within-30-years-2017-2.

27   "Masayoshi Son Prepares to Unleash His Second $100bn Tech Fund," Economist, March 23, 2019. https://www.economist.com/business/2019/03/23/masayoshi-son-prepares-to-unleash-his-second-100bn-tech-fund.

28   Sarah Buhr, "Illumina Wants to Sequence Your Whole Genome for $100," TechCrunch, January 10, 2017. https://techcrunch.com/2017/01/10/illumina-wants-to-sequence-your-whole-genome-for-100/.

29   See full IRENA press release: https://www.irena.org/newsroom/pressreleases/2019/Apr/Renewable-Energy-Now-Accounts-for-a-Third-of-Global −Power-Capacity.

30   Robert Kanigel, The Man Who Knew Infinity (Washington Square Press, 1992).

31   For a good overview, see Duke University intelligence researcher Jonathon Wai's piece for Psychology Today: https://www.psychologytoday.com/us/articles/201207/

brainiacs-and-billionaires.

32 Richard Chi and Allan Snyder, "Brain Stimulation Enables the Solution of an Inherently Difficult Problem," Neuroscience Letters 515, no. 2 (May 2, 2012): 121 –124.

33 https://neuralink.com.

34 https://kernel.co.

35 Author interview with Bryan Johnson, 2018.

36 Eileen Toh, "USC Researchers Develop Brain Implant to Improve Memory," USC Daily Troject, November 19, 2017. http://dailytrojan.com/2017/11/19/usc-researchers-develop-brain-implant-improve-memory/.

37 Jillian Eugenios, "Ray Kurzweil: Humans Will Be Hybrids by 2030," CNN, June 4, 2015. http://money.cnn.com/2015/06/03/technology/ray-kurzweil-predictions/.

38 Dominic Basulto, "Why Ray Kurzweil's Predictions Are Right 86% of the Time," Big Think, December 13, 2012. https://bigthink.com/endless-innovation/why-ray-kurzweils-predictions-are-right-86-of-the-time.

39 Matt Ridley, Rational Optimist (HarperCollins, 2010), p. 1.

40 West wrote a great piece on all this work for https://medium.com/sfi-30-foundations-frontiers/scaling-the-surprising-mathematics-of-life-and-civilization-49ee18640a8.

41 "Individuals Using the Internet (% of population)," World Bank. https://data.worldbank.org/indicator/IT .net.USER.ZS. See also: "Population, Total," World Bank, https://data.worldbank.org/indicator/SP.POP.TOTL.

42 Marc de Jong, "Disrupting Beliefs: A New Approach to Business-Model Innovation," McKinsey Quarterly, July 2015. https://www.mckinsey.com/business-functions/strategy-and-corporate-finance/our-insights/disrupting-beliefs-a-new-approach-to-business-model-innovation.

43 Randal C. Picker, "The Razors-and-Blades Myth(s)," University of Chicago Law Review, February 6, 2011. https://lawreview.uchicago.edu/publication/razors-and-blades-myths.

44 Kerry Pipes, "History of Franchising: Franchising in the Modern Age," Franchising.com. https://www.franchising.com/guides/history_of_franchising_part_two.html.

45 Kevin Kelly, The Inevitable (Viking, 2016), p. 33.

46 Christoph Jentzsch, "Decentralized Orgnizations to Automate Government." https://archive.org/stream/DecentralizedAutonomousOrganizations/WhitePaper_djvu.txt.

47 Maria Korolov, "Second Life GDP Totals $500 Million," Hypergrid Business, November 11, 2015. https://www.hypergridbusiness.com/2015/11/second-life-gdp-

totals-500-million/.

48 Joseph Pine and James Gilmore, "Welcome to the Experience Economy," Harvard Business Review, July-August 1998.

49 Mark Johnson, Reinvent Your Business Model (Harvard Business Press, 2018), back cover.

50 Walter Isaacson, The Innovators (Simon & Schuster, 2014) pp. 7–33.

51 the average caveperson hit puberty: For a great review of lifespan through history, https://ourworldindata.org/life-expectancy.

52 Author interview with Robert Hariri, MD, PhD, 2018.

53 Harry McCracken, "How CEO Larry Page Has Transformed the Search Giant into a Factory for Moonshots. Our Exclusive Look at His Boldest Bet Yet—to Extend Human Life," TIME, September 30, 2013.

54 Connor Simpson, "Google Wants to Cheat Death," Atlantic, September 18, 2013.

55 https://unitybiotechnology.com.

56 Jan M. van Deursen, "Senolytic Therapies for Healthy Longevity," Science 364, no. 6441: 636–637.

57 Saul A Villeda, "Young Blood Reverses Age-Related Impairments in Cognitive Function and Synaptic Plasticity in Mice," Nature Medicine 20 (2014): 659–663.

58 https://www.elevian.com. (Author note: Peter's VC firm is an investor.)

59 For hearts: Francesco Loffredo, "Growth Differentiation Factor 11 Is a Circulating Factor That Reverses Age-Related Cardiac Hypertrophy," Cell 153, no. 4 (May 9, 2013): 828–239. For brains: Lida Katsimpardi, "Vascular and Neurogenic Rejuvenation of the Aging Mouse Brain by Young Systemic Factors," Science 344, no, 6184 (May 9, 2014): 630–634. For muscles: Manisha Sinha, "Restoring Systemic GDF11 Levels Reverses Age-Related Dysfunction in Mouse Skeletal Muscle," Science 344, no. 6184 (May 9, 2014): 649–652. For lungs: Katsuhiro Onodera, "Decrease in an Anti-Ageing Factor, Growth Differentiation Factor 11, in Chronic Obstructive Pulmonary Disease," Thorax 72, no. 10 (April 28,2017). For kidneys: Y. Zhang, "GDF11 Improves Tubular Regeneration After Acute Kidney Injury in Elderly Mice," Nature Scientific Reports 6 (October 5, 2016).

60 Ibid.

61 Lydia Ramsey, "Samumed, a $12 Billion Startup That Wants to Cure Baldness and Smooth Out Your Wrinkles, Just Raised Even More Funding as It Plots an IPO," Business Insider, August 11, 2018. https://www.businessinsider.com/samumed-raises-438-million-at-12-billion-valuation-2018-8.

62 https://www.celularity.com.

63 Hariri, author interview.

64 Ray Kurzweil, author interview, 2018. For a video, https://singularityhub.com/2017/11/10/3-dangerous-ideas-from-ray-kurzweil/.

CHAPTER 05_ 소매업의 정의가 달라진다

1 Richard Warren Sears was born on December 7, 1863: Vicki Howard, "The Rise and Fall of Sears," Smithsonian Magazine, July 25, 2017. https://www.smithsonianmag.com/history/rise-and-fall-sears-180964181/. See also: "Richard Warren Sears: Biography & Sears, Roebuck, & Company," https://schoolworkhelper.net/richard-warren-sears-biography-sears-roebuck-company/, and "Richard W. Sears," https://www.britannica.com/biography/Richard-W-Sears.

2 "Why Do We Have TimeZones?" TimeandDate.com, https://www.timeanddate.com/time/time-zones-history.html.

3 "Rural FreeDelivery," August 2013. https://about.usps.com/who-we-are/postal-history/rural-free-delivery.pdf.

4 Derek Thompson, "Sears Is Not a Failure," Atlantic, October 15, 2018. https://www.theatlantic.com/ideas/archive/2018/10/end-sears/573070/.

5 Elena Holodny, "A Key Player in China and the EU's 'Third Industrial Revolution' Describes the Economy of Tomorrow," Business Insider, July 16, 2017. https://www.businessinsider.com/jeremy-rifkin-interview-2017-6.

6 Thompson, "Sears Is Not a Failure."

7 Marisa Gertz, "How One of America's Oldest Retailers Unraveled," Bloomberg, October 12, 2018. https://www.bloomberg.com/news/photo-essays/2018-10-12/how-sears-got-left-behind-as-walmart-amazon-took-over-retail. See also: Matt Day, "The Enormous Numbers Behind Amazon's Market Reach," Bloomberg, March 27, 2019. https://www.bloomberg.com/graphics/2019-amazon-reach-across-markets/.

8 "Global Powers of Retailing 2018," Deloitte. https://www2.deloitte.com/content/dam/Deloitte/tr/Documents/consumer-business/cip-2018-global-powers-retailing.pdf. See also: Jackie Wattles, "2017 Just Set the All-Time Record for Store Closings," CNN, October 25, 2017, https://money.cnn.com/2017/10/25/news/economy/store-closings-2017/index.html?sr=twCNN102517economy0528PMStory.

9 Data from https://www.macrotrends.net; we report the peak value for each company

during the listed year.

10   Census.com, "Monthly Retail Trade." https://www.census.gov/retail/index.html. See also: "Retail E-Commerce Sales in the United States from 1st Quarter 2009 to 2nd Quarter 2019 (In Million U.S. Dollars)," Statista, https://www.statista.com/statistics/187443/quarterly-e-commerce-sales-in-the-the-us/.

11   "Quarterly Retail E-Commerce Sales 3rd Quarter 2017," U.S. Census Bureau. https://www2.census.gov/retail/releases/historical/ecomm/17q3.pdf.

12   "Individuals Using the Internet (% of population)," World Bank. https://data.worldbank.org/indicator/IT.net.USER.ZS.
See also: "Population, Total," World Bank, https://data.worldbank.org/indicator/SP.POP.TOTL.

13   Daniel Goodkind, "The World Population at 7 Billion," U.S. Census Bureau, October 31, 2011. https://www.census.gov/newsroom/blogs/random-samplings/2011/10/the-world-population-at-7-billion.html.

14   James Surowiecki, "Where Nokia Went Wrong," New Yorker, September 3, 2013. https://www.newyorker.com/business/currency/where-nokia-went-wrong. See also: Haydn Shaughnessy, "Apple's Rise and Nokia's Fall Highlight Platform Strategy Essentials," Forbes, March 8, 2013, https://www.forbes.com/sites/haydnshaughnessy/2013/03/08/apples-rise-and-nokias-fall-highlight-platform-strategy-essentials/#575a41346e9a.

15   "Star Trek," IMDb. https://www.imdb.com/title/tt0060028/.

16   "Digital Voice Assistants in Use to Triple to 8 Billion by 2023, Driven by Smart Home Devices," Juniper Research, February 12, 2018. https://www.juniperresearch.com/press/press-releases/digital-voice-assistants-in-use-to-8-million-2023.

17   Eugene Kim, "Amazon Echo Owners Spend More on Amazon Than Prime Members, Report Says," CNBC, January 3, 2018. https://www.cnbc.com/2018/01/03/amazon-echo-owners-spend-more-on-amazon-than-prime-members.html.

18   "Google Duplex: An AI System for Accomplishing Real-World Tasks over the Phone," Google AI Blog, May 8, 2018. https://ai.googleblog.com/2018/05/duplex-ai-system-for-natural-conversation.html.

19   Abner Li, "Googler in Charge of I/O 2019 Says It Takes 6-9 Months to Plan," 9To5Google, May 6, 2019.

20   "Keynote (Google I/O '18)." https://www.youtube.com/watch?v=ogfYd705cRs.

21   "The Impact of Customer Service on Customer Lifetime Value 2013." https://www.zendesk.com/resources/customer-service-and-lifetime-customer-value/.

22 https://beyondverbal.com/.

23 Ben Woods, "Emotion Analytics Company Beyond Verbal Releases Moodies as Standalone Ios App." TheNextWeb.com, https://thenextweb.com/apps/2014/01/23/beyond-verbal-releases-moodies-standalone-ios-app/.

24 Greg Cross, author interview, 2018. See also: https://www.soulmachines.com/.

25 "Soul Machines." IBM.com, https://www.ibm.com/case-studies/soul-machines-hybrid-cloud-ai-chatbot.

26 Kari Johnson, "How Autodesk's Assistant Ava Attempts to Avoid Uncanny Valley," Venture Beat, May 18, 2018. https://venturebeat.com/2018/05/18/how-autodesks-assistant-ava-attempts-to-avoid-uncanny-valley/.

27 "Hot Off the Press: Emotional Intelligence Daimler Financial Services Invests in Soul Machines," Soul Machines, October 17, 2018. https://www.soulmachines.com/news/2018/10/17/hot-off-the-press-emotional-intelligence-daimler-financial-services-invests-in-soul-machines/.

28 https://www.mckinsey.com/~/media/mckinsey/business%20functions/mckinsey%20digital/our%20insights/the%20internet%20of%20things%20the%20value%20of%20digitizing%20the%20physical%20world/unlocking_the_potential_of_the_internet_of_things_full_report.ashx.

29 The Technologies and Players Shaping Cashier-Less Retail," CB Insights, October 9, 2018. https://www.cbinsights.com/research/cashierless-retail-technologies-companies-trends/.

30 Nick Wingfield, "Inside Amazon Go, a Store of the Future," New York Times, January 21, 2018. https://www.nytimes.com/2018/01/21/technology/inside-amazon-go-a-store-of-the-future.html.

31 Brad Stone, "Amazon's Most Ambitious Research Project Is a Convenience Store," Bloomberg Businessweek, July 18, 2019. https://www.bloomberg.com/news/features/2019-07-18/amazon-s-most-ambitious-research-project-is-a-convenience-store.

32 Wingfield, "Inside Amazon Go."

33 "The Internet of Things: Mapping the Value Beyond the Hype," McKinsey & Company, June 2015. https://www.mckinsey.com/~/media/McKinsey/Business%20Functions/McKinsey%20Digital/Our%20Insights/The%20Internet%20of%20Things%20The%20value%20of%20digitizing%20the%20physical%20world/The-Internet-of-things-Mapping-the-value-beyond-the-hype.ashx.

34 "This AI Startup Wants to Automate Every Store Like Amazon Go," Fast Company,

November 9, 2017. https://www.fastcompany.com/40493622/this-ai-startup-wants-to-automate-every-store-like-amazon-go. See also: https://www.v7labs.com/retail.

35 Rebecca Fannin, "Alibaba Beats Amazon to New All-Digital Retail Trend," Forbes, September 21, 2018. https://www.forbes.com/sites/rebeccafannin/2018/09/21/alibaba-beats-amazon-to-new-all-digital-retail-trend/#6b7660436653.

36 Shopping and the Smart Shelf," Intel. https://www.intel.com/content/www/us/en/retail/digital-retail-futurecasting-report.html.

37 Andrew Meola, "How IoT Logistics Will Revolutionize Supply Chain Management," Business Insider, December 21, 2016. https://www.businessinsider.com/internet-of-things-logistics-supply-chain-management-2016-10.

38 Daniel Faggella, "Artificial Intelligence In Retail—10 Present and Future Use Cases," Emerj.com, March 28, 2019. https://emerj.com/ai-sector-overviews/artificial-intelligence-retail/.

39 Introducing DOM (video). https://www.youtube.com/watch?v=rb0nxQyv7RU&feature=youtu.be.

40 Mariella Moon, "Domino's Delivery Robots Are Invading Europe," Engadget, March 30, 2017.

41 Kayla Mathews, "5 Ways Retail Robots Are Disrupting the Industry," Robotics Business Review, August 2, 2018. https://www.roboticsbusinessreview.com/retail-hospitality/retail-robots-disrupt-industry/.

42 Luke Dormehl, "The Rise and Reign of Starship, the World's First Robotic Delivery Provider," Digital Trends, May 22, 2019. https://www.digitaltrends.com/cool-tech/how-starship-technologies-created-delivery-robots/.

43 Mark Harris, "Softbank's $940 Million Smaller Robots Could Leap from Driverless Vehicles to Complete Last-Yard Deliveries," TechCrunch, March 23, 2019. https://techcrunch.com/2019/03/23/how-nuro-plans-to-spend-softbanks-money/.

44 Kyle Wiggers, "Nuro Expands Kroger Driverless Deliveries to Houston," Venture Beat, March 14, 2019. https://venturebeat.com/2019/03/14/nuro-expands-driverless-delivery-partnership-with-kroger-to-houston/.

45 Alex Davies, "Nuro's Pizza Robot Will Bring You a Domino's Pie," Wired, June 17, 2019. https://www.wired.com/story/nuro-dominos-pizza-delivery-self-driving-robot-houston/.

46 "First Prime Air Delivery." https://www.amazon.com/Amazon-Prime-Air/b?ie=UTF8&node=8037720011.

47 Nicole Lee, "7-Eleven Has Already Made 77 Deliveries by Drone," Engadget,

December 20, 2016. https://www.engadget.com/2016/12/20/7-eleven-has-already-made-77-deliveries-by-drone/?guccounter=1.

48 Mary Hanbury, "There's a Way Walmart Could Beat Amazon When It Comes to Speedy Delivery, and New Data Shows It's Going All In," Business Insider, June 18, 2019. https://www.businessinsider.com/walmart-invests-in-drones-as-amazon-delivery-war-heats-up-2019-6.

49 Mihir Zaveri, "Wing, Owned by Google's Parent Company, Gets First Approval for Drone Deliveries in U.S.," New York Times, April 23, 2019. https://www.nytimes.com/2019/04/23/technology/drone-deliveries-google-wing.html. See also: "Transforming the Way Goods Are Transported," https://x.company/projects/wing/.

50 "China Is on the Fast Track to Drone Deliveries," Bloomberg, July 3, 2018. https://www.bloomberg.com/news/features/2018-07-03/china-s-on-the-fast-track-to-making-uav-drone-deliveries.

51 "Drone Deliveries Really Are Coming Soon, Officials Say," Drive, March 14, 2018. https://www.thedrive.com/tech/19239/drone-deliveries-really-are-coming-soon–officials-say.

52 Erico Guizzo, "How Aldebaran Robotics Built Its Friendly Humanoid Robot, Pepper," IEEE Spectrum, December 26, 2014. https://spectrum.ieee.org/robotics/home-robots/how-aldebaran-robotics-built-its-friendly-humanoid-robot-pepper.

53 Bill Streeter, "Seriously Successful Results from HSBC Bank's Branch Robot Rollout," Financial Brand, June 5, 2019, https://thefinancialbrand.com/84245/hsbc-banks-branch-robot-pepper-digital-transformation-phygital/. See also: Parmy Olson, "Softbank's Robotics Business Prepares to Scale Up," Forbes, May 30, 2018, https://www.forbes.com/sites/parmyolson/2018/05/30/softbank-robotics-business-pepper-boston-dynamics/#2579283e4b7f.

54 Sarah Nassauer, "Walmart Is Rolling Out the Robots," Wall Street Journal, April 9, 2019. https://www.wsj.com/articles/walmart-is-rolling-out-the-robots-11554782460.

55 Kavita Kumar, "Best Buy Tests Robot at New York Store," Star Tribune, September 26, 2015. http://www.startribune.com/best-buy-tests-robot-at-new-york-store/329583301/.

56 LoweBot: "LoweBot." http://www.lowesinnovationlabs.com/lowebot.

57 out $775 million for Kiva Systems: Evelyn M. Rusli, "Amazon.com to Acquire Manufacturer of Robotics," New York Times, March 19, 2012. https://dealbook.nytimes.com/2012/03/19/amazon-com-buys-kiva-systems-for-775-million/?mtrref=undefined&gwh=A926616EBBF3A219E03216397142BB8B&gwt=pay&assetType=R

EGIWALL.

58 Sam Shead, "Amazon Now Has 45,000 Robots in Its Warehouses," Business Insider, January 3, 2017. https://www.businessinsider.com/amazons-robot-army-has-grown-by-50-2017-1.

59 Jay Yarow, "Amazon Was Selling 306 Items Every Second at Its Peak This Year," Business Insider, December 27, 2012. https://www.businessinsider.com/amazon-holiday-facts-2012-12.

60 Bob Trebilcock, "Resilience and Innovation at Gap Inc.," Modern Materials Handling, November 12, 2018. https://www.mmh.com/article/resilience_and_innovation_at_gap_inc.

61 "Kindred Robot." https://www.kindred.ai/. (Author note: Peter's VC firm is an investor.)

62 Nandita Bose, "House Passes Bill to Raise Federal Minimum Wage to $15 An Hour," Reuters, July 18, 2019. https://www.reuters.com/article/us-usa-congress-minimum-wage/house-passes-bill-to-raise-federal-minimum-wage-to-15-an-hour-idUSKCN1UD2DV.

63 "Ministry of Supply." https://ministryofsupply.com/. See also: Richard Kestenbaum, "3-D Printing In-Store Is Very Close and Retailers Need to Address It," Forbes, April 6, 2017, https://www.forbes.com/sites/richardkestenbaum/2017/04/06/3-D-printing-in-store-is-very-close-and-retailers-need-to-address-it/#4ba78ea333b4.

64 As TechCrunch summarized: Rip Empson, "With Tech from Space, Ministry of Supply Is Building the Next Generation of Dress Shirts," TechCrunch, July 1, 2012. https://techcrunch.com/2012/06/30/ministry-of-supply/.

65 "Danit Peleg." https://danitpeleg.com/.

66 Brian Lord, "Reebok's 3-D Printed Shoe Line Dashes into Production," 3-D Printing Industry. August 3, 2018, https://3-Dprintingindustry.com/news/reeboks-3-D-printed-shoe-line-dashes-into-production-137497/.

67 Tyler Koslow, "New Balance Announces 3-D Printed Midsoles in New Running Shoe Line," 3-D Printing Industry, November 19, 2015. https://3-Dprintingindustry.com/news/new-balance-announces-3-D-printed-midsoles-in-new-running-shoe-line-62313/.

68 Scott J. Grunewald, "Staples' New Sculpteo-Powered Online 3-D Printing Service Launches," 3-D Print.com, September 17, 2015. https://3-Dprint.com/96380/staples-sculpteo-launched/.

69 Beau Jackson, "Interview: How ZMorph 3-D Printers Are Helping the Leroy Merlin Bricolab Movement in Brazil," 3-D Printing Industry, January 28, 2019. https://3-

Dprintingindustry.com/news/interview-how-zmorph-3-D-printers-are-helping-the-leroy-merlin-bricolab-movement-in-brazil-147975/.

70　B. Joseph Pine II, "Welcome to the Experience Economy," Harvard Business Review, July-August 1998. https://hbr.org/1998/07/welcome-to-the-experience-economy.

71　Christophe Cuvillier, "Destination 2028," The URW 2018 Report. https://report.urw.com/2018/.

72　there are over eleven hundred malls and forty thousand shopping centers: "Shopping Center," Encyclopedia.com. https://www.encyclopedia.com/reference/encyclopedias-almanacs-transcripts-and-maps/shopping-center.

73　spanning 2.5 million square feet and housing five hundred stores: "Mall of America by the Numbers." https://www.mallofamerica.com/upload/FactSheets_2016.pdf.

74　"The Largest Shopping Malls in Asia," World Atlas. https://www.worldatlas.com/articles/the-largest-shopping-malls-in-asia.html.

75　Verdict. https://www.verdict.co.uk/3-D-body-scanning-fashion-future/.

76　Marc Bain, "Could 3-D Body Scanning Mean Never Entering Another Dressing Room Again," Quartz, September 9, 2015. https://qz.com/497259/could-3-D-body-scanning-mean-never-entering-another-dressing-room-again/.

77　Lydia Mageean, "3-D Technology: A New Dimension for Fashion," whichPLM, November 22, 2018. https://www.whichplm.com/3-D-technology-a-new-dimension-for-fashion/.

78　"Bodi.Me." http://bodi.me/.

79　Ryan Lawler, "500 Startups-Backed Bombfell Helps Nerds Get Stylish, for Just $69 a Month," TechCrunch, June 14, 2012. https://techcrunch.com/2012/06/14/bombfell/.

80　Natasha Lomas, "Amazon Has Acquired 3-D Body Model Startup, Body Labs, for $50M-$70M," TechCrunch, October 3, 2017. https://techcrunch.com/2017/10/03/amazon-has-acquired-3-D-body-model-startup-body-labs-for-50m-70m/.

81　Christine Chou, "New Alibaba Concept Store Teases Future of Fashion Retail," July 4, 2018. https://www.alizila.com/new-alibaba-concept-store-teases-future-of-fashion-retail/.

82　"Real-Time Product Recommendations," Amazon. https://aws.amazon.com/mp/scenarios/bi/recommendation/.

83　Matt Brown, "How Microsoft Is Shaking Up Fashion with Mixed Reality, AI, and IoT," Windows Central, June 9, 2018. https://www.windowscentral.com/microsoft-fashion-mixed-reality-ai-iot.

1 Ryan Avent, The Wealth of Humans: Work, Power, and Status in the Twenty-First Century (St. Martins, 2016), p. 3.

2 https://www.statista.com/statistics/266249/advertising-revenue-of-google/

3 https://www.statista.com/statistics/271258/facebooks-advertising-revenue-worldwide/.

4 https://www.statista.com/statistics/236943/global-advertising-spending/.

5 Matthew Lynley, "Google Joins the Race to $1 Trillion," TechCrunch, July 23, 2018. https://techcrunch.com/2018/07/23/google-joins-the-race-to-1-trillion/.

6 Matt Egan, "Facebook and Amazon Hit $500 Billion Milestone," CNN, July 27, 2017. https://money.cnn.com/2017/07/27/investing/facebook-amazon-500-billion-bezos-zuckerberg/index.html.

7 Josh Constine, "Snapchat Lets You Take a Photo of an Object to Buy It on Amazon," TechCrunch, September 24, 2018. https://techcrunch.com/2018/09/24/snapchat-amazon-visual-search/.

8 Pinterest's original announcement: https://newsroom.pinterest.com/en/post/introducing-the-next-wave-of-visual-search-and-shopping.

9 https://lens.google.com.

10 Arielle Pardes, "Ikea's New App Flaunts What You'll Love Most About AR," Wired, September 20, 2017. https://www.wired.com/story/ikea-place-ar-kit-augmented-reality/.

11 Yoram Wurmser, "Visual Search 2018: New Tools from Pinterest, eBay, Google and Amazon Increase Accuracy, Utility," eMarketer, September 26, 2018. https://www.emarketer.com/content/visual-search-2018.

12 Partner Content, "How Lyrebird Uses AI to Find Its (Artificial) Voice," Wired. https://www.wired.com/brandlab/2018/10/lyrebird-uses-ai-find-artificial-voice/. See also: https://lyrebird.ai/.

13 Greg Allen, "AI Will Make Forging Anything Entirely Too Easy," Wired, July 1, 2017. https://www.wired.com/story/ai-will-make-forging-anything-entirely-too-easy/.

14 Luke Dormehl, "Baidu's New A.I. Can Mimic Your Voice After Listening to It for Just One Minute," Digital Trends, February 28, 2018. https://www.digitaltrends.com/cool-tech/baidu-ai-emulate-your-voice/.

15 David Mack, "This PSA About Fake News from Barack Obama Is Not What It Appears," BuzzFeed News, April 17, 2018. https://www.buzzfeednews.com/article/

davidmack/obama-fake-news-jordan-peele-psa-video-buzzfeed.

16 Technology, "The Real Danger of DeepFake Videos Is That We May Question Everything," NewScientist, August 29, 2018. https://www.newscientist.com/article/mg23931933-200-the-real-danger-of-deepfake-videos-is-that-we-may-question-everything/. See also: Oscar Swartz, "You Thought Fake News Was Bad? Deep Fakes Are Where Truth Goes to Die," Guardian, November 12, 2018, https://www.theguardian.com/technology/2018/nov/12/deep-fakes-fake-news-truth.

17 Carnegie Mellon's original article: https://www.cmu.edu/news/stories/archives/2018/september/deep-fakes-video-content.html.

18 Vala Afshar, "How AI-Powered Commerce Will Change Shopping," ZDNet, December 21, 2018. https://www.zdnet.com/article/how-ai-powered-commerce-will-change-shopping/.

CHAPTER 07_ 즐거움의 새로운 지평이 열리다

1 Reed Hastings, "How I Did It: Reed Hastings, Netflix," Inc. Magazine, December 1, 2005. https://www.inc.com/magazine/20051201/qa-hastings.html.

2 Miguel Helft, "Netflix to Deliver Movies to the PC," New York Times, January 16, 2007. https://www.nytimes.com/2007/01/16/technology/16netflix.html.

3 Mansoor Iqbal, "Netflix Revenue and Usage Statistics (2018)," Business of Apps, February 27, 2019. https://www.businessofapps.com/data/netflix-statistics/.

4 Ibid.

5 Anthony Ha, "Netflix Added 9.6M Subscribers in Q1, with Revenue of $4.5B," TechCrunch, April 16, 2019. https://techcrunch.com/2019/04/16/netflix-q1-earnings/.

6 "Netflix Market Cap 2006-2019 | NFLX." Macrotrends.com. See https://www.macrotrends.net/stocks/charts/NFLX/netflix/market-cap.

7 Arne Alsin, "The Future of Media: Disruptions, Revolutions and the Quest for Distribution," Forbes, July 19, 2018. https://www.forbes.com/sites/aalsin/2018/07/19/the-future-of-media-disruptions-revolutions-and-the-quest-for-distribution/#5a2ca52d60b9.

8 "Netflix Is Moving Television Beyond Time-Slots and National Markets," Economist, June 30, 2018. https://www.economist.com/briefing/2018/06/30/netflix-is-moving-television-beyond-time-slots-and-national-markets.

9 Todd Spangler, "Netflix Eyeing Total of About 700 Original Series in 2018," Variety,

February 27, 2018.

10   Marc Graser, "Epic Fail: How Blockbuster Could Have Owned Netflix," Variety, November 12, 2013. https://variety.com/2013/biz/news/epic-fail-how-blockbuster-could-have-owned-netflix-1200823443/.

11   Tripp Mickle, "Apple Readies $1 Billion War Chest for Hollywood Programming," Wall Street Journal, August 16, 2017. https://www.wsj.com/articles/apple-readies-1-billion-war-chest-for-hollywood-programming-1502874004.

12   Adam Levy, "Here's Exactly How Much Amazon Is Spending on Video and Music Content," Motley Fool, April 30, 2019. https://www.fool.com/investing/2019/04/30/heres-how-much-amazon-is-spending-on-video-music.aspx.

13   For global TV revenues "Global TV Revenues Grow to $265 Billion," Broadband TV News, October 22, 2018, https://www.broadbandtvnews.com/2018/10/22/global-tv-revenues-grow-to-265-billion/. For global box office revenues Pamela McClintock, "Global Box Office Revenue Hits Record $41B in 2018, Fueled by Diverse U.S. Audiences," Hollywood Reporter, March 21, 2019, https://www.hollywoodreporter.com/news/global-box-office-revenue-hits-record-41b-2018-fueled-by-diverse-us-audiences-1196010.

14   "Me at the Zoo" (video), April 23, 2005. https://www.youtube.com/watch?v=jNQXAC9IVRw.

15   "Ronaldinho Nike Ad" (video), August 2, 2006. https://www.youtube.com/watch?v=i_JS1YG8H2c.

16   Miguel Helft, "Venture Firm Shares a YouTube Jackpot," New York Times, October 10, 2006. https://www.nytimes.com/2006/10/10/technology/10payday.html.

17   Ibid.

18   "Over One Billion Users." https://www.youtube.com/about/press/.

19   "Binging with Babish" (video). https://www.youtube.com/user/bgfilms.

20   "Cooking with Dog" (video). https://www.youtube.com/user/cookingwithdog.

21   "My Drunk Kitchen" (video). https://www.youtube.com/user/MyHarto.

22   Natalie Robehmed, "Highest-Paid YouTube Stars 2018: Markiplier, Jake Paul, Pewdiepie and More," Forbes, December 3, 2018. https://www.forbes.com/sites/natalierobehmed/2018/12/03/highest-paid-youtube-stars-2018-markiplier-jake-paul-pewdiepie-and-more/#22c2828e909a.

23   "Bambuser." https://bambuser.com.

24   "Sunspring" (video). https://www.youtube.com/watch?v=LY7x2Ihqjmc.

25   "BM Creates First Movie Trailer by AI [HD] | 20th Century FOX," August 31, 2016.

https://www.youtube.com/watch?v=gJEzuYynaiw.

26   Matthew Guzdial, "Crowdsourcing Open Interactive Narrative." https://www.cc.gatech.edu/~riedl/pubs/guzdial-fdg15.pdf. See also: "Artificial Intelligence System for Crowdsourcing Interactive Fiction" (video), September 1, 2016. https://www.youtube.com/watch?time_continue=1&v=znqw17aOrCs.

27   "Category: Video Games with User-Generated Gameplay Content," Wikipedia. https://en.wikipedia.org/wiki/Category:Video_games_with_user-generated_gameplay_content.

28   "Mashup Machine." http://mashupmachine.io/.

29   Caroline Chan, "Everybody Dance Now," Arvix.org, August 22, 2018. https://arxiv.org/pdf/1808.07371v1.pdf.

30   Tony Robbins, author interview, 2018.

31   "AI Personas Based on Real People." http://www.rivaltheory.com/.

32   Jules Urbach, author interview, 2018. See also: Fotis Georgiadis, "The Future Is Now: 'Now We Can Effortlessly Interact with Digital Holographic Objects That Naturally Blend into Everyday Life' with OTOY CEO Jules Urbach & Fotis Georgiadis," Thrive Global, January 16, 2019. https://thriveglobal.com/stories/the-future-is-now-now-we-can-effortlessly-interact-with-digital-holographic-objects-that-naturally-blend-into-everyday-life-with-otoy-ceo-jules-urbach-fotis-georgiadis/.

33   "Otoy." https://home.otoy.com/.

34   "Light Field Lab." https://www.lightfieldlab.com/. See also: https://variety.com/2018/digital/features/light-field-lab-holographic-display-demo-1203026693/.

35   "High Fidelity Raises $35m to Bring Virtual Reality to 1 Billion People," High Fidelity, June 28, 2018. https://www.prnewswire.com/news-releases/high-fidelity-raises-35m-to-bring-virtual-reality-to-1-billion-people-300673807.html.

36   "NeoSensory." https://neosensory.com/?v=7516fd43adaa. See also: David Eagleman, "Can We Create New Senses for Humans?," TED Talk, https://www.ted.com/talks/david_eagleman_can_we_create_new_senses_for_humans.

37   "Dreamscape." https://dreamscapeimmersive.com/. See also: Bryan Bishop, "Dreamscape Immersive Wants to Bring Location-Based VR to the Masses, Starting with a Shopping Mall," Verge, January 15, 2019. https://www.theverge.com/2019/1/15/18156854/dreamscape-immersive-virtual-reality-los-angeles-walter-parkes-bruce-vaughn. (Author note: Peter's VC firm is an investor.)

38   Geovany A. Ramirez, "Color Analysis of Facial Skin: Detection of Emotional State.", University of Texas, http://www.cs.utep.edu/ofuentes/papers/emotionSkin_final.pdf.

39   "Affectiva." https://www.affectiva.com/. See also Samar Marwan, "Rana El Kaliouby CEO of Affectiva Is Training Robots to Read Feelings," Forbes, November 29, 2018, https://www.forbes.com/sites/samarmarwan/2018/11/29/affectiva-emotion-ai-ceo-rana-el-kaliouby/#7d5f8c5c1572.

40   "Finding the Essence of Fear in Nevermind," July 21, 2016. https://blog.affectiva.com/finding-the-essence-of-fear-in-nevermind.

41   Tom Foster, "Ready or Not, Companies Will Soon Be Tracking Your Emotions," Inc. Magazine, July 2016. https://www.inc.com/magazine/201607/tom-foster/lightwave-monitor-customer-emotions.html.

42   "Ubumo." https://www.ubimo.com/.

43   "Cluep." https://cluep.com/.

44   Ricardo Lopez, " 'Choose Your Own Adventure' Interactive Movie in the Works at Fox," Variety, April 26, 2018. https://variety.com/2018/film/news/choose-your-own-adventure-interactive-1202788741/.

45   Josh Spiegel, "Does a 'Choose Your Own Adventure' Movie Sound Appealing?," Hollywood Reporter. https://www.hollywoodreporter.com/heat-vision/choose-your-own-adventure-movie-does-it-sound-appealing-1106999.

46   Rony Abovitz, author interview, 2018. See also: "Magic Leap," https://www.magicleap.com/, and Peter Yang, "The Untold Story of Magic Leap, the World's Most Secretive Startup," Wired, https://www.wired.com/2016/04/magic-leap-vr/.

47   "OLED Lighting Products: Capabilities, Challenges, Potential," U.S. Department of Energy, May 2016. https://www.energy.gov/sites/prod/files/2016/08/f33/ssl_oled-products_2016.pdf.

48   "Bendy Smartphone Made of Graphene Displayed at China Tech Fair" (video) April 27, 2016. https://www.youtube.com/watch?v=ZwuQXfHXsa4. See also: Jon Porter, "Nubia's New Wearable Puts a 4-Inch Flexible Smartphone on Your Wrist," Verge, https://www.theverge.com/circuitbreaker/2019/2/25/18240370/nubia-alpha-release-date-price-features-wearable-smartwatch-flexible-display-mwc-2019.

49   "For AR/VR 2.0 to Live, AR/VR 1.0 Must Die," Digi-Capital, January 15, 2019. https://www.digi-capital.com/news/2019/01/for-ar-vr-2-0-to-live-ar-vr-1-0-must-die/.

50   David Phelan, "Apple CEO Tim Cook: As Brexit Hangs over UK, 'Times Are Not Really Awful, There's Some Great Things Happening'," Independent. https://www.independent.co.uk/life-style/gadgets-and-tech/features/apple-tim-cook-boss-brexit-uk-theresa-may-number-10-interview-ustwo-a7574086.html.

51   Lauren Munsi, "Pokemon GO Surpasses the 1 Billion Downloads Milestone,"

Nintendo Wire, July 31, 2019. https://nintendowire.com/news/2019/07/31/pokemon-go-surpasses-the-1-billion-downloads-milestone/.

52 Mansoor Iqbal, "Pokemon GO Revenue and Usage Statistics(2019)," Business of Apps, May 10, 2019. https://www.businessofapps.com/data/pokemon-go-statistics/.

53 https://mojo.vision/. See also: Dean Takahashi, "Mojo Vision Reveals the World's Smallest and Densest Micro Display," Venture Beat, https://venturebeat. com/2019/05/30/mojo-vision-reveals-the-worlds-smallest-and-densest-micro-display/. (Author note: Peter's VC firm is an investor.)

54 Ahn Minkyu, "A Review of Brain-Computer Interface Games and an Opinion Survey from Researchers, Developers and Users," Sensors, August 2014, pp. 14601-14633, doi: 10.3390/s140814601. https://www.ncbi.nlm.nih.gov/pmc/articles/PMC4178978/.

55 Jiang Preston Linxing, "BrainNet: A Multi-Person Brain-to-Brain Interface for Direct Collaboration Between Brains," Human-Computer Interaction, May 22, 2019. https://arxiv.org/abs/1809.08632.

56 Richard Ramchurn, "Now Playing: A Movie You Control with Your Mind," MIT Technology Review, May 25, 2018. https://www.technologyreview.com/s/611189/now-playing-a-movie-you-control-with-your-mind/.

CHAPTER 08_무엇을 어떻게 공부할 것인가

1 Read the full U.S. Department of Education report, "Our Future, Our Teachers: The Obama Administration's Plan for Teacher Education Reform and Improvement," here: https://www.ed.gov/sites/default/files/our-future-our-teachers.pdf.

2 UNESCO, "The World Needs Almost 69 Million New Teachers to Reach the 2030 Education Goals," UNESCO Institute for Statistics, no. 39 (October 2016). http://uis.unesco.org/sites/default/files/documents/fs39-the-world-needs-almost-69-million-new-teachers-to-reach-the-2030-education-goals-2016-en.pdf.

3 For a great overview of these issues, see Ken Robinson, Out of Our Minds (Capstone, 2011).

4 Read former U.S. Deputy Secretary Tony Miller's full speech from July 2011 here: https://www.ed.gov/news/speeches/partnering-education-reform.

5 Read the full "The Silent Epidemic Perspectives of High School Dropouts" report here: https://docs.gatesfoundation.org/documents/thesilentepidemic3-06final.pdf.

6 David Talbot, "Given Tablets but No Teachers, Ethiopian Children Teach Themselves," MIT Technology Review, October 29, 2012. https://www.

technologyreview.com/s/506466/given-tablets-but-no-teachers-ethiopian-children-teach-themselves/.

7　http://one.laptop.org/.

8　Ibid.

9　Watch Sugata Mitra's full "Kids Can Teach Themselves" TED Talk here: https://www.ted.com/talks/sugata_mitra_shows_how_kids_teach_themselves?language=en.

10　Ibid.

11　https://www.xprize.org/prizes/global-learning.

12　가트너에 따르면, 2017년에만 15억 개 넘는 스마트폰이 판매됐고 그중 13억 개가 안드로이드 시스템을 사용한다. Gartner Newsroom, Press Releases, "Gartner Says Worldwide Sales of Smartphones Recorded First Ever Decline During the Fourth Quarter of 2017," https://www.gartner.com/en/newsroom/press-releases/2018-02-22-gartner-says-worldwide-sales-of-smartphones-recorded-first-ever-decline-during-the-fourth-quarter-of-2017.

13　Philip Rosedale, author interview, 2018. Check out this video of the tour: https://www.youtube.com/watch?v=zb2NUs0IDm4ut.

14　Bailey, F. & Pransky, K. (2015, July 16). Implications and applications of the latest brain research for learners and teachers [Webinar]. In Association for Supervision and Curriculum Development Webinar Series. Retrieved from: http://www.ascd.org/professional-development/webinars/implications-and-applications-of-brain-research- webinar.aspx.

15　See his profile here: https://vhil.stanford .edu/faculty-and-staff/.

16　Fernanda Herrera, "Building Long-Term Empathy: A Large-Scale Comparison of Traditional and Virtual Reality Perspective-Taking," PLoS ONE 13, no. 10 (October 17, 2018). https://vhil.stanford.edu/mm/2018/11/herrera-pone-building-long-term-empathy.pdf.

17　See his profile here: http://ict.usc .edu/profile/albert-skip-rizzo/.

18　Jessica Maples-Keller, "The Use of Virtual Reality Technology in the Treatment of Anxiety and Other Psychiatric Disorders," Harvard Review of Psychiatry 25, no. 3 (May-June 2017): 103–113. https://www.ncbi.nlm.nih.gov/pmc/articles/PMC5421394/.

19　Neal Stephenson, The Diamond Age: Or, a Young Lady's Illustrated Primer (Spectra, 1995).

20　Davey Alba, "Sci-Fi Author Neal Stephenson Joins Mystery Startup as 'Chief Futurist,'" Wired, December 16, 2014. https://www.wired.com/2014/12/neal-stephenson-magic -leap/.

1   Martine Rothblatt, author interview, 2018. For more background on Martine, Neely Tucker, "Martine Rothblatt: She Founded Siriusxm, a Religion and a Biotech. For Starters," Washington Post, December 12, 2014, https://www.washingtonpost.com/ lifestyle/magazine/martine-rothblatt-she-founded-siriusxm-a-religion-and-a-biotech-for-starters/2014/12/11/5a8a4866-71ab-11e4-ad12-3734c461eab6_story. html, and Tina Reed, "Martine Rothblatt's Theory of Evolution," Puget Sound Business Journal, April 3, 2018, https://www.bizjournals.com/seattle/bizwomen/ news/latest-news/2018/04/martine-rothblatts-theory-of-evolution.html.

2   https://www.unither.com/.

3   Chloe Sorvino, "How CEO Martine Rothblatt Turns Moonshots into Earthshots," Forbes, June 20, 2018. See also: Tucker, "Martine Rothblatt."

4   미국 장기기증 네트워크에 따르면 2018년 이식 수술에 사용된 폐는 2,530개였다. 장기 이식에 대한 더 자세한 현황 자료는 다음 웹사이트를 참조하라. https://unos.org/data/ transplant-trends/.

5   Rothblatt, Ibid.

6   Ibid.

7   George Makdisis, "Ex Vivo Lung Perfusion Review of a Revolutionary Technology," Annals of Translational Medicine 5, no. 17 (2017), https://www.ncbi.nlm.nih.gov/ pmc/articles/PMC5599284/. See also: this press release about FDA approval for one of United Therapeutics' ex vivo lung perfusion treatments: https://www.biospace. com/article/releases/united-therapeutics-announces-fda-approval-of-xps-and-steen-solution-used-to-perform-centralized-ex-vivo-lung-perfusion-services/.

8   Rothblatt, ibid.

9   Tom Clynes, "20 Americans Die Each Day Waiting for Organs. Can Pigs Save Them?," New York Times Magazine, November 11, 2018, https://www.nytimes.com/ interactive/2018/11/14/magazine/tech-design-xenotransplantation.html?emc=edit_ nn_20181114&nl=morning-briefing&nlid=8215381320181114&te=1&mtrref=undefin ed&assetType=PAYWALL. See also: this Nature article: Sara Reardon, "New Life for Pig Organs," Nature, November 12, 2015, https://www.nature.com/news/polopoly_ fs/1.18768!/menu/main/topColumns/topLeftColumn/pdf/527152a.pdf?origin=ppub.

10 Rothblatt, ibid.

11 Antonio Regalado, "Inside the Effort to Print Lungs and Breathe Life into Them with Stem Cells," MIT Technology Review, June 28, 2018. https://www.technologyreview.

com/s/611236/inside-the-effort-to-print-lungs-and-breathe-life-into-them-with-stem-cells/.

12 https://www.beta.team/. See also: Eric Adams, "Beta Technologies, a Vermont Air Taxi Start-Up, Might Be About to Change the Aviation World," Drive, January 11, 2019, https://www.thedrive.com/tech/25914/beta-technologies-a-vermont-e-vtol-air-taxi-start-up-might-be-about-to-change-the-aviation-world. (Author note: Peter's VC firm is an investor.)

13 Marshall Allen, "Unecessary Tests and Treatments," Scientific American, November 29, 2017, https://www.scientificamerican.com/article/unnecessary-tests-and-treatment-explain-why-health-care-costs-so-much/. See also: https://www.nap.edu/read/13444/chapter/1#xvii.

14 New Drug Development, California Biomedical Research Assocaition https://studylib.net/doc/8182066/fact-sheet-new-drug-development-process.

15 Ibid

16 연방 메디케어 및 메디케이드 서비스 센터의 웹사이트에는 미국인들의 의료 비용에 관한 데이터가 게시되어 있다. https://www.cms.gov/research-statistics-data-and-systems/statistics-trends-and-reports/nationalhealthexpenddata/nationalhealthaccountshistorical.html.

17 Read the full press release from the United States Government's Centers for Medicare & Medicaid Services here: https://www.cms.gov/newsroom/press-releases/2016-2025-projections-national-health-expenditures-data-released.

18 Lizzy Gurdus, "Tim Cook: Apple's Greatest Contribution Will Be 'About Health,' " CNBC, January 8, 2019. https://www.cnbc.com/2019/01/08/tim-cook-teases-new-apple-services-tied-to-health-care.html.

19 미국의 시장 분석기업 CB 인사이트(CB Insights)가 작성한 다음 두 보고서에는 기술 대기업들의 의료산업 생태계 현황이 잘 요약되어 있다. https://www.cbinsights.com/research/top-tech-companies-healthcare-investments-acquisitions/and https://www.cbinsights.com/research/google-amazon-apple-health-insurance/.

20 https://ouraring.com. (Author note: Peter's VC firm is an investor.)

21 Exo recently emerged from stealth with a $35 million raise. Read the full press release here: https://www.businesswire.com/news/home/20190805005114/en/Exo-Imaging-Emerges-Stealth-Mode-35M-Series|. See also: https://www.exo-imaging.com/. (Author note: Peter's VC firm is an investor.)

22 Mary Lou Jepsen gave a TED Talk about Openwater that you can find here: https://www.youtube.com/watch?v=awADEuv5vWY. See also: https://www.openwater.cc/

about-us. (Author note: Peter's VC firm is an investor.)

23 https://www.apple.com/newsroom/2018/09/redesigned-apple-watch-series-4-revolutionizes-communication-fitness-and-health/.

24 XPrize.com, https://tricorder.xprize.org/prizes/tricorder/articles/family-led-team-takes-top-prize-in-qualcomm-tricor.

25 Prediction by Zion Market Research Group in their report titled "mHealth Market by Devices, by Stakeholder, by Service, by Therapeutics and by Applications: Global Industry Perspective, Comprehensive Analysis and Forecast, 2014 – 2022," found here: https://www.zionmarketresearch.com/report/mhealth-market. This press release presents some data from the report: https://www.globenewswire.com/news-release/2017/11/15/1193431/0/en/mHealth-Market-Size-Projected-to-Reach-USD-102-43-Billion-by-2022-Zion-Market-Research.html.

26 Megan Molteni, "The Chatbot Therapist Will See You Now," Wired, June 7, 2017. https://www.wired.com/2017/06/facebook-messenger-woebot-chatbot-therapist/. See also: https://woebot.io/.

27 https://www.humanlongevity.com/.

28 Rob Stein, "Routine DNA Sequencing May Be Helpful and Not as Scary as Feared," NPR, June 26, 2017. https://www.npr.org/sections/health-shots/2017/06/26/534338576/routine-dna-sequencing-may-be-helpful-and-not-as-scary-as-feared.

29 Jason Vasey, "TheImpact of Whole-Genome Sequencing on the Primary Care and Outcomes of Healthy Adult Patients: A Pilot Randomized Trial," Annals of Internal Medicine 67, no. 3 (2017): 159 – 169. https://annals.org/aim/fullarticle/2633848/impact-whole-genome-sequencing-primary-care-outcomes-healthy-adult-patients.

30 '올 오브 어스' 프로젝트와 펀딩에 대한 더 자세한 정보를 알고 싶다면 다음의 사이트를 참조하라. https://allofus.nih.gov/.

31 "Q&A: George Church and Company on Genomic Sequencing, Blockchain, and Better Drugs," Science, February 8, 2018. https://www.sciencemag.org/news/2018/02/q-george-church-and-company-genomic-sequencing-blockchain-and-better-drugs. For more information on Nebula Genomics, see their website here: https://nebula.org/.

32 Yuanyuan Li, "Genome-Edited Skin Epidermal Stem Cells Protect Mice from Cocaine-Seeking Behaviour and Cocaine Overdose," Nature Biomedical Engineering 3 (2019): 105 – 113. https://www.nature.com/articles/s41551-018-0293-z.

33 Leonela Amoasii, "Gene Editing Restores Dystrophin Expression in a Canine Model of

Duchenne Muscular Dystrophy," Science 362, no. 6410: 86–91. https://science. sciencemag.org/content/362/6410/86.

34 Emily Mullin, "FDA Approves Groundbreaking Gene Therapy for Cancer," MIT Technology Review, August 30, 2017. https://www.technologyreview.com/ s/608771/the-fda-has-approved-the-first-gene-therapy-for-cancer/.

35 Megan Molteni, "Here's the Plan to End Malaria with Crispr-Edited Mosquitos," Wired, September 24, 2018. https://www.wired.com/story/heres-the-plan-to-end-malaria-with-crispr-edited-mosquitoes/. See also the original journal article: Nikolai Windbichler, "Targeting the X Chromosome During Spermatogenesis Induces Y Chromosome Transmission Ratio Distortion and Early Dominant Embryo Lethality in Anopheles gambiae," PLoS Genet 4, no. 12 (2008). https://www.ncbi.nlm.nih.gov/ pmc/articles/PMC2585807/.

36 Peter Reuell, "A Step Forward in DNA Base Editing," Harvard Gazette, October 25, 2017. https://news.harvard.edu/gazette/story/2017/10/a-step-forward-in-dna-base-editing/.

37 Liat Ben-Senior, "[Infographic] 10 Most Common Genetic Diseases," LabRoots, May 22, 2018. https://www.labroots.com/trending/infographics/8833/10-common-genetic-diseases.

38 Jeff Foust, "Bridenstine Says NASA Planning for Human Mars Missions in 2030s," Space News, July 16, 2019. https://spacenews.com/bridenstine-says-nasa-planning-for-human-mars-missions-in-2030s/.

39 Richard Summers, "Emergencies in Space," The Practice of Emergency Medicine/ Concepts, 2005. https://pdfs.semanticscholar.org/a102/d4e61620dd77f93639cf47492f 7ca6f8c44f.pdf.

40 Watch Elon Musk's speech at the SS R&D Conference on July 19, 2017 here: https:// www.youtube.com/watch?v=BqvBhhTtUm4.

41 Alan Brown, "Smooth Operator: Robot Could Transform Soft-Tissue Surgery," Alliance of Advanced Biomedical Engineering, August 14, 2017. https://aabme.asme. org/posts/smooth-operator-robot-could-transform-soft-tissue-surgery.

42 Margaret J. Hall, "Ambulatory Surgery Data from Hospitals and Ambulatory Surgery Centers: United States, 2010," Centers for Disease Control National Health Statistics Reports, no. 102 (February 28, 2017). https://www.cdc.gov/nchs/data/nhsr/nhsr102. pdf.

43 Christina Frangou, "An Eye on Surgical Robots," General Surgery News, July 9, 2018.

44 See the initial press release announcing the partnership: https://www.jnj.com/media-

center/press-releases/johnson-johnson-announces-formation-of-verb-surgical-inc-in-collaboration-with-verily. For more information on Verb Surgical, See also: https://www.verbsurgical.com/

45 https://www.bionautlabs.com/. (Author note: Peter's VC firm is an investor.)

46 Alex Zhavoronkov, "Artificial Intelligence for Drug Discovery, Biomarker Development, and Generation of Novel Chemistry," Molecular Pharmaceutics 15 (2018): 4311,ai4313.

47 https://www.davincisurgery.com/da-vinci-systems/about-da-vinci-systems.

48 The US National Institutes of Health has a library of 3-D printable CAD files for functional prosthetics found here: https://3-Dprint.nih.gov/collections/prosthetics.

49 Sung Hyun Park, "3-D Printed Polymer Photodetectors," Advanced Materials 30, no. 40 (October 4, 2018). https://onlinelibrary.wiley.com/doi/abs/10.1002/adma.201803980.

50 https://stemcells.nih.gov/info/basics/4.htm.

51 Robert Hariri, author interview, 2018.

52 Ibid.

53 https://www.cancer.gov/about-cancer/treatment/research/car-t-cells.

54 Johnathan Rockoff, "The Million-Dollar Cancer Treatment: Who Will Pay?" Wall Street Journal, April 26, 2018. https://www.wsj.com/articles/the-million-dollar-cancer-treatment-no-one-knows-how-to-pay-for-1524740401.

55 https://www.celularity.com/.

56 https://www.fda.gov/patients/drug-development-process/step-1-discovery-and – development.

57 Joseph DiMasi, "Innovation in the Pharmaceutical Industry: New Estimates of R&D Costs," Journal of Health Economics 47 (May 2016): 20 – 33, https://doi.org/10.1016/j.jhealeco.2016.01.012.

58 Alex Zhavoronkov, author interview, 2018. For more information on Insilico Medicine, https://insilico.com/. (Author note: Peter's VC firm is an investor.)

59 Ibid. For more detailed information, see the American Chemical Society's Molecular Pharmaceutics special issue on using AI for drug discovery.

60 Alex Zhavoronkov, "Deep Learning Enables Rapid Identification of Potent DDR1 Kinase Inhibitors," Nature Biotechnology 37 (2019): 1038 – 1040. https://www.nature.com/articles/s41587-019-0224-x. (Author note: Peter's VC firm is an investor.)

61 Reinhard Renneberg, Biotechnology for Beginners (Academic Press, 2016), p. 281.

62 http://predictioncenter.org/.

63   Read the DeepMind blog about AlphaFold here: https://deepmind.com/blog/
      alphafold/.

CHAPTER 10_죽음을 거스르는 신인류의 탄생

1   프랜시스 콜린스 박사는 2018년 큐라 파운데이션(Cura Foundation)이 개최한 행사에서 피
     터 디아만디스와 함께 무대에 올랐다. 그가 '장수와 극단적 수명 연장의 도덕성'에 관해 진
     행한 대담을 보고 싶으면 다음 사이트를 참조하라. https://www.youtube.com/
     watch?v=z6i0yTA4zRM. Peter wrote about his experience with Dr. Collins in his blog
     here: Peter Diamandis, "The Morality of Immortality," 2018, https://www.diamandis.
     com/blog/the-morality-of-immortality.

2   Carlos Lopez-Otin, "The Hallmarks of Aging," PMC, November 23, 2013. See also:
     "The Future of Aging? The New Drugs & Tech Working to Extend Life & Wellness,"
     CB Insights, https://www.ncbi.nlm.nih.gov/pmc/articles/PMC3836174/, and CB
     Insights' report on the future of aging, https://www.cbinsights.com/research/report/
     future-aging-technology-startups/.

3   For an overview of C. elegans's role in the study of genetics, Claudiu A. Giurumescu,
     "Cell Identification and Cell Lineage Analysis," Methods in Cell Biology, 2011, doi.
     org/10.1016/B978-0-12-544172-8.00012-8.

4   C. elegans Sequencing Consortium, "Genome Sequence of the Nematode C. Elegans:
     A Platform for Investigating Biology," Science, December 11, 1998. https://www.ncbi.
     nlm.nih.gov/pubmed/9851916.

5   Steven J. Cook, "Whole-Animal Connectomes of Both Caenorhabditis elegans Sexes,"
     Nature, July 3, 2019. https://www.nature.com/articles/s41586-019-1352-7.

6   See the original paper on this study here: D. Chen, "Germline Signaling Mediates the
     Synergistically Prolonged Longevity Produced by Double Mutations in daf-2 and
     rsks-1 in C. elegans," Cell Reports, December 26, 2013, doi: 10.1016/
     j.celrep.2013.11.018. See also: NIH director Dr. Francis Collins's take on the study,
     "Deciphering Secrets of Longevity, from Worms," NIH Director's Blog, January 7,
     2014. See the original paper on this study here: https://directorsblog.nih.
     gov/2014/01/07/deciphering-secrets-of-longevity-from-worms/.

7   Collins, "Deciphering Secrets."

8   George L. Sutphin, "Caenorhabditis elegans Orthologs of Human Genes Differentially
     Expressed with Age Are Enriched for Determinants of Longevity," Aging Cell, April
     2017. https://onlinelibrary.wiley.com/doi/full/10.1111/acel.12595.

9   James Riley and Max Roser, "Life Expectancy by World Region," Our World in Data, 2015. https://ourworldindata.org/life-expectancy.

10   Ray Kurzweil, author interview, 2018. See also this conversation between Peter and Ray where they discuss the concept of longevity escape velocity: https://www.youtube.com/watch?time_continue=2&v=SaOfLtoaKqw.

11   Kira Peikoff, "Anti-Aging Pioneer Aubrey de Grey: 'People in Middle Age Now Have a Fair Chance,'" Leapsmag, January 30, 2018. https://leapsmag.com/anti-aging-pioneer-aubrey-de-grey-people-middle-age-now-fair-chance/.

12   Joe Schwarz, "The Right Chemistry: Easter Island Might Just Hold the Key to Fighting Aging," Montreal Gazette, March 5, 2019.

13   Bethany Halford, "Rapamycin's Secrets Unearthed," C&EN, July 18, 2016. See also: Bill Gifford, "Does a Real Anti-Aging Pill Already Exist?" Bloomberg, July 12, 2015.

14   P. W. Serruys, "Rapamycin Eluting Stent: The Onset of a New Era in Interventional Cardiology," Heart, April 2002.

15   C. Morath, "Sirolimus in Renal Transplantation," Nephrology Dialysis Transplantation, September 2007.

16   Yekaterina Y. Zaytseva, "mTOR Inhibitors in Cancer Therapy," Cancer Letters, June 2012, doi.org/10.1016/j.canlet.2012.01.005.

17   David E. Harrison, "Rapamycin Fed Late in Life Extends Lifespan in Genetically Heterogeneous Mice," Nature, July 8, 2019.

18   J. B. Mannick, "mTOR Inhibition Improves Immune Function in the Elderly," Science Translational Medicine, December 2014.

19   Nir Barzilai, "Metformin as a Tool to Target Aging," Cell Metabolism, June 14, 2016. 23(6): pp. 1060-1065, See https://www.ncbi.nlm.nih.gov/pmc/articles/PMC5943638/.

20   https://unitybiotechnology.com.

21   Jan M van Deursen, "Senolytic Therapies for Healthy Longevity," Science 364, no. 6441 (May 2019): 636-637.

22   Osman Kibar, author interview, 2018. See also: https://www.samumed.com/default.aspx.

23   Brian Gormley, "Drugmaker Samumed Closes $438 Million Round at $12 Billion Pre-Money Valuation," Wall Street Journal Pro, August 6, 2018. https://www.wsj.com/articles/drugmaker-samumed-closes-438-million-round-at-12-billion-pre-money-valuation-1533602014.

24   Michael Khan, "Wnt Signaling in Stem Cells and Cancer Stem Cells: A Tale of Two Coactivators," Science Direct, January 2018. For an overview of the Wnt signaling

pathway, https://www.sciencedirect.com/science/article/pii/S1877117317301850.

25   Kibar, author interview.

26   https://www.samumed.com/pipeline/default.aspx.

27   Juyoung Park, "Various Types of Arthritis in the United States: Prevalence and Age-Related Trends from 1999 to 2014," American Journal of Public Health, October 5, 2017. While this study only considers the US, the lead researcher, Juyoung Park, PhD, later extrapolated the study's result here: https://www.fau.edu/newsdesk/articles/arthritis-trends.php.

28   Y Yazici, "A Novel Wnt Pathway Inhibitor, SM04690, for the Treatment of Moderate to Severe Osteoarthritis of the Knee: Results of a 24-Week, Randomized, Controlled, Phase 1 Study," Osteoarthritis and Cartilage, October 2017. https://www.ncbi.nlm.nih.gov/pubmed/28711582.

29   Kibar, author interview.

30   Samumed LLC, "A Study Evaluating the Safety, Tolerability, and Pharmacokinetics of Multiple Ascending Doses of SM04755 Following Topical Administration to Healthy Subjects," U.S. National Library of Medicine, July 25, 2017. See also: Samumed LLC, "A Repeat Insult Patch Test (RIPT) Study Evaluating the Sensitization Potential of Topical SM04755 Solution in Healthy Volunteers," U.S. National Library of Medicine, April 18, 2018. https://clinicaltrials.gov/ct2/show/NCT03229291?term=samumed&recrs=e&phase=0&rank=1. See also: https://clinicaltrials.gov/ct2/show/NCT03502434?term=samumed&recrs=e&phase=0&rank=2.

31   Samumed LLC, "A Study Utilizing Patient-Reported and Radiographic Outcomes and Evaluating the Safety and Efficacy of Lorecivivint (SM04690) for the Treatment of Moderately to Severely Symptomatic Knee Osteoarthritis (STRIDES-X-ray)," U.S. National Library of Medicine, April 26, 2019. https://clinicaltrials.gov/ct2/show/NCT03928184?term=samumed&phase=2&rank=1.

32   Kibar, author interview.

33   D. E. Wright, "Physiological Migration of Hematopoietic Stem and Progenitor Cells," Science, November 2001. https://www.ncbi.nlm.nih.gov/pubmed/11729320.

34   Megan Scudellari, "Ageing Research: Blood to Blood," Nature, January 21, 2015. https://www.nature.com/news/ageing-research-blood-to-blood-1.16762. note for citation: using the magazine info at this link may help: https://static1.squarespace.com/static/5b7168984eddec1ee06cba31/t/5b7cfbc3aa4a99594f9ff075/1534917589733/Nature.pdf).

35   L. Katsimpardi, "Vascular and Neurogenic Rejuvenation of the Aging Mouse Brain by

Young Systemic Factors," Science, May 2014. https://www.ncbi.nlm.nih.gov/pubmed/24797482.

36 Francesco S. Loffredo, "Growth Differentiation Factor 11 Is Circulating Factor That Reverses Age-Related Cardiac Hypertrophy," Cell, May 9, 2013. https://www.cell.com/abstract/S0092-8674(13)00456-X.

37 Ibid.

38 https://www.elevian.com/.

39 Mark Allen, author interview, 2018.

40 https://www.alkahest.com/.

41 Megan Molteni, "Startups Flock to Turn Young Blood into an Elixir of Youth," Wired, September 5, 2018. https://www.wired.com/story/startups-flock-to-turn-young-blood-into-an-elixir-of-youth/.

42 Ibid.

CHAPTER 11_중개인이 사라진 세상

1 https://www.lloyds.com/about-lloyds/history/corporate-history.

2 Read the full press release from March 27, 2019, here: https://www.lloyds.com/news-and-risk-insight/press-releases/2019/03/lloyds-reports-aggregated-market-results-for-2018.

3 The Insurance Information Institute lays out what determines your car insurance premiums here: iii.org/article/what-determines-price-my-auto-insurance-policy.

4 Read the full "Critical Reasons for Crashes Investigated in the National Motor Vehicle Crash Causation Survey" report from the National Highway Traffic Safety Administration here: https://crashstats.nhtsa.dot.gov/Api/Public/ViewPublication/812115.

5 This data comes from the World Health Organization, "Road Traffic Deaths Data by Country," found here: http://apps.who.int/gho/data/node.main.A997.

6 Download KPMG's "Road Traffic Injuries and Deaths—A Global Problem," report from June 2015 here: https://www.insurancejournal.com/research/research/kpmg-automobile-insurance-in-the-era-of-autonomous-vehicles/.

7 John Krafcik, "Where the Next 10 Million Miles Will Take Us," Medium, October 10, 2018. https://medium.com/waymo/where-the-next-10-million-miles-will-take-us-de51bebb67d3.

8 See the FBI's statistics on 2016 crime rates in the US here: https://ucr.fbi.gov/crime-in-the-u.s/2016/crime-in-the-u.s.-2016/tables/table-18.

9   https://www.lemonade.com/.

10   https://etherisc.com/.

11   Etherisc, "First Blockchain-Based App to Insure Your Next Flight Against Delays," Medium, July 23, 2018. https://blog.etherisc.com/first-blockchain-based-app-to-insure-your-next-flight-against-delays-10f53b38ad2d.

12   Read more about the company's history here: https://www.progressivecommercial.com/about-us/our-history/.

13   See Progressive's long list of firsts here: https://www.progressive.com/about/firsts/.

14   Read the full press release announcing TripSense here: https://www.businesswire.com/news/home/20040809005574/en/Innovative-Auto-Insurance-Discount-Program-5000-Minnesotans.

15   미국 트래블러스 보험사(Travelers Insurance Company)에 따르면 주택보험 청구의 20퍼센트는 날씨와 무관한 누수 피해로 인해 발생하며, 날씨와 관련된 누수 피해 청구는 11퍼센트에 불과하다고 한다. https://www.travelers.com/tools-resources/home/maintenance/top-five-ways-things-can-go-wrong-interactive.

16   McKinsey & Co., "Digital Insurance in 2018: December 2018 Driving Real Impact with Digital and Analytics," December 2018. https://www.mckinsey.com/~/media/McKinsey/Industries/Financial%20Services/Our%20Insights/Digital%20insurance%20in%202018%20Driving%20real%20impact%20with%20digital%20and%20analytics/Digital-insurance-in-2018.ashx.

17   Ibid., p. 38.

18   Gunnar Lovelace, author interview, 2018. For more information on Gunnar Lovelace, see his LinkedIn bio: https://www.linkedin.com/in/gunnarlovelace/.

19   https://thrivemarket.com.

20   https://goodmoney.com.

21   Lovelace, author interview.

22   Maria Lamagna, "Overdraft Fees Haven't Been This Bad Since the Great Recession," MarketWatch, April 2, 2018. https://www.marketwatch.com/story/overdraft-fees-havent-been-this-bad-since-the-great-recession-2018-03-27.

23   Seattle, Washington, and Davis, California, together pulled more than $3 billion from Wells Fargo: Bill Chappell, "2 Cities to Pull More Than $3 Billion from Wells Fargo Over Dakota Access Pipeline," NPR, February 8, 2017. https://www.npr.org/sections/thetwo-way/2017/02/08/514133514/two-cities-vote-to-pull-more-than-3-billion-from-wells-fargo-over-dakota-pipeline.

24   Niall McCarthy, "1.7 Billion Adults Worldwide Do Not Have Access to a Bank

Account," Forbes, June 8, 2018. See original data here: https://globalfindex. worldbank.org.

25 For a comprehensive look at the MPESA story, see Tim Harford, Fifty Inventions That Shaped the Modern Economy (Penguin, 2017), p. 228.

26 Ibid. p. 229.

27 웨스트 유니언은 송금 금액에 따라 수수료가 2퍼센트에서 30퍼센트까지 그 범위가 매우 크다. https://www.westernunion.com/content/dam/wu/EU/EN/feeTableRetailEN-ES.PDF.

28 Harford, Fifty Inventions, p. 229.

29 Tavneet Suri, "The Long-Run Poverty and Gender Impacts of Mobile Money," Science 354, no. 6317 (December 9, 2016): 1288–1292. https://science.sciencemag. org/content/354/6317/1288.

30 Read the feature news story "What Kenya's Mobile Money Success Could Mean for the Arab World" on the World Bank's website here: https://www.worldbank.org/en/ news/feature/2018/10/03/what-kenya-s-mobile-money-success-could-mean-for-the-arab-world.

31 Read the International Finance Corporation's Inclusive Business Case Study of bKash here: http://documents.worldbank.org/curated/en/560181506580665929/ pdf/119870-BRI-PUBLIC-bKash-Builtforchangereport.pdf.

32 Xinhua, "China's Alipay Now Has Over 900m Users Worldwide," China Daily, November 30, 2018. http://www.chinadaily.com.cn/a/201811/30/WS5c00a1d3a 310eff30328c073.html.

33 Christine Chou, "How Alipay Users Planted 100M Trees in China," Alizila, April 22, 2019. https://www.alizila.com/how-alipay-users-planted-100m-trees-in-china/.

34 https://www.r3.com/.

35 https://www.ripple.com/.

36 The blockchain blog Cointelegraph has a good piece overviewing SWIFT's relationship to blockchain. You can find the piece here: https://cointelegraph.com/ news/swift-announces-poc-gateway-with-r3-but-remains-overall-hesitant-about-blockchain.

37 유엔에 따르면 세계 인구는 2025년까지 82억 명에 달할 것으로 전망된다. https:// population.un.org/wpp/Graphs/Probabilistic/POP/TOT/900. 현재 얼마나 많은 사람들 이 인터넷을 사용하고 있는지에 대한 데이터는 세계은행의 자료를 참조했다. World Bank, "Individuals using the Internet (% of population)." https://data.worldbank.org/ indicator/IT .net.USER.ZS See also: "Population, total," The World Bank, https://data.

worldbank.org/indicator/SP.POP.TOTL.

38   https://transferwise.com/us.

39   https://www.prosper.com.

40   https://www.fundingcircle.com/us/.

41   https://www.lendingtree.com/.

42   According to a report by Transparency Market Research, found here: https://www.globenewswire.com/news-release/2016/08/31/868470/0/en/Increasing-Small-Business-Units-to-Act-as-Building-Blocks-for-Peer-to-Peer-Lending-Market.html.

43   Alexandra Stevenson, "China's New Lenders Collect Invasive Data and Offer Billions. Beijing Is Worried," New York Times, December 25, 2017. https://www.nytimes.com/2017/12/25/business/china-online-lending-debt.html.

44   https://www.wealthfront.com/.

45   https://www.betterment.com/.

46   Chris Isidore, "Machines Are Driving Wall Street's Wild Ride, Not Humans," CNN, February 6, 2018. https://money.cnn.com/2018/02/06/investing/wall-street-computers-program-trading/index.html.

47   Ibid.

48   See Wealthfront and Betterment's websites for their rates.

49   Read the full SEC press release, titled "SEC Charges Two Robo-Advisers with False Disclosures," here: https://www.sec.gov/news/press-release/2018-300.

50   Garrett Keyes, "How Betterment Stayed on Top in 2018 (and How They Plan to Stay There in 2019)," Financial Advisor IQ, January 2, 2019. https://www.betterment.com/press/newsroom/how-betterment-stayed-on-top-in-2018-and-how-they-plan-to-stay-there-in-2019/.

51   Sarah Kocianski, "The Evolution of Robo-Advising: How Automated Investment Products Are Disrupting and Enhancing the Wealth Management Industry," Business Insider, July 3, 2017. https://www.businessinsider.com/the-evolution-of-robo-advising-report-2017-7.

52   Uber Eats is one of a handful of app-based food delivery startups operating around the world. See their website here: http://ubereats.com.

53   Peter Levring, "Scandinavia's Disappearing Cash Act," Bloomberg, December 15, 2016. https://www.bloomberg.com/news/articles/2016-12-16/scandinavia-s-disappearing-cash-act.

54   Read UBS's full report, "The Road to Cashless Societies: Shifting Asia," here: https://

www.ubs.com/content/dam/WealthManagementAmericas/cio-impact/shifting%20
in%20asia.pdf. This specific fact comes from p. 19.

55 "Cashless Payment Posts Double-Digit Growth," Viet Nam News, July 13, 2019.
    https://vietnamnews.vn/economy/522587/cashless-payment-posts-double-digit-
    growth.html#kpUKGbUeSj1J1IzH.97.

56 Read more about this topic on Sweden's official website: https://sweden.se/business/
    cashless-society/.

57 Michael Lewis gives a detailed look at what caused the 2008 financial crisis in his New
    York Times bestselling book The Big Short: Inside the Doomsday Machine (W. W.
    Norton & Company, 2011).

58 Glenn Sanford, author interview, 2019.

59 https://www.exprealty.com.

60 Ibid.

61 Ibid.

62 Ibid.

63 https://www.zillow.com/. You can learn more about Zillow's AI strategy in this
    interview with Zillow's chief analytics officer, Stan Humphries: Michael Krigsman,
    "Zillow: Machine Learning and Data Disrupt Real Estate," ZDNet, July 30, 2017,
    https://www.zdnet.com/article/zillow-machine-learning-and-data-in-real-estate/.

64 https://www.trulia.com/.

65 https://www.move.com/.

66 https://www.redfin.com/.

67 For an example of investment in real estate AI, see this VentureBeat article about one
    of Zillow's latest computer vision tools: Kyle Wiggers, "Zillow Now Uses Computer
    Vision To Improve Property Value Estimates," VentureBeat, June 26, 2019. https://
    venturebeat.com/2019/06/26/zillow-now-uses-computer-vision-to-improve-
    property-value-estimates/.

68 This World Economic forum report predicts that 570 coastal cities around the world
    are vulnerable to a sea-level rise of 0.5 meters by 2050: http://www3.weforum.org/
    docs/WEF_Global_Risks_Report_2019.pdf.

69 UN의 보고서에 따르면 세계 인구의 40퍼센트에 해당하는 24억 명이 해안에서 100킬로
    미터 이내에 거주한다고 한다. https://www.un.org/sustainabledevelopment/wp-
    content/uploads/2017/05/Ocean-fact-sheet-package.pdf.

70 http://oceanix.org/. For a profile on the company, see also: Katharine Schwab,
    "Floating Cities Once Seemed Like Sci-Fi. Now the UN Is Getting On Board," Fast

Company, https://www.fastcompany.com/90329294/floating-cities-once-seemed-like-sci-fi-now-the-un-is-getting-on-board.

71   https://www.seasteading.org/.

72   David Gelles, "Floating Cities, No Longer Science Fiction, Begin to Take Shape," New York Times, November 13, 2017. https://www.nytimes.com/2017/11/13/business/dealbook/seasteading-floating-cities.html.

CHAPTER 12_음식을 프로그래밍하다

1   Jonathan Chadwick, "Here's How 3-D Printers Are Changing What We Eat," TechRepublic, November 7, 2017. https://www.techrepublic.com/article/heres-how-3-D-food-printers-are-changing-the-way-we-cook/.

2   Stuart Farrmiond, "The Future of Food: What We'll Eat in 2028," Science Focus, May 17, 2019. https://www.sciencefocus.com/future-technology/the-future-of-food-what-well-eat-in-2028/.

3   Matt Simon, "Lab Grown Meat Is Coming, Whether You Like It or Not," Wired, February 16, 2018. https://www.wired.com/story/lab-grown-meat/.

4   Richard Manning, "The Oil We Eat: Following the Food Chain Back to Iraq," Harpers, February 2004. https://harpers.org/archive/2004/02/the-oil-we-eat/.

5   Rich Pirog, "The Evolution of Food Miles and Its Limitations as an Indicator of Energy Use and Climate Impact." https://aceee.org/files/pdf/conferences/ag/2008/RPirog.pdf.

6   Move for Hunger, "About Food Waste." https://www.moveforhunger.org/about-food-waste/.

7   Amina Khan, "Scientists Aim to Feed the World by Boosting Photosynthesis," Los Angeles Times, November 18, 2016. https://www.latimes.com/science/sciencenow/la-sci-sn-boosting-photosynthesis-20161117-story.html.

8   Claire Benjamin, "Scientists Boost Crop Production by 47 Percent Speeding Up Photorespiration," Ripe Project, May 31, 2018. https://ripe.illinois.edu/press/press-releases/scientists-boost-crop-production-47-percent-speeding-photorespiration.

9   "Food Production Must Double by 2050 to Meet Demand from World's Growing Population, Innovative Strategies Needed to Combat Hunger, Experts Tell Second Committee," United Nations, October 9, 2009. https://www.un.org/press/en/2009/gaef3242.doc.htmfood.

10   https://apeelsciences.com/.

11 "Apeel Avocados Expected at Every U.S. Grocery Store Within a Year," Freshfruitportal.com, October 24, 2018. https://www.freshfruitportal.com/news/2018/10/24/apeel-avocados-expected-at-every-u-s-grocery-store-within-a-year/.

12 Dickson Despommier, The Vertical Farm (Picador, 2011).

13 Caryn Roni Rabin, "Do Prepackaged Salad Greens Lose Their Nutrients?" New York Times, November 3, 2017. https://www.nytimes.com/2017/11/03/well/eat/do-prepackaged-salad-greens-lose-their-nutrients.html.

14 Despommier, "Vertical Farm." See also: Lisa Grace Scott, "Vertical Garden Towers Can Grow Plants Three Times Faster Than Normal: How a Business in the Bronx Is Trying to Take Urban Gardening Mainstream," Inverse, June 1, 2018, https://www.inverse.com/article/45464-rooftop-garden-technology-vertical-garden.

15 Dee: https://www.plenty.ag/.

16 Chelsea Ballarte, "Jeff Bezos and Other Investors Raise $200 Million for Vertical Farming Startup Plenty," GeekWire, July 20, 2017. https://www.geekwire.com/2017/jeff-bezos-investors-raise-200-million-vertical-farming-startup-plenty/.

17 Olivia Solon, "Inside the World's Largest Vertical Farm," Wired, February 29, 2016. https://www.wired.co.uk/article/aerofarms-largest-vertical-farm.

18 https://aerofarms.com/.

19 "Agtech Startup Plenty Plans To Grow Hydroponic Peaches," Matteroftrust.org. https://matteroftrust.org/agtech-start-up-plenty-plans-to-grow-hydroponic-peaches/.

20 Andrew Tarantola, "The Future of Indoor Agriculture Is Indoor Farms Run by Robots," engadget, October 3, 2018. https://www.engadget.com/2018/10/03/future-indoor-agriculture-vertical-farms-robots/.

21 http://ironox.com/.

22 Ibid.

23 Food and Agriculture Organization of the United Nations, "2050: A Third More Mouths to Feed," FAO News, September 3, 2009. http://www.fao.org/news/story/en/item/35571/icode/.

24 United Nations, "What's in Your Burger? More Than You Think," UN Environment, November 8, 2018. http://www.unenvironment.org/news-and-stories/story/whats-your-burger-more-you-think.

25 Natasha Brooks, "Chart Shows What the World's Land Is Used for . . . and It Explains Exactly Why So Many People Are Going Hungry," One Green Planet, 2018. https://

www.onegreenplanet.org/news/chart-shows-worlds-land-used/.

26 Timothy P. Robinson, "Mapping the Global Distribution of Livestock," PLoS ONE, May 29, 2014. https://journals.plos.org/plosone/article?id=10.1371/journal.pone.0096084#pone-0096084-g002. See also: "Counting Chickens," Economist, July 27, 2011, https://www.economist.com/graphic-detail/2011/07/27/counting-chickens.

27 "Water for Sustainable Food and Agriculture: A Report Produced for the G20 Presidency of Germany," Food and Agriculture Organization of the United Nations, 2017. http://www.fao.org/3/a-i7959e.pdf.

28 Charles Ebikeme, "Water World," Scitable, July 25, 2013. https://www.nature.com/scitable/blog/eyes-on-environment/water_world/.

29 Lisa Friedman, Kendra Pierre-Louis, and Somini Sengupta, "The Meat Question, by the Numbers," New York Times, January 25, 2018. https://www.nytimes.com-2018/01/25-climate-cows-global-warming.

30 Damian Carrington, "Avoiding Meat and Dairy Is 'Single Biggest Way' to Reduce Your Impact on Earth," Guardian, May 31, 2018. https://www.theguardian.com/environment/2018/may/31/avoiding-meat-and-dairy-is-single-biggest-way-to-reduce-your-impact-on-earth.

31 Sam Baker, "Will 2019 Be the Year of Lab Grown Meat?" DW.com, March 1, 2019. See https://www.dw.com/en/will-2019-be-the-year-of-lab-grown-meat/a-46943665.

32 Hanna L. Tuomisto and Joost M. Teixeira de Mattos, "Environmental Impacts of Cultured Meat Production," Environmental Science and Technology, June 17, 2011. https://doi.org/10.1021/es200130u and https://pubs.acs.org/doi/10.1021/es200130u.

33 Marta Zaraska, "Is Lab Grown Meat Good for Us?" Atlantic, August 19, 2013. https://www.theatlantic.com/health/archive/2013/08/is-lab-grown-meat-good-for-us/278778/.

34 Food and Agriculture Organization of the United Nations, "Surge in Diseases of Animal Origin Necessitates New Approach to Health," FAO, December 16, 2013. http://www.fao.org/news/story/en/item/210621/icode/.

35 Pallab Ghosh, "World's First Lab-Grown Burger Is Eaten in London," BBC News, August 5, 2013. https://www.bbc.com/news/science-environment-23576143.

36 Chloe Sorvino, "Tyson Invests in Lab-Grown Protein Startup Memphis Meats, Joining Bill Gates and Richard Branson," Forbes, January 29, 2018. https://www.forbes.com/sites/chloesorvino/2018/01/29/exclusive-interview-tyson-invests-in-lab-grown-protein-startup-memphis-meats-joining-bill-gates-and-richard-branson/

#5f4025763351.

37 Leanne Back and Tava Cohen, "On the Menu Soon: Lab-Grown Steak for Eco-Conscious Diners," Reuters, July 15, 2019. https://www.reuters.com/article/us-food-tech-labmeat-aleph-farms/on-the-menu-soon-lab-grown-steak-for-eco-conscious-diners-idUSKCN1UA1ES.

38 Yaakov Nahmias, "Lab-Grown Meat Is Getting Cheap Enough for Anyone to Buy," Fast Company, May 2, 2018. https://www.fastcompany.com/40565582/lab-grown-meat-is-getting-cheap-enough-for-anyone-to-buy.

39 Adele Peters, "The Meat Growing in This San Francisco Lab Will Soon Be Available at Restaurants," Fast Company, December 11, 2018. https://www.fastcompany.com/90278853/the-meat-growing-in-this-san-francisco-lab-will-soon-be-available-at-restaurants.

40 https://www.perfectdayfoods.com/. See also: Alexandra Wilson, "Got Milk? This $40M Startup Is Creating Cow-Free Dairy Products That Taste like the Real Thing," Forbes, January 9, 2019.

CHAPTER 13_다가올 위협과 그 해결책

1 "The intergovernmental panel on climate change, https://www.ipcc.ch/sr15/.

2 World Economic Forum, "Global Risks Report 2018: 13th Edition," January 17, 2018. https://www.weforum.org/reports/the-global-risks-report-2018.

3 Dean Kamen, author interview, 2018. For more information about Dean Kamen, see his bio on the FIRST Robotics website here: https://www.firstinspires.org/about/leadership/dean-kamen.

4 Peter Diamandis and Steven Kotler, Abundance: The Future Is Better Than You Think (Free Press, 2012), pp. 88-91.

5 World Health Organization (WHO) and the United Nations Children's Fund (UNICEF), "Progress on Drinking Water, Sanitation and Hygiene," 2017. https://apps.who.int/iris/bitstream/handle/10665/258617/9789241512893-eng.pdf;jsessionid=1FDA500FD803F836724FE17B699EE7AA?sequence=1.

6 United Nations Educational, Scientific, and Cultural Organization, "Managing Water Report Under Uncertainty And Risk—the United Nations World Water Development Report 4 Volume 1," 2012, p. 96. http://www.unesco.org/new/fileadmin/MULTIMEDIA/HQ/SC/pdf/WWDR4%20Volume%201-Managing%20Water%20under%20Uncertainty%20and%20Risk.pdf.

7   World Health Organization, "Drinking Water," June 14, 2019. https://www.who.int/news-room/fact-sheets/detail/drinking-water.

8   Coca Cola Corporate, "Coca-Cola Announces Long-Term Partnership with DEKA R&D to Help Bring Clean Water to Communities in Need," September 25, 2012. See Coca-Cola's press release about their agreement here: https://www.coca-colacompany.com/press-center/press-releases/deka-partnership-announcement. See also: "EKOCENTER & Slingshot Clean Water Partnerships," https://www.coca-colaafrica.com/stories/sustainability-water-ekocenter#.

9   Ted Ryan, "From Big Idea to Big Bet: How the Coca-Cola Freestyle Fountain Dispenser Came to Be," December 6, 2017. https://www.coca-colacompany.com/stories/freestyle-q-a.

10   https://www.coca-colaafrica.com/stories/sustainability-water-ekocenter#.

11   The Coca Cola Company, "Scaling Sustainability: Have Programs, Will Travel," August 24, 2018. https://www.coca-colacompany.com/stories/sustainability-lift-and-shift-have-programs-will-travel.

12   Ibid.

13   http://www.skysource.org/.

14   https://www.xprize.org/prizes/water-abundance. See also: Devin Coldewey, "Water Abundance Xprize's $1.5M Winner Shows How to Source Fresh Water from the Air," TechCrunch, October 22, 2018. https://techcrunch.com/2018/10/22/water-abundance-xprizes-1-5m-winner-shows-how-to-source-fresh-water-from-the-air/.

15   Adele Peters, "A Device That Can Pull Drinking Water from the Air Just Won the Latest XPrize" Fast Company, October 20, 2018. https://www.fastcompany.com/90253718/a-device-that-can-pull-drinking-water-from-the-air-just-won-the-latest-x-prize.

16   Trevor Hill, The Smart Grid for Water: How Data Will Save Our Water and Your Utility (Advantage, 2013).

17   Ibid. In the US alone, we lose at least an estimated 1.7 trillion gallons of water per year to water main breaks. Climate Change for Optimists

18   According to Maxwell Rosner's Our World in Data, 35.46 billion tons of CO2 were emitted in 2017. https://ourworldindata.org/co2-and-other-greenhouse-gas-emissions.

19   Caleb Scharf, "The Crazy Scale of Human Carbon Emission," Scientific American, April 26, 2017. https://blogs.scientificamerican.com/life-unbounded/the-crazy-

scale-of-human-carbon-emission/.

20 Paul Griffin, "CDP Carbon Majors Report, 2017," Carbon Majors Database, July 2017. https://b8f65cb373b1b7b15feb-c70d8ead6ced550b4d987d7c03fcdd1d.ssl.cf3. rackcdn.com/cms/reports/documents/000/002/327/original/Carbon-Majors-Report-2017.pdf?1499691240.

21 Energy prices discussed here are derived from an author interview with Ramez Naam, head of Energy, Climate and Innovation for Singularity University, 2019. For the most part, the cost of energy data points in this section of the book use LCOE (levelized cost of energy) estimates obtained from the U.S. National Renewable Energy Laboratory's openei.org Transparent Cost Database. See : https://openei.org/apps/TCDB/.

22 Ibid.

23 Ibid.

24 Ibid.

25 Ibid.

26 Ibid.

27 Ibid.

28 These include: James River Coal Company (2014), Patriot Coal (2015), Walter Energy(2015), Alpha Natural Resources (2015), Peabody Energy (2016), Blackhawk Mining (2019), Blackjewel (2019), Cloud Peak Energy (2019).

29 Ibid. See also: Michael Forsythe, "China Cancels 103 Coal Plants, Mindful of Smog and Wasted Capacity," New York Times, January 18, 2017. https://www.nytimes. com/2017/01/18/world/asia/china-coal-power-plants-pollution.html.

30 Ibid.

31 Ontario Power Generation's website has more details about their Nanticoke Generating Station solar farm project here:https://www.opg.com/strengthening-the-economy/our-projects/nanticoke-solar-facility/.

32 Jillian Ambrose, "Fossil Fuels Produce Less Than Half of UK Electricity for First Time," Guardian, June 20, 2019. https://www.theguardian.com/business/2019/jun/21/zero-carbon-energy-overtakes-fossil-fuels-as-the-uks-largest-electricity-source.

33 For a full list of the 100 plus major cities getting 70 percent of their energy from renewables, see the Carbon Disclosure Project's full list here: https://www.cdp.net/en/cities/world-renewable-energy-cities.

34 See Figure 8 in Chapter 1 of the REN21, Renewables 2019 Global Status Report. Access the report here: https://www.ren21 .net/gsr-2019/.

35 The levelized cost of energy (LCOE) allows comparison of different methods of

electricity generation. Looking at the U.S. National Renewable Energy Laboratory's Transparent Cost Database referenced above (https://openei.org/apps/TCDB/), you can see that wind and solar can be less expensive than coal.

36 Naam, author interview.

37 Ibid. $0.038 reached for the 250 Megawatt Bhadla solar park project in 2017. See also: Mayank Aggarwal, "Solar Power Tariffs Fall to New Low of Rs2.62 Per Unit," livemint, 2017, https://www.livemint.com/Industry/MKI7QvOhpRoBAtw3-D4PM5K/South-African-firm-bid-takes-solar-power-tariffs-to-new-low.html.

38 2.4 cents: Naam, author interview. See also: Emiliano Bellini, "Dubai: Tariff for Large-Scale PV Hits New Low at $0.024/kWh," PV Magazine, 2018, https://www.pv-magazine.com/2018/11/05/dubai-tariff-for-large-scale-pv-hits-new-low-at-0-024-kwh/.

39 Naam, author interview.

40 Naam, author interview.

41 For background, Prashant Kamat, "Quantum Dot Solar Cells. The Next Big Thing in Photovoltaics," Journal of Physical Chemistry, February 28, 2013, pp. 908–918, https://doi.org/10.1021/jz400052e.

42 Naam, author interview.

43 Naam, author interview.

44 미국 국립재생에너지연구소가 2013년 수행한 연구에 따르면 주거용 시스템 전체 비용의 64퍼센트, 250킬로와트 미만 소형 상업용 시스템 비용의 57퍼센트, 250킬로와트 이상 대형 상업용 시스템 비용의 52퍼센트를 연성비용이 차지한다고 한다. Barry Friedman, "Benchmarking Non-Hardware Balance-of-System (Soft) Costs for U.S. Photovoltaic Systems, Using a Bottom-Up Approach and Installer Survey—Second Edition," National Renewable Energy Laboratory, 2013.

45 Naam, author interview.

46 Jason Pontin, "We Gotta Get a Better Battery. But How?" Wired, September 17, 2018. https://www.wired.com/story/better-battery-renewable-energy-jason-pontin/.

47 Naam, author interview.

48 Ibid.

49 See Gigafactory 1's website here: https://www.tesla.com/gigafactory. See also: Matthew Wald, "Nevada a Winner in Tesla's Battery Contest,"New York Times, September 4, 2014, https://www.nytimes.com/2014/09/05/business/energy-environment/nevada-a-winner-in-teslas-battery-contest.html.

50 See Gigafactory 2's website here: https://www.tesla.com/gigafactory2.

51 Simon Alvarez, "China Formally Adds Tesla Gigafactory 3 Area to Shanghai's Free-Trade Zone," Teslarati, August 6, 2019. https://www.teslarati.com/china-adds-tesla-gigafactory-3-shanghai-free-trade-zone/.

52 Simon Alvarez, "Tesla Closing In on Lower Saxony, Germany as Final Europe Gigafactory Location: Report," Teslarati, August 22, 2019, https://www.teslarati.com/tesla-europe-gigafactory-4-location-lower-saxony-germany/.

53 Leonardo DiCaprio, Before the Flood (documentary), National Geographic, October 21, 2016. You can watch a relevant clip on Nat Geo's YouTube channel here: https://youtu.be/iZm_NohNm6I.

54 Thuy Ong, "Elon Musk Has Finished Building the World's Biggest Battery in Less Than 100 Days," Verge, November 23, 2017. https://www.theverge.com/2017/11/23/16693848/elon-musk-worlds-biggest-battery-100-days.

55 https://www.renault.co.uk/vehicles/new-vehicles/zoe/motor.html.

56 Jon Fingas, "BMW i3 Batteries Provide Energy Storage for UK Wind Farm," Engadget, May 21, 2018. https://www.engadget.com/2018/05/21/bmw-i3-battery-packs-join-uk-power-grid/.

57 Robert Service, "New Generation of 'Flow Batteries' Could Eventually Sustain a Grid Powered by the Sun and Wind," ScienceMag, October 31, 2018. https://www.sciencemag.org/news/2018/10/new-generation-flow-batteries-could-eventually-sustain-grid-powered-sun-and-wind.

58 배터리에 대한 더 많은 정보를 얻고 싶다면 다음의 기사를 참고하라. Battery University: https://batteryuniversity.com/learn/article/how_to_prolong_lithium_based_batteries.

59 Ramez Naam, "How Cheap Can Energy Storage Get? Pretty Darn Cheap," October 14, 2015. http://rameznaam.com/2015/10/14/how-cheap-can-energy-storage-get/.

60 Rob Nikolewski, "New Battery Storage Technology Connected to California Power Grid," San Diego Union Tribune, May 6, 2019. https://www.sandiegouniontribune.com/business/energy-green/story/2019-05-03/new-battery-storage-technology-connected-to-california-power-grid.

61 Naam, author interview.

62 Akshat Rathi, "To Hit Climate Goals, Bill Gates and His Billionaire Friends Are Betting on Energy Storage," qz, June 12, 2018.

63 http://spectrum.ieee.org/transportation/advanced-cars/the-charge-of-the-ultra-capacitors.

64 U.S. Energy Information Administration, Monthly Energy Review, Table 2.1, April 2019, preliminary data. You can access the data here: https://www.eia.gov/

energyexplained/use-of-energy/transportation.php.

65 US Energy Information Administration, Annual Energy Outlook 2019, Table 36, April 2019, preliminary data. You can access the data here: https://www.eia.gov/energyexplained/use-of-energy/transportation-in-depth.php.

66 US Energy Information Administration, International Energy Outlook 2016, Chapter 8, p. 131. See the report here: https://www.eia.gov/outlooks/ieo/pdf/transportation.pdf.

67 (German publication) Sven Boll, "Bundeslander wollen Benzin- und Dieselautos verbieten," Spiegel Online, October 8, 2016. https://www.spiegel.de/auto/aktuell/bundeslaender-wollen-benzin-und-dieselautos-ab-2030-verbieten-a-1115671.html.

68 Dagens Naerlingsliv, Tore Gjerstad, "Frp vil fjerne bensinbilene," June 2, 2016. https://www.dn.no/motor/fremskrittspartiet/bensin/drivstoff/frp-vil-fjerne-bensinbilene/1-1-5657552.

69 미국 교통통계국의 보고서에 따르면 2017년 현재 미국의 등록 자동차 수는 2억 7,200만 대에 달한다고 한다. 과학전문지 《사이언티픽 아메리칸》은 2018년 미국에 등록된 전기자동차가 100만 대라고 발표했다. 2017년부터 2018년 사이의 자동차 대수 증가분을 감안하면 2018년 미국의 전기자동차 비율은 전체의 0.36퍼센트에도 미치지 못할 것으로 추정된다. Maxine Joselow, "The U.S. Has 1 Million Electric Vehicles, but Does It Matter?" Scientific American, October 12, 2018, and bts.gov/content/number-us-aircraft-vehicles-vessels-and-other-conveyances.

70 Arkadev Ghoshal, "Watch: India Unveils Ambitious Plan to Have Only Electric Cars by 2030," International Business Times, April 30, 2017. https://www.ibtimes.co.in/watch-india-unveils-ambitious-plan-have-only-electric-cars-by-2030-724887. Also watch this presentation by Indian Minister of Railways and Commerce & Industry Piyush Goyal: https://www.youtube.com/watch?v=zCefO9qqZ_I.

71 See this press release from Volvo: "Volvo Cars Aims for 50 Percent of Sales to Be Electric by 2025," April 25, 2018, https://www.media.volvocars.com/global/en-gb/media/pressreleases/227602/volvo-cars-aims-for-50-per-cent-of-sales-to-be-electric-by-2025.

72 Alana Petroff, "These Countries Want to Ditch Gas and Diesel Cars," CNN Business, July 26, 2017. https://money.cnn.com/2017/07/26/autos/countries-that-are-banning-gas-cars-for-electric/index.html.

73 Paul Lienert, "Global Carmakers to Invest at Least $90 Billion in Electric Vehicles," Reuters, January 15, 2018. https://www.reuters.com/article/us-autoshow-detroit-

electric/global-carmakers-to-invest-at-least-90-billion-in-electric-vehicles-idUSKBN1F42NW.

74   William Boston, "VW Accelerates Electric Car Effort with $40 Billion Investment," Wall Street Journal, November 17, 2017.

75   Paul Lienert, "Exclusive: VW, China Spearhead $300 Billion Global Drive to Electrify Cars," Reuters, January 10, 2019. https://www.reuters.com/article/us-autoshow-detroit-electric-exclusive/exclusive-vw-china-spearhead-300-billion-global-drive-to-electrify-cars-idUSKCN1P40G6.

76   "Toyota, Panasonic Announce Battery Venture to Expand EV Push," Reuters, January 22, 2019. https://www.reuters.com/article/us-toyota-panasonic/toyota-panasonic-announce-battery-venture-to-expand-ev-push-idUSKCN1PG0MP.

77   "Ultra-high-power Charging Technology for the Electric Vehicle of the Future," https://newsroom.porsche.com/en/company/porsche-fastcharge-prototype-charging-station-ultra-high-power-charging-technology-electric-vehicle-16606.html.

78   For more about QuantumScape, https://www.quantumscape.com/. For details on Volkswagen's $100 million transaction, https://www.volkswagenag.com/en/news/2018/09/QuantumScape.html. See also: Stephen Edelstein, "Volkswagen Invests $100 Million in Solid-State Battery Firm QuantumScape," Drive, September 16, 2018, https://www.thedrive.com/tech/23586/volkswagen-invests-100-million-in-solid-state-battery-firm-quantumscape.

79   Electric vehicle ranges are readily available across the Web. CleanTechnica gives a good summary of the readily available data here: Loren McDonald, "US Electric Car Range Will Average 275 Miles by 2022, 400 Miles by 2028—New Research (Part 1)," CleanTechnica, October 27, 2018, https://cleantechnica.com/2018/10/27/us-electric-car-range-will-average-275-miles-by-2022-400-miles-by-2028-new-research-part-1/.

80   Ibid.

81   Ibid.

82   According to Edelstein, "Volkswagen Invests."

83   https://www.store-dot.com/.

84   울트라 축전지 또는 슈퍼 축전지라 불리기도 하는 이 배터리는 막대한 용량의 에너지를 저장할 수 있으며 엄청나게 빠른 속도로 충전이 가능하다. 더 많은 정보를 얻고 싶다면 배터리 대학교에서 펴낸 다음 기사를 참조하라. https://batteryuniversity.com/learn/article/whats_the_role_of_the_supercapacitor.

85   Eric Brandt, "Israeli Company Demonstrates 300-Mile Electric Car Battery That

주 471

Charges in 5 Minutes," Drive, May 12, 2017. https://www.thedrive.com/news/10227/israeli-company-demonstrates-300-mile-electric-car-battery-that-charges-in-5-minutes.

86 For one estimate for the number of gas stations in the US, see this industry highlights page from the National Association of Convenience Stores: https://www.convenience.org/Research/FactSheets/FuelSales.

87 See the US Department of Energy's Alternative Fuel Data Center, "Electric Vehicle Charging Station Locations," September 9, 2019, https://afdc.energy.gov/fuels/electricity_locations.html#.

88 According to the US Department of Energy, US drivers do more than 80 percent of their charging at home. https://www.energy.gov/eere/electricvehicles/charging-home.

89 https://www.chargepoint.com/. See also their commitment to build 2.5 million charging ports by 2025, here: https://www.chargepoint.com/about/news/chargepoint-makes-landmark-commitment-future-mobility-pledge-25-million-places-charge/.

90 According to the US Energy Information Administration, the average US house consumes 867 kilowatt-hours per month, or about 29 kilowatt-hours per day. https://www.eia.gov/tools/faqs/faq.php?id=97&t=3.

91 https://www.tesla.com/models.

92 Laura Parker, "Coral Reefs Could Be Gone in 30 Years," National Geographic, June 23, 2017. https://www.nationalgeographic.com/news/2017/06/coral-reef-bleaching-global-warming-unesco-sites/.

93 According to the World Wildlife Fund: https://wwf.panda.org/our_work/oceans/coasts/coral_reefs/.

94 Melissa Gaskill, "The Current State of Coral Reefs," PBS, July 15, 2019. https://www.pbs.org/wnet/nature/blog/the-current-state-of-coral-reefs/.

95 Scott Heron, United Nations Educational, Scientific and Cultural Organization, "Impacts of Climate Change on World Heritage Coral Reefs: A First Global Scientific Assessment" World Heritage Convention, 2017.

96 According to the World WildLife Foundation. See this website page: https://www.worldwildlife.org/threats/deforestation-and-forest-degradation.

97 https://www.biocarbonengineering.com/.

98 Sam Price-Waldman, "A Breakthrough for Coral Reef Restoration [Video]," Atlantic, February 22, 2016. You can watch the full story here: https://www.youtube.com/

watch?v=qHKpcnn5Tws.

99 Clare Leschin-Hoar, "Seafood Without the Sea: Will Lab-Grown Fish Hook Consumers?" The Salt: NPR, May 5, 2019. https://www.npr.org/sections/thesalt/2019/05/05/720041152/seafood-without-the-sea-will-lab-grown-fish-hook-consumers.

100 Our Planet's Fight for Life, (Livright, 2016).

101 We draw from two World Bank datasets: (1) "Annual Freshwater Withdrawals, Agriculture (% of total freshwater withdrawal)," https://data.worldbank.org/indicator/ER.H2O.FWAG.ZS, and (2) "Agricultural Land (% of land area)," https://data.worldbank.org/indicator/AG.LND.AGRI.ZS.

102 Philip Landriganm, "The Lancet Commission on Pollution and Health," The Lancet Commissions 391(October 19, 2017): 462–512. https://doi.org/10.1016/S0140-6736(17)32345-0.

103 "Flooding and Damage from 2008 Myanmar Cyclone Assessed," Science Daily, August 10, 2009. https://www.sciencedaily.com/releases/2009/07/090717104618.htm.

104 Adele Peters, "These Tree-Planting Drones Are About to Start an Entire Forest from the Sky," Fast Company, August 10, 2017. https://www.fastcompany.com/40450262/these-tree-planting-drones-are-about-to-fire-a-million-seeds-to-re-grow-a-forest.

105 L. Nedelkoska, "Automation, Skills Use and Training," OECD Social, Employment and Migration Working Papers, no. 202 (OECD Publishing, Paris, 2018). https://doi.org/10.1787/2e2f4eea-en.

106 James Surowiecki, "Robots Will Not Take Your Job," Wired. August, 2017. https://www.wired.com/2017/08/robots-will-not-take-your-job/.

107 https://classroom.synonym.com/during-early-1800s-americans-earned-living-what-12580.html.

108 For more information, see the US Bureau of Labor Statistics, "Employment by Major Industry Sector," here: https://www.bls.gov/emp/tables/employment-by-major-industry-sector.htm.

109 T. L. Andrews, "Robots Won't Take Your Job—They'll Help Make Room for Meaningful Work Instead," Quartz, March 15, 2017.

110 Ibid.

111 James Wilson, "Collaborative Intelligence: Humans and AI Are Joining Forces," Harvard Business Review, July–August 2018. https://hbr.org/2018/07/collaborative-intelligence-humans-and-ai-are-joining-forces.

112 Peggy Hollinger, "Meet the Cobots: Humans and Robots Together on the Factory Floor,"National Geographic, May 6, 2016. https://www.nationalgeographic.com/news/2016/05/financial-times-meet-the-cobots-humans-robots-factories/.

113 Jame Manyika, "The Internet Created 2.6 New Jobs for Every 1 It Destroyed," McKinsey, May 2011. https://www.mckinsey.com/~/media/McKinsey/Industries/High%20Tech/Our%20Insights/Internet%20matters/MGI_internet_matters_exec_summary.ashx.

114 Jon LeSage, "GOLDMAN SACHS: Self-Driving Trucks Will Kill 300,000 Jobs per Year,", Business Insider, November 15, 2017. https://www.businessinsider.com/goldman-sachs-says-self-driving-trucks-will-kill-300000-jobs-per-year-2017-11.

115 Jeff Cox, "The U.S. Labor Shortage Is Reaching a Critical Point," CNBC Markets, July 5, 2018. https://www.cnbc.com/2018/07/05/the-us-labor-shortage-is-reaching-a-critical-point.html.

116 "Existential Risks: Analyzing Human Extinction Scenarios and Related Hazards," Journal of Evolution and Technology 9 (March 9, 2002).

117 Stewart Brand, Clock of the Long Now: Time and Responsibility, The Ideas Behind the World's Slowest Computer (Basic Books, 1999), p.1.

118 Michael Kimmelman, "The Dutch Have Solutions to Rising Seas. The World Is Watching," New York Times, June 15, 2017.

119 Learn more about Sentry here: https://cneos.jpl.nasa.gov/sentry/vi.html.

120 Details about the DART Mission, otherwise known as the Double Asteroid Redirection Test, are found on NASA's website: https://www.nasa.gov/planetarydefense/dart.

121 Jackie Snow, "Future Wildfires Will Be Fought with Algorithms," Fast Company, November 26, 2018. https://www.fastcompany.com/90269483/how-ai-software-could-help-fight-future-wildfires.

122 Nathan Heller, "Estonia, the Digital Republic," New Yorker, December 11, 2017. https://www.newyorker.com/magazine/2017/12/18/estonia-the-digital-republic.

123 https://opengov.com/.

124 https://www.social.glass/.

125 Alissa Walker, "Here Is Sidewalk Labs's Big Plan for Toronto," Curbed, June 24, 2019. https://www.curbed.com/2019/6/24/18715669/sidewalk-labs-toronto-alphabet-google-quayside.

1 Ian Goldin and Geoffrey Cameron, Exceptional People (Princeton University Press, 2012), p 12.

2 Clifton Parker, "Jewish Émigrés Who Fled Nazi Germany Revolutionized U.S. Science and Technology, Stanford Economist Says," Stanford, August 11, 2014. For an overview of this research, https://news.stanford.edu/news/2014/august/german-jewish-inventors-081114.html.

3 Ibid.

4 Petra Moser, "German Jewish Émigrés and US Invention," American Economic Review, October, 2014.

5 Andrew Grant, "The Scientific Exodus from Nazi Germany," Physics Today, September 26, 2018. https://physicstoday.scitation.org/do/10.1063/PT.6.4.20180926a/full/.

6 Partnership for a New American Economy, "Patent Pending: How Immigrants Are Reinventing the American Economy," June 2012. https://www.newamericaneconomy.org/sites/all/themes/pnae/patent-pending.pdf.

7 Gaurav Khanna and Munseob Lee, "Hiring Highly Educated Immigrants Leads to More Innovation and Better Product," Conversation, September 26, 2018. https://theconversation.com/hiring-highly-educated-immigrants-leads-to-more-innovation-and-better-products-100087.

8 Ibid.

9 Ibid.

10 Grace Nasri, "The Shocking Stats About Who's Really Starting Companies in America," Fast Company, August 14, 2013. https://www.fastcompany.com/3015616/the-shocking-stats-about-whos-really-starting-companies-in-america.

11 Mark Boslet, "NVCA Study Finds $\frac{1}{3}$ Of Recently Public Venture Companies Have Immigrant Founders," PE Hub Network, June 20, 2013, http://nvcaccess.nvca.org/index.php/topics/public-policy/372-nvca-releases-results-from-american-made-20.html.

12 Stuart Anderson, "Immigrants and Billion Dollar Startups," National Foundation for American Policy, March 2016. http://nfap.com/wp-content/uploads/2016/03/Immigrants-and-Billion-Dollar-Startups.NFAP-Policy-Brief.March-2016.pdf.

13 "Climate Change: The IPCC 1990 and 1992 Assessments," Intergovernmental Panel on Climate Change, 2010. https://www.ipcc.ch/report/climate-change-the-ipcc-

1990-and-1992-assessments/.

14   Norman Myers, "Environmental Refugees: A Growing Phenomenon of the 21st Century," Philosophical Transactions of the Royal Society B Biological Sciences, May 2002, DOI: 10.1098/rstb.2001.0953.

15   Mark Levine, "A Storm at the Bone: A Personal Exploration into Deep Weather," Outside, November 1, 1998. https://www.outsideonline.com/1907231/storm-bone-personal-exploration-deep-weather.

16   "New Report and Maps: Rising Seas Threaten Land Home to Half a Billion," Climate Central, November 8, 2015. http://sealevel.climatecentral.org/news/global-mapping-choices.

17   Ibid.

18   Benjamin Strauss, "American Icons Threatened by Sea Level Rise: In Pictures" Climate Central, October 16, 2015. https://www.climatecentral.org/news/american-icons-threatened-by-sea-level-rise-in-pictures-19547#mapping-choices-us-cities-we-could-lose-to-sea-level-rise-19542.

19   Ellie Mae O'Hagan, "Mass Migration Is No 'Crisis': It's the New Normal as the Climate Changes," Guardian, August 18, 2015. https://www.theguardian.com/commentisfree/2015/aug/18/mass-migration-crisis-refugees-climate-change.

20   "History's Greatest Migration," Guardian, September 25, 1947. https://www.theguardian.com/century/1940-1949/Story/0,,105131,00.html. See also: https://www.unhcr.org/3ebf9bab0.pdf.

21   Alexandre Tanzi and Wei Lu,"Tokyo's Reign as World's Largest City Fades," Bloomberg, July 13, 2018. https://www.bloomberg.com/news/articles/2018-07-13/tokyo-s-reign-as-world-s-largest-city-fades-demographic-trends. See also: https://en.wikipedia.org/wiki/Megacity.

22   UN Population Division, World Urbanization Prospects, the 2001 Revision (New York, 2002).

23   David Kennedy and Lizabeth Cohen, The American Pageant: A History of the American People, 15th (AP) edition (Cengage Learning, 2013), pp. 539 – 540.

24   Mike Davis, Planet of Slums (Verso, 2006).

25   Ibid, p. 5.

26   UN Population Division, World Urbanization.

27   Richard Florida, The New Urban Crisis (Basic Books, 2017). See also: Richard Florida, "The Roots of the New Urban Crisis," Citylab, April 9, 2017, https://www.citylab.com/equity/2017/04/the-roots-of-the-new-urban-crisis/521028/.

28   Jesus Leal Trijullo and Joseph Parilla, "Redefining Global Cities: The Seven Types of Global Metro Economies," Global Cities Initiative, 2016. https://www.brookings.edu/wp-content/uploads/2016/09/metro_20160928_gcitypes.pdf.

29   Edward L. Glaeser and Wentao Xiong, "Urban Productivity in the Developing World," National Bureau of Economic Research, March 2017. https://www.nber.org/papers/w23279.pdf.

30   Ibid.

31   Jonah Lehrer, "A Physicist Solves the City," New York Times, December 17, 2010. https://www.nytimes.com/2010/12/19/magazine/19Urban_West-t.html.

32   Katie Johnson, "Environmental Benefits of Smart City Solutions," Foresight, July 19, 2018. https://www.climateforesight.eu/cities-coasts/environmental-benefits-of-smart-city-solutions/.

33   Jane McGonigal, "We Spend 3 Billion Hours a Week as a Planet Playing Videogames. Is It Worth It? How Could It Be MORE Worth It?," Ted, 2011. https://www.ted.com/conversations/44/we_spend_3_billion_hours_a_wee.html.

34   "S Korean Dies After Games Session," BBC News, August 10, 2005. http://news.bbc.co.uk/2/hi/technology/4137782.stm.

35   Justin McCurry, "Internet Addiction Driving South Koreans into Realms of Fantasy," Guardian, July 13, 2010. https://www.theguardian.com/world/2010/jul/13/internet-addiction-south-korea.

36   Laurence Butet-Roch, "Pictures Reveal the Isolated Lives of Japan's Social Recluses," National Geographic, February 14, 2018. https://www.nationalgeographic.com/photography/proof/2018/february/japan-hikikomori-isolation-society/.

37   Greg Berns, Satisfaction (Henry Holt and Co., 2005).

38   "How Does Cocaine Produce Its Effects?" National Institute on Drug Abuse, May 2015. https://www.drugabuse.gov/publications/research-reports/cocaine/how-does-cocaine-produce-its-effects.

39   John Keilman, "Are Video Games Addictive like Drugs, Gambling? Some Who've Struggled Say Yes," Chicago Tribune, May 30, 2017. See also: Steven Kotler, The Rise of Superman (New Harvest, 2013), p. 98.

40   Trevor Haynes, "Dopamine, Smartphones & You: A Battle for Your Time," Harvard University: the Graduate School for Arts & Sciences, May 1, 2018. http://sitn.hms.harvard.edu/flash/2018/dopamine-smartphones-battle-time/.

41   Steven Kotler, "Legal Heroin: Is Virtual Reality Our Next Hard Drug," Forbes, January 15, 2014. https://www.forbes.com/sites/stevenkotler/2014/01/15/legal-heroin-is-

virtual-reality-our-next-hard-drug/#1cb0e6511a01.

42 "Facebook Twists Reality Again and Risks Ruining Your Children," Fox News, May 3,
    2014. https://www.foxnews.com/opinion/facebook-twists-reality-again-and-risks-
    ruining-your-children.

43 Kotler, "Legal Heroin."

44 Kotler, Rise of Superman.

45 "My Virtual Life," Bloomberg Businessweek, April 30, 2006. https://www.bloomberg.
    com/news/articles/2006-04-30/my-virtual-life.

46 Ernest Cline, Ready Player One (Broadway Books, 2012).

47 Al Cooper, "Online Sexual Compulsivity: Getting Tangled in the Net," Sex Addict
    Compulsive, 1999, pp. 79–104. See also: D. Damania, "Internet Pornography
    Statistics," d infographics, December 23, 2011, http://thedinfographics.
    com/2011/12/23/internet-pornography-statistics/.

48 "The Nielsen Total Audience Report: Q1 2018," The Nielsen Company, 2018. http://
    www.nielsen.com/us/en/insights/reports/2018/q1-2018-total-audience-report.
    html.

49 Dennis Overbye, "Is It Time to Play with Space Again?," New York Times, July 15,
    2019. https://www.nytimes.com/2019/07/15/science/apollo-moon-space.html.

50 Tsiolkovsky was a true visionary: "Konstantin E. Tsiolkovsky," NASA, September 22,
    2010. https://www.nasa.gov/audience/foreducators/rocketry/home/konstantin-
    tsiolkovsky.html.

51 John Gilbey, "Backing Up the Biosphere," Nature, April 7, 2012. https://www.nature.
    com/news/backing-up-the-biosphere-1.10395.

52 @JeffBezos: https://twitter.com/JeffBezos.

53 @elonmusk: https://twitter.com/ElonMusk.

54 Jeff Bezos, author interview, 2015. See also: Catherine Clifford, "Jeff Bezos: You Can't
    Pick Your Passions," CNBC Make It, February 7, 2019, https://www.cnbc.
    com/2019/02/07/amazon-and-blue-origins-jeff-bezos-on-identifying-your-
    passion.html.

55 Tony Reichhardt, "Jeff Bezos' Simple Two-Step Plan," Air & Space, September 16,
    2016. https://www.airspacemag.com/daily-planet/jeff-bezos-simple-two-step-
    plan-180960498/.

56 Korey Haynes, "O'Neill Colonies: A Decades-Long Dream for Settling Space,"
    Astronomy, May 17, 2019. http://www.astronomy.com/news/2019/05/oneill-
    colonies-a-decades-long-dream-for-settling-space.

57　Neel V. Patel, "Jeff Bezos Wants to Solve All Our Problems by Shipping Us to the Moon," Popular Science, May 9, 2019. https://www.popsci.com/blue-origin-moon-lander/.

58　Ibid. See also: Ian Allen, "Jeff Bezos Wants Us All to Leave Earth—for Good," Wired, October 15, 2018, https://www.wired.com/story/jeff-bezos-blue　-origin/.

59　Loren Grush, "Jeff Bezos: 'I Don't Want a Plan B for Earth,' " Verge, June 1, 2016. https://www.theverge.com/2016/6/1/11830206/jeff-bezos-blue-origin-save-earth-code-conference-interview.

60　Dave Mosher, "Here's Elon Musk's Complete, Sweeping Vision on Colonizing Mars to Save Humanity," Business Insider, September 29, 2016. https://www.businessinsider.com/elon-musk-mars-speech-transcript-2016-9.

61　Chris Anderson, "Elon Musk's Mission to Mars," Wired, September 21, 2012. https://www.wired.com/2012/10/ff-elon-musk-qa/.

62　Michael Sheetz, "The Rise of Spacex and the Future Of Elon Musk's Mars Dream," CNBC, March 20, 2019. https://www.cnbc.com/2019/03/20/spacex-rise-elon-musk-mars-dream.html. See also: Tim Fernholz, "The Complete Visual History of Spacex's Single-Minded Pursuit of Rocket Reusability," Quartz, July 1, 2017, https://qz.com/1016072/a-multimedia-history-of-every-single-one-of-spacexs-attempts-to-land-its-booster-rocket-back-on-earth/.

63　Mike Wall, "Big Leap by SpaceX's Starship Prototype Pushed to Next Week," Space, August 16, 2019. https://www.space.com/spacex-starhopper-big-test-flight-target-date.html.

64　Matt Williams, "Musk Gives an Update on When a Mars Colony Could Be Built," Universe Today, September 25, 2018. https://www.universetoday.com/140071/musk-gives-an-update-on-when-a-mars-colony-could-be-built/.

65　Amanda Kooser, "Elon Musk Expects Spacex Ticket to Mars Will Cost $500,000," CNET, February 11, 2019. https://www.cnet.com/news/elon-musk-expects-spacex-ticket-to-mars-will-cost-500000/.

66　Jung Min Lee, "Nanoenabled Direct Contact Interfacing of Syringe-Injectable Mesh Electronics," Nano Letters, 2019. http://cml.harvard.edu/assets/Nanoenabled-Direct-Contact-Interfacing-of-Syringe-Injectable-Mesh-Electronics.pdf.

67　https://www.youtube.com/watch?v=MZ3Q638aMlA.

68　Guosong Hong, "A Method for Single Neuron Chronic Recording from the Retina in Awake Mice," Science, June 29, 2018. https://www.ncbi.nlm.nih.gov/pmc/articles/PMC6047945/.

69   Eric Lutz, "Elon Musk Has Created "Threads" to Weave a Computer into Your Brain," Vanity Fair, July 17, 2019. https://www.vanityfair.com/news/2019/07/elon-musk-neuralink-created-threads-to-weave-computer-into-your-brain.

70   Laura Kauhanen, "EEG-Based Brain-Computer Interface for Tetraplegics," Computational Intelligence and Neuroscience, September 19, 2007. https://www.ncbi.nlm.nih.gov/pmc/articles/PMC2233767/.

71   "Brain-Computer Interface Enables Paralyzed Man to Walk Without Robotic Support," Kurzweil, September 25, 2015. https://www.kurzweilai.net/brain-computer-interface-enables-paralyzed-man-to-walk-without-robotic-support.

72   Rafeed Alkawadri, "Brain–Computer Interface (BCI) Applications in Mapping of Epileptic Brain Networks Based On Intracranial-EEG: An Update," Frontiers in Neuroscience, March 27, 2019. https://www.frontiersin.org/articles/10.3389/fnins.2019.00191/full.

73   Linda Xu, "Humans, Computers and Everything In Between: Towards Synthetic Telepathy," Harvard Science Review, May 1, 2014. https://harvardsciencereview.com/2014/05/01/synthetic-telepathy/.

74   Bojan Kerous, "EEG-Based BCI and Video Games: A Progress Report," Virtual Reality, June 2018, pp. 119–135.

75   Natalie Gil, "Loneliness: A Silent Plague That Is Hurting Young People Most," Guardian, July 20, 2014. https://www.theguardian.com/lifeandstyle/2014/jul/20/loneliness-britains-silent-plague-hurts-young-people-most.

76   " Keith Sawyer, Group Genius (Basic Books, 2017).

77   See for example: Larry S. Yaeger, "How Evolution Guides Complexity," HFSP Journal, October 2009, https://www.ncbi.nlm.nih.gov/pmc/articles/PMC2801533/. See also: Brandon Keim, "The Complexity of Evolution," Wired, April 15, 2008, https://www.wired.com/2008/04/the-complexity/.

78   Elizabeth Lopatto, "Elon Musk Unveils Neuralink's Plans for Brain-Reading 'Threads' and a Robot to Insert Them," Verge, July 16, 2019. https://www.theverge.com/2019/7/16/20697123/elon-musk-neuralink-brain-reading-thread-robot.